BERLIN

KUNST & ARCHITEKTUR

BERLIN

Edelgard Abenstein und Jeannine Fiedler

Mit Beiträgen von
Holger Möhlmann, Clemens Schmidlin
und Julian von Heyl

Covervorderseite:
Brandenburger Tor, Foto: © Murat Taner/zefa/Corbis

Coverrückseite:
Alle Bilder © picture alliance: In der Kuppel des Reichstagsgebäudes;
Königin Luise als Hebe vor dem Brandenburger Tor, Gemälde, 1812, von Karl Wilhelm Wach
(1787–1845) nach Peter Eduard Ströhling, Öl auf Kupfer;
Die Neue Synagoge in der Oranienburger Straße;
Die Büste der Königin Nofretete, ab 2009 im Neuen Museum auf der Museumsinsel

Frontispiz:
Quadriga auf dem Brandenburger Tor

Alle Texte von Edelgard Abenstein, bis auf S. 14–25, 50–51, 76–77, 236–237, 242–243,
276–277, 324–327, 378–379, 386–389, 417–421 (Jeannine Fiedler);
S. 428–431 (Holger Möhlmann); S. 120–121, 132–135 (Clemens Schmidlin);
S. 28–33 (Julian von Heyl)

© 2009 Tandem Verlag GmbH
h.f.ullmann ist ein Imprint der Tandem Verlag GmbH

Konzept: Jeannine Fiedler
Projektmanagement: Lucas Lüdemann, Kristina Scherer
Lektorat: Anja Breloh, Christina Kuhn (Anhang)
Layout und Satz: buschfeld.com - graphic and interface design
Coverdesign: Simone Sticker
Kartographie: Bien + Giersch Projektagentur Berlin (www.panorama-berlin.de),
bis auf S. 292, 399, 444, 445: Ingenieurbüro für Kartographie Dr. Hans-Joachim Kämmer
Bildbeschaffung: Dr. Harro Schweizer

Printed in China

ISBN 978-3-8331-4565-0

10 9 8 7 6 5 4 3 2 1
X IX VIII VII VI V IV III II I

www.ullmann-publishing.com

Inhaltsverzeichnis

Historisches Berlin

Gendarmenmarkt

Unter den Linden

Spreebrücken

Regierungsviertel

Neue Nationalgalerie

Museumsinsel

Hamburger Bahnhof

Bauhaus-Archiv

Jüdisches Museum

Konzerthaus am
Gendarmenmarkt

Hackesche Höfe

Olympiastadion

Friedrichwerdersche Kirche

Reiterdenkmal

Krematorium Baumschulenweg

Schloss Sanssouci

Gedächtniskirche

Perspektivplan von Berlin aus dem Jahr 1899; besonders hervorgehoben sind die Verkehrswege, die das Stadtgebiet gliedern

Ein biografischer Steckbrief der Stadt der Hohenzollern

Ein biografischer Steckbrief der Stadt der Hohenzollern

1648, gegen Ende des Dreißigjährigen Krieges, war die heutige Weltmetropole, die Besucher und Gäste aus der ganzen Welt mit ihrer Dynamik, ihrer Unbekümmertheit und ihrem herrlich spröden Charme beeindruckt, noch ein unbedeutendes Fleckchen Erde im Kurfürstentum Brandenburg. Auf ihm waren Residenzen und Kleinstädte wie Berlin, Cölln, Spandau und Köpenick zu finden. Im Vergleich zu den damals schon Hunderttausende Einwohner zählenden Molochs London und Paris waren diese kleine Nester am Ufer der Spree. Als die vereinigte Residenzstadt Berlin ab 1701/10 zur Hauptstadt des aufstrebenden Königreichs Preußen wurde, machte sich der Nachzügler daran, binnen zweier Jahrhunderte alles Provinzielle abzustreifen und zur schnellsten Großstadt Europas zu werden. Schon im friderizianischen Zeitalter gelang den Hohenzollern in Berlin eine beachtliche Kunst- und Prachtentfaltung, auch wenn sie selber lieber im beschaulichen Potsdam weilten. Im 19. Jh. und im Zuge der Industrialisierung jedoch begann eine beispiellose Aufholjagd, bei der Berlin in der wirtschaftlichen Blüte der Gründerzeit mit den glanzvollen Weltstädten Paris und Brüssel, London und Wien gleichzog, ja sie nach dem Ersten Weltkrieg sogar für kurze Zeit überholte. Die ehedem bescheidene Provinzschöne war den anderen plötzlich immer einen Schritt voraus, einen Tick mondäner. Sie hatte die fortschrittlichste Infrastruktur, unendlich viel Raum, um sich in das brandenburgische Niemandsland auszubreiten, und keine Last mit engen, ungesunden Stadtanlagen, die sich in den anderen Städten aus dem Mittelalter erhalten hatten. Die Goldenen Zwanzigerjahre, das Jahrzehnt, in dem Berlin als Mittelpunkt Europas der Zeit den Takt seines Herzschlags vorgab, prägen bis heute unser Bild von der Stadt – von ihrem Schwung, ihrer Toleranz und ihrer Frivolität.

Nach dem Größenwahn der nationalsozialistischen Diktatur, nach dem Zweiten Weltkrieg und der desaströsen Zerstörung der baulichen Substanz Berlins begann die Aufholjagd ab 1945 erneut. Der Osten und der Westen der nunmehr geteilten Stadt legten zwar unterschiedliche Geschwindigkeiten vor; dennoch war der Städtebau hier wie dort oft genug Vehikel ideologischer Positionierungsgefechte und entsprechend aufgeladener Architekturen. Die Wiedervereinigung beider deutscher Staaten und ihrer gemeinsamen neuen, alten Hauptstadt Berlin markierte 1990 den vorerst letzten Neuanfang. Aber auch dieser setzte starke Akzente im Erscheinungsbild der Stadt, die sich im 20. Jh. so oft gewandelt hat wie keine andere Metropole.

Von der Gründungsphase zur preußischen Hauptstadt

Der späte Aufsteiger unter den bereits von den Römern gegründeten Bastionen der antiken Welt, wie Lutetia Parisiorum (Paris), Londinium (London) oder Vindobona (Wien), verfügt zwar weder über bauliche Zeugen antiker Größe, geschweige denn über gotische Kathedralen noch über eine der ersten europäischen Universitäten oder ähnliche Kulturleistungen. Seine topografische Ausgangslage ist dennoch im besten Sinne „klassisch" zu nennen: Das nur 5 km breite Spreetal erlaubte hier wie an keinem anderen Punkt ein leichtes Passieren des Flusses, was den Urberliner zum Rasten und Handeltreiben einlud. Und es kreuzten sich an diesem Ort zwei wichtige Handelswege: die Straße von der Elbe zur Oder mit dem Landweg nach Sachsen und weiter nach Böhmen. Nachdem die Moränenlandschaften von Barnim und Teltow um 1230 aus slawischem Besitz genommen waren, haben die Brüder Johann I. und Otto III., Brandenburgische Markgrafen von askanischem Geschlecht, die hier an der Spree schon seit einigen Jahrzehnten bestehenden Siedlungen zu Städten erhoben: Cölln wurde 1237 und Berlin 1244 das erste Mal erwähnt. Sicher ist allerdings, dass im Berliner Urstromtal schon lange vor den Städtegründungen gesiedelt wurde, wie Grabungsfunde belegen.

Die geografische Nähe der Städte Berlin und Cölln, die nur durch die natürliche Wasserscheide der Spree getrennt waren, ließ sie auch wirtschaftlich und politisch gemeinsame Wege gehen. Der Vertrag von 1307, der die Städte in einer Körperschaft zusammenführte, wurde zum erfolgreichen Modell gerade in Zeiten politischer Wirren. Diese brachen an, als das Geschlecht der Askanier ausstarb und Markgrafen aus dem Hause Wittelsbach sowie die ihnen nachfolgenden Luxemburger mit ihren Hegemoniebestrebungen der Mark Brandenburg unsichere Verhältnisse bescherten. 1321

Konzil zu Konstanz: Friedrich I. wird mit der Kurmark Brandenburg belehnt, zeitgenöss. Buchmalerei aus der Chronik des Ulrich von Richenthal, Universitätsbibliothek, Prag

che Würde des Markgrafen und Kurfürsten verliehen. Die Hohenzollern sollten für 503 Jahre in Brandenburg regieren, das sie um ein Vielfaches zu vergrößern verstanden. Als Residenzstadt der Markgrafen von Brandenburg ist die weitere Entwicklung Berlin-Cöllns, das um 1600 circa 8000 Einwohner zählte, aufs Engste mit dem Herrscherhaus der Hohenzollern verknüpft. Kulturell errang die Stadt allerdings erst mit der Regentschaft des Großen Kurfürsten überregionale Bedeutung.

Brandenburgs und Berlin-Cöllns Entwicklung stand im 17. Jh. im Zeichen der Tatkraft Friedrich Wilhelms (1620–1688). Als der später sogenannte Große Kurfürst 1640 noch während des Dreißigjährigen Krieges (1618–1648) gerade 20-jährig die Regierung antrat, musste er einem zerrütteten Staat und einer ausgezehrten Stadt aufhelfen. Des Kurfürsten aktive Einwanderungspolitik führte die kriegsmüde Mark zu einer neuen Blüte: Aus Frankreich, Holland und Sachsen wurden gezielt qualifizierte Handwerker und Kaufleute angeworben, die aus Brandenburg eines der ersten modernen „Einwanderungsländer" des alten Europa machten und seiner Wirtschaft mit

Schwedischer Bund mit den Kurfürsten von Sachsen und Brandenburg, 1631, Flugblatt, zeitgenöss. Kupferstich

übernahm die Doppelstadt Berlin-Cölln als festes Bollwerk gegen Übernahmegelüste durch fremde Potentaten für 100 Jahre die Führung des Landfriedensbündnisses der mittelmärkischen Städte. 1415 erhielt Friedrich I., ein Hohenzoller des fränkischen Zweiges, durch König Sigismund die erbli-

ihren Kenntnissen die dringend benötigte Schubkraft verliehen. Dem ehrgeizigen Regenten, der politisch auf eine absolutistische Neuordnung des Staates hinarbeitete, sind auch die entscheidenden Impulse zur architektonischen Neuanlage seiner Berlin-Cöllner Residenz zu verdanken.

Die Fortifikation der Residenz sollte dazu beitragen, dass sich das Desaster der militärischen Ohnmacht Brandenburgs, wie sie der Dreißigjährige Krieg offenbart hatte, nicht wiederholte. Auf der Berliner Seite wurde im August 1658 im Beisein des Kurfürsten am Stralauer Tor mit den Arbeiten begonnen; auf der Cöllner Seite wurde erst ab 1660 gearbeitet. Der Plan der Gesamtanlage stammte vom kurfürstlichen Ingenieur Johann Gregor Memhardt, den Abschluss der Bauarbeiten 1683 verantwortete Johann Arnold Nering. Besiedelt wurde neben dem Kern zunächst der Werder, der als kurfürstlicher Besitz in die Festung einbezogen war. Der nunmehr „Friedrichswerder" genannte Stadtteil gehörte zu den Urbezirken der Residenzstadt Berlin-Cölln, zu denen sich später „Neu-Cölln" – die Neubesiedlung

Die Kurfürstliche Residenzstadt Berlin und Coelln, Kupferstich von Kaspar Merian, aus: M.Zeiller, Topographia Electoratus Brandenburgici et Ducatus Pomeraniae, Frankfurt a.M., 1652

Huldigung des Kurfürsten Friedrich Wilhelm, Holzstich, ca.1880

folger aufbauen konnten. Des Großen Kurfürsten Sohn, Friedrich III. (1657–1713), ließ sich 1701 in Königsberg als Friedrich I. zum ersten König in Preußen krönen. Er wirkte vornehmlich dort, wohin die rührige Hand des Vaters nicht gereicht hatte. Sein Wunsch, Architektur, Künste und Bildung auf das Niveau anderer europäischer Großmächte zu heben, entsprach seiner neu erlangten Machtfülle sowie der wachsenden politischen Bedeutung des Landes: 1696 gründete er die Akademie der Künste, 1700 folgte die Akademie der Wissenschaften. Unter seiner Regentschaft wurde der umfängliche Ausbau der Königlichen Bibliothek zu Berlin vorangetrieben. Nicht zuletzt erlebten das Stadtschloss sowie die gesamte vereinigte Residenz von Berlin, nunmehr Hauptstadt des Königreiches Preußen, eine bis dahin nicht gekannte barocke Prachtentfaltung. Königlicher Baumeister war hier Andreas Schlüter, der bis 1706 den glanzvollen Ausbau des Stadtschlosses verantwortete und mit dem Reiterstandbild des Großen Kurfürsten eine der wichtigsten spätbarocken Plastiken schuf. Die Handschrift von Johann Arnold Nering zeigen das ab 1694 errichtete Zeughaus und das ab 1695 erbaute Charlottenburger Schloss (zunächst Lietzenburg). Auf Nerings Pläne geht auch

jenseits des Spreegrabens bis zum Oberbaum –, die „Dorotheenstadt" – als Teil des Tiergartenvorwerks, das der Große Kurfürst seiner zweiten Gemahlin Dorothea 1668 geschenkt hatte – und südlich der Linden die „Friedrichstadt" gesellten.

Neben der Sicherung der Berlin-Cöllner Festungswerke veranlasste der Kurfürst, wiederum durch Memhardt, den Bau des Potsdamer Schlosses; den Künsten hingegen galt sein Augenmerk weniger. Seine großen historischen Leistungen bleiben die wirtschaftliche Konsolidierung des Kurfürstentums und dessen neue, straff organisierte Verwaltung sowie die Einrichtung eines stehenden Heeres – Reformen, die den Grundstein für die später als so effizient gerühmte Verwaltung des preußischen Staates legten und auf denen seine Nach-

die Platzanlage des Gendarmenmarktes zurück, an dem ab dem Krönungsjahr die beiden Dome gebaut wurden. Wirft man jedoch einen Blick auf die französische Großmacht und den für sämtliche europäischen Höfe vorbildhaften Prunk, den der „Sonnenkönig" Ludwig XIV. entfaltete, relativieren sich sämtliche Anstrengungen des ersten Preußenkönigs. Als Friedrich I. starb, hatte Berlin, noch immer die bescheidene Provinzschöne, ganze 60 000 Einwohner.

Das friderizianische Berlin

Die Regierungsgeschäfte übernahm nun sein Sohn, Friedrich Wilhelm I. (1688–1740), dessen wenig sympathischer Beiname „Soldatenkönig" heute geläufig ist. Seiner weniger bekannten Neigung für das Bauwesen hat Berlin viel zu verdanken. Zwei große Unternehmungen waren es vor allem, die er nahezu vollenden konnte:

Friedrich Wilhelm I., König in Preußen (1713–1740), Gemälde, um 1733 von Antoine Pesne, Öl auf Leinwand, 242 x 149 cm

zum einen die teilweise Beseitigung der Festungswerke. Diese waren militärisch so gut wie unbrauchbar geworden, da die unmittelbar jenseits der Glacis rasch wachsenden Vorstädte Platz benötigten. Zum anderen widmete er sich der Erweiterung von Dorotheen- und Friedrichstadt. Letztere erhielt drei geometrisch angelegte Plätze, die

*Straßenkämpfe in Berlin am 18./19. März 1848,
Kreidelithografie aus: J. G. Zschaler,
Das ewig unvergessliche Jahr 1848*

bis in unsere Tage das Gesicht der Mitte Berlins formen: das Rondell des heutigen Mehringplatzes, das Oktogon des Leipziger Platzes und das Quarree des Pariser Platzes am Brandenburger Tor. Der übergreifende stadtplanerische Gedanke galt jedoch dem Ausbau Berlins zur Garnisonsstadt; der Kö-

Friedrich II. (1712–1786), jenem Preußenkönig, der für seine zahlreichen musischen Talente gerühmt wurde, sind nur wenige weitere Stadtteile der Bebauung und Besiedlung erschlossen worden. Die Beseitigung der Festungswerke wurde 1746 fortgesetzt und vollendet.

Friedrichs II. besonderes Engagement galt der baulichen und künstlerischen Ausgestaltung der Straße Unter den Linden, die sich zur ersten Prachtstraße Berlins entwickelte. Zwischen der Schlossbrücke und dem Beginn der Linden sollte sich ein großer Platz, das Forum Fridericianum, öffnen. Die Umgestaltung wurde mit dem Bau des Opernhauses (1741–1743) durch Georg Wenzeslaus von Knobelsdorff begonnen. Die kostspieligen Kriege Friedrichs des Großen, so sein schon zu Lebzeiten Respekt zollender Beiname, ließen das Werk jedoch bald ins Stocken geraten. Statt eines Königsschlosses auf dem Boden der heutigen Universität wurde das Palais des Prinzen Heinrich erbaut (ab 1809 für die Universität bestimmt); 1775 begann der Bau der Königlichen Bibliothek; 1747 bis 1773 wurde die katholische Hedwigs-Kathedrale errichtet. Das Forum bleibt allerdings auch in seiner reduzierten Form steingewordenes Emblem friderizianischer Geisteshaltung und aufgeklärten Staatsverständnisses: der Toleranz gegenüber anderen Glaubensrichtungen als der protestantisch-preußischen, des Willens, Bildung und Wissenschaften zu fördern, desgleichen die Künste. Die Aufklärung prägte das Leben und Schaffen im

nig benötigte Quartiere für seine Soldaten. Im nördlichen Teil der Wilhelmstraße ließen sich vornehme Persönlichkeiten nieder, die um ihre Palais Gärten und Parks anlegten. In der alten Friedrichstadt hingegen mussten die Innungen Häuser für ihre Gewerke schaffen. Unter der Regentschaft von

Kronprinzenpalais

friderizianischen Berlin. Es waren vor allem
jüdische Zeitgenossen, denen Friedrich II. er-
hebliche Freiräume und Rechte zugespro-
chen hatte und die zur geistigen Blüte der
Stadt beitrugen. Doch wurde Berlin unter
diesem Preußenkönig mehr noch als unter
dessen Vater Militärstadt: Bei einer Gesamt-
bevölkerung von 145 000 Einwohnern im
Jahre 1784 zählte die Garnison 33 000 Mann,
einschließlich der Frauen und Kinder. Friedrichs Herz hing ohnehin an der feineren Residenz Potsdam, wo er sich sorglos, ganz „sans
souci", seinen musischen Begabungen wid-
men konnte und welche im friderizianischen
Rokoko zu ihrem ersten künstlerischen und
baulichen Höhepunkt fand.

Von der preußischen Residenz zur Hauptstadt des Deutschen Reiches

Friedrich Wilhelm II. (1744–1797), Neffe und Nachfolger Friedrichs des Großen, hatte in den elf Jahren seiner Regentschaft wenig Fortune und noch weniger Zeit, sich in die Annalen der Berliner Historiografie einzuschreiben. Um 1800 reichte das bebaute Stadtgebiet in Nordsüdausdehnung von der Torstraße bis zum Mehringplatz, vom Pariser Platz im Westen bis zum Frankfurter Tor im Osten. Im Vergleich zu London und Paris, die fast die Millionengrenze erreicht hatten, war Berlin mit seinen rund 172 000 Einwohnern noch immer eine beschauliche Hauptstadt. Das absolutistische Preußen ging mit der Niederlage gegen Napoleon unter, was dem Land jedoch nicht zum Nachteil geriet: Reformen wurden auf den Weg gebracht; eine neue Städteordnung ermöglichte die Selbstverwaltung; die Bildung des Volkes sollte sich bald als die fortschrittlichste in Europa erweisen. Friedrich Wilhelm III. (1770–1840) und sein Sohn Friedrich Wilhelm IV. (1795–1861) mögen sich als echte Vertreter der Restaurationszeit nicht durch politische Entscheidungsfreude ausgezeichnet haben, doch sorgte ihrer beider Interesse an Architektur und Städtebau dafür, dass Berlin und sein Erscheinungsbild durch große Baumeister geprägt wurden – allen voran Karl Friedrich Schinkel. Seinem Genie verdanken sich nicht nur architektonische Meisterwerke wie das Alte Museum (1830) oder das Schauspielhaus am Gendarmenmarkt (1821), Schinkels gesamte Bautätigkeit in zurückhaltenden harmonischen Variationen des Klassizismus wurde zum Synonym für Preußens Stil – und ist es bis heute. Seine Nachfolger Ludwig Persius und Friedrich August Stüler begründeten die „Schinkelschule", die in Peter Joseph Lenné einen kongenialen Gartenarchitekten und Stadtplaner fand.

Doch neben aller herrschaftlichen Pracht und Bürgerlichkeit zog eine neue Epoche herauf, und die Stadt sollte sich im Laufe des

Wilhelm II., deutscher Kaiser (1888–1918), Gemälde von Ludwig Noster, 1906

Zeitgenössische Aufnahme von Kaiser Wilhelm II.
im Kreise seiner Familie

den Vorstellungen jener Hohenzollern weichen, die nach der Reichsgründung 1871 ihre Vision einer kaiserlich sich präsentierenden Hauptstadt verwirklicht sehen wollten.

Wilhelm I. (1797–1888), Friedrich III. (1831–1888) und der letzte deutsche Kaiser, Wilhelm II. (1859–1941), taten sich nicht als Liebhaber der Baukunst hervor. Breite Prachtstraßen für militärische Paraden und grandiose Bauten für staatliche Einrichtungen wie Ämter und Gerichte bestimmten den Wilhelminismus auf baulicher Seite. Die Solidität der Gründerjahre und der Eklektizismus ihrer Bauwerke beherrschten zum Teil bis zur Wende 1990 das Bild der zweigeteilten Stadt. Das schon vor 100 Jahren von Karl Scheffler geprägte Wort über Berlin, das verdammt sei, ewig zu werden und niemals zu sein, hat sich durch die Zeitläufte bis heute als erstaunlich präzise Charakterisierung erwiesen – aus heutiger Sicht auf die wechselhafte Stadtgeschichte jedoch mit einem anderen Präfix: Von schicksalhafter Verdammnis kann keine Rede sein, eher von einer unerschöpflichen Kraft zur Neuerfindung, die in jedem noch so fatalen Scheitern die Chance für einen energischen Anfang sieht. In diesem Sinne ist Berlin Großstadt *avant la lettre*.

19. Jh. um ein Vielfaches vergrößern: Die industrielle Revolution hatte vom modernen England aus Preußen erreicht, und Berlin entwickelte sich dank Dampfmaschinen, Eisenbahn und Metall verarbeitender Branchen rasch zur industriellen Metropole. Arbeitsuchende, die in Massen in die Stadt strömten, mussten mit Wohnraum und einer funktionierenden innerstädtischen Infrastruktur versorgt werden. James Hobrecht erweiterte nicht nur die lennéschen Stadtplanungen, sondern schuf ein Straßenmuster, an dem von 1862 bis ins 20. Jh. hinein die für Berlin charakteristischen gründerzeitlichen Straßenzüge ausgerichtet wurden. Was noch an mittelalterlicher Bebauung und Renaissancearchitektur vorhanden war, musste nicht nur Wohnraum, sondern auch

Die Proklamierung des Deutschen Kaiserreiches, 1885, Anton von Werner, Öl auf Leinwand, 167 x 202 cm, Bismarck-Museum, Friedrichsruh

Regenten	Friedrich Wilhelm **Kurfürst von Brandenburg** 1640–1688 *„Der Große Kurfürst"*	Friedrich III. Kurfürst von Brandenburg 1688–1713 **Friedrich I. König in Preußen** 1701–1713 *Sohn des Großen Kurfürsten*	**Friedr. Wilhelm I. König in Preußen** 1713–1740 *Sohn von Friedr. I. · „Der Soldatenkönig"*	**Friedrich II. König in Preußen** 1740–1772 **König von Preußen** 1772–1786 *Sohn von Friedr. Wilhelm I. · „Friedr. der Große"*	**Friedr. Wilhelm II. König von Preußen** 1786–1797 *Neffe von Friedrich II. · „Der dicke Lüderjahn"*

1620–1688 · *1657–1713* · *1688–1740* · *1712–1786* · *1744–1797*

Ehefrauen	• Luise Henriette von Nassau-Oranien • Dorothea von Holstein-Glücksburg	• Elisabeth-Henriette von Hessen-Kassel • Sophie Charlotte von Hannover-Braunschweig • Sophie Luise von Mecklenburg-Schwerin	• Sophie Dorothea von Braunschweig	• Elisabeth von Braunschweig-Bevern	• Elisabeth von Braunschweig-Wolfenbüttel • Friederike Luise von Hessen-Darmstadt
Ereignisse	• Einführung eines stehenden Heeres und der Akzise • Edikt von Potsdam (Hugenotten)	• Schwarzer Adlerorden • Krönung zum König „in" Preußen • Gründung der Akademie der Künste und Wissenschaften	• Neuordnung des Staatswesens (Generaldirektorium) • Ausbau des Heeres	• Eroberung Schlesiens • König „von" Preußen durch die 1. Polnische Teilung • Entwicklung zur Rechtsstaatlichkeit	• Allgemeines Preußisches Landrecht • 2. und 3. Polnische Teilung
Gebäude	• Stadtschloss • Potsdam • Schloss Köpenick • Berliner Festungsanlage	• Zeughaus • Berliner Stadtschloss • Schloss Charlottenburg • Franz. und Dt. Dom • Parochialkirche	• Alte Charité • Garnisonkirche • Kadettenanstalt • Kammergericht	• Staatsoper • Palais Prinz Heinrich • Kommode • Königskolonnaden • Türme Gendarmenmarkt • Hedwigs-Kathedrale • Sanssouci • Neues Palais	• Brandenburger Tor • Anatomisches Theater

Friedr. Wilhelm III.
König von Preußen
1797–1840
Sohn von Friedrich
Wilhelm II.

Friedr. Wilhelm IV.
König von Preußen
1840–1861
Sohn von Friedrich
Wilhelm III.

Wilhelm I.
Regent 1858–1861
König von Preußen
1861–1888
Kaiser 1871–1888
Bruder von
Friedrich Wilhelm IV.

Friedrich III.
Kaiser 1888
Sohn von Wilhelm I.

Wilhelm II.
Kaiser 1888–1918
Sohn von Friedrich III.

 1770–1840

 1795–1861

 1797–1888

 1831–1888

 1859–1941

- Luise von Mecklenburg-Strelitz
- Auguste Fürstin zu Liegnitz (morganatisch)

- Elisabeth von Bayern

- Auguste von Sachsen-Weimar-Eisenach

- Victoria von Sachsen-Coburg-Gotha, Großbritannien und Irland

- Auguste Viktoria von Schleswig-Holstein-Sonderburg-Augustenburg
- Hermine von Schönaich-Carolath

- Reformen ab 1807
- Befreiungskriege 1813–1815
- Zollverein 1834
- Potsdamer Eisenbahn 1838

- Preußische Verfassung 1850
- Dreiklassenwahlrecht

- Bismarck Preußischer Ministerpräsident
- Gründung des Deutschen Reiches
- Sozialistengesetz

- regierte nur 99 Tage

- Ablösung Bismarcks
- Ausprägung des nach ihm benannten Wilhelminismus
- Erster Weltkrieg

- Neue Wache
- Altes Museum
- Schlossbrücke
- Friedrichwerd. Kirche
- Schauspielhaus
- Bauakademie

- Neues Museum
- Schlosskuppel
- Bethanien
- Kronprinzenpalais

- Nationalgalerie
- Siegessäule
- Anhalter Bahnhof

- Reichstag
- Berliner Dom
- Kaiser-Wilhelm-Gedächtniskirche
- Staatsbibliothek
- Bode-Museum

Berlin in Zahlen

Lage

- 13,25 Grad östliche Länge,
  52,32 Grad nördliche Breite;
  Mitteleuropäische Zeit (GMT+1)
- Mitteleuropa, an den Flüssen Spree und
  Havel, 34 m über dem Meeresspiegel
  Mit 120 m höchster Punkt der Stadt ist
  der Trümmerschuttberg am Teufelssee
- Hauptstadt und größte Stadt Deutschlands

Fläche

- Stadtgebiet: 892 km²
- Metropolregion Berlin/Brandenburg:
  5370 km²

Bevölkerung

- Einwohnerzahl 2007: 3,42 Millionen
- Nach München die am dichtesten
  bevölkerte Stadt Deutschlands:
  3834 Einwohner pro km²; Berlin-Kreuzberg:
  über 15 000 Einwohner pro km²

Klima und Reisezeit

- Berlin liegt im Übergang vom
  ozeanischen zum kontinentalen
  Klima: Vielen heißen, trockenen
  Tagen im Sommer steht oft extreme
  Kälte im Winter gegenüber
- Ideale Reisezeit ist Mai bis Oktober;
  im Juli kann es allerdings zu
  extremen Hitzephasen bis 35 °C
  kommen

Verwaltung

- Berlin wird als Stadtstaat verwaltet,
  für den Bundesrecht gilt
- Der Berliner Senat hat seinen Sitz im
  Roten Rathaus, das Abgeordnetenhaus
  (169 Mandate) tagt im ehemaligen
  Preußischen Landtag
- Die 23 historischen Verwaltungs-
  gebiete wurden 2001 neu gegliedert
  und auf 12 reduziert

Klimadaten

Durchschnitts-temperatur in °C	Jan.	Febr.	März	April	Mai	Juni	Juli	Aug.	Sept.	Okt.	Nov.	Dez.
Tag	2	3	8	13	18	22	23	23	19	13	7	3
Nacht	-3	-3	0	4	8	11	13	12	9	6	2	-1
Sonnenstd. pro Tag	2	3	4	6	7	8	7	7	6	4	2	1
Regentage	17	15	12	13	12	12	14	14	12	14	16	15

Zeittafel

Regierung

- Wichtige Regierungsgebäude sind das Bundeskanzleramt mit Kanzlerbüro, das Reichstagsgebäude als Sitz des Dt. Bundestags und der Spreebogen mit Verwaltungsgebäuden des Bundestags
- Von den 14 Bundesministerien sind 9 bereits von Bonn nach Berlin umgezogen

Wirtschaft

- Berlin hat sich von einer Industrie- zur Dienstleistungsmetropole gewandelt, rund 41 Prozent der Erwerbstätigen arbeiten im Dienstleistungssektor
- Bruttoinlandsprodukt und Wirtschaftswachstum liegen unter dem Bundesdurchschnitt
- Berlin fördert verstärkt Zukunftsfelder wie Biotechnologie, Informatik, Energietechnik
- TV-, Rundfunk- und Printmedien sind in Berlin besonders stark vertreten. Berlin ist die Stadt mit der größten Zahl täglich erscheinender Zeitungen in Deutschland

Berlin im Internet

- www.berlin.de – Offizielles Stadtportal mit Bürgerservice und Schwerpunkt auf praktischen Informationen
- www.visitberlin.de – Website von Berlins Tourismus-Organisation mit Reiseinfos, Stadtinfos und Möglichkeiten der Ticketbuchung und Hotelreservation
- www.berlinonline.de – Stadtportal verschiedener Berliner Zeitungen und Stadtmagazine mit Veranstaltungstipps und Schwerpunkt auf Szene, Clubs und Lifestyle

um 720–750

Der von den Hevellern, einem Slawenstamm, an der Havel errichtete Herrensitz Spandow gilt als erste größere Ansiedlung im späteren Berliner Raum. Ein weiterer Slawenstamm, die Sprewanen, lässt sich an der Spree mit Köpenick als Zentrum nieder.

um 1200

Aufgrund der günstigen Lage am Schnittpunkt mittelalterlicher Handelsstraßen siedeln sich mehr und mehr Kaufleute an der Spree an. Beiderseits des Flusses, der sich an dieser Stelle besonders leicht überqueren lässt, entstehen die Siedlungen Cölln und Berlin. 1197 wird Spandau erstmals urkundlich erwähnt, 1232 erhält es Stadtrecht.

1237

Berlins Schwesterstadt Cölln auf der Spreeinsel wird erstmals urkundlich erwähnt; der 28. Oktober 1237 gilt als offizieller Geburtstag der Stadt. 1251 folgt die erste Erwähnung von Berlin als Stadt. 1280 erscheint erstmals der Bär als Wappentier. 1307 schließen Cölln und Berlin einen Vertrag, der die beiden Städte in einer Union zusammenschmiedet.

1448

Im „Berliner Unwillen" 1442 bis 1448 unterliegt die Stadt dem wachsenden Einfluss der Hohenzollern. Unter Kurfürst Friedrich II. Eisenzahn wird Berlin-Cölln Residenzstadt, was besonders die weitere bauliche Entwicklung entscheidend prägt. Um 1450 hat Berlin rund 8000 Einwohner.

1618

Mit dem Prager Fenstersturz bricht der Dreißigjährige Krieg aus und dezimiert bis zu seinem Ende
1648 die Berliner Bevölkerung um etwa die Hälfte. Neuen Zuwachs erhält die Stadt ab 1685 durch
die in Frankreich verfolgten Hugenotten, die für
einen Aufschwung des Handwerks sorgen.

1709

Berlin und Cölln vereinen sich zusammen mit den
Ende des 17. Jh. entstandenen Vorstädten Friedrichswerder, Dorotheenstadt und Friedrichstadt
endgültig zur Einheitsgemeinde Berlin. 1737
leben auf 13,2 km^2 Berliner Fläche bereits 90 000
Einwohner. 1739 wird die Berliner Börse gegründet.

1740

Unter Friedrich II. dem Großen avanciert Preußen
zur Großmacht. Mehr und mehr erlangt Berlin
den Rang einer europäischen Hauptstadt. Auch
kulturell wächst die Bedeutung Berlins: 1742
wird das Opernhaus Unter den Linden eröffnet.
1748 kommt Gotthold Ephraim Lessing nach
Berlin und sorgt mit dafür, dass die Stadt Zentrum der Aufklärung wird.

1791

Das neue Brandenburger Tor wird eröffnet. Es
dient als westliches Zolltor in der Stadtmauer.
Die ein Jahr später dem Verkehr übergebene
Chaussee von Berlin nach Potsdam ist die erste
gepflasterte Landstraße in Preußen. 1793 wird
in Berlin die erste Dampfmaschine in Betrieb
genommen. 1805 besucht Zar Alexander I. Berlin.
Ihm zu Ehren wird der Marktplatz am östlichen
Georgientor in „Alexanderplatz" umgetauft.

1806

Berlin wird von den Franzosen besetzt, Napoleon zieht durch das Brandenburger Tor in die Stadt
ein. Die Besatzung der Stadt dauert bis Dezember 1808. Der Philosoph Johann Gottlieb Fichte
begründet mit seinen Reden an die deutsche
Nation eine neue patriotische Freiheitsbewe-
gung. 1810 wird er erster Rektor der neu gegründeten Berliner Universität. Mehr aufs körperliche Wohl seiner Mitbürger bedacht ist
Friedrich Ludwig „Turnvater" Jahn: 1811 eröffnet
er auf der Hasenheide den ersten öffentlichen
Sportplatz.

1816

Auf der Havel und auf der Spree fährt das erste
deutsche Dampfschiff. 1819 übersteigt die Einwohnerzahl von Berlin erstmals 200 000. Auf der
Straße Unter den Linden öffnet 1825 eine Berliner Institution ihre Pforten: die Café-Konditorei
Kranzler.

1834

Die deutschen Staaten rücken wirtschaftlich en-
ger zusammen: In Berlin wird der Deutsche Zollverein gegründet. 1838 fährt in Berlin erstmals
die Eisenbahn, die Strecke führt von Potsdam
über Zehlendorf bis zum Bahnhof Potsdamer
Platz. Als erster deutscher städtischer Zoo wird
1844 der Berliner Zoologische Garten eröffnet.
1847 wird die Telegraphenbau-Anstalt von Siemens & Halske gegründet, heute Siemens AG.

1848

Bei der Märzrevolution lassen 216 Berliner Bürger ihr Leben. Das Aufbegehren für einen demo-
kratischen und einheitlichen deutschen Natio-

nalstaat wird bis Juli 1849 von preußischen und österreichischen Soldaten gewaltsam niedergeschlagen.

1854

Die damals noch „Reklame" genannte Werbung gewinnt immer mehr an Bedeutung: Der Berliner Buchdrucker Ernst Litfaß erfindet die nach ihm benannte Litfasssäule. Über ihre werbende Funktion hinaus wird sie ein wichtiges Medium für öffentliche Bekanntmachungen.

1861

Wilhelm I. wird König von Preußen. Durch die Eingemeindung von Wedding, Moabit, Tempelhof und Schöneberg überschreitet Berlin die Grenze von einer halben Million Einwohner. Die Stadtfläche beträgt nun 59,2 km^2. Aufgrund des knapp gewordenen Wohnraums entstehen mehr und mehr Mietskasernen. 1865 wird die erste Pferdestraßenbahn in Betrieb genommen, 1868 die Allgemeine Berliner Omnibus AG (ABO-AG) gegründet.

1871

Der preußische König Wilhelm I. wird Kaiser von Deutschland, der preußische Ministerpräsident Otto von Bismarck wird Reichskanzler. Berlin wird Hauptstadt des neu gegründeten Deutschen Reichs. Hand in Hand mit dem politischen Bedeutungsschub geht – beflügelt durch 5 Mrd. Francs Kriegsschuldzahlungen der Franzosen – ein wirtschaftlicher Boom einher. 1877 hat Berlin über eine Million Einwohner. 1880 wird der Kurfürstendamm nach Pariser Vorbild zum Prachtboulevard ausgebaut.

1890

Wilhelm II., der im Dreikaiserjahr 1888 Nachfolger von Wilhelm I. und Friedrich III. wurde, läutet eine nationalkonservative Ära ein, die sich auch im Baustil des Wilhelminismus widerspiegelt: Es entstehen die Kaiser-Wilhelm-Gedächtniskirche und der Berliner Dom.

1894

Das von Architekt Paul Wallot im Stil der Neorenaissance errichtete Reichstagsgebäude wird nach zehnjähriger Bauzeit fertiggestellt. Am 6. Dezember 1894 findet hier die erste Reichstagssitzung statt. Die Einwohner bekommen neue Formen der Vergnügung geboten: 1895 findet im Wintergarten erstmals eine Kinovorführung statt.

1902

Die von Siemens gebaute erste U-Bahn verkehrt zwischen Stralauer Tor und Potsdamer Platz. Aus der Kombination von Hochbahn, U-Bahn, Straßenbahn und – ab 1905 motorisierten – Omnibussen entsteht eines der weltweit kapazitätsstärksten Nahverkehrssysteme, das schon 1903 über 30 Millionen Fahrgäste jährlich transportiert. 1905 hat Berlin über 2 Millionen Einwohner, davon nur ca. 800 000 gebürtige Berliner.

1906

Die Eröffnung des Teltow-Kanals zwischen Köpenick und Potsdam schließt Berlin an die Wasserwege an. Schon bald gehört die Stadt zu den größten Binnenhafenstädten Europas. Ab 1907 lockt das Kaufhaus des Westens (KaDeWe) mit ungekanntem Warenreichtum; es ist das größte Kaufhaus Deutschlands. Im gleichen Jahr eröffnet ein weiteres Symbol mondänen Glanzes: das Luxushotel Adlon, Unter den Linden am Pariser Platz.

1911
In der Kaiser-Wilhelm-Gesellschaft zur Förderung der Wissenschaften bündeln sich Berlins Forschungsinstitute und verhelfen der Stadt auch wissenschaftlich zu Weltrang. Heutiger Nachfolger ist die Max-Planck-Gesellschaft.

1914
Der Erste Weltkrieg bricht aus. Die nächsten Jahre sind geprägt durch Entbehrungen; Lebensmittel und Brennstoffe sind knapp. Im Steckrübenwinter von 1917 sind alle Lebensmittel amtlich streng rationiert, die Zuteilung von Brot beträgt 1350 Gramm die Woche.

1918
Am 9. Dezember 1918 dankt Kaiser Wilhelm II. ab. Der SPD-Politiker Philipp Scheidemann ruft vom Balkon des Reichstags die Deutsche Republik aus. 1919 weicht die Regierung aufgrund der politischen Unruhen für einige Monate nach Weimar aus – was nachträglich die Bezeichnung „Weimarer Republik" prägte.

1920
In einer Gebietsreform werden 8 Städte, 59 Landgemeinden und 27 Gutsbezirke zu Groß-Berlin zusammengeschlossen. Mit 3,8 Millionen Einwohnern auf 878 km² Fläche ist Berlin nun Weltstadt und nach London und Paris die drittgrößte Stadt Europas. Die Goldenen Zwanziger beginnen, Kabarett und Varieté erleben ihre Blütezeit.

1923
Die wirtschaftlichen Nöte nach dem Krieg gipfeln in der Hyperinflation, die die Bürger um ihre Ersparnisse bringt. Stabilität wird am 20. November 1923 mit der Währungsreform erzwungen: Für 1 Billion Papiermark gibt es 1 Rentenmark. Im gleichen Jahr geht der Berliner Rundfunk auf Sendung.

1933
Der Reichstag brennt, Hitler wird zum Reichskanzler ernannt, die Nationalsozialisten ergreifen die Macht. Politisch Andersdenkende und Juden werden verfolgt und inhaftiert. Die XI. Olympischen Spiele 1936 in Berlin werden von den Nazis als Propagandaplattform instrumentalisiert.

1938
Die systematische Verfolgung der Juden findet in der Pogromnacht am 9. November 1938 einen vorläufigen Höhepunkt. 1939 beginnt Deutschland den Zweiten Weltkrieg, am 18. Februar 1943 ruft Goebbels im Berliner Sportpalast in einer Hetzrede zum „totalen Krieg" auf. Bei Luftangriffen 1943 bis 1945 sterben mindestens 50 000 Einwohner.

1945
Kapitulation des deutschen Militärs, Berlin liegt in Trümmern und wird von den Siegermächten in vier Sektoren geteilt. Von 4,3 Millionen Einwohnern vor dem Krieg sind noch 2,8 Millionen übrig, die Zahl der Juden hat sich von 173 000 auf 6000 reduziert. Es beginnen mühevolle Jahre des Wiederaufbaus.

1948

Mit der Währungsreform und der D-Mark beginnt langsam wieder der wirtschaftliche Aufschwung. Während der Blockade Berlins durch die Sowjetstreitkräfte ab dem 26. Juni 1948 werden die Berliner über eine Luftbrücke durch „Rosinenbomber" mit Lebensmitteln versorgt. Als Gegenstück zur nun in Ostberlin liegenden Humboldt-Universität wird die Freie Universität Berlin gegründet.

1949

Die Bundesrepublik Deutschland wird gegründet. Westberlin erhält gleichzeitig den Status eines Bundeslandes (Stadtstaat). Ostberlin wird Hauptstadt der DDR. 1953 kommt es in Ostberlin zum Volksaufstand, der durch das sowjetische Militär blutig niedergeschlagen wird.

1961

Die Berliner Mauer wird gebaut. Westberlin wird gegen Ostberlin und das DDR-Umland hermetisch abgeriegelt. 1963 besucht US-Präsident John F. Kennedy Westberlin und erklärt mit den berühmten Worten „Ich bin ein Berliner" seine Solidarität mit der Stadt.

1967

Gesellschaftliche Defizite, die nicht zuletzt aus der allzu schnellen Verdrängung der Nazizeit resultieren, führen zur Studentenbewegung. Nachdem bei einer Demonstration gegen den Besuch des Schah von Persien der Student Benno Ohnesorg erschossen wird, kommt es zu militanten Aktionen der Außerparlamentarischen Opposition (APO).

1971

Nach einer langen Phase des Kalten Krieges wird der Sonderstatus von Berlin im Viermächteabkommen völkerrechtsverbindlich festgeschrieben. In Ostberlin wird 1976 der Palast der Republik als Tagungsstätte der DDR-Volkskammer eingeweiht. Er steht an der Stelle des im Krieg schwer beschädigten und 1950 gesprengten Berliner Stadtschlosses.

1989

Nach wochenlangen Protesten in Ostberlin fällt am 9. November 1989 die Mauer. Berlin wird 1990 Hauptstadt des wiedervereinigten Deutschlands. Ab 1994 werden der Potsdamer Platz und der Leipziger Platz nach Entwürfen von Star-Architekten wie Renzo Piano und Hans Kollhoff völlig neu wieder aufgebaut. Im Sommer 1995 bestaunen über 5 Millionen Besucher den von Christo und Jeanne-Claude verhüllten Reichstag.

1999

Am 19. April 1999 tagt der Bundestag erstmals im renovierten Reichstagsgebäude. Der Umzug der Regierung von Bonn nach Berlin ist abgeschlossen.

2006

Nach der Alten Nationalgalerie 2001 wird am 17. Oktober 2006 auch das Bode-Museum auf der Museumsinsel wiedereröffnet. Bis 2015 soll das einzigartige städtebauliche Ensemble, das seit 1999 zum UNESCO-Weltkulturerbe gehört, komplett wiederhergestellt sein.

Wichtige Berliner Museen

Alliierten-Museum
Clayallee 135
14195 Berlin
030 81 81 99 0
www.alliiertenmuseum.de

Alte Nationalgalerie
Bodestr. 1–3
10178 Berlin
030 20 90 58 01
www.alte-nationalgalerie.de

Altes Museum
Am Lustgarten 1
10178 Berlin
030 20 90 55 77
www.smb.spk-berlin.de

Antikensammlung
Bodestr. 1–3
10187 Berlin
030 20 90 52 01
www.smb.spk-berlin.de

Bauhaus-Archiv
Museum für Gestaltung
Klingelhöferstr. 14
10785 Berlin
030 25 40 02 0
www.bauhaus.de

Berlinische Galerie
Alte Jakobstr. 124–128
10969 Berlin
030 78 90 26 00
www.berlinischegalerie.de

Bode-Museum
Bodestr. 1
10178 Berlin
030 20 90 55 55
www.smb.spk-berlin.de

Bröhan-Museum
Schloßstr. 1a, gegenüber
Schloss Charlottenburg
14059 Berlin
030 32 69 06 00
www.broehan-museum.de

Brücke-Museum
Bussardsteig 9
14195 Berlin
030 83 12 02 9
www.bruecke-museum.de

Deutsches Hist. Museum
Unter den Linden 2
10117 Berlin
030 20 30 44 44
www.dhm.de

Ethnologisches Museum
Lansstr. 8
14195 Berlin
030 83 01 43 8
www.smb.spk-berlin.de

Filmmuseum Berlin
Potsdamer Str. 2
10785 Berlin
030 30 09 03 59
www.filmmuseum-berlin.de

Gemäldegalerie
Stauffenbergstr. 40
10785 Berlin
030 2 66 29 51
www.smb.spk-berlin.de

Georg-Kolbe-Museum
Sensburger Allee 25
14055 Berlin
030 3 04 21 44
www.georg-kolbe-museum.de

Hamburger Bahnhof
Museum für Gegenwart
Invalidenstr. 50/51
10557 Berlin
030 39 78 34 12
www.hamburgerbahnhof.de

Jagdschloss Grunewald
Hüttenweg 100
(am Grunewaldsee)
14193 Berlin
030 8 13 35 97
www.spsg.de

Jüdisches Museum Berlin
Lindenstr. 9–14
10969 Berlin
030 25 99 33 00
www.jmberlin.de

Käthe-Kollwitz-Museum
Fasanenstr. 24
10719 Berlin
030 8 82 52 10
www.kaethe-kollwitz.de

Kulturforum Potsdamer Platz
Matthäikirchplatz 6
10875 Berlin
030 2 66 36 60
www.smb.spk-berlin.de

Kunstgewerbemuseum
Tiergartenstr. 6
10785 Berlin
030 2 66 29 02
www.smb.spk-berlin.de

Kunstgewerbemuseum
Schloss Köpenick
Schlossinsel 1
12557 Berlin
030 65 66 17 49
www.smb.spk-berlin.de

Kupferstichkabinett
Matthäikirchplatz 8
10785 Berlin
030 2 66 20 02
www.smb.spk-berlin.de

Märkisches Museum –
Stiftung Stadtmuseum Berlin
Am Köllnischen Park 5
10179 Berlin
030 30 86 62 15
www.stadtmuseum.de

Martin-Gropius-Bau
Niederkirchnerstr. 7/
Ecke Stresemannstr. 110
10963 Berlin
030 25 48 60
www.gropiusbau.de

Museum für Asiatische Kunst
Lansstr. 8
14195 Berlin
030 83 01 43 8
www.smb.spk-berlin.de

Museum Berggruen
Schloßstr. 1
14059 Berlin
030 32 69 58 0
www.smb.spk-berlin.de

Museum Europäischer
Kulturen
Arnimallee 25
14195 Berlin
030 83 90 12 87
www.smb.spk-berlin.de

Museum für Fotografie
und Helmut-Newton-Stiftung
Jebensstr. 2
10623 Berlin
030 2 66 21 88
www.smb.spk-berlin.de

Museum für Kommunikation
Leipziger Str. 16
10117 Berlin
030 20 29 40
www.museumsstiftung.de

Museum für Naturkunde
Invalidenstr. 43
10115 Berlin
030 20 93 85 91
www.naturkundemuseum-
berlin.de

Museumsinsel Berlin Mitte
Bodestr. 1–3
10178 Berlin
030 20 90 55 77
www.smb.spk-berlin.de

Musikinstrumenten-Museum
Tiergartenstr. 1
(Eingang Ben-Gurion-Str.)
10785 Berlin
030 25 48 11 78
www.mim-berlin.de

Neue Nationalgalerie
Potsdamer Str. 50
10785 Berlin
030 2 66 26 51
www.smb.spk-berlin.de

Neues Museum
Bodestr. 1
10178 Berlin
030 26 63 66 0
www.smb.spk-berlin.de

Pergamonmuseum
Bodestr. 1–3
Am Kupfergraben 5
10178 Berlin
030 20 90 55 77
www.smb.spk-berlin.de

Technikmuseum
Berlin mit Science Center
Spectrum
Trebbiner Str. 9
10963 Berlin
030 90 25 40
www.dtmb.de

Plätze in Berlin

Plätze in Berlin

Im Laufe seiner 700-jährigen Entwicklung entstanden in Berlin fast alle bekannten Platztypen. Neben Markt- und Kirchplätzen gibt es Aufmarsch- und Exerzierplätze – wozu der heutige „Salon" der Stadt, der Gendarmenmarkt einst diente – sowie Verkehrsknotenpunkte. Ab der Jahrhundertwende ließen S-Bahnhöfe neue Stadträume entstehen, etwa den Mexikoplatz rund um das Jugendstiljuwel der Zehlendorfer Station. Eine Berliner Besonderheit sind die am Zeichentisch entworfenen Anlagen, die schönen „möblierten" Schmuckplätze. Zu ihnen zählen der Rüdesheimer Platz in Wilmersdorf mit Brunnen und Figuren, der Schöneberger Viktoria-Luise-Platz mit Kolonnade und Bassin mit Fontäne, der Kollwitz-Platz am Prenzlauer Berg mit seiner parkartigen Anlage in der Mitte oder der Savignyplatz im Herzen Charlottenburgs, der trotz des Verkehrs auf der Kantstraße noch

Ansicht des Neuen Markts, 1787, Gemälde von Johann Georg Rosenberg, Öl auf Leinwand, 56 x 86 cm, Stiftung Stadtmuseum Berlin

Blick vom Molkenmarkt in die Spandauer Straße zum Roten Rathaus, Bildpostkarte um 1900

etwas vom alten Berlin bewahrt hat. Als öffentliche Räume bilden diese Plätze die Mitte eines Viertels. Sie sind Treffpunkt für alle, Erholungsstätten, an denen sich gelebte Urbanität entdecken lässt. Die ältesten Plätze Berlins, die als Märkte an Verkehrskreuzungen entstanden waren, sind heute zweckentfremdet, wie der nur noch in kümmerlicher Gestalt vorhandene Molkenmarkt, oder ganz verschwunden, wie der Cöllnische Fischmarkt und der Neue Markt vor der Marienkirche. Dort findet sich stattdessen eine namenlose leere Fläche, die in nichts mehr an das spätmittelalterliche Viertel erinnert, wo einst Lessing und Fontane flanierten, wo Moses Mendelssohn wirkte und Minna von Barnhelm logierte.

Zwischen Kirche, Rotem Rathaus und Marx-Engels-Denkmal ist ein Drittel von Alt-Berlin unter Rasen, Rabatten und Pflasterungen verschwunden. Heute zeigt sich hier stattdessen in Gestalt eines riesigen Platzes ein real existierendes Stück Hauptstadt der DDR. Wie hingegen ein offener Raum zu der ihn umschließenden Bebauung nicht nur gehört, sondern durch sie erst entsteht, beweist der elegante, von 1998 bis 2000 nach Plänen von Hans Kollhoff und Helga Timmermann angelegte Walter-Benjamin-Platz an der Leibnizstraße. Er zeugt aber auch davon, dass sich die Berliner mit der Veränderung des liebgewordenen Alten nicht immer leicht tun. Hartnäckig trauerten sie der dort jahrzehntelang als wilde Parkfläche genutzten Brache nach.

Pariser Platz

Der Pariser Platz wurde unter Friedrich Wilhelm I. neben Oktogon (Leipziger Platz) und Rondell (Mehringplatz) als dritte große Platzanlage namens Quarree angelegt. 1814 erhielt er nach der Eroberung von Paris durch die preußischen Truppen seinen jetzigen Namen. Damals war er mit barocken Palais und klassizistischen Stadtvillen dicht umbaut und gehörte zu den nobelsten Adressen der Stadt. Neben dem preußischen Staatsminister Friedrich Karl von Savigny wohnten hier der Rechtsreformer Carl Gottlieb von Suarez, Feldmarschall Graf Friedrich von Wrangel sowie der Komponist Giacomo Meyerbeer. Achim von Arnim wuchs hier auf, und Max Liebermann residierte bis zu seinem Tod 1935 neben dem Brandenburger Tor. Im Zweiten Weltkrieg wurde der Pariser Platz stark zerstört. Lediglich Reste der Akademie der Künste blieben bestehen. Erst nach dem Fall der Mauer konnte ab 1993 mit dem Wiederaufbau des Platzes als Gesamtensemble begonnen werden. Hierzu erließ der Berliner Senat Gestaltungssatzungen, die Gebäudehöhe, Material und Fassadenaufriss vorschrieben. Als Ausnahme wurde lediglich der umstrittene Entwurf von Günter Behnisch für die Glasfassade der Akademie der Künste genehmigt. Wie historische Elemente und moderne Bauweise zu einer „kritischen Rekonstruktion" führen können, zeigen die beiderseits des Tores entstandenen Gebäude, das Haus Sommer/Commerzbank und das Haus Liebermann (Josef Paul Klei-

hues), an der Nordseite das Palais am Pariser Platz (Bernhard Winking/Martin Froh), die Dresdner Bank (Gerkan, Marg und Partner), die Französische Botschaft (Christian de Portzamparc) sowie als Abschluss der Neubau der AGB-Immobiliengesellschaft mit

der Fotosammlung The Kennedys. An der Südwestecke steht die 2008 eingeweihte US-Botschaft (Moore, Rubel, Yudell), die aus Sicherheitsgründen eine Verlegung der südlichen Straßenzüge erforderte. Daneben befindet sich die DZ-Bank von Frank O. Gehry, den die Bauordnung zu gestalterischer Disziplin zwang. Das bei ihm übliche architektonische Spektakel herrscht nun im Inneren. Weit in die Wilhelmstraße hinein reicht der Neubau des Luxushotels Adlon (Patzschke, Klotz & Partner).

Das Brandenburger Tor

von Edelgard Abenstein

Es ist das Wahrzeichen Berlins und das bekannteste Bauwerk der Stadt. An der Nahtstelle zwischen Ost und West gelegen, war das Brandenburger Tor jahrzehntelang ein Symbol der geteilten Stadt. Es stand, von Wachtürmen flankiert, verloren im Niemandsland an der Staatsgrenze der DDR. Mauer und Todesstreifen versperrten den Zugang. Jeder westliche Staatsbesuch fand sich ihm gegenüber auf einer Aussichtsplattform ein. Dabei hatte das schöne frühklassizistische Tor einst für die Ideale einer freiheitlichen Bürgergesellschaft um 1800 gestanden. Das einzige – von ursprünglich 15 – erhalten gebliebene Stadttor Berlins wurde unter Friedrich Wilhelm II. zwischen 1789 und 1791 nach Plänen von Carl

Karikatur auf die Rückführung der 1806 von Napoleon geraubten Quadriga nach Berlin, Punktierstich, 1814, von Daniel Berger

Gotthard Langhans errichtet. Vorbild waren die Propyläen der Akropolis. Langhans gelang eine, auch im europäischen Vergleich, fulminante Neuschöpfung. Das Tor ist ein 26 m hoher, 65,5 m breiter und 11 m tiefer Sandsteinbau mit fünf Durchfahrten, die auf beiden Seiten durch jeweils sechs 15 m hohe dorische Säulen markiert sind. Die beiden flankierenden Torhäuser wurden 1868 nach dem Abriss der Stadtmauer von dem Schinkel-Schüler Johann Heinrich Strack angefügt. Die das Tor krönende Quadriga (1793) mit der geflügelten Friedensgöttin Eirene sowie die Entwürfe zu den Reliefs an den Innenseiten fertigte Johann Gottfried Schadow. Die heutige Quadriga ist eine vollständige Replik nach Gipsabgüssen des nicht mehr vorhandenen Originals. Es war Napoleon, der dem Brandenburger Tor erstmals eine politische Bedeutung verlieh, als er nach dem Sieg bei Jena 1806 an der Spitze seiner Garden in Berlin einmarschierte; er ließ die Quadriga nach Paris schaffen. Das Tor stand acht Jahre unbekrönt, bis Feldmarschall von Blücher sie nach dem Sieg über Napoleon im Triumph zurückbrachte. Das Tor wurde nun zum Denkmal für die Befreiungskriege, die einstige Friedensgöttin mit dem von Schinkel hinzugefügten Eisernen Kreuz und Adler zur Viktoria. Für staatliche Feiern, besonders für militärische Machtdemonstrationen, wurde das Tor fortan zur Kulisse. Hier fand 1871 der prunkvolle Einmarsch deutsch-preußischer Truppen nach dem Sieg über Frankreich statt. Die Nationalsozialis-

Einzug Napoleons in Berlin am 27. Oktober 1806, Gemälde von Charles Meynier,
Öl auf Leinwand, 1810, Schloss Versailles, Musée Historique

ten feierten die Machtergreifung am 30. Januar 1933 mit einem Fackelzug durch das Tor, später wurde es zur Durchgangsstation für die neue Via triumphalis, die über die Linden nach Westen bis zum Olympiastadion reichte. Bei Kriegsende wehte auf dem Tor symbolträchtig die rote Fahne der Roten Armee, bevor es zu einem Teil des Eisernen Vorhangs wurde.

Als am 9. November 1989 die Mauer fiel, ging das Bild vom Brandenburger Tor, bestürmt von jubelnden Menschenmassen, um die Welt. Am 22. Dezember 1989 wurde das Tor feierlich wieder geöffnet. Das einstige Symbol des Kalten Krieges wandelte sich zum Symbol der deutschen Einheit. Es steht von nun an für die Erfahrung, dass „die deutsche Geschichte nicht nur Irr- und Sonderwege, sondern auch glückliche Wendungen kennt". (Günter de Bruyn)

Potsdamer Platz

Beim Potsdamer Platz, einem Vorzeigeobjekt der Stadtplaner, handelt es sich nicht um einen Platz, wie der Name nahelegt: Hier ist eine Stadt in der Stadt entstanden. Schon als er noch die größte Baustelle Europas war, kamen die Besucher, und zum Richtfest der ersten beiden Gebäude setzte 1997 der Dirigent Daniel Barenboim beim „Ballett der Kräne" 19 Riesen aus Stahl nach der Musik von Beethovens Neunter Sinfonie in Bewegung. Das gesamte Areal des einst verkehrsreichsten Platzes in Europa, der einmal Treffpunkt des „homogenen Weltstadtpublikums" (Siegfried Kracauer) war, lag nach der Zerstörung im Zweiten Weltkrieg brach und gehörte jahrzehntelang zum Todesstreifen der Mauer. Heute steht der neue Potsdamer Platz mit Grand Hotels, Musical-Theater und Film-Museum, mit Traditionsrestaurants wie dem historischen Weinhaus Huth, Bars, Kinos und einer Shopping-Mall wieder als Synonym für das pulsierende Leben Berlins. Mit seinen beiden höchst unterschiedlichen Zentren, dem Sony-Komplex und dem Daimler-Chrysler-Areal, knüpft er an den alten Mythos an. Dabei wurde nach traditionellem Berliner Blockschema auf der Grundlage eines Masterplans von Heinz Hilmer und Christoph Sattler an den rekonstruierten Straßenzügen entlanggebaut. Renzo Piano, der für die vielfältigen 19 Gebäude des Daimler-Chrysler-Quartiers weitere Architekten wie Richard Rogers, Arata Isozaki und Rafael Moneo hinzuzog,

Potsdamer Platz, Fotopostkarte um 1925

entwarf Musical-Theater, Spielbank und Imax-Kino am Marlene-Dietrich-Platz sowie das in ockerfarbenes Terrakotta gekleidete und mit einem grünen Würfel gekrönte debis-Haus. Helmut Jahns Sony Center hingegen stammt aus einer Hand und präsentiert eine geschlossene Glas-Stahl-Architektur, die in der Mitte eine von einem Zeltdach überspannte Plaza entstehen lässt. Dort befindet sich ein Teil des von Bomben verschonten Grand Hotels Esplanade mit dem berühmten Kaisersaal, der von seinem 75 m entfernten originalen Standort 1995 hierher verlegt wurde. Zusammen mit dem Sony-Turm und Pianos spitzwinkligem Bürohaus bildet Hans Kollhoffs treppenförmiges Backsteingebäude ein markantes Ensemble, das zum Leipziger Platz – der sich in neuer Gestalt zum alten Achteck formt – hin ein Tor andeutet und diesen mit dem Kulturforum verbindet.

Gendarmenmarkt

Der schönste Platz Berlins, viele meinen gar, einer der schönsten Europas, ist der Gendarmenmarkt. Der zunächst abseits gelegene Marktplatz verdankt seinen Namen dem Kürassierregiment „Gens d'armes", das Mitte des 18. Jh. hier seine Stallungen hatte. Der im Krieg stark beschädigte Platz erhielt anlässlich der 250-Jahr-Feier der dort angesiedelten Deutschen Akademie der Wissenschaften 1950 seine alte Gestalt zurück und wurde in Platz der Akademie umbenannt. Seit der Wiedervereinigung trägt er wieder seinen ursprünglichen Namen. Mittelpunkt des Gendarmenmarkts ist das Schauspielhaus von Karl Friedrich Schinkel, das heutige Konzerthaus. Es wurde 1818 bis 1821 auf den Grundmauern des 1817 abgebrannten Nationaltheaters errichtet, das Carl Gotthard Langhans 1802 wiederum als Nachfolgebau der Französischen Komödie entworfen hatte. Der Französische Dom an der Nordseite des Platzes entstand 1701 bis 1705 nach den Plänen von Jean Louis Cayart für die seit 1685 nach Berlin eingewanderten Hugenotten. Deren Geschichte zeigt das im Turm untergebrachte Hugenottenmuseum. Der Deutsche Dom auf der gegenüberliegenden Seite des Platzes wurde zur gleichen Zeit nach Plänen von Martin Grünberg für die preußische luthe-

Links: der Deutsche Dom auf der Südseite des Platzes – Rechts: sein Gegenstück, der Französische Dom, im Norden

rische Bevölkerung gebaut. Auf seinen Stufen bahrte man 1848 die bei den Barrikadenkämpfen getöteten Demokraten, die Märzgefallenen, auf. Diese Ereignisse sind auch Thema der dort gezeigten Ausstellung. Ihre charakteristischen Kuppeltürme sowie die klassizistischen Vorbauten erhielten die Dome erst unter Friedrich II. durch Carl von Gontard, der sich an den überkuppelten Zwillingskirchen an der römischen Piazza del Popolo orientierte. Vor dem Theater steht Reinhard Begas' Schiller-Denkmal (1859), das die Nationalsozialisten 1935 entfernt und die DDR-Regierung erst 1987 wieder aufgestellt hatte.

Bebelplatz

Der Unter den Linden gelegene Bebelplatz – auch Forum Fridericianum oder Lindenforum genannt – zählt mit den ihn umrahmenden Gebäuden zu den bemerkenswertesten Sehenswürdigkeiten Berlins. Hier befindet sich das Herzstück des Berliner Rokoko. Mit der 1741 bis 1743 im Stil eines korinthischen Tempels errichteten königlichen Oper, der heutigen Staatsoper Unter den Linden, schuf Georg Wenzeslaus von Knobelsdorff das erste freistehende Opernhaus Deutschlands und das damals größte Europas. Es fasste über 2000 Zuschauer zu einer Zeit, als Berlin etwa 90 000 Einwohner besaß, die freilich nur als adelige Gäste Zutritt erhielten. Ebenfalls nach Knobelsdorffs Plänen führte Johann Boumann d. Ä. zwischen 1747 und 1773 den Bau der katholischen St.-Hedwigs-Kathedrale aus, die nach den schlesischen Kriegen ein Zeichen friderizianischer Toleranz setzen sollte. Vorbild für den Kuppelbau mit dem Säulenportikus als Eingangshalle war das Pantheon in Rom. Durch den Bau der Dresdner Bank (1889) daneben – heute Sitz der Luxusherberge Hotel de Rome – wirkt die Kirche etwas eingeengt. In die Westseite des Platzes schwingt sich die effektvolle Fassade der „Kommode" genannten ehemaligen Königlichen Bibliothek, die von 1775 bis 1780 nach einem für die Wiener Hofburg vorgesehenen Entwurf von Fischer von Erlach entstand; heute beherbergt sie die Juristische Fakultät der Humboldt-Universität. Im

Alten Palais daneben lebte Wilhelm I. 50 Jahre lang zunächst als Kronprinz, dann als König und Kaiser. Die Humboldt-Universität gegenüber war ursprünglich als Palais für Prinz Heinrich, den Bruder Friedrichs des Großen, gedacht und wurde 1748 bis

1766 von Johann Boumann d. Ä. nach Entwürfen von Knobelsdorff erbaut. Das im Krieg weitgehend zerstörte Platzensemble ist ab den 1950er-Jahren sorgfältig rekonstruiert worden. In der Mitte des Bebelplatzes, der seinen Namen 1947 nach dem Mitbegründer der Sozialdemokratischen Partei Deutschlands, August Bebel, erhielt, erinnert das 1995 eingeweihte Mahnmal des israelischen Künstlers Micha Ullmann an die Bücherverbrennung durch die Nazis am 10. Mai 1933.

Architektonische Visionen für das neue Berlin

von Jeannine Fiedler

Spätestens als am 3. Oktober 1990 die Einheit beider deutscher Staaten zu einer um die neuen Bundesländer bereicherten Bundesrepublik gefeiert wurde, standen Visionen wieder hoch im Kurs: Wie sollte man mit einer Infrastruktur verfahren, die sich wie in der späten DDR vielerorts noch auf Nachkriegsniveau befand? – Die aber genau aus diesem Grund städtebauliche Kostbarkeiten verwahrlost hinterlassen hatte, die im boomenden Westen schon Jahrzehnte zuvor billiger Zweckarchitektur hatten weichen müssen. Nicht nur um gute Ideen, sondern um ein schlüssiges Gesamtkonzept wurde in Berlin gerungen, denn die Teilung hatte zwei Stadthälften mit unterschiedlicher städtebaulicher Entwicklung zurückgelassen. Überdies galt es, alte Trennungswunden zu heilen: Im gesamten Grenzverlauf der Mauer wollten aus Sackgassen wieder funktionierende Straßenverläufe und aus toten Arealen lebendige Plätze werden. Hässliche Nachkriegsbrachen waren zu schließen. Der Nah- und Regionalverkehr wurde in seine alten restaurierten Gleise zurückgeführt, neue Fernbahnhöfe wurden geschaffen, soziale Einrichtungen wie Krankenhäuser saniert, Museen, Universitäten, Bibliotheken modernisiert und vieles mehr.

Im „Hauptstadtbeschluss" von 1991 entschied der deutsche Bundestag, dass eine Bundeshauptstadt Berlin auch Sitz der Bundesregierung, des Bundestags und des Bundesrates werden solle. Der Umzug nahezu aller Ministerien von Bonn nach Berlin war hiermit beschlossen und wurde bis 1999 fast vollständig durchgeführt. Diese Entscheidung für Berlin als Regierungssitz zog nicht nur weitreichende Veränderungen in politischer und wirtschaftlicher Hinsicht, in gesellschaftlichen wie kulturellen Bereichen nach sich, sie wirkte sich auch auf seine urbanen Strukturen und sein architektonisches Erscheinungsbild aus. Neben der architekturpolitischen Aufgeschlossenheit des Senats, die sich in der Wahl international renommierter Architekten wie David Chipperfield, Norman Foster, Frank Gehry, Nicholas Grimshaw, Helmut Jahn, Philip Johnson, Josef Paul Kleihues, Hans Kollhoff, Jean Nouvel, Ieoh Ming Pei, Dominique Perrault, Richard Rogers, Oswald Mathias Ungers und Peter Zumthor – um nur einige zu nennen – widerspiegelt, war es ein maßgeblich durch den Senatsbaudirektor für Bau- und Wohnungswe-

Alexanderplatz, Blick auf die 1929–32 errichteten Bürohochhäuser, Fotografie von 1937

Der Siegesentwurf des Architekten Hans Kollhoff für die Neubebauung des Alexanderplatzes sieht 13 Hochhäuser mit bis zu 142 Geschossen vor.

sen Hans Stimmann gefördertes Konzept, das die Innenstadt in allen wichtigen Bauvorhaben prägen sollte. Seine Philosophie der Orientierung am historischen Erbe und an architektonischer Tradition zur Wahrung einer spezifisch berlinischen Identität setzte die Besinnung auf jene „kritische Rekonstruktion" fort, wie sie bereits 1987 anlässlich der Internationalen Bauausstellung (IBA) formuliert wurde. Ein Denken und Entwerfen im städtischen Kontext wurde den Architekten abverlangt, das Grundrisse und Fassaden der Straße anpasste und die für Berlin charakteris-

tische Blockrandbebauung wieder in ihr Recht setzte. Diese Abkehr von fragmentierter Stadtplanung und dem solitären Bauobjekt fand naturgemäß zahlreiche Kritiker, die sie rückschrittlich schalten. Dennoch bietet Berlin mit dem nahezu vollendeten Prospekt um Potsdamer und Leipziger Platz oder dem Kollhoff-Entwurf für den Alexanderplatz mit seinen 150 m hohen Türmen zur Akzentuierung der alten Hufeisenidee von Peter Behrens (Fertigstellung bis 2013 geplant) auch auf den ersten Blick „modern" und zeitgemäß zu nennende urbane Knotenpunkte.

Alexanderplatz

Der Alexanderplatz ist mit seinen Ausmaßen von 3 ha der weiträumigste Platz Berlins und der Ort, an dem am 4. November 1989 eine halbe Million Menschen machtvoll das Ende der DDR einläuteten. Nach dem Krieg ist hier aus der Trümmerwüste des alten „Alex" ein um ein Vierfaches vergrößertes Areal entstanden, das bis heute durch ein planwirtschaftlich nüchternes Baugefüge beherrscht wird. Aus der Vorkriegszeit haben sich lediglich die beiden Bürohäuser von Peter Behrens, das Alexander- und das Berolinahaus (1932), erhalten. Bis 1969 funktionierten die DDR-Planer den Platz um: Die verkehrsberuhigte Zone in der Mitte flankieren nun sich kreuzende Verkehrstangenten und einzelne Neubaublöcke, wie das Centrum-Warenhaus, an dessen Stelle einst das legendäre Kaufhaus Tietz stand (heute Kaufhof), das Haus der Presse (Berliner Verlag), das Haus der Elektrotechnik (Umwelt- und Familienministerium), das Haus des Reisens (Weekend-Club), das Haus des Lehrers, das in einem umlaufenden Wandbild (1964) von Walter Womacka das gesellschaftliche Leben im Sozialismus zeigt, und das höchste Hotel der Stadt, heute Park Inn. Den Mittelpunkt der Anlage bilden die Urania-Weltzeituhr und der Brunnen der Völkerfreundschaft aus den 1960er-Jahren. Kein Platz der Stadt spiegelt die DDR-Vergangenheit Berlins so sehr wider wie der Alexanderplatz. Das Klein-Manhattan, das hier mit Hans Kollhoffs

Hochhauspark schon 1993 geplant wurde, lässt noch immer auf sich warten. Seit Jahren schon regieren am Alexanderplatz, der seinen Namen einem Staatsbesuch des Zaren Alexander I. im Jahre 1805 verdankt, die Presslufthämmer. Bereits in Alfred Döblins Roman „Berlin Alexanderplatz" tost hier nicht nur der Verkehr: „Kolossal viele Menschen gibt's am Alex, alle haben zu tun."

Döblins Roman „Berlin Alexanderplatz"
wurde 1931 von Phil Jutzi erstmals verfilmt.

Ernst-Reuter-Platz

Was Ludwig Mies van der Rohe in den 1920er-Jahren bereits für den Alexanderplatz vorgeschlagen hatte, wurde Ende der 1950er-Jahre beim Ernst-Reuter-Platz realisiert: Lose um eine Verkehrsinsel herumgruppierte Einzelbauten bilden einen offenen, dem Autofieber der Zeit entsprechenden Stadtraum. Der Platz, der wegen des Knicks, den die gerade Straße vom Berliner zum Charlottenburger Schloss hier macht, „Knie" hieß, wurde 1953 zu Ehren des ehemaligen Berliner Bürgermeisters Ernst Reuter umbenannt. Der Architekt Bernhard Hermkes entwarf ihn 1955 als einen der verkehrsreichsten Plätze im Westen der Stadt. Die einstige Kreuzung wich einem Kreisverkehr um eine Mittelinsel mit Wasser-

spielen, dessen Radius auf ein Tempo von 80 km/h ausgelegt ist. Die früher geschlossene Platzbebauung wurde zugunsten von einzelnen unverbundenen Bürohochhäusern aufgelöst. Besonders auffällig auf der Westseite ist das heute von der TU genutzte Telefunken-Hochhaus (1960) von Paul Schwebes und Hans Schoszberger auf „brikettförmigem" Grundriss, dessen elegante Form sich an die Proportionen des Mailänder Pirelli-Hochhauses sowie des Pan Am Buildings in New York anlehnt. Um sich vom monumentalen Städtebau des Dritten Reichs abzusetzen, wurde das damals höchste Gebäude Berlins absichtlich nicht in die Mitte der zum Brandenburger Tor führenden Achse gerückt. Ehemals ob seines fortschrittlichen Flairs gefeiert, gilt der Ernst-Reuter-Platz heute als Paradebeispiel für einen „Nicht-Platz".

Spittelmarkt

Der Spittelmarkt, einer der ältesten Marktplätze zwischen Fischerinsel und dem östlichen Ende der Leipziger Straße, lag ursprünglich am Westufer der Spree außerhalb Cöllns, der Zwillingsstadt Berlins im Mittelalter. Wie der nahe gelegene Hausvogteiplatz ging er aus einer Bastion der kurfürstlichen Befestigungsanlagen hervor, diente bis zum Zweiten Weltkrieg als wichtiger Verkehrsknotenpunkt und wurde danach völlig neu gestaltet. Heute ist der Spittelmarkt, dessen Name sich von dem einstmals dort ansässigen Gertraudenspital ableitet, als Platz nur schwer zu erkennen. Als einziges Gebäude, das den Krieg überstanden hat, steht heute noch das Juwel-Palais am nördlichen Ende. Außer der Leipziger Straße haben die ursprünglich hier mündenden Verkehrswege an Bedeutung verloren. Die umgebende Bebauung besteht fast ausschließlich aus uniformen Wohnhochhäusern, die in den 1970er-Jahren als Antwort des Ostens auf das Springer-Hochhaus im Westen errichtet wurden. Der heute markanteste Bau ist ein 22-geschossiges Hochhaus nach einem Vorentwurf von Zaha Hadid (1996–1998), das sich durch die in mittlerer Höhe eingerückten zwei Etagen von den benachbarten Bauten abhebt und bei nächtlicher Beleuchtung eine großstädtische Atmosphäre verbreitet. Bemerkenswert ist der Versuch, die Hochhausarchitektur der Leipziger Straße fortzusetzen und gleichzeitig mit dem neuen Konzept der Blockrandbebauung zu kombinieren.

Spittelmarkt mit Gertraudenbrücke und Turm der Petrikirche, Fotografie um 1928 aus der Serie „Berlin und Umgebung"

Von Fontane bis Döblin – Berlin und seine Schriftsteller

von Edelgard Abenstein

Effi Briest wohnt im Neuen Westen nahe dem Zoologischen Garten, Schach von Wuthenow ist regelmäßig zu Gast bei den Damen von Carayon am Gendarmenmarkt, Frau Jenny Treibel hält Hof in einem gründerzeitlichen Palais in der Köpenicker Straße – Theodor Fontane rekonstruiert mit seinen literarischen Helden die Epoche, in der die alte Residenzstadt in die neue Weltstadt übergeht. Auch wenn Berlin seit der Aufklärung stets Anziehungspunkt für Schriftsteller war, so macht erstmalig Fontane, der kritische Chronist des Adels und des Bürgertums, in seinen Gesellschaftsromanen die Metropole zum Gegenstand von weltliterarischem Format. Härtere Kost bieten die naturalistischen Dramen von Gerhart Hauptmann, die soziale Missstände anprangern und indirekt zur politischen Veränderung aufrufen. Die Aufführung der „Weber" im September 1894 im Deutschen Theater schockierte derart, dass Kaiser Wilhelm II. aus diesem Anlass den Ausdruck der „Rinnsteinliteratur" prägte und aus Protest seine

Der Schriftsteller Theodor Fontane (1819–1898), Gemälde um 1926, von W. Vogt nach einem Bildnis um 1889

Theaterloge kündigte. Für Hauptmann, der 1912 mit dem Literaturnobelpreis ausgezeichnet wurde, führte dies indes zu noch größerer Bekanntheit. Ein Berliner Phänomen ist auch der literarische Expressionismus. Neue Zeitschriften mit programmatischen Titeln – wie „Der Sturm" von Herwarth Walden – wurden gegründet; in ihnen kamen Else Lasker-Schüler, Jakob van Hoddis, Georg Heym und Gottfried Benn zu Wort. Mit Raoul Hausmann, Richard Hülsenbeck, George Grosz und den Brüdern John Heartfield und Wieland Herzfelde fasste Dada Fuß in der von Krieg und Revolution erschütterten Stadt, und die russische Revolution trieb einen Strom von intellektuellen Emigranten hierher; im Charlottengrad genannten Neuen Westen schrieb Vladimir Nabokov seine ersten Romane. Reich und berühmt wurde Erich Maria Remarque mit der 8-Millionen-Auflage seines Antikriegsromans „Im Westen nichts Neues" (1929). Kurt Tucholsky und Egon Erwin Kisch erfinden das politische Feuilleton neu, und auch Schriftstellerinnen drängen ins Rampenlicht: Irmgard Keun etwa und Vicki Baum, deren Roman „Menschen im Hotel", mit Greta Garbo verfilmt, 1931 die Bestsellerlisten in den USA eroberte. Der bedeutendste Berlin-Roman der 1920er-Jahre, Alfred Döblins „Berlin Alexanderplatz" (1929), nimmt es selbstbewusst mit dem „Ulysses" von James Joyce auf, nutzt das Mittel der Montage zur Wiedergabe von Berlin-Impressionen und wird zum Großstadttext schlechthin. Die zerrissene Glitzerstadt am Vorabend des Dritten Reichs aber hat niemand pointierter dargestellt als der junge Erich Kästner in „Fabian" (1931). Das Fazit des Romans über einen moralisierenden Zyniker lautet: „Soweit diese riesige

Der Arzt und Schriftsteller
Alfred Döblin (1878 – 1957),
Gemälde von Nelli Nathan-Nordegg

Stadt aus Stein besteht, ist sie fast noch wie einst. Hinsichtlich der Bewohner gleicht sie längst einem Irrenhaus […]." Am 15. Februar 1933 wurde Heinrich Mann, der Vorsitzende der Sektion für Dichtkunst der Preußischen Akademie der Künste, zum Rücktritt gezwungen. Alfred Döblin emigrierte am 28. Februar 1933. Der Exodus fast aller deutschen Schriftsteller von Rang begann.

Breitscheidplatz

Das wichtigste Zentrum der City-West ist der Breitscheidplatz, an dem die großen Geschäftsmeilen entlangführen: Kurfürstendamm, Tauentzien-, Kant- und Budapester Straße. Schon in den 1920er-Jahren pulsierte um die Kaiser-Wilhelm-Gedächtniskirche das kulturelle Leben mit Cafés und Kabaretts, Theatern und großen Uraufführungskinos neben noblen Wohnquartieren und ersten Einkaufsadressen. Nach den schweren Verwüstungen des Zweiten Weltkriegs nahm die Gegend mit Hochhäusern und Zeilenbauten eine neue Gestalt an, während der S- und U-Bahnhof Zoo nach der Teilung der Stadt die Funktion des Westberliner Hauptbahnhofs übernahm. Nach den Plänen von Paul Schwebes und Hans Schoszberger entstanden 1955 bis 1957 der Zoobogen, das Bauensemble mit Bikinihaus, in dem in den 1970er-Jahren die Kunsthalle untergebracht war, und der Zoo-Palast, bis 1999 Austragungsort des Berlinale-Wettbewerbs. Das unter Denkmalschutz stehende Kino ist als Einziges aus der Ära der großen Lichtspielhäuser um den Kurfürstendamm erhalten geblieben und soll demnächst, ohne den Stil der 1950er-

Jahre zu gefährden, umgebaut werden. Weithin sichtbar ist ein 22-geschossiger Hochhausturm, der vom Mercedesstern gekrönt wird: das Europa-Center (Helmut Hentrich, Hubert Petschnigg, Egon Eiermann, Werner Düttmann), das 1965 an der Stelle des kriegszerstörten Romanischen Hauses nach dem Vorbild des Seagram Buildings von Mies van der Rohe gebaut wurde. Es ist das erste nach amerikanischem Muster angelegte Shopping-Zentrum in Berlin. Was den Berlinern wie ein Schaufenster zum Westen das Wirtschaftswunderland präsentierte, wurde später zum Prototyp weniger gelungener Kopien wie dem Ku'damm-Karree und dem Steglitzer Kreisel.

Rundgang „westberlinisch"

Ein Mekka für Architekturtouristen aus der ganzen Welt ist das Hansaviertel am Rande des Tiergartens. Bis heute gehört es zu den beliebtesten Wohnquartieren inmitten der Stadt. Nichts von der Monotonie aus Beton, wie sie spätere Großsiedlungen bestimmte, ist hier zu sehen. Dafür ist noch immer etwas von der Stimmung des Neubeginns, des Aufbruchs in das Abenteuer Moderne zu spüren, das dieses Projekt der Internationalen Bauausstellung 1957 begleitete.

Hansaviertel

Unser Ausgangspunkt ist das Westberliner Domizil der Akademie der Künste, das sich der Spende eines amerikanischen Sponsors verdankt. Werner Düttmann entwarf 1958 bis 1960 das Ensemble aus drei Gebäuden mit rauen Waschbetonfassaden, einem kupfergedeckten Zeltdach und schönen Innenhöfen. Am Eingang lagert ein Frauenakt von Henry Moore.

Ludwig-Erhard-Haus
in der Fasanenstraße

Gegenüber beeindrucken fünf Hochhäuser mit jeweils 16 Geschossen durch ihre technische und ästhetische Qualität. Gelbe Bänder laufen über die betongraue Fassade des von Hans Schwippert (Deutschland) entworfenen Hauses, über den Ecken scheinen Balkons frei zu schweben. Raymond Lopez und Eugène Beaudouin (Frankreich) rasterten ihren „Wolkenkratzer", in dem jede Wohnung eine Loggia besitzt, mit blau-grau-weißen Quadraten. Den schönsten Eingang in ein ausladendes Foyer bietet Gustav Hassenpflugs (Deutschland) Gebäude, in dem sich in variablen Grundrissen wohnen lässt. Die Niederländer Jo van den Broek und Jaap Bakema machten ihren 16-geschossigen Leuchtturm mit gelben, blauen und roten

Neues Kranzler-Eck

Elefantentor

Breitscheidplatz

Luftaufnahme des Theaters des Westens und Ludwig-Erhard-Hauses

die Altonaer in die Klopstockstraße. Neben dem mit weißen Lecaplatten verkleideten Bau von Alvar Aalto gibt eine Tafel mit Lageplan Orientierungshilfen über die Solitäre im Hansaviertel von Walter Gropius, Oscar Niemeyer, Arne Jacobsen und anderen.

An der Joseph-Haydn-Straße schließlich erinnert einer der wenigen Altbauten daran, dass hier vor dem Krieg ein bürgerliches Gründerzeitviertel mit der für Berlin typischen Blockrandbebauung und Stuckfassaden stand. Jenseits der sechsspurigen Straße des 17. Juni nimmt uns der Tiergarten mit seinen verschlungenen Wegen auf.

Kacheln zum Blickfang; Luciano Baldessari (Italien) strukturierte seinen Bau durch rostrote Horizontallinien. Leicht und schlank wirkt ein paar Meter weiter links die Fassade des von Egon Eiermann entworfenen, wie ein Regal gegliederten Gebäudes. Jedes Fach ist ein Balkon, der zu einer der 100 Ein- und Zweizimmerwohnungen gehört. Man sieht es: In diesem „Wohnlabor" der 1950er-Jahre sind Licht, Luft und Sonne nicht nur ein Schlagwort. Vorbei an der Ladenzeile mit Geschäften und dem Grips-Theater, das dank des Dauerbrenners „Linie 1" weltberühmt wurde, geht es über

Die Schleusenbrücke führt über den Landwehrkanal, links des Weges schaut man durch den Zaun des Zoos auf Dromedare. Dann weist auch schon eine riesige Giraffe an einer Hochhausfassade den Weg zum Haupteingang des größten Tierparks Deutschlands. Auch wenn man nur spazieren gehen möchte, bieten die großen Freigehege inmitten der Stadt mit Flamingos, Nashörnern und Eisbären eine wunderbare Abwechslung. Mehr zu empfehlen ist allerdings die Passage durch das bekannte, von zwei Dickhäutern aus Stein getragene und mit Reliefs und Mosaiken geschmückte Elefantentor in der Budapester Straße. In der Westcity, wo der Bahnhof Zoo sich neuerdings mit der Rolle eines regionalen Knotenpunkts bescheiden muss, ist Großes geplant. Zur Linken soll demnächst eine Reihe 120 m hoher Büro- und Hoteltürme in den Himmel wachsen, noch höher also als Helmut Jahns gläsernes Neues Kranzler-Eck, das weithin sichtbar die Berliner Traufhöhe am Kurfürstendamm rigoros durchbricht. Schräg gegenüber rundet sich seit 2001 wuchtig das Ku'damm-Eck mit Hotel, Warenhaus und dem „Urteil des Paris", einer Skulptur von Markus Lüpertz. Zuvor haben wir, rechts in der Kantstraße, noch einen Blick auf das 19. Jh. in Gestalt

Café im Literaturhaus

Uhr der fließenden Zeit im Europa-Center

einer stattlichen Neorenaissance-Fassade geworfen, das Theater des Westens, zu dem sich vis-à-vis ein baulicher Kontrapunkt gesellt hat: Josef Paul Kleihues' Hochhausquadrat mit silbernem Aluminiumsegel auf dem Dach. Dann flanieren wir durch die schöne Fasanenstraße, schauen auf einen Sprung ins Literaturhaus, einen spätklassizistischen Backsteinbau mit malerischem Kaffeehausgarten, in das benachbarte Käthe-Kollwitz-Museum und in die Galerie Pels-Leusden, allesamt prachtvolle Stadtvillen des Wintergartenensembles. Zurück auf dem Kurfürstendamm geht es zum doppelten Wahrzeichen des alten West-Berlin, der Gedächtniskirche und dem Europa-Center. Dort steht im vorderen Innenhof die Uhr der fließenden Zeit. In einem komplexen Spiel um die Schwerkraft zeigt das 13 m hohe Chronometer aus Glaskugeln, farbigem Wasser und Röhren die jeweilige Uhrzeit an.

Unter den Linden mit Blick auf Neue Wache und Zeughaus, Gemälde von Wilhelm Brücke d. J., 1842, Öl auf Leinwand, 70,7 x 106 cm, Niedersächsisches Landesmuseum, Hannover

Boulevards

Boulevards

Die Berliner Boulevards sind grün, meistens jedenfalls. Baumreihen säumen die ausladenden Trottoirs, wie am Kurfürstendamm, wo es sich ungestört die Straße entlangflanieren lässt. Unter den Linden spaziert man gar auf dem ausgedehnten Mittelstreifen dahin, im Sommer beschirmt vom Dach der Blätter. Während der Verkehr auf den breiten Fahrbahnen ungehindert fließt, geht der Fußgänger auf der Karl-Marx-Allee, der sozialistischen Vorzeigestraße aus den 1950er-Jahren, die sich an Moskauer Vorbildern orientierte, oder auf dem geräumigen Kaiserdamm nicht nur seinen Geschäften nach. Franz Hessel entdeckte hier um 1910 einen neuen Typus des Großstadtbewohners, der das Schlendern als „Lektüre der Stadt" erfährt. Seither haben sich nicht nur manche Straßen, wie die um den Wittenbergplatz, radikal verändert. Aus dem einstmals prachtvollen Wohnquartier am Tauentzien wurde eine quirlige Geschäftsmeile. Doch auch nach solcher Verwandlung zeigt ein Boulevard in Berlin seinen unverwechselbar urbanen Charakter, sei es, dass er der Politik eine Bühne bietet, dem Konsum oder dem nächtlichen Amüsement.

Unter den Linden

Prachtboulevard, preußische Via triumphalis, Flaniermeile – die Linden, wie die Berliner sagen, führen vom alten Zentrum Berlins, von der Spreeinsel, wo einst das königliche Schloss stand, bis zum Brandenburger Tor. Die Bauten entlang der Linden markieren in glanzvoller Abfolge die Geschichte der preußischen Architektur vom Barock bis zum Klassizismus. Was zunächst

Die „Kommode", Sitz der Juristischen Fakultät der Humboldt-Universität

nur ein holperiger Reitweg war, wurde nach dem Dreißigjährigen Krieg auf Geheiß des Großen Kurfürsten mit Linden bepflanzt. Ein erstes Wohnhaus, die spätere Stadtkommandantur, entstand 1653/54; einen aufwendigen Nachbau an dieser Stelle – Unter den Linden 1 – hat 2003 die Bertelsmann-Zentrale bezogen. Das erste repräsentative Gebäude, einen richtungsweisenden Barockbau, ließ der erste preußische König Friedrich I. an der Allee errichten: Das Zeughaus wurde von Johann Arnold Nering, Martin Grünberg, Andreas Schlüter und Jean de Bodt erbaut. Heute ist das prächtige einstige Waffenlager Sitz des Deutschen Historischen Museums, das 1995 mit einem neuen Anbau von Ieoh Ming Pei sowie einem gläsernen Dach über dem Innenhof versehen wurde. Gleich mit seinem Regierungsantritt 1740 entwickelte als Nächster Friedrich der Große eine rege Bautätigkeit Unter den Linden. Neben dem Kronprinzenpalais, dem einzigen Zeugnis aus der Ära seines Vaters, des Soldatenkönigs, hielten nun preußisches Rokoko und Frühklassizismus Einzug. Einer städtebaulichen Vision des Königs folgend, entwarf Georg Wenzeslaus von Knobelsdorff das Forum Fridericianum mit Opernhaus, St.-Hedwigs-Kathedrale und dem Palais für den Prinzen Heinrich, die jetzige Humboldt-Universität; später trat die Königliche Bibliothek hinzu. Dem Pariser Vorbild gemäß wurde die Straße auf beiden Seiten mit vierstöckigen Palais für ihre adligen Bewohner bebaut. Unter Friedrich Wilhelm II. erhielt sie mit dem Brandenburger Tor ihren krö-

nenden Abschluss. Schinkels Neue Wache schließlich, die Schlossbrücke sowie das Museum am Lustgarten, ein erstes Bürgerforum für die Künste, verleihen der Straße bis heute ihre architektonischen Glanzlichter. Die nobelsten Wohnhäuser waren in ihrem bürgerlichen Abschnitt zu finden, der an der Charlottenstraße beginnt. Schon um 1800 hatten sich hier Kaufleute und Hoflieferanten angesiedelt. Banken, Restaurants und Passagen gab es „an diesem Zentralpunkt der eleganten Welt", wie es im „Zedlitzschen Conversationshandbuch" von 1834 heißt. Die Gründerzeit verwandelte die einst vornehmste Wohnstraße Berlins in ein Zentrum des Geschäftslebens und des Amüsements, bis Hitler die Linden abholzen ließ, um den Boulevard als Teil einer kilometerlangen Ost-West-Achse für Fackelzüge und Aufmärsche zu nutzen. Nach 1945 befand sich hier eine Trümmerwüste. Riesige Baulücken klafften bis weit in die 1960er-Jahre hinein, bevor Berlin, Hauptstadt der DDR, zum Zentrum landesweiter Aufbauprogramme wurde. Nachdem das Schloss und Schinkels Bauakademie abgerissen worden waren, wurden wertvolle Baudenkmäler wie das Kronprinzenpalais und die Oper durch Richard Paulick aufwendig rekonstruiert. In den folgenden Jahrzehnten entstanden hinter gleichförmigen Fassaden Ministerien, Botschaften, Verwaltungsbauten und vereinzelt Geschäfte der Marke „Exquisit". In neuer Architektur präsentieren sich dort heute Banken, Firmensitze und Außenstellen des Bundestags.

Das Panorama der Straße
„Unter den Linden" in
dreidimensionaler Ansicht –
oben: die Situation im Jahr 1928,
unten: der heutige Zustand;
Zeichnung von T. Weishappel
(Typoly Berlin)

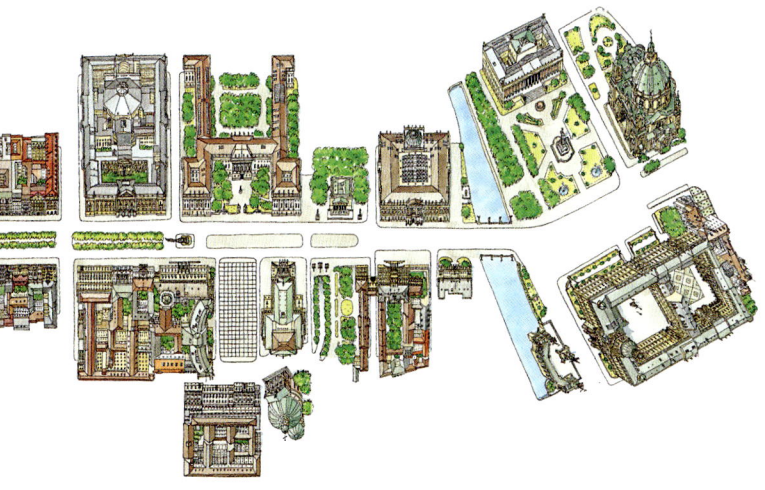

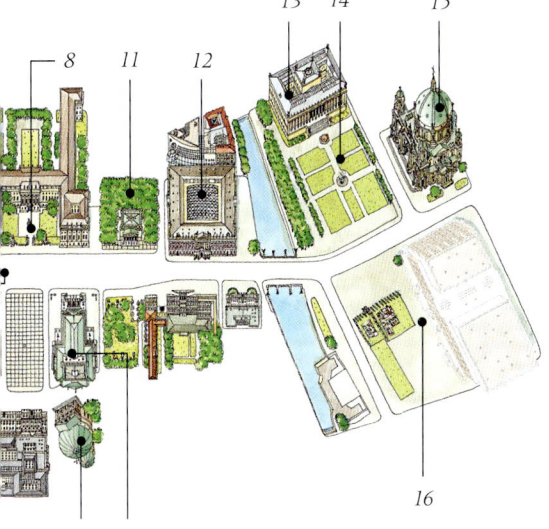

1 Brandenburger Tor
2 Pariser Platz
3 DZ-Bank
4 Friedrichstraße
5 Staatsbibliothek
6 Reiterdenkmal
7 „Kommode"
  (Alte Bibliothek)
8 Humboldt-Universität
9 St.-Hedwigs-Kathedrale
10 Deutsche Staatsoper
11 Neue Wache
12 Deutsches Historisches Museum
   im ehemaligem Zeughaus
13 Altes Museum
14 Lustgarten
15 Berliner Dom
16 Schlossplatz mit ehemaligem
   Palast der Republik

Friedrichstraße und Leipziger Straße

Mit einer Länge von 3,3 km zieht sich die Friedrichstraße schnurgerade durch die Stadtmitte: Sie war einmal die längste Straße Berlins. Ihr Name verbindet sich mit dem ersten Kulturquartier der Stadt, das schon kurz nach 1800 mit dem nahe gelegenen Lutter & Wegner einen mythenumrankten, von E. T. A. Hoffmann gerühmten öffentlichen Treffpunkt hatte. Mit ihrer Mischung aus Tingel-Tangel und Varietés bildete die Gegend um die Friedrichstraße den Gegenpol zum Neuen Westen am Kurfürsten-

damm. Damals hieß sie „Sauf-straße", die Leipziger Straße mit den Warenhäusern war die „Kaufstraße", die noblen Linden feierte man als „Lauf-straße". Durch die fast voll-ständige Zerstörung im Zwei-ten Weltkrieg sind in der Friedrichstraße heute kaum noch ein Dutzend historischer Häuser zu finden. Während der DDR-Zeit führte sie eine Exis-tenz am Rande. Nach der Wende wurde hier im großen Stil gebaut, und die Friedrich-straße bekam eine vollständig neue Funktion. Höhepunkt

Blick in die Friedrichstraße auf den U-Bahnhof Stadtmitte, Fotografie um 1930

der neuen Architektur – sowohl der Größe nach als auch der Opulenz – sind die Fried-richstadt-Passagen: ein monumentaler Ge-bäudekomplex aus drei unterirdisch ver-bundenen Karrees oder Quartieren, wie die berlintypische Bezeichnung für die Bebau-ung eines Straßenblocks lautet. Das Quar-tier 207, ein Berliner Ableger des Pariser Kaufhauses Galeries Lafayette, das von Jean Nouvel entworfen und 1996 eröffnet wurde, fällt als einziges komplett gläsernes Gebäude mit seinen elegant abgerundeten Ecken und horizontalen Lichtbändern auf. Es macht mit einem futuristischen Lichthof auf sich aufmerksam. Das New Yorker Büro Pei, Cobb, Freed & Partner zitiert mit der Fassade des Quartiers 206 und den in Schwarz, Creme und Braun gehaltenen Schachbrettrastern im Inneren Art-Déco-Elemente der 1930er-Jahre, die besonders

effektvoll bei Nacht zur Geltung kommen. Das Quartier 205, nach einem Entwurf von Oswald Mathias Ungers, stellt mit seiner auf einem Quadratraster aufgebauten Fassade das wuchtigste Gebäude des Trios dar. Die hier einquartierten Modegeschäfte bieten vornehmlich Nobelmarken an und gehören zu den ersten Adressen der Stadt.

Komplett gewandelt hat sich auch die Leip-ziger Straße, die nach dem Fall der Mauer zur Hauptverbindungsstrecke zwischen Ost und West wurde. Vor dem Krieg war sie berühmt wegen ihrer großen Warenhäuser, wie Wertheim oder Tietz, das sich an der Einmündung zur Jerusalemer Straße be-fand. Die Leipziger Straße endet am Spittel-markt, wo die 1776 von Carl von Gontard er-richteten Kolonnaden inmitten der in den 1970er-Jahren hochgezogenen Wohnblöcke ein bizarres Schattendasein führen.

Berliner Kaufhaustradition –
das KaDeWe als Leuchtturm des Kapitalismus

von Edelgard Abenstein

Mit 60 000 m² Verkaufsfläche ist das Kaufhaus des Westens, das KaDeWe, das größte Warenhaus des Kontinents – und eine touristische Attraktion. Es gehört zu Berlin wie der Reichstag und das Brandenburger Tor. Legendär ist die Feinkostabteilung im sechsten Stock. 500 von 2000 KaDeWe-Angestellten arbeiten hier, davon 150 Köche und Konditoren. Sie produzieren und verkaufen rund 34 000 verschiedene Artikel, darunter allein 1300 Käsesorten. Auch in den anderen Etagen geben täglich bis zu 50 000 Besucher viel Geld für Mode, Schmuck und andere exquisite Dinge aus. Seit jeher gilt der wuchtige Sandsteinbau mit der gläsernen Tonne als erste Adresse für den gehobenen Geschmack. Dabei war die Konkurrenz groß in der Hauptstadt der Warenhäuser, die schon vor dem Ersten Weltkrieg zu den leistungsfähigsten und besten der Welt zählten, auch wenn die Stimmung für Handel und Wandel hier nicht immer günstig war. Karl Friedrich Schinkels kühner Entwurf für ein dreiflügeliges Kaufhaus Unter den Linden wurde 1827 kühl abgelehnt, weil der „Bauplatz der kaufmännischen Gewerbsamkeit nicht angemessen" sei. Ähnlichen Vorbehalten begegnete auch der Kommerzienrat Adolf Jandorf, als er am noch sehr

Einkaufsstraße Tauentzien am Kaufhaus des Westens (KaDeWe)

*Kaufhaus Wertheim,
Fotografie um 1927*

Galeries Lafayette in der Friedrichstraße

ruhigen Wittenbergplatz durch den Architekten Johann Emil Schaudt sein Kaufhaus des Westens errichten ließ. Die Lage hielt man für eine riskante Sache, befand sich das Zentrum des Warenverkehrs doch viel weiter östlich, bei Tietz am Alexanderplatz und Alfred Messels „Berliner Louvre" (Fedor von Zobeltitz) etwa, dem Kaufhaus Wertheim in der Leipziger Straße. Doch Jandorf („Wat 'n juter Standort is, bestimme ick.") hat recht behalten. Mit fünf Etagen war sein Haus an der Tauentzienstraße bei der Eröffnung 1907 das größte Deutschlands. Fortan boomte es, und die Gegend um die Gedächtniskirche, ein hochherrschaftliches Wohnquartier, stieg zum florierenden Neuen Westen auf. Während mit Karstadt am Hermannplatz ein weiteres Kaufhaus der Superlative entstand, wurde das KaDeWe 1927 von der Tietz-Gruppe übernommen, die wenige Jahre später von den Nationalsozialisten enteignet und „arisiert" wurde. 1943 stürzte ein Bomber in das Dachgeschoss des Kaufhauses, das fast vollständig ausbrannte. Aber gleich nach Blockade und Währungsreform wurde es, ein Leuchtturm inmitten einer Trümmerwüste, 1950 neu eröffnet. Fast 200 000 Menschen feierten damals das wiedergewonnene Kaufhaus des Westens, das als einziges Zeugnis aus der großen Warenhausära Berlins den Krieg überdauert hatte. Es wurde von nun an zur Ikone der Marktwirtschaft. Das seither mehrfach umgebaute, aufgestockte und erweiterte KaDeWe zählt zu jenen seltenen Kaufhäusern auf der Welt, die – wie die Pariser Galeries Lafayette und ihre Berliner Dependance (Jean Nouvel) – mit ihrem Fest des Luxus und der Moden an das erinnern, was einst die Attraktivität der Warenpaläste ausgemacht hat.

Kranzlereck am Kurfürstendamm mit Helmut Jahns Glasbau

Kurfürstendamm und Tauentzien

Zunächst gab es nur einen Reitweg, der die Residenzstadt mit den Jagdgründen im Grunewald und dem gleichnamigen Jagdschloss (1542) verband. Als Berlin mit der Reichsgründung zur kaiserlichen Kapitale aufstieg, setzte sich Reichskanzler Otto von Bismarck 1875 persönlich dafür ein, dass der „Churfürsten Damm" nach dem Vorbild der Champs-Élysées zu einem 4,5 km langen Boulevard mit einer Breite von 53 m

ausgebaut wurde, der sich rasch zur teuersten Wohnlage Berlins entwickelte. Bis zur Jahrhundertwende stiegen die Grundstückspreise auf das Dreitausendfache. Es entstanden herrschaftliche Mietshäuser in allen Stilen und Stilgemischen mit teilweise riesigen Wohnungen – z. B. 575 m² in Nr. 60 –, in denen heute Arztpraxen, Kanzleien und Büros untergebracht sind. Letzte Zeugen aus dieser Epoche sind u. a. das

Iduna-Haus, Nr. 59/69 (1905) und die Gebäude Nr. 201, 213 bis 216 und 218 (1896). Ab 1910 glänzte der Neue Westen mit dem Kurfürstendamm und der Tauentzienstraße aber auch als „Industriegebiet der Intelligenz" (Erich Mühsam). Hier versammelte sich fast die gesamte Avantgarde, hier hatte sie mit dem Café des Westens (heute Café Kranzler) und dem Romanischen Café (heute Europa-Center) ihr Zentrum. Im Eckhaus zur Fasanenstraße, dem Nelson-Theater, eroberte 1926 Josephine Baker im knappen Bananenkostüm Berlin. Unweit davon bespielte Max Reinhardt, Regiestar des Deutschen Theaters, zwei weitere Bühnen, die 1924 von ihm gegründete Komödie und das Theater am Kurfürstendamm, in dem 1931 die Brecht-Weill-Oper „Aufstieg und Fall der Stadt Mahagonny" uraufgeführt wurde. Die beiden Theatersäle, Zeugnisse eines frühen Art Déco, sind heute in das Ku'damm-Karree einbezogen – mit ungewisser Zukunft. In der noblen Fasanenstraße erinnert das malerische Wintergartenensemble (1892) an jene Zeit, als der Kurfürstendamm zum mondänen Weltstadtboulevard aufstieg. Der größte Teil dieser Welt aber ging im Dritten Reich und im Bombenhagel unter.

Annähernd die Hälfte der Bebauung war am Ende des Zweiten Weltkrieges zerstört, der Rest stark beschädigt. Zwischen den Ruinen öffnete das Hotel Kempinski 1952 seine Tore, 1958 das Café Kranzler mit der berühmt gewordenen, markisenbewehrten Rotunde, die heute von Helmut Jahns gläsernem Riegelbau des Victoria-Areals überragt wird, sodass der einstige Inbegriff von West-Berlin seinen Glanz verloren hat. Auch wenn der Kurfürstendamm nach der Wende ins Hintertreffen geriet, beginnt er sich mit neuer Architektur wieder einmal zu behaupten.

Abendliche Ansicht der Einkaufsstraße Tauentzien mit der Kaiser-Wilhelm-Gedächtniskirche

Germania – zum Megalopolenprogramm des nationalsozialistischen Oberbaumeisters Albert Speer

von Jeannine Fiedler

Ein verkehrspolitisches Vorhaben, nämlich einen S-Bahntunnel zwischen Potsdamer Platz und Stettiner Bahnhof (heutiger Nordbahnhof) zu bauen, veranlasste Berlins Oberbürgermeister Heinrich Sahm und den NS-Funktionär Julius Lippert im Herbst 1933, Reichskanzler Hitler in ihre Entscheidungsfindung mit einzubeziehen. Der Diktator – verhinderter Künstler und Baumeister von eigenen Gnaden – sah die historische Stunde gekommen, seine Großmachtfantasien Stein werden zu lassen, denn Berlin, so seine Überzeugung, war nichts weiter als eine systemlose Steinwüste mit nur einer repräsentativen Achse, den Linden. Daraus folgerte er konsequenterweise: „Berlin als Reichshauptstadt eines 65-Millionen-Volkes muss städtebaulich und kulturell auf solche Höhe gebracht werden, dass es mit allen Hauptstädten der Welt konkurrieren kann. Es muss soweit gefördert werden, dass niemals ein Zweifel auftauchen kann, dass es auch kulturell die Hauptstadt des Deutschen Reichs ist und jeden Wettbewerb mit anderen Städten, zum Beispiel London, Paris und Wien, aufnehmen kann." Für die Planungsphase bewilligte er jährlich 40 Millionen Reichsmark – nach heutigem Wert etwa eine halbe Milliarde Euro. Noch im selben Jahr teilte das Stadtplanungsamt mit, dass eine neue Nord-Süd-Achse entstehen solle. Anhalter und Potsdamer Bahnhof würden aufgegeben und an der General-Pape-Straße die neue Gleisanbindung für die Innenstadt geschaffen werden. Doch dauerte es noch einige Jahre, bis Hitlers Adlatus und favorisierter Architekt Albert Speer den Berlinern und dem Volk seine Ideen zur Umgestaltung der Reichshauptstadt Germania vorstellte: Ohne Respekt vor gewachsenen urbanen Strukturen oder gar Rücksichtnahme auf die Bewohner der enormen umzugestaltenden Flächen wurde 1938 geplant, zwei Schneisen, eine Ost-West- und eine Nord-Süd-Achse, in die Stadt zu

Albert Speers Reichshauptstadt-Modell, 1938/39

schlagen. Ihr Kreuzungspunkt sollte im Tiergarten, südlich des heutigen Platzes der Republik am Reichstagsgebäude liegen. 12 km hätte die Ost-West-Achse vom Frankfurter Tor bis zum Adolf-Hitler-Platz (heute Theodor-Heuss-Platz) gemessen. Bis 1940 wurden Teilstücke ausgeführt, wie die Verbreiterung der Charlottenburger Chaussee (heute Straße des 17. Juni) oder die Umsetzung (und Erhöhung) der Siegessäule vom Reichstag zum Großen Stern. Das ungleich aufwendigere Vorhaben, für die Nord-Süd-Achse zahllose Häuserblöcke einzuebnen,

Hitler prüft die Entwürfe für das „Haus des Fremdenverkehrs" in Berlin, Obersalzberg 1936, links neben ihm Albert Speer

wurde durch den Krieg gestoppt. Zwischen den neuen Verkehrsknotenpunkten eines Südbahnhofs an der General-Pape-Straße (heute Südkreuz) und eines Nordbahnhofs im Norden Moabits wäre auf 7 km Länge eine von Verwaltungsbauten des Dritten Reichs gesäumte Magistrale entstanden, die an Bombast jeden vergleichbaren Regierungsboulevard in den Schatten gestellt hätte. Eine triumphale bauliche Machtgeste auch bei den Zentralbahnhöfen hätte den Grand Central Terminal in New York zum Provinzbahnhof degradiert. Hitlers Gigantomanie wollte sich auf nicht weniger als 900 m² im Arbeitszimmer des neuen Führer-Palastes vis-à-vis des zur Bibliothek umgewidmeten Reichstags ausagieren. Doch selbst diese Maße hätten sich bescheiden ausgenommen angesichts der wichtigsten Projekte auf der in nord-südlicher Richtung verlaufenden Via triumphalis: Triumph-

bogen und Große Halle. Ersterer sollte ein um das Zwölffache größeres Bauvolumen haben als sein Vorbild, der Arc de Triomphe in Paris. Die Große Halle mit einem geplanten Fassungsvermögen von rund 180 000 Besuchern hätte eine Kuppel von 250 m Durchmesser über einem 74 m hohen Sockel erhalten und wäre damit insgesamt höher als die Fernsehturmkugel am Alexanderplatz gewesen.

Enteignungen, Zwangsräumungen und der Einsatz von KZ-Häftlingen in Steinbrüchen sowie von Zwangsarbeitern auf Berliner Baustellen waren beschlossene Sache. Goebbels' Zweifel, ob 20 Jahre zur Errichtung dieser hauptstädtischen Megalopole ausreichten und die grandiose Pracht noch erlebbar wäre, erledigten sich dann durch die vom nationalsozialistischen Regime verursachte Katastrophe des Zweiten Weltkriegs binnen weniger bitterer Jahre.

Straße des 17. Juni bis Heerstraße

Die Ost-West-Achse, die vom östlichen Rand über das Brandenburger Tor bis an die westliche Stadtgrenze quer durch Berlin führt, durchschneidet als Straße des 17. Juni den Tiergarten und mündet in den Ernst-Reuter-Platz mit den Bauten der Technischen Universität, um sich schnurgerade über Bismarckstraße und Kaiserdamm fortzusetzen. Sie führt dann in Sichtweite von ICC und Funkturm über den Theodor-Heuss-Platz in die Heerstraße, die kurz vor der Havel einen kleinen Knick macht. Auf deren südlicher Seite ist man rasch mitten im Grunewald, nördlich liegen das Georg-Kolbe-Museum, das Le-Corbusier-Haus und schließlich die riesigen Anlagen des Olympiastadions. Die heutige Straße des 17. Juni bildete ursprünglich die Verbindung zwischen dem Sommerschloss der ersten Preußenkönigin Sophie Charlotte (heute Schloss Charlottenburg) und der Berliner Residenz und hieß der Königin zu Ehren 330 Jahre lang Charlottenburger Chaussee. Erst während des Dritten Reichs wurde sie im Zuge des geplanten Umbaus von Berlin zur sogenannten Welthauptstadt Germania auf die heutige Breite gebracht. Die so entstandene repräsentative Paradestraße erhielt 1935 den offiziellen Namen Ost-West-Achse, während die Siegesallee mit ihren heroischen Skulpturen, von den Berlinern spöttisch „die Puppen" genannt, der Nord-Süd-Achse zugeschlagen wurde. Außerdem wurde die ursprünglich den Königsplatz (heute Platz der Republik) schmückende Siegessäule 1938 auf den Großen Stern umgesetzt. Seitdem stellt sie das weithin sichtbare Erkennungszeichen der Straße des 17. Juni dar, die ihren Namen seit dem Senatsbeschluss vom 22. Juni 1953 in Erinnerung an den Volksaufstand in der DDR am 17. Juni 1953 trägt. Während die alliierten Westmächte hier bis 1989 alljährlich ihre Truppenparaden abhielten, ist die Straße heute das städtische Terrain für Großveranstaltungen jeder Art.

Links: Großer Stern mit Siegessäule –
Rechts: Denkmal der Königin Luise von
Preußen im Tiergarten

Rundgang „klassisch"

Blick auf Hotel Adlon, Akademie der Künste und DZ-Bank

Brandenburger Tor

Gendarmenmarkt

Zeughaus

Neue Wache

Bebelplatz

Friedrichwerdersche Kirche

Wer auf die Linden will und aus dem Tiergarten oder vom Reichstag kommt, nimmt den Weg durch das Brandenburger Tor. Wir gehen wie 1791, als es eingeweiht wurde, zu Fuß. Autos gibt es auch auf dem Pariser Platz keine. Ein Ort für Spaziergänger also. Seit mit der Amerikanischen Botschaft die letzte Baulücke geschlossen wurde, bietet sich das einstige Quarree, dessen Bauten vollständig zerstört waren, als Ensemble moderner Architektur, das teilweise an historische Vorbilder angelehnt ist, dar: Josef Paul Kleihues' Zwillingsbauten, die das Wahrzeichen Berlins respektvoll in die Mitte nehmen, die maßvoll futuristische Französische Botschaft, Günter Behnischs Glaspalast der Akademie der Künste, der Neubau des Hotels Adlon und Frank O. Gehrys kühne DZ-Bank. Trotz des Menschengewühls herrscht hier immer sonntägliche Stimmung. Weil die Gebäude in östlicher Richtung zunächst wenig aufregend sind – zum Prachtboulevard werden die Linden mit den besten Bauten Schlüters, Knobelsdorffs und Schinkels erst im weiteren Verlauf – gehen wir in der Mitte unter den Bäumen höchst komfortabel auf einem breiten Parkweg entlang. Rechter Hand taucht die Russische Botschaft auf, ein stalinistischer Prunkbau von 1949 bis 1951, dessen Grundriss inklusive weiträumigem Vorgarten die Tradition des 18. Jh. aufnimmt. Ein Juwel ist links in der Schadowstraße zu entdecken: das Wohn- und Atelierhaus von Johann Gottfried Schadow mit schönem Innenhof und feinem Fassadenschmuck. Vorbei am Zollernhof zur Linken und dem Haus der Schweiz von 1936, dessen Gebäudeecke der National-held Wilhelm Tell schmückt, überqueren wir die Friedrichstraße. So weit das Auge reicht, reiht sich hier Neubau an Neubau. Wo die Deutsche Guggenheim klassische Moderne und Zeitgenössisches ausstellt, biegen wir rechts in die Charlottenstraße ein, und sehen schon bald zwei schlanke, goldverzierte Kup-

Altes Museum am Lustgarten und Berliner Dom

peln über den Dächern blinken: der Gendarmenmarkt. Wer ihn das erste Mal betritt, ist berückt von diesem Meisterwerk der schönen Proportion. Das Schauspielhaus mit ionischer Säulenhalle und imposanter Freitreppe, eines der wichtigsten Bauwerke Schinkels, wird flankiert vom Französischen Dom zur Rechten und dem Deutschen Dom zur Linken. Ganz in der Nähe, in der Jägerstraße 54, lag Berlins berühmtestes „Dachstübchen": Rahel Varnhagens erster Salon. Zwei Häuser weiter befindet sich das Stammhaus der 1795 gegründeten Mendelssohn-Bank mit einer Ausstellung über die Geschichte der Moses-Mendelssohn-Dynastie.

Jenseits der Oberwallstraße steuern wir auf einen gotischen Backsteinbau zu: Schinkels Friedrichwerdersche Kirche. Seine Bauakademie, die 1961 abgerissen wurde, steht als ein Kubus aus Zeltplanen daneben und wirbt für den Wiederaufbau aus Stein. Über den Schinkelplatz geht es zurück Richtung Unter den Linden. Die kleine Straße Hinter der Katholischen Kirche führt direkt zur St.-Hedwigs-Kathedrale mit ihrer grünen Kuppel und zum schönsten Blick auf Berlins repräsentativsten Platz, das Forum Fridericianum, der auch Opern- oder Bebelplatz heißt: Ihn säumen das Opernhaus, die „Kommode" genannte Königliche Bibliothek, das Alte Palais, dessen neu rekonstruierte Pergola ein grüner Blickfang ist, und auf der gegenüberliegenden Seite die Humboldt-Universität. Man sieht es beim Überqueren des Platzes: Hier werden die Linden zum Prunkboulevard. Diese Bauten stellen das Beste dar, was preußische Architektur hervorgebracht hat. Der Herr und Erfinder des Forums, Friedrich II., reitet mit Dreispitz und Krönungsmantel auf seinem Lieblingspferd Condé – das 13,5 m hohe Standbild ist das Hauptwerk von Christian Daniel Rauch – in Richtung Schlossbrücke: rechts liegt das Prinzessinnenpalais, heute Operncafé, das mit dem angrenzenden, gleichfalls klassizistischen Kronprinzenpalais durch eine überdachte Brücke verbunden ist (beides „nur" originalgetreue Wiederaufbauten); auf der linken Seite, eingerahmt von einem Kastanienwäldchen, dessen Anlage noch auf den Soldatenkönig zurückgeht, befindet sich Schinkels Neue Wache, ein Kleinod an klassischer Klarheit. Den Schlusspunkt bildet das imposante Zeughaus, das bedeutendste Barockgebäude der Stadt.

Wenn man dann, jenseits der Schlossbrücke, auf der Wiese vor dem Alten Museum sitzt und hinter sich die Glocken des Berliner Domes hört, während auf der Spree ein Schiff namens Sommerwind vorbeizieht, fühlt man sich wie auf einer Insel in der Stadt. Was sie ja auch ist, die Museumsinsel. Und hier ruht man sich aus von der Kunst- und Sinnenfreude Preußens, auf dieser Wiese, die Lustgarten heißt.

Brücken

Brücken

Brücke im Regierungsviertel am Spreebogen

Spree, Havel und die vielen Kanäle, das waren über Jahrhunderte die Lebensadern der Stadt. Berlin ist, wie ein geflügeltes Wort aus der Gründerzeit sagt, „aus dem Kahn gebaut". Doch schon zuvor ist die Stadt aus dem Kahn „ernährt" worden. Es war den preußischen Fürsten und Königen daher stets ein Bedürfnis, das Wasserstraßennetz um und in Berlin zu pflegen und zu erweitern. Diesem Verkehrsnetz verdankt Berlin einen Gutteil seines wirtschaftlichen Aufschwungs. Nicht weniger als 200 km lang ziehen sich Flüsse und Kanäle durch die Stadt, und mehr als 1000 Brücken führen über das Wasser hinweg. Mit dieser Zahl übertrifft Berlin die Brückenstadt Venedig um mehr als das Doppelte. Die meisten Brücken entstanden um die vorletzte Jahrhundertwende, als man die Spree für die Großschifffahrt zu nutzen begann. Einige blicken auf eine viel längere Geschichte zurück, wie die Jungfernbrücke, deren Zugmechanik holländischen Typs die letzten 200 Jahre nahezu unverändert überdauert hat. Die jüngste, zwei Bauten des Bundestags überspannende Brücke von 2003 vollendet in einem „Sprung über die Spree" (Stephan Braunfels) – und so die Einheit von Ost und West symbolisierend – das Band des Bundes.

Schlossbrücke

Die repräsentativste Brücke Berlins verbindet das ehemalige Schlossareal mit der Lindenallee. Seit 1991 heißt sie wieder Schlossbrücke, nachdem sie 40 Jahre zuvor nach der Sprengung des Stadtschlosses in Marx-Engels-Brücke umbenannt worden war. Ihre Vorgängerin war nur ein hölzerner Steg, Hundebrücke genannt, weil hier Kurfürsten und Könige samt Gefolge die Hundemeuten versammelten, um zum Jagen die Linden entlang in den Tiergarten zu ziehen. Nach dem Ende der Befreiungskriege wurde Karl Friedrich Schinkel 1819 mit dem Entwurf für eine steinerne Brücke beauftragt, die zugleich mit dem Bau der Neuen Wache auf „dieser schönen Straße ein harmonisches Ganzes" bilden sollte. Die Schlossbrücke wurde zwischen 1821 und 1824 erbaut – damals noch mit einer Klappvorrichtung für den Schiffsverkehr in der Mitte. Mit Seepferden, Tritonen, Delphinen und anderem Meeresgetier geschmückt, verbinden gusseiserne Brüstungen auf beiden Seiten je vier Granitpostamente miteinander, in die Kreismedaillons mit Adlermotiven von Friedrich Wilhelm Wolff eingelassen sind. Schinkel hatte als Brückenschmuck Kupferarbeiten vorgesehen, die, ganz im Zeichen der Zeit, den Lebens- und Leidensweg eines Kriegers zeigen sollten. Dieser Plan ließ sich angesichts der leeren Staatskassen nicht realisieren. Erst nach Schinkels Tod wurden zwischen 1847 und 1857 die Skulpturen nach seinen Entwürfen von Bildhauern aus der Schule Christian Daniel Rauchs geschaffen, und zwar in Carraramarmor. Zur Erinnerung an das glückliche Ende der Freiheitskriege erheben sich auf der Brücke acht strahlend weiße Figurengruppen. Dargestellt sind die Siegesgöttinnen Nike und Pallas Athene, die wie in einer szenischen Erzählung junge Helden durch die Schrecknisse des Krieges bis in die Friedenszeit begleiten. Mit der Schlossbrücke schuf Schinkel für den preußischen Paradeboulevard Unter den Linden sowie seine Repräsentationsbauten einen dramatischen Abschluss und verknüpfte ihn auf elegante Weise mit Schloss, Lustgarten, Dom und (Altem) Museum. Die Berliner, nie verlegen um respektlose Formulierungen, nennen sie übrigens die „Puppenbrücke".

Karl Friedrich Schinkel und der Klassizismus in Preußen

von Edelgard Abenstein

Porträt K. F. Schinkels, 1826, Gemälde von Carl Begas, Öl auf Leinwand, 27 x 20,5 cm, Privatbesitz

Wie kein anderer hat Karl Friedrich Schinkel das Gesicht Berlins geprägt. Er war der größte und einflussreichste aller preußischen Baumeister. Die ästhetische Qualität seiner Werke, die ihn zu einem der wichtigsten Architekten des Klassizismus in Deutschland machte, strahlt bis in die Gegenwart, denn sein aus der Antike gewonnener, höchst eigenständiger Formenkanon wirkt seit 200 Jahren richtungsweisend. Es gibt nichts, was Schinkel nicht gebaut hätte: staatliche Gebäude, Villen und Wohnhäuser, Kirchen und Kasernen, Denkmäler und Brücken. Es gibt nichts, was er nicht entworfen hätte: von der Mustervase aus Porzellan bis zum gusseisernen Stuhl. Überall in Berlin stößt man auf seine Spuren, sodass man sagen kann, Schinkel ist kein Name, sondern eine Stilrichtung. In seinem kurzen Leben hat er Preußen und seiner Hauptstadt nicht nur eine unverwechselbare charaktervolle und anmutige Gestalt von menschlichem Maß gegeben. Er hat, so sein Biograf Heinz Ohff, „die Schönheit Preußens erfunden".

1781 im brandenburgischen Neuruppin als Pastorensohn geboren und aufgewachsen, zog Schinkel mit der früh verwitweten Mutter 1794 nach Berlin. Dort studierte er bei David Gilly, der 1799 die Bauakademie mitbegründete, und dessen Sohn Friedrich, der mit einem sensationellen Entwurf für ein Denkmal Friedrichs des Großen auf sich aufmerksam gemacht hatte. Gillys ganz eigener Stil, in dem Anklänge an die französische Revolutionsarchitektur spürbar sind, übte großen Einfluss auf Schinkels spätere Entwürfe aus. Das Erstlingswerk des kaum 20-Jährigen war der Pomonatempel mit ionischem Portikus auf dem Pfingstberg, der jüngst wieder aufs Schönste restauriert wurde. Von 1803 bis 1805 bereiste Schinkel Italien und Frankreich. Weil während der französischen Besatzungszeit größere Aufträge fehlten, malte er für seinen Lebensunterhalt

Panoramen, Dioramen und romantische Landschaftsgemälde. Daneben entstand eine Reihe von Bühnenbildern; im Laufe von 30 Jahren begleitete er mehr als 40 Inszenierungen. Neben der Bühnendekoration für die Uraufführung von E. T. A. Hoffmanns Oper „Undine" waren die zwölf Bilder zu Mozarts „Zauberflöte" sein größter Erfolg. Der Palast der Königin der Nacht mit Sternenbändern auf tiefschinkelblauem Firmament zählt noch heute zu den berühmtesten Bühnenbildentwürfen der Theatergeschichte. Durch die Fürsprache Wilhelm von Humboldts, mit dem er sich in Italien angefreundet hatte, erhielt Schinkel 1810 eine Stelle bei der Verwaltung der preußischen Baubehörde. 1815 avancierte er zum Geheimen Oberbaurat, 1830 zum Leiter des preußischen Staatsbauamtes und 1838 zum Oberlandesbaudirektor. Damit oblag ihm die Verantwortung für alle größeren Bauvorhaben vom Rheinland bis nach Ostpreußen. Immer wieder griff er in deren Gestaltung ein, sodass vieles seine Handschrift trägt. Seine Hauptwerke aber entstanden in Berlin: die Neue Wache Unter den Linden (1818), das Schauspielhaus am Gendarmenmarkt (1821), das Kreuzberg-Denkmal (1821), die Schlossbrücke (1824), der (später

Schinkels Bühnenbild-Entwurf zur Oper „Die Zauberflöte"

Blick in Griechenlands Blüte, Kopie 1836 von Wilhelm Ahlborn, nach dem Gemälde von K. F. Schinkel, 1825, Öl auf Leinwand, 94 x 235 cm, Alte Nationalgalerie, Berlin

nach ihm benannte) Pavillon am Charlottenburger Schloss (1825), das (Alte) Museum am Lustgarten (1830), die Friedrichwerdersche Kirche (1830), daneben vier kleine Vorstadtkirchen, wie in Mitte die Elisabethkirche (1834) und im Wedding die Nazarethkirche (1835), sowie der Umbau von Schloss Tegel zum klassizistischen Humboldt-Schlösschen (1824). Ab den 1820er-Jahren war Schinkel dank seiner Vielseitigkeit ein Begriff in der Stadt. Sein Stil wurde zu einer Art Markenartikel, der sich rasch verbreitete. Denn Schinkel war nicht nur als Beamter und Architekt tätig, als Maler und Bühnenbildner, er war auch

Designer und entwarf einfach alles, Möbel, Stoffmuster, Tapeten, Kronleuchter, Parkettfußböden, Bilderrahmen, Porzellane, Eisengeländer und Gartenbänke. So wurde er mit einer Fülle von Aufträgen überschüttet, vom König selbst, aber auch von den preußischen Prinzen, von Kirche, Adel und Bürgertum. Auch wenn Schinkel in seinen letzten Lebensjahren fantastische Projekte ersann – beispielsweise ein Königsschloss auf der Akropolis in Athen – und immer gern Architekturfantasien malte, war er alles andere als ein Utopist. Er baute für die Zukunft und griff dabei vor allem auf die Antike zurück.

Das perikleische Athen war ihm Vorbild für das Spree-Athen, an dessen Entstehen er wesentlich beteiligt war. Daneben sah er auch, ganz Kind seiner Zeit, die Architektur des Mittelalters als künstlerisches Leitmedium an. Schinkel huldigte beidem: Er stellte Griechentum und Gotik nebeneinander, die spitzbogige Friedrichwerdersche Kirche in Sichtweite seines neuantiken Tempels für die Kunst. Er glaubte an Humboldts Bildungsideal ebenso wie an die Kraft der Veränderung. Auch wenn Schinkel nie revolutionär baute, so war er doch immer offen für Neues. Der Industriearchitektur etwa, die er bei seiner Englandreise 1826 kennen lernte, verdankt er nachhaltige Anregungen. Die für sie charakteristische Verbindung aus Ziegelstein,

Glas und Eisen wies den Weg in die Moderne und beeinflusste sein letztes Werk, das Maßstäbe setzte: den roten Backsteinquader der Bauakademie, der auf den Wiederaufbau wartet. Durch die Bauakademie wurde Schinkels Glaubenssatz – „überall ist man nur da wahrhaft lebendig, wo man Neues schafft" – zu seinem Vermächtnis. Dass er bei all seinen Talenten nicht reich wurde, störte den fleißigsten Architekten Preußens übrigens nicht. Er hat in seinem Leben nie ein eigenes Haus besessen und hat sich auch keines bauen wollen. Besitz lag ihm nicht. Auch eine Erhebung in den Adelsstand hat er abgelehnt. 1836 bezog er eine Beamtenwohnung in der Bauakademie. Hier starb Karl Friedrich Schinkel am 9. Oktober 1841.

Oberbaumbrücke

Jahrzehntelang war die Oberbaumbrücke, die Kreuzberg und Friedrichshain über die Spree hinweg verbindet, ein Symbol der Trennung zwischen Ost und West. Mitten durch den Fluss hindurch verlief die Grenze. Mit dem Mauerbau wurde die Brücke gesperrt, Straßenbahn-, U-Bahn- und Autoverkehr wurden eingestellt. Nur Fußgänger mit Einreisevisum in die DDR durften passieren. Nach der Wiedervereinigung wurde die Brücke saniert und zwischen den Türmen ein schwungvoller, neuer Stahlbogen nach den Plänen von Santiago Calatrava eingesetzt. Seit 1994 rauscht der Verkehr wieder, und die U-Bahn fährt wie schon 1902 in der ersten Etage. Künftig soll auch die Straßenbahn wieder über die bereits verlegten Gleise rollen.

Der Name erinnert an die erste hölzerne Brücke von 1732, eine Zollstation, von der nachts ein nagelbewehrter „Baum" als Barriere heruntergelassen wurde, um den Warenschmuggel auf der Spree zu unterbinden. Der „Unterbaum" befand sich weiter westlich an der Stelle der späteren Kronprinzenbrücke beim Reichstagsgebäude. Die heutige Oberbaumbrücke, die 1894 bis 1896 nach Plänen des Architekten Otto Stahn errichtet wurde, ist ein neugotischer zweistöckiger Backsteinbau mit Arkaden, Wehrgang und zwei prächtigen Türmen. Im Zweiten Weltkrieg wurde sie erheblich beschädigt und am 23. April 1945 auf Befehl Adolf Hitlers (Nerobefehl) teilweise gesprengt, um den Vormarsch der sowjetischen Truppen zu verhindern. Heute ist sie ein Drehkreuz inmitten expandierender Stadtquartiere: des gefragten Büro- und Geschäftsviertels Oberbaum-City auf dem Gelände der „Lampenstadt", einem der vormals größten Industrieareale Berlins, und der Rummelsburger Bucht, einem Wohnviertel der Zukunft.

Weidendammer Brücke

Über die Grenzen Berlins hinaus berühmt wurde die Weidendammer Brücke durch ein Lied über die preußischen Adler, die in der Mitte ihres schmiedeeisernen Geländers thronen. Es hieß „Ballade vom preußischen Ikarus" und wurde nach seiner erzwungenen Ausbürgerung aus der DDR 1976 zu Wolf Biermanns Abgesang auf sein Land. Aber die Brücke kannte auch glücklichere Tage: Theodor Fontane hat sich hier 1840 mit seiner späteren Ehefrau verlobt, kaum dass die gusseiserne Konstruktion aus England eingeführt und 1824 allenthalben als eine der Ersten ihrer Art auf dem Kontinent bestaunt worden war. Zuvor hatte hier jahrhundertelang, wie so oft in Berlin, eine hölzerne Zugbrücke ihre Dienste verrichtet, die zuerst Dorotheenstädtische, dann Spandauische Brücke hieß, weil sie die damalige Querstraße, die später nach dem ersten Preußenkönig Friedrich I. benannt wurde, mit der Spandauer Vorstadt verband. 1895/96, zu der Zeit, als der Bahnhof Friedrichstraße Leben in diesen Straßenabschnitt brachte, erhielt sie ihre heutige Gestalt. Die Weidendammer Brücke gehört zu den wenigen der 35 Spreebrücken, die den Zweiten Weltkrieg unbeschadet überstanden

haben. Anders als die 1865 eröffnete Moltkebrücke, bei der wegen ungenügender Fundierung bereits ein halbes Jahr nach Inbetriebnahme so schwere Schäden auftraten, dass sie 1884 erst einmal geschlossen werden musste, steht die Weidendammer Brücke offenbar auf festeren Füßen. Aber auch sie ist auf Sand gebaut, wie sich am einstmals gegenüberliegenden alten Friedrichstadtpalast zeigte, der eine bis heute ungenutzte Brache hinterlassen hat. 1867 als erste Markthalle Berlins errichtet, ab 1874 zum Zirkus und 1919 von Hans Poelzig zum Großen Schauspielhaus umgebaut, erlebte er unter Max Reinhardt seine erste Glanzzeit. Bis Ende der 1970er-Jahre war er der Vergnügungstempel der DDR, bevor seine Fundamente buchstäblich im Boden versanken. Der Palast wurde abgerissen und 1984 an der Friedrichstraße neu eröffnet.

Weidendammer Brücke, Fotopostkarte um 1915

Glienicker Brücke

Die Demarkationslinie zwischen West-Berlin und der DDR verlief als weißer Querstreifen genau auf ihrer Mitte. Und weil die Absurdität keine Grenzen kannte, hieß sie ausgerechnet auf DDR-Seite über 40 Jahre lang Brücke der Einheit. In die Annalen der Nachkriegszeit ging sie als weltweit populärer Mythos ein, denn auf ihr wurden die Spione, die aus der Kälte kamen, gegen die des Westens ausgetauscht. Kein anderer Grenzübergang zwischen West- und Ost-Berlin bzw. der DDR eignete sich so gut als Agentenschleuse, denn keiner war so hermetisch gegen die Öffentlichkeit abzuschotten. Die Glienicker Brücke liegt an der Landstraße zwischen Berlin und Potsdam inmitten von Wäldern, Seen und Flussläufen. Sie überspannt Havel und Glienicker Lake. Die schwungvolle Stahlkonstruktion mit drei Bögen und zwei Doppelstützen stammt von 1907. In den letzten Kriegstagen gesprengt und originalgetreu 1950 wieder aufge-

Links: Kunstschmiede-arbeiten an der Weidendammer Brücke, ein Adler, der in der Gestaltung auf das Preußische Königshaus zurückgeht

baut, ist sie die dritte Brücke an diesem Ort. Ihren Namen verdankt sie dem einstigen Gut Klein-Glienicke, an dessen Stelle sich heute das von Schinkel klassizistisch umgestaltete Schloss inmitten eines arkadisch anmutenden Landschaftsgartens erhebt. Unter dem Großen Kurfürsten hatte noch eine bescheidene Brücke aus Holz genügt, die später ausgebaut wurde, war sie doch das empfindliche Nadelöhr zwischen der Residenzstadt Berlin und der Garnison Potsdam mit den königlichen Sommerschlössern Sanssouci und dem Marmorpalais im Neuen Garten. Die 1834 nachfolgende romantisierende Backsteinbrücke von Schinkel fiel, als Berlin zur Groß- und Weltstadt heranwuchs, den neuen Zeitläuften zum Opfer und wurde durch die jetzige Brücke ersetzt.

Rundgang „alt-berlinisch"

Parochialkirche

Spreeufer am Nikolaiviertel

Mühlendammschleuse

Neptunbrunnen am Roten Rathaus

Palais Podewils

Stadtmauer

Märkisches Museum

Gleich hinter dem U-Bahnhof Klosterstraße begegnen wir dem letzten Zeugen des mittelalterlichen Berlin. Hinter der barocken Parochialkirche hat ein Rest der alten Stadtmauer aus Feldsteinen überdauert, weil sie jahrhundertelang den dortigen Wohnhäusern als Rückwand diente. Dass die Gegend zu einem repräsentativen Bürgerquartier avancierte, zeigen die noblen Palais aus der Zeit des ersten preußischen Königs, die beide der hugenottische Baumeister Jean de Bodt um 1700 für die ersten Staatsminister entwarf: das Palais Podewils, rechts in der Klosterstraße gelegen, und das Palais Schwerin, das jenseits des Neuen Stadthauses an der Kurve der Stralauer Straße ins Auge fällt. Hier am Molkenmarkt, einst eines der Zentren von Alt-Berlin, ist Großes geplant. Die Bauten um den alten Jüdenhof sollen wiedererstehen, die Straßen schmaler und historische Stadtgrundrisse wieder erkennbar werden. Das gesamte Viertel, den Mühlendamm links entlang bis hin zum Spittelmarkt, wird bis 2015 ein ganz neues Gesicht gewinnen.

Heute aber überqueren wir die viel befahrene Grunerstraße, werfen einen Blick auf das Rokoko-Juwel des Ephraim-Palais und tauchen, von den markanten Turmhelmspitzen der Nikolaikirche angezogen, in das bis zu den Kriegszerstörungen älteste Stadtviertel ein, das 1987 komplett rekonstruiert wurde. Nur das rechts an der Poststraße gelegene Haus, in dem die Architektenfamilie Knoblauch residierte, ist ein Original von 1760 mit später frühklassizistisch umgestalteter Fassade, die Rankenfries und Blumenerker trägt. Wir gehen am Wasser entlang, werfen links einen Blick auf den historisierenden Flügel des Neuen Marstalls und machen einen kleinen Abstecher nach rechts, zum Roten Rathaus, um dann die Spree auf der Rathausbrücke zu überqueren. Vorbei an der Vorderfront des Marstalls mit seinem Dreiecksgiebel passieren wir auf der Rückseite die Breite Straße, einst eine von reichen Bürgerhäusern gesäumte Prunkstraße, deren einziger Zeuge aus dieser Epoche das älteste Wohnhaus der Stadt, das Ribbeck-Haus, ist. In ein überraschend wenig frequentiertes Viertel gelangen wir, als wäre es ein blinder Fleck inmitten der Stadt, über die kleine Neumannsgasse. Dabei versteckt sich hier,

Ephraim-Palais

rechts in der Bruderstraße, eine klar gegliederte, spätbarocke Fassade zeigend, der Hort der deutschen Aufklärung: das Nicolaihaus. Der erste Salon Berlins machte hier von sich reden. Mit ihm fand die provinzielle Residenzstadt Anschluss an die kulturellen Zentren Europas. 1787 erwarb der Verleger, Schriftsteller und Philosoph Friedrich Nicolai das damals etwa 100-jährige Zwillingsgebäude, um es von seinem Freund, dem Maurermeister und späteren Direktor der Berliner Sing-Akademie Carl Friedrich Zelter zur Verlagsbuchhandlung sowie zu einem komfortablen Wohnhaus umbauen zu lassen. Hier trafen sich Schinkel, Schadow, Hegel und Chodowiecki. Eine Reihe von Gedenktafeln erinnert an die illustren Gäste. Gegenwärtig wird das Haus restauriert, sodass auch der barocke Innenhof, einer der wenigen, die Berlin aus dieser Zeit besitzt, nicht zugänglich ist. Auch das benachbarte Galgenhaus, das eine ähnliche Baugeschichte erkennen lässt, kann derzeit nicht besichtigt werden. Es beherbergt die Fotografische Sammlung des Stadtmuseums. Wenngleich weitaus jünger als die ehrwürdigen Nachbarn, wirkt das Domizil der Sächsischen Landesvertretung mit seiner historisierenden Fassade von der vorletzten Jahrhundertwende neben den Plattenbauten der 1960er-Jahre ebenfalls wie ein altertümliches Gebäude.

Zurück in die Gegenwart führt die sechsspurige Gertraudenstraße, eine der Hauptverkehrsverbindungen zwischen Ost und West. Wir überqueren die Schneise, und vor uns ragen die frisch renovierten Türme des

Bürgerhäuser aus dem 18./19. Jh. am Märkischen Ufer

Fischerkiezes in den Himmel. Wir wandern an ihnen vorbei, zunächst den Spittelmarkt im Blick, dann am Ufer der Spree entlang. Auf dem Wasser schaukeln alte Kähne, die Museumsschiffe des Historischen Hafens, die von der Geschichte der Flussschiffahrt in Berlin erzählen. Rechts, an der Promenade des Märkischen Ufers, reihen sich perlengleich schöne Bürgerhäuser mit klassizistischen Fassaden aneinander, darunter das berühmte Ermelerhaus. Jenseits des Hafens, ganz in der Nähe der alten Stadtmauer, gerät Rem Koolhaas' funkelnagelneue Niederländische Botschaft (2000–2003) aus Glas, Aluminium und Sichtbeton ins Blickfeld, die in der späten Nachmittagssonne rosenfarben leuchtet. Darin ähnelt sie dem Märkischen Museum, unserer letzten Station, das dafür allerdings keiner besonderen Illumination bedarf, reckt es doch zu jeder Jahreszeit seine Fassaden backsteinrot und hoch in den Himmel über Berlin.

Regierungsviertel

Regierungsviertel

Innenansicht der Reichstagskuppel

Von den einstigen Schaltzentralen der politischen Macht ist wenig geblieben. Das alte Hohenzollernschloss überdauerte nur in Gestalt des Balkons, von dem aus Karl Liebknecht 1918 die „ freie sozialistische Republik" proklamiert hatte. Die DDR-Regierung brachte die Reliquie an ihrem neuen Staatsratsgebäude an. Die Wilhelmstraße, Regierungsmeile des Kaiserreichs, der Weimarer Republik und des Nationalsozialismus, wurde im Zweiten Weltkrieg nahezu ausgelöscht und danach zu einem fast reinen Wohnquartier. Heute verteilen sich die Ämter der Bundesregierung auf neue und alte Gebäude in den Bezirken Tiergarten und Mitte.

Zentrum ist das Areal zwischen Reichstag und Spree, wo sich bis in die 1940er-Jahre hinein eine bürgerliche Wohngegend mit spätklassizistischen Villen und Botschaften ausdehnte, das Alsenviertel. Hitlers Architekt Albert Speer plante hier die Große Volkshalle, wofür noch vor den großen Bombenangriffen ein Großteil des Viertels abgerissen wurde. Nach Kriegsende lag das Gelände brach, bis die Mauer fiel und in der Folge die Entscheidung, die Berlin 1991 zur Hauptstadt machte. Damit war der Umzug von Parlament und Regierung aus Bonn besiegelt und die zerstörte Stadtlandschaft am Spreebogen neu zu bestimmen.

Reichstag

Kaum ein anderes Gebäude repräsentiert so viele Wendepunkte der deutschen Geschichte wie der Reichstag, der seit 1999 Sitz des Deutschen Bundestags ist. Philipp Scheidemann rief hier am 9. November 1918 die Republik aus. In der Nacht zum 28. Februar 1933 brannten Kuppel und Plenarsaal vollständig aus, was die Nationalsozialisten zum Anlass nahmen, zunächst die Reichstagsbrandverordnung zu erlassen und später das berüchtigte Ermächtigungsgesetz durchzusetzen, das ihre Alleinherrschaft besiegelte. 1945 hissten Soldaten der Roten Armee die rote Fahne auf dem Dach. Mit dem Bau des Reichstags war nach der Reichsgründung 1871, die aus der preußischen Hauptstadt Berlin die Reichshauptstadt machte, Paul Wallot beauftragt worden. Der hauptsächlich im Stil der italienischen Hochrenaissance gehaltene, durch vier Ecktürme bewehrte, wuchtige Quader wurde von 1884 bis 1894 errichtet. Während der Reichstag Schloss und Regierungsviertel seine Rückseite zuwandte, öffnete sich die Hauptfassade zum Königsplatz hin. Nicht nur die Kuppel aus Stahl und Glas – ein technisches Meisterwerk – rief die Missbilligung Kaiser Wilhelms II. hervor, konkurrierte sie doch mit der des Schlosses. Für ihn stellte der Bau „den Gipfel der Geschmacklosigkeit" dar; den Reichstag nannte er „Reichsaffenhaus". So dauerte es bis 1916, ehe er der Anbringung der von Peter Behrens gestalteten Inschrift „Dem

Deutschen Volke" über dem Westportal zustimmte. Der im Krieg schwer beschädigte Reichstag wurde in den 1960er-Jahren durch Paul Baumgarten wiederaufgebaut, wobei ein Großteil des plastischen Schmucks

außen und Überreste des historischen Inneren zerstört wurden. Nach der deutschen Wiedervereinigung waren die Meinungen über die neuerliche Nutzung des geschichtsbeladenen Bauwerks geteilt. Erst durch Christos Verhüllung im Sommer 1995 änderte sich die Stimmung. Norman Foster gelang es schließlich, die historische Bausubstanz und den Umbau so zu handhaben, dass ein hochfunktionales Parlament entstand. Seine Meisterleistung ist die neue, mittels einer doppelten Treppenspirale begehbare, gläserne Kuppel, die Einblick in den riesigen Plenarsaal erlaubt.

Band des Bundes

Der Generalplan der Architekten Axel Schultes und Charlotte Frank von 1991 erklärte das neue Regierungsviertel programmatisch zum „Band des Bundes". Wie eine Spange legt es sich über den Spreebogen und greift zu beiden Seiten über den Fluss hinaus, um so symbolisch wie physisch den Ost- mit dem Westteil der Stadt zu verbinden. Das Bundeskanzleramt (2001) ist nicht der größte, aber der imposanteste Neubau des Ensembles. Die langen Beton- und Sandsteinfassaden der Bürotrakte und der Leitungsbau bilden eine

dreiflügelige Anlage. Nur zum Reichstag hin öffnet sich eine augenfällige Schaufront mit dem von Eduardo Chillidas „Berlin"-Skulptur geschmückten Ehrenhof. Im mittleren Kubus befindet sich die eigentliche Machtzentrale, der Kabinettsaal im sechsten Stock und darüber das Kanzlerbüro. Nach Westen verbindet eine Brücke den Amtssitz mit dem sich über das Wasser hinweg fortsetzenden Kanzlergarten. Einzige Hinterlassenschaft des historischen Alsenviertels in der Nachbarschaft ist die Schweizer Botschaft, ein Palais von 1871 (Friedrich Hitzig), das 2001 einen neuen festungsartigen Anbau (Diener & Diener) erhielt. Im Paul-Löbe-Haus (2001), das von Stephan Braunfels konzipiert und nach dem Sozialdemokraten und Präsidenten des Reichstags Paul Löbe (1875–1967) benannt wurde, ist allein die zentrale Halle mit ihren ausladenden Galerien über 150 m lang. Acht Rotunden beherbergen hier die Sitzungssäle für die Ausschüsse sowie Büros für die Parlamentarier. Das am anderen Spreeufer als Marie-Elisabeth-Lüders-Haus (2003) fortgesetzte Gebäude ist durch eine zweistöckige Fußgängerbrücke angebunden. Unter dem Dach dieses ebenfalls von Stephan Braunfels entworfenen Gebäudes ist Platz für eine der größten Parlamentsbibliotheken der Welt. Elegante Treppen, teils in bramantescher Manier, durchziehen den Bau und führen zum Wasser hinab. Der Name erinnert an die liberale Politikerin Marie-Elisabeth Lüders (1878–1966).

Blick auf das Regierungsviertel
am Spreebogen

Fassade des Bundeskanzleramtes in Berlin Mitte

Der größte der Bundestagsneubauten, das Jakob-Kaiser-Haus (2001), trägt den Namen des Mitbegründers der CDU (1888 – 1961). In durchlichteter Architektur lebt hier das alte Dorotheenviertel mit seiner kleinteiligen Struktur wieder auf. Restaurierte Altbauten sind als Zeitzeugen integriert, so das Reichspräsidentenpalais von Paul Wallot und die Kammer der Technik. Zur Spree hin zeigen sich offene Höfe. Wie ein vielteiliges Puzzle wirkt das Gesamtensemble mit seinen 1745 Abgeordneten- und Fraktionsbüros, das von außen vielerlei Ein- und Durchblicke gewährt. Mit dieser Nachbarschaft erhielt der Reichstag seine einst städtische Umgebung zurück.

Rotes Rathaus und Rathaus Schöneberg

Nicht nach politischen Farbwerten ist das Rote Rathaus benannt, sondern nach dem leuchtenden Backstein, aus dem es von 1861 bis 1869 nach den Plänen des Stüler-Schülers Hermann Friedrich Waesemann errichtet wurde. Während der Rundbogenstil der Fassade an die märkische Baukunst anknüpft, verweisen das Blockhafte des Gebäudes und der stumpfe, 94 m hohe Turm, der stolz die Kuppel des Königsschlosses überragte, auf die Rathaustypen Italiens und Flanderns. Ein erstarkendes Bürgertum setzte so ein weithin sichtbares Zeichen. Der auf der Höhe des ersten Stocks umlaufende Terrakottafries erzählt in 36 Tafeln die Berliner Geschichte bis zur Reichsgründung. Das im Zweiten Weltkrieg stark beschädigte Gebäude wurde nach der Teilung der Stadt zum Sitz des Ostberliner Magistrats, die westliche Regierung zog ins Schöneberger Rathaus. Dessen schlichter Bau von 1914 (Peter Jürgensen und Jürgen Bachmann) geriet mit Regierenden Bürgermeistern wie Ernst Reuter und Willy Brandt immer wieder ins Blickfeld der Weltöffentlichkeit. Hier bekannte sich John F. Kennedy 1963 in seiner berühmten Rede („Ich bin ein Berliner") zu der Frontstadt als Bollwerk der westlichen Hemisphäre. Im Turm läutet bis heute jeden Mittag die 1950 von den USA gestiftete, der Liberty Bell in Philadelphia nachgebildete Freiheitsglocke. Senat und Regierender Bürgermeister aber kehrten am 1. Oktober 1991 wieder ins Rote Rathaus zurück, das seitdem offiziell Berliner Rathaus heißt.

Nationalsozialistische Architektur

Der Bendlerblock, Ehrenhof der Gedenkstätte Deutscher Widerstand

Den Luftkrieg, der hier geplant wurde, überstand das ehemalige Reichsluftfahrtministerium Hermann Görings unbeschadet. Mit seiner glatten Marmorkalkfassade und den schießschartengleichen Fensterbändern ist das Gebäude das einzige Relikt aus der Zeit, als die Wilhelmstraße synonym für eine zerstörerische Weltpolitik stand. 1935/36 nach Plänen von Ernst Sagebiel in Rekordzeit errichtet, wurde es in der DDR als Haus der Ministerien genutzt und beherbergte in den 1990er-Jahren die Zentrale der Treuhandanstalt. Seit 1992 heißt es Detlev-Rohwedder-Haus und ist Sitz des Bundesfinanzministeriums. Eine Gedenktafel an der Leipziger Straße erinnert an die Protestveranstaltung von Bauarbeitern am 16. Juni 1953, die zum Volksaufstand am nächsten Tag führte. Dass Architektur als Mahnung an die Geschichte dienen kann, zeigen auch andere Amtsbauten, die in der Neugestaltung ihre vormalige Nutzung nicht verschweigen: das Bundesministerium für Arbeit und Soziales etwa, das Sitz der Propagandazentrale von Joseph Goebbels war, oder das Auswärtige Amt in der ehemaligen Reichsbank (1934–1940). Das Bundesverteidigungsministerium nutzt den sogenannten Bendlerblock, von dem aus die deutsche Generalität im 20. Jh. zwei Angriffskriege befehligte und das zugleich die Zentrale der Widerstandskämpfer des 20. Juli 1944 war. Heute befindet sich hier außerdem die Gedenkstätte Deutscher Widerstand.

Rundgang „hauptstädtisch"

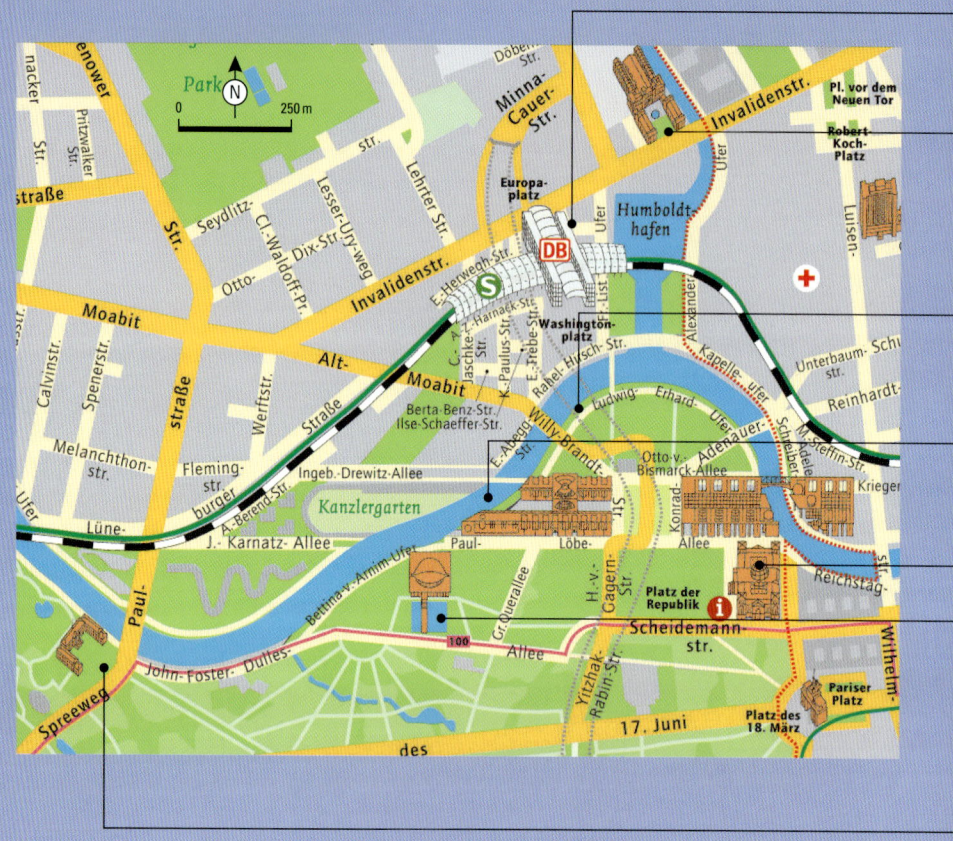

Hauptbahnhof

Hamburger Bahnhof

Ludwig-Erhard-Ufer

Bundeskanzleramt

Reichstag

Haus der Kulturen der Welt

Schloss Bellevue

Schloss Bellevue

Die Uhr über dem Portal zeigt halb sechs. Offenbar ist der Präsident zu Hause, denn auf Schloss Bellevue weht die Bundesfahne. Ein guter Zeitpunkt also, um pünktlich zum Feierabend von hier aus das hauptstädtische Berlin zu erkunden. Schon auf der Lutherbrücke zeigt es sich im Panoramablick, von der tief stehenden Sonne beschienen. Die Kuppel des Reichstags, das Internationale Handelszentrum, der Fernsehturm am Alexanderplatz, die Kongresshalle, das Kanzleramt ragen in einer Reihe aus den Bäumen des Tiergartens heraus. Der Weg dorthin führt an der „Bundesschlange" entlang, einer Wohnanlage für Bundesbedienstete, die Georg Bumiller in drei großen Bögen wie eine Schlange in die Spreekurve gelegt hat. Die rund 700 Wohnungen öffnen sich nach Süden zum Wasser und zum Tiergarten hin. Beste Lage also, zumal der Weg ins Regierungsviertel bequem zu Fuß zurückgelegt werden kann, wie es die vielen Jogger und Spaziergänger, die das Ufer bevölkern, vormachen. Von hier aus hat man den besten Blick auf Berlins spektakulärsten Hut, der in

kühnem Schwung auf einem ockerfarbenen Oval liegt: die Kongresshalle. Hugh Stubbins entwarf sie 1957 zur Internationalen Bauausstellung als Signal der deutsch-amerikanischen Freundschaft, freilich nicht ganz so wetterfest, wie es sich für ein solches Symbol gehörte. Nachdem das Dach 1980 eingestürzt war, zog nach dem Wiederaufbau das Haus der Kulturen der Welt ein, wo sich auf der großzügigen Terrasse am Wasser herrliche Sommerabende zubringen lassen. Berlin sieht hier immer noch so aus, als wäre es mit der swingenden oder, wie der Volksmund sagt, schwangeren Auster, dem All ein Stück näher gerückt. Dem Zentrum der Macht auf jeden Fall, denn das ist hier auf Tuchfühlung: Das Kanzleramt liegt direkt nebenan. Davon ungerührt ziehen auch hier Jogger ihre Runden, während neben dem Kanzlergarten und Sauerbruch-Huttons lichtem Feuerwehrgebäude in Rot und Grün unter den Kastanien des Zollpackhofs der Barbetrieb in vollem Gange ist. Dabei tönt wie jeden Tag um 18 Uhr ein Glockenspiel über dem Tiergarten. Es kommt aus dem

Carillon, dem mit schwarzen Granitplatten verkleideten Turm hinter der Kongresshalle, und ist das größte seiner Art in Europa. Von der Moltkebrücke aus bietet sich dann der Hauptbahnhof dar wie ein Ufo aus Glas und Stahl, das am Ufer der Spree gelandet ist. Hier überblickt man das weiße „Band des Bundes" mit Paul-Löbe- und Marie-Elisabeth-Lüders-Haus, dem Domizil der Bundespressekonferenz und der langen Front des Bundeskanzleramts; am Horizont leuchten die Türme des Potsdamer Platzes in der Abendsonne; geradeaus ziehen wie auf einer Ameisenstraße Besucher durch die gläserne Reichstagskuppel. Davor behauptet sich als einziger Zeuge der Vergangenheit, auf dessen Dach munter die rot-weiße Landesfahne flattert, die Schweizerische Botschaft. Mediterrane Stimmung herrscht am Flussufer, eine Strandbar reiht sich an die nächste. Wie in Kreuzberg und Friedrichshain spielt die Stadt an der Spree neuerdings überall Berlin am Meer. Gespielt wird auch gegenüber, am Humboldthafen, allerdings noch Zukunftsmusik. Hier soll ein neues Stadtquartier der Superklasse entstehen, mit Hotels, Wohnungen, Büros und Restaurants. Baustellen wird es also noch eine ganze Weile geben.

Nach Nordosten zu, in die Heidestraße hinein, gerät man rechter Hand zur neuesten Adresse der hauptstädtischen Kunstszene. Man muss nur dem losen Menschenstrom folgen, vorbei an Karosseriewerkstätten, Speditionen und Möbellagern, und schon befindet man sich auf der Vernissage einer der tonangebenden Galerien, die sich mit ihren Dependancen am Spandauer Schifffahrtskanal niedergelassen haben. Es wimmelt nur so von Besuchern, Kuratoren und Sammlern. Kein Wunder: Die Industriebrache in Stadtnähe verströmt einen morbiden Charme. Das benachbarte Gehäuse, in dem die hochkarätige Sammlung von Friedrich Christian Flick gezeigt wird, die Rieckhallen, war ursprünglich auch nichts anderes als ein Speditionslager. Schlägt man an deren

Hamburger Bahnhof, Museum der Gegenwart

schwarzer Seitenfront entlang den Rückweg ein, trifft man auf das erste Museum für zeitgenössische Kunst in Berlin, den Hamburger Bahnhof. Der liegt schon im blaugrünen Licht der Neon-Installation von Dan Flavin, die aus schlanken Pfeilerarkaden über dem Portal den Innenhof wie jede Nacht in magische Dämmerung taucht.

Museen und Kulturforen

Museen und Kulturforen

Der Kronschatz Berlins sind seine Museen. Die Kapitale besitzt etwa 170 davon, und sie verteilen sich über die ganze Stadt: von den großen Ensembles auf der Museumsinsel, am Kulturforum beim Potsdamer Platz und im Zentrum Dahlem über das Jüdische Museum und die Berlinische Galerie in Kreuzberg bis zur Liebermann-Villa am Wannsee, vom Naturkundemuseum in Mitte bis nach Schloss Friedrichsfelde. Eine Menge National- und Weltkultur, Natur- und Technikgeschichte also. Bei der Wiedervereinigung spielten die Museen und Staatsbibliotheken die heroischen Vorreiter und legten ein Tempo vor, das die Politik gelegentlich weit hinter sich ließ. Der Funke sprang durchaus auf andere Bereiche über, so wie schon einmal zu Zeiten Bismarcks, als die Museen jene Fahrt aufnahmen, die sie zu den weltgrößten in London, Paris oder St. Petersburg aufschließen ließen. Jetzt fanden die einstigen „Zwillinge", die in Ost und West getrennt gesammelt und ausgestellt hatten, schwungvoll jeweils unter einem Dach zusammen. So wanderten etwa die Alten Meister aus dem Bode-Museum in Mitte in die Gemäldegalerie am Kulturforum, und die stadthistorische Sammlung des Berlin Museums in Kreuzberg ging in der des Märkischen Museums am Historischen Hafen auf. Ab Mitte der 1990er-Jahre gehörte die geteilte Museumsstadt der Vergangenheit an. Die Einheit der Kunst war, zumindest räumlich, vollzogen. Stattdessen gewinnt ein alter Charakterzug Berlins wieder Oberhand: Die Stadt, die immer viele Zentren besaß, nährt die Konkurrenz ihrer Kulturquartiere, und sie profitiert davon. Zwar erlebt Mitte mit den wiedergewonnenen historischen Standorten Unter den Linden und auf der Museumsinsel eine kulturelle Blüte, wie sie noch nicht einmal die Glanzzeiten der 1920er-Jahre kannten, doch auch andernorts wächst Bedeutung nach. Das Kulturforum sieht um sich herum ein neues Zentrum mit Kinos, Berlinale und dem Filmmuseum entstehen. Zur anderen Seite wachsen Landesvertretungen und Botschaften mit regem Veranstaltungsleben. In Dahlem wird zwar der Verlust der außereuropäischen Sammlungen, die möglicherweise in das neu entstehende Stadtschloss umziehen, eine Lücke hinterlassen. Doch die Gegend um den Grunewald hat mit dem wachsenden Campus der Freien Universität ein solides Rückgrat, und sie besitzt mit Jagdschloss und Brücke-Museum erlesene Anziehungspunkte. Wie ein Stadtteil, der ins Abseits zu geraten drohte, wieder Morgenluft atmet, zeigt der Fall der Museen am Charlottenburger Schloss. Mit dem Auszug der Alten Ägypter und ihrer Galionsfigur Nofretete aus dem Stülerbau schien die Dämmerung angebrochen. Doch seit sich Heinz Berggruens Sammlung gegenüber niederließ, ist in wundersamer Zellteilung ein neues Museumsquartier entstanden. Mit dem Bröhan-Museum sowie der Sammlung Scharf-Gerstenberg befindet sich hier ein aparter Schwerpunkt für die klassische Moderne.

Museumsinsel

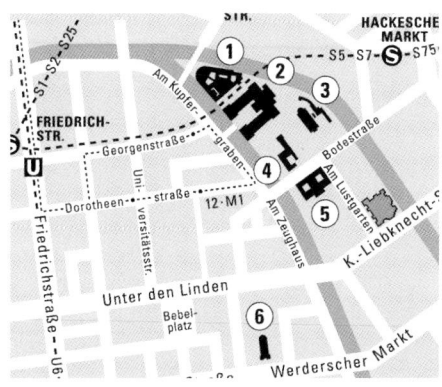

1 *Bode-Museum*
2 *Pergamonmuseum*
3 *Alte Nationalgalerie*
4 *Neues Museum*
5 *Altes Museum*
6 *Friedrichwerdersche Kirche*

Einer der größten Museumskomplexe der Welt liegt auf einer Insel in der Spree und ist ganz der europäischen Kunst und der Archäologie gewidmet. Als erster Bau entstand hier Karl Friedrich Schinkels (Altes) Museum, das schon bei der Eröffnung 1830 zeigte, dass die auf Zuwachs angelegten Sammlungen mehr Raum benötigten. Also ordnete Friedrich Wilhelm IV. (noch als Kronprinz) 1841 an, das gesamte Areal zu einer „Freistätte für Kunst und Wissenschaft umzuschaffen". So wuchs im Laufe von 100 Jahren das Ensemble von fünf imposanten Museumsbauten: 1859 kam das Neue Museum hinzu, 1876 die Alte Nationalgalerie, 1904 das Bode-Museum und 1930 das Pergamonmuseum. Im Zweiten Weltkrieg wurden die Museen zu etwa 70 Prozent zerstört. „Ein geistiges Weltgebäude", wie Ludwig Justi, ehemals Direktor der Nationalgalerie,

die Museumsinsel genannt hat, war in sich zusammengestürzt und wurde ab 1950 nur notdürftig als Heimstatt für die Kunst wieder tauglich gemacht. Dann kam 1989/90 die politische Wende und mit ihr der Enthusiasmus der Erneuerung. 1999 wurde der Masterplan zur Wiederherstellung der Museen und zur Neuordnung der nach dem Krieg in Ost und West geteilten Sammlungen beschlossen. Im selben Jahr ernannte die UNESCO die „Tempelstadt der Künste" zum Weltkulturerbe. Was einst als „preußische Akropolis" begann, führt jetzt wieder auf nur 1 km^2 durch 6000 Jahre Geschichte und durch die Hochkulturen in Orient und Okzident, von den Ursprüngen der europäischen Kunst im Zweistromland und in Ägypten über die klassische Antike, Mittelalter, Renaissance und Barock bis zur Malerei des Impressionismus.

Bode-Museum

Wie eine Arche liegt es im Wasser: An der Nordspitze der Insel, wo sich die Spreearme vereinigen, entstand um 1900 ein neues Museum, das die enorm gewachsenen Bestände der Gemälde- und Skulpturengalerie aufnehmen sollte. Der von Wilhelm II. favorisierte Architekt Ernst von Ihne errichtete es 1897 bis 1904 in neobarockem Stil, mit einer florentinischen Basilika in der Mittelachse und einer mächtigen Kuppel über der Eingangshalle. Benannt wurde das Museum zunächst nach dem 1888 verstorbenen Kaiser Friedrich III. Seinen heutigen Namen erhielt es in den 1950er-Jahren, als es nach der durch die Kriegsschäden notwendig gewordenen Renovierung wiedereröffnet wurde. Die Ende der 1990er-Jahre begonnene Generalinstandsetzung wurde 2006 abgeschlossen. Seitdem präsentiert sich das Bode-Museum als erste Adresse für europäische Bildhauerei vom frühen Mittelalter bis zum 18. Jh. mit einem Schwerpunkt auf Werken der deutschen Spätgotik. Reizvoll an der Präsentation ist der Zusammenklang zwischen Gemälden und Skulpturen, wie ihn Wilhelm von Bode schon vor 100 Jahren erprobt hat. Gemäß seiner ursprünglichen Bestimmung zeigt das Museum nun auch wieder die Byzantinische Sammlung, zu der es in Deutschland nichts Vergleichbares gibt, und das kostbare Münzkabinett, das mit gut einer halben Million Objekten zu den weltgrößten Sammlungen zählt.

Tilman Riemenschneider (um 1460/65–1531), Die Erscheinung Christi vor Maria Magdalena vom Magdalenen-Retabel zu Münnerstadt, 1490–1492
Lindenholz, 143, 5 x 102 cm

Im Jahr 1492 stellte der Würzburger Bildhauer Riemenschneider im Chor der Stadtpfarrkirche St. Maria Magdalena in Münnerstadt an der Rhön seinen großen, 15 m hohen Flügelaltar auf, den er in nur zwei Jahren gefertigt hatte. Das Berliner Relief stammt vom linken Flügel und zeigt die Szene des „Noli me tangere": Christus erscheint der Maria Magdalena im Garten von Gethsemane. Wie im Evangelium berichtet wird, war sie die Erste, der sich Christus nach seiner Auferstehung am Ostermorgen zeigte. Die große Gnade wird ihr zuteil, weil sie von ihrem sündigen Lebenswandel abgelassen hat. Dargestellt ist der Augenblick, in dem sie den Erlöser erkennt. Die Geste, mit der sie ihn berühren möchte, weist Christus zurück. Ebenfalls für den Münnerstädter Altar schuf Riemenschneider die vier Evangelisten: Matthäus und Johannes sind als Jünger Christi in antikisierende Gewänder gekleidet, während Lukas und Markus, die Schüler von Petrus und Paulus, als spätmittelalterliche Gelehrte auftreten. Bedeutsam sind diese Figuren, die ursprünglich ihren Platz in der Predella des Altars hatten, weil Riemenschneider sie nicht, wie damals üblich, farbig bemalte, sondern monochrom fasste. Das Bode-Museum besitzt ein weltweit einzigartiges Ensemble an Riemenschneider-Stücken, darunter auch die „Muttergottes aus Tauberbischofsheim" (um 1520). Den 13 Werken ist ein eigener Saal gewidmet, der 2007 um die Reliefgruppe „Die heilige Anna" mit ihren drei Ehemännern (um 1510) bereichert wurde.

**Joseph Anton Feuchtmayer (1696–1770),
Maria, um 1717–1719**
Lindenholz, H. 163 cm

Sie zählte immer schon zu den populärsten Figuren des Museums. Dazu haben die Schönheit ihres Gesichts und ihre elegante Frisur, die Pracht ihrer Kleidung und besonders der kühne Schwung ihrer Körperhaltung beigetragen. Ihre Identität blieb allerdings lange ungeklärt, ebenso der Zusammenhang, in dem sie entstanden ist. Ihrer Schönheit wegen hat man in ihr die Gottesmutter gesehen, häufig auch die Immaculata. Da sie sich, den Blick nach unten gerichtet, über einer Wolke erhebt, muss sie einstmals erhöht platziert gewesen sein. Gewöhnlich stehen die Figuren der Unbefleckten Empfängnis auf einer Mondsichel oder Weltkugel, oder sie stellen den Fuß auf eine Schlange zum Zeichen des Sieges über die Häresie, die Abkehr vom rechten Glauben. Da all diese Insignien fehlen, handelt es sich bei dieser Darstellung wohl um die Himmelfahrt Mariens, die zu den zurückbleibenden Aposteln niederblickt. Joseph Anton Feuchtmayer, den man den Meister des Bodenseebarock nennt, arbeitete u. a. in Oberschwaben für die Stiftskirchen in Weingarten und St. Gallen, wo er das Chorgestühl gefertigt hat. Berühmt wurde er mit der Gesamtausstattung der Wallfahrtskirche Birnau am Bodensee. Die Berliner Maria ist ein Frühwerk Feuchtmayers. Der frischgebackene Meister, der 1715 noch als Bildhauergeselle in Augsburg arbeitete, hat sie vermutlich in Weingarten geschnitzt, wo er sich um 1718 niederließ. Eine schöne

Patrizierin aus der Fuggerstadt mag ihm dafür als Modell vor dem inneren Auge gestanden haben.

Wilhelm von Bode als Gründungsdirektor der Berliner Sammlungen

von Clemens Schmidlin

Wilhelm von Bode, Fotografie um 1925

Als genial und rücksichtslos, suggestiv und besessen beschreiben Zeitgenossen den Museumsdirektor Wilhelm von Bode (1845–1929). Das 1904 von ihm gegründete Kaiser-Friedrich-Museum auf der Museumsinsel, das zwischenzeitlich auch Museum am Kupfergraben genannt wurde, trägt seit 1956 seinen Namen. Ein Leben für die Kunst war ihm nicht in die Wiege gelegt. In Braunschweig aufgewachsen, übte Bode seinen Blick zwar schon früh im dortigen Herzoglichen Museum, dessen Kunstsammlungen er bald systematisieren half und für das er fremde Gäste führte. Dem Vater zuliebe aber studierte er zuerst Rechtswissenschaften in Göttingen und Berlin, bis er seinen Willen durchsetzen konnte und Veranstaltungen in Kunstgeschichte belegte. Ihm, der sein ganzes Leben häufig kränkelte, verlang-

te sein Engagement enorme Willensstärke ab. Die zahlreichen Reisen zu Museen und Sammlern, die in dieser Zeit begannen, strengten ihn an. An den Königlichen Museen zu Berlin trat Bode 1872 eine Stelle als Gipskustode in der Skulpturenabteilung an. Man hatte damals nicht daran geglaubt, dass es Berlin hinsichtlich originaler Plastiken einmal mit den Museen in Paris oder London aufnehmen könne, also sammelte man verstärkt Gipsabgüsse. Geplant war auch der Aufbau einer Kopiensammlung berühmter Gemälde. Bode konnte das nicht gefallen, aber als frisch promovierter Kunsthistoriker war diese Stelle die Chance seines Lebens. Schon bei seinem Amtsantritt wurde er auch mit Aufgaben in der Gemäldegalerie betraut. Schrittweise erklomm er die

Historische Innenansicht des Kaiser-Friedrich-Museums

Karriereleiter. Nachdem er 1883 Direktor der Skulpturensammlung geworden war und seit 1890 die Gemäldegalerie leitete, konnte er 1904 als Gründungsdirektor des neu erbauten Museums an der Nordspitze der Museumsinsel auftreten. „Die Eröffnung fand auf Befehl des Kaisers [Wilhelm II.] mit großer Feierlichkeit statt. [...] Die Basilika bot den günstigsten Platz zur Feier, die sehr vornehm verlief. Da ich mich nur in einem Krankenstuhl bewegen durfte, sah ich der Feier von einem Balkon über der Basilika zu. Bei seinem Rundgang kam der Kaiser nach oben, um mich zu begrüßen und mir zu dem gelungenen Werke zu gratulieren", erinnert sich Bode in seiner Autobiografie. Zehn Jahre später sollte er für seine Leistungen den Adelstitel erhalten.

Bodes Tätigkeit für die Berliner Museen von 1872 bis 1920 – zuletzt als deren Generaldirektor – fällt beinahe gänzlich in die Zeit des Kaiserreichs, in eine Epoche also, in der Kunstsammlungen eine besondere nationale Bedeutung zukam. Aus heutiger Sicht wirken Bodes Arbeitsstrategien durchaus modern: Den chronischen Geldmangel für Kunstankäufe versuchte er dadurch zu kompensieren, dass er national und international Beziehungen zu Sammlern, Stiftern und Mäzenen knüpfte. Er gründete einen Freundeskreis, suchte die Nähe zu den politischen Entscheidungsträgern und beriet private Kunstkäufer, welche durch sanften Druck zu Stiftungen an die Königlichen Museen gedrängt werden sollten. Bode war am Auf- und Ausbau zahlreicher Abteilungen und Sammlungen der Berliner Museen beteiligt und initiierte den Neubau des Pergamonmuseums und des Dahlemer Museums. Aber nicht nur als Kulturmanager setzte er Maßstäbe, auch als Erforscher bis dato unzureichend beachteter Kunst

Kuppelhalle des sanierten Bode-Museums mit dem Reiterstandbild „Der große Kurfürst"

trat er in Erscheinung. Wahrscheinlich reizte ihn die Herausforderung der ersten wissenschaftlichen Systematisierung. Seine Publikationen zur niederländischen Malerei sowie zur deutschen und italienischen Plastik galten lange als Standardwerke. Schule machte sein Ausstellungskonzept für das Kaiser-Friedrich-Museum: Die gattungsübergreifende Präsentation von Kunstwerken in entsprechend ausgestatteten Räumen lässt den Geist vergangener Epochen sinnlich erfahrbar werden.

Pergamonmuseum

Genau 100 Jahre nach der Eröffnung von Schinkels Museum wurde auf der Museumsinsel der Schlussstein gesetzt. Alfred Messel und Ludwig Hoffmann entwarfen für die damals schon legendäre Sammlung antiker Baukunst das weltweit erste „Architektur"-Museum (1909–1930). Es wurde um die Rekonstruktionen des Pergamonaltars, des Ischtar-Tors und der Prozessionsstraße von Babylon gewissermaßen herumgebaut. Später zog dann auch noch die frühislamische Mschatta-Fassade aus der jordanischen Wüstenresidenz ein. Auf dem Sumpfgelände der Museumsinsel gestalteten sich die Bauarbeiten äußerst schwierig. Ein Vorgängerbau war 1901 fertiggestellt worden, musste aber schon acht Jahre später aus statischen Gründen wieder abgerissen werden. Finanzielle Engpässe, der Erste Weltkrieg und die Novemberrevolution unterbrachen den Bauprozess, sodass das Museum erst 1930 eröffnet werden konnte. Nur knapp ein Jahrzehnt waren die Schätze auf der Museumsinsel zugänglich, dann wurden ein Jahr nach Beginn des Zweiten Weltkriegs alle Berliner Museen geschlossen. Der Wiederaufbau des Pergamonmuseums war 1956 beendet. Seither trägt es seinen Namen. Heute beherbergt es die Antikensammlung mit griechisch-römischer Baukunst, Skulpturen, Inschriften, Mosaiken, Bronzen und Kleinkunst, das Vorderasiatische Museum mit hethitischen, assyrischen und babylonischen Stelen, Denkmälern und Reliefs sowie das Museum für Islamische Kunst mit Architekturfragmen-

ten, Keramik, Buchkunst, persischen Miniaturen, Teppichen und Schnitzereien. Auch hier wird weiter kräftig saniert und die dreiflügelige Anlage nach Plänen von Oswald Mathias Ungers mit einem Querriegel geschlossen.

Frauenstatue mit Granatapfel, 580–560 v. Chr.
Marmor, H. 194 cm

Ihr besonderes Kennzeichen ist das strahlende Lächeln. Die Statue wurde als „Berliner Göttin" berühmt, doch nimmt man an, dass es sich bei der Gestalt um eine Sterbliche handelt. In der frühgriechischen Zeit wurden Frauen- und Mädchenfiguren als kostbare Weihegeschenke für Heiligtümer geschaffen, oder sie dienten als Grabstatuen. Sowohl Göttinnen als auch Sterbliche treten dabei gleichermaßen mit reicher Kleidung und prächtiger Haartracht auf. Diese Insignien zeichnen auch die Berliner Figur als vornehme Frau aus. An ihrer festen, klar umrissenen Gestalt, die beinahe vollständig erhalten ist, lässt sich selbst die gelbe und rote Bemalung noch weitgehend erkennen. In der rechten Hand hält sie einen Granatapfel, dessen schillernde Symbolik vielfältige Bedeutungen hat. Besonders nachhaltig wirkte der Mythos der Persephone, die von Hades entführt und gegen ihren Willen in der Unterwelt festgehalten wurde. Erst als sie von dem Granatapfel, den dieser ihr reichte, gegessen hatte, war sie durch den Liebeszauber dieser Frucht für immer dem Herrscher des finsteren Reiches verfallen.

Pergamonaltar, um 170 v. Chr.
Marmor

Der Pergamonaltar ist eines der berühmtesten Bauwerke der Antike. Man hielt ihn für eines der sieben Weltwunder. Über einem mächtigen Unterbau, in den eine etwa 20 m breite Freitreppe einschneidet, steht eine Säulenhalle, die den Hof mit dem mächtigen Brandopfertisch einschloss. Der Altar wurde 170 v. Chr. während der Herr-schaftszeit des Eumenides II. errichtet. Offenbar waren die Götter den Bewohnern Pergamons damals wohlgesonnen, denn eine Inschrift am Altar erklärt, dass der Tempel zum Dank für erwiesene göttliche „Wohltaten" entstanden ist. Jedenfalls verband sich damit wohl kein kriegerischer Zweck. Der Altar hat einen anderen Charakter. Er stellt den mythischen Kampf der Giganten gegen die griechischen Götter dar und war somit ein Gleichnis für den Kampf

des Guten, der gerechten Ordnung und der Zivilisation gegen das Böse, die Willkür und das Chaos. Die „Gigantomachie", von Hesiod ausführlich beschrieben, war ein oft variiertes Thema in der griechischen Kunst. Nirgendwo aber wird sie so expressiv dargestellt wie am Pergamonaltar. Der 113 m lange Fries, der heute den gesamten Saal umläuft, schmückte einst die Außenseite des Altars. Der Fries im Inneren berichtet von Telephos, dem Sohn des

Herakles und legendären Gründer der gleichnamigen Stadt. Der Altar, der in byzantinischer Zeit abgerissen wurde, lag lange Zeit verschüttet, ehe er ab 1878 von einem deutschen Grabungsteam unter der Leitung von Carl Humann freigelegt und ab 1880 nach Berlin gebracht wurde. Die Rekonstruktion eines Drittels des Altars sowie der großen Treppe in originalen Maßen machte 1901 den neuen Museumsbau unumgänglich.

**Pergamonfries, Zeusgruppe
(Detail aus dem Ostfries), um 170 v. Chr.**
Marmor, H. des Frieses 2,30 m

Es ist der Kampf aller gegen alle. Die Kinder der Urgöttin Gaia, die schlangenfüßigen Giganten, haben sich gegen den Olymp erhoben, um die Herrschaft an sich zu reißen. Es geht um das Überleben der Alten Welt. Unter Einsatz aller Gewalten, über die er gebietet, wirft sich Zeus in die Schlacht. Er schleudert Blitze, ballt Wolken zu dräuenden Gebirgen und öffnet die Himmelsschleusen für sintflutartigen Regen, um den gegnerischen Anführer Porphyrion samt seiner Gefährten zu zerschmettern. Zur Linken des Göttervaters kämpft Herakles, der nur noch anhand eines Fragments, das eine Tatze seines Löwenfells zeigt, identifiziert werden

kann. Die Gesichter und Körper der Giganten offenbaren Schmerz, seelische Qual und die Erbarmungslosigkeit ihrer Vernichtung. Auf anderen Reliefs ist zu sehen, dass auch die Göttinnen Artemis, Hekate und Semele in den Kampf eingreifen. Selbst die Göttermutter Hera jagt auf einem Streitwagen ins Getümmel, und Aphrodite, die Göttin der Liebe, stößt todesmutig eine Lanze in den Leib eines Feindes. Die Darstellung der Schlacht zeichnet sich durch einen schonungslosen Realismus aus. Keine Kampfgruppe gleicht der anderen. Physiognomien, Gewänder, das Muskelspiel der Götter und Giganten, ihre Haartracht und das Schuhwerk variieren in vielen Details. Der Skulpturenfries mit seinen etwa 100 überlebensgroßen Figuren gehört zu den Glanzstücken hellenistischer Kunst.

Markttor von Milet, um 120 n. Chr.
Marmor, H. 28,92 m

Ursprünglich bildete das Tor mit seiner prunkvollen Fassade den Eingang zur antiken Stadt Milet in der heutigen Türkei. Vermutlich aus städtischen Mitteln errichtet, ragte es weit über die Markthallen hinaus und setzte dem Ensemble repräsentativer Bauten in der südlichen Agora einen Glanzpunkt auf. An einer breiten Prachtstraße gelegen, gehörten dazu auch ein Gymnasion, ein prunkvolles Nymphäum und ein Buleuterion (Rathaus). Wahrscheinlich war das zweigeschossige Portal mit vielen Skulpturen geschmückt.
Während eines Erdbebens stürzte es im 11. Jh. ein. Bruchstücke wurden in umliegenden Häusern verbaut, der Großteil versank für Jahrhunderte im Boden. Erst 1903 bis 1905 wurde es bei Ausgrabungen wiederentdeckt, und mit Genehmigung der türkischen Behörden brachte man die großenteils gut erhaltenen Teile der Säulenarchitektur nach Berlin. Ende der 1920er-Jahre wurde das Markttor nach Angaben des Architekten Hubert Knackfuß und unter Leitung des Archäologen Wilhelm von Massow im neuen Pergamonmuseum weitgehend originalgetreu wieder aufgebaut. Während des Zweiten Weltkriegs blieb es im Museum. Durch einen Bombentreffer stark beschädigt, wurde es bis 1954 notdürftig und nicht unbedingt fachgerecht wiederhergestellt. Derzeit wird es bis 2010 erneut restauriert. Das Baugerüst hinter Plexiglas erlaubt Einblicke in die Sicherungsarbeiten.

Ischtar-Tor, um 580 v. Chr.
Farbig glasierte Reliefziegel, 14,73 x 15,70 m

Das Portal mit den beiden Flankentürmen trägt den Namen der babylonischen Liebesgöttin Ischtar. Es bildete den nördlichen Ausgang aus der Stadt Babylon, der Hauptstadt Babyloniens, die am Euphrat im heutigen Zentralirak lag. Die wilden Tiere auf den Wandflächen symbolisieren die Hauptgottheiten Babylons: Die Löwen stellen die Göttin Ischtar dar, die Herrin des Himmels, die für die Liebe ebenso zuständig war wie für den Schutz der Armee. Die schlangenähnlichen Drachen stehen für den Stadtgott Marduk, der Fruchtbarkeit und ewiges Leben schenkte, und die Stiere verweisen auf den Wettergott Adad. Das Tor bewachte einst den Zugang zu einer 90 m hohen Zikkurat, einem Stufentempel, und es stand am Beginn einer Prachtstraße der antiken Weltmetropole. Lange Zeit kannte Europa nur das Bild, das die Bibel von der großen „Hure

Babel" überliefert hatte. Dabei war das am Euphrat zwischen Kornfeldern, Palmenhainen und den legendären hängenden Gärten gelegene Babylon eine internationale Handelsstadt und die politische Machtzentrale eines Reiches, das durchaus dem späteren Imperium Romanum vergleichbar ist. Unter Nebukadnezar II. (605–562 v. Chr.), einem ihrer letzten berühmten Könige, floss noch einmal jener Reichtum in die Stadt, der sein architektonisches Abbild in Bauwerken vorher unbekannter Art gefunden hat. Auch die Fassade zum Thronsaal des königlichen Sommerpalasts zeugt davon. Sie ist ebenso wie das Tor im Originalmaßstab rekonstruiert.

Löwen von der Prozessionsstraße in Babylon, um 580 v. Chr.
Farbig glasierte Reliefziegel

Das Ischtar-Tor befand sich am Ende einer von Mauern gesäumten Prozessionsstraße, die ursprünglich zwischen 20 und 24 m breit war und eine Länge von etwa 250 m hatte. Sie war mit einem Fries aus blau glasierten Ziegeln versehen, auf dem ehemals 120 strahlend goldene Löwen schritten, je 60 auf einer Seite. Während des Neujahrsfestes im Frühling führten die Prozessionen alljährlich durch die leuchtende Straßenschlucht, passierten das Tor und endeten an der Euphratbrücke. Im Vorderasiatischen Museum sind von dieser Anlage nur Teile rekonstruiert: etwa 30 m Straßenwände in nur 8 m Breite. Die Tiere sind aus zahllosen Bruchstücken von Reliefziegeln zusammengefügt, um dem Ori-

ginalbild möglichst nahezukommen. Heute führt die Prozessionsstraße zum Babylon-Saal, wo sich als besondere Anziehungspunkte das Modell des Hauptheiligtums des Stadtgottes Marduk, der „Turm zu Babel" und eine Kopie der bekannten Gesetzesstele des Königs Hammurabi befinden.

Relief mit Darstellung des Wettergottes aus Tell Halaf, 9. Jh. v. Chr.
Basalt, 83 x 57 cm

Auch ein Gott, zumal in Menschengestalt, braucht gelegentlich Waffen. Die Wandtafel, die von der Außenverkleidung der Stadt-oder Palastmauer Tell Halafs stammt, zeigt den Wettergott mit einem Bündel aus Blitzen und einer Axt. Diese Attribute gehörten zu seinem Erscheinungsbild und konnten auch getrennt von ihm als Symbole an seiner statt angebetet werden. In der Kunst der späthethitischen Fürstentümer, zu denen auch Tell Halaf

in Nordostsyrien gehört, waren Abbilder des Wettergottes weit verbreitet. Wo, wie in Syrien, Nordmesopotamien und Kleinasien, Regenfeldbau betrieben wurde, hing die Sicherung des Lebensunterhalts von der Menge der Niederschläge ab, von Naturgewalten also, als deren Lenker der Wettergott galt. Er wurde unter verschiedenen Namen verehrt, sein gebräuchlichster war Hadad oder Baal. Auch die überlebensgroße Statue eines Mannes, der bei Sam'al gefunden wurde, stellt den Wettergott Hadad dar. Seine Waffen, das Blitzbündel und die Axt, sind zwar nicht mehr erhalten, man darf sie aber ebenso wie einen mit Stieren geschmückten Sockel gedanklich ergänzen. In der auf Aramäisch abgefassten, den gesamten Unterkörper bedeckenden Inschrift berichtet der König des Fürstentums, dass er die Statue Hadad widme, weil dieser dem Land

Wohlstand und gutes Gedeihen geschenkt habe. Außerdem bittet er darum, nach seinem Tode am ewigen Leben teilhaben zu dürfen. Auf der sehr lebendigen Wiedergabe des Wettergottes, wie sie sich auf einer Relieffolge aus Malataya aus dem Beginn des 1. Jh. v. Chr. findet, wird der Blitz, selbst ein göttliches Wesen, aus seinem Schlafgemach geholt und zu den Stieren vor den Wagen gespannt.

Aleppo-Zimmer, 1600–1603
Bemaltes Zedernholz, 2,50 x 35 m

Einst schmückten die bemalten Wand-
paneele das Foyer eines christlichen Hauses
in der im heutigen Syrien gelegenen Stadt
Aleppo. Sein Besitzer namens Jesus, Sohn des
Petrus, war Händler und ein wohlhabender
Mann, der sich ein solch prächtiges Haus leisten konnte. Aleppo, im 17. Jh. eine bedeutende Fernhandelsmetropole, kannte eine
Reihe christlicher Händler, die vor allem von
den europäischen Kaufleuten profitierten.
Denn diese wickelten ihre Geschäfte bevorzugt über einheimische Glaubensgenossen
ab. Das Aleppo-Zimmer diente als Empfangs-
raum für Gäste und war einst vornehm mit
farbigen Marmorplatten, einer Kuppel und
einem Brunnen ausgestattet. Einzigartig ist es

als ältestes erhaltenes Beispiel seiner Art
vor allem wegen seiner kostbaren Malereien.
Bedeutend sind die christlichen Motive –
Maria und das Kind, das Opfer Isaaks und
der Tanz der Salome. Sie geben Einblick in
das Bildrepertoire orientalischer Christen,
von denen nur wenige künstlerische Zeugnisse aus dieser Zeit überliefert sind, und
sie dokumentieren die überraschende Ver-
wandtschaft mit der zeitgenössischen isla-
mischen Buchmalerei. Während die figür-
lichen Darstellungen in den höfischen Szenen
mit Jagd, Tanz, Liebespaar und gefiederten
Tieren auf persische Vorbilder zurückgehen,
ist die Ornamentik im türkisch-osmani-
schen Stil ausgeführt. Das Zimmer ist üppig
mit Inschriften geschmückt, die Datum und
Auftraggeber nennen sowie Gedichte und
Psalmtexte in reicher Zahl enthalten.

Gebetsnische, Kaschan (Iran), um 1226
Reliefkeramik, Lüstertechnik, 2,80 x 1,80 m

Islamische Gebetsnischen zeigen in Gebäuden die Gebetsrichtung nach Mekka an. Deswegen werden sie traditionell reich verziert. So auch die Nische aus Kaschan, die sich in der dortigen Hauptmoschee befand. Die südlich von Teheran gelegene alte Handels- und Gewerbestadt war vom 12. Jh. an weithin berühmt für ihre Lüsterfayencen. Diese besondere Glasurtechnik, die in Ägypten und im Irak erfunden wurde, besteht darin, Gold-, Silber- oder Nichtedelmetalllösungen auf Keramikoberflächen aufzutragen und durch Einbrennen einen schillernden Glanz zu erzeugen. Die Kaschaner Meister erreichten darin eine neue Vollkommenheit, indem sie den Lüster auch mit Blau und Türkis kombinierten und ihn bemalten. Die solchermaßen gestalteten Fliesen bedeckten die Wände von Palästen und Moscheen, die Stadt erstrahlte so in goldenem Schimmer. Die Gebetsnische aus Kaschan, die mit 2,80 m Breite und 1,80 m Höhe eine der größten überhaupt ist, besteht aus 74 Einzelfliesen, die zunächst geprägt und dann bemalt worden sind. Besonders schön sind die hellen Goldlüster

der Säulen und Kapitelle sowie die große, meisterlich gestaltete Platte darüber. Im Aufbau zeigt diese Nische den für den mittelalterlichen Iran charakteristischen Typ: Sie ist flach, allein die Säulen treten halbplastisch hervor. Das Islamische Museum besitzt eine weitere als Fayencemosaik gestaltete Gebetsnische aus Konya in der Türkei.

Glanzstücke für die Berliner Antikensammlungen – archäologische Grabungen im 19. Jahrhundert

von Clemens Schmidlin

Der Archäologe Carl Humann,
Entdecker des großen Altars von Pergamon

und touristischen Wert ihres kulturellen Erbes erkannt und die Ausfuhr antiker Fundstücke untersagt. Dies war im 18. und 19. Jh. noch anders. Die Initiative zu Grabungen aus dem Interesse an der Erforschung der Antike, aber auch dem der Erweiterung der eigenen Kunstsammlungen heraus kam häufig aus England, Frankreich und Deutschland, die den antiken Hochkulturen des Mittelmeers früher einen vorbildhaften Charakter zusprachen als die Fundländer selbst. Grund-

Trojanische Ohrgehänge (2300 v. Chr.), Fund
unter H. Schliemann bei Ausgrabungen in Troja,
Museum für Vor- und Frühgeschichte, Berlin

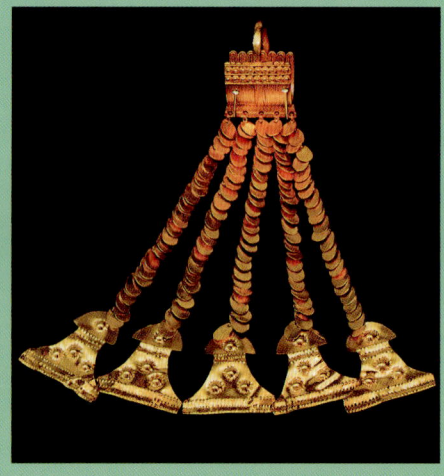

Antike Gebäudefassaden wie die des römischen Markttors von Milet aus dem Gebiet der heutigen Türkei, aber auch Plastiken wie die archaische Jünglingsstatue von der griechischen Insel Naxos und die Büste der Nofretete aus Tell el-Armana in Ägypten – Werke von diesem Rang finden sich heute fast nicht mehr auf dem Kunstmarkt und als Neuzugänge in den mittel- und nordeuropäischen Museen. Längst haben die Herkunftsländer am Mittelmeer den kulturellen

stock der Berliner Antikensammlungen waren Skulpturen, die für die Sammlung Friedrich II. angekauft worden waren. Dazu gehört der sogenannte „Betende Knabe", eine um 300 v. Chr. gefertigte griechische Bronze, die seit ihrer Wiederauffindung im Auftrag zahlreicher prominenter Vorbesitzer stark repariert und ergänzt wurde, bis sie 1747 nach Berlin kam. 1805 wurde auch eine Vasensammlung angelegt, die unter dem Archäologen Eduard Gerhard (1795–1867) ab 1833 deutlich erweitert wurde. Ursprünglich verteilten sich diese Kunstwerke auf verschiedene Schlösser. Ende des 18. Jh. entstand dann die Idee einer gemeinsamen öffentlichen Aufstellung, und 1830 fanden die antiken Werke in dem von Karl Friedrich Schinkel erbauten (Alten) Museum eine Heimat. Bald wurden Grabungen mit dem Ziel unternommen, die Sammlungsbestände zu mehren. Der Eisenbahningenieur, Architekt und Archäologe Carl Humann (1839–1896) entdeckte 1878 den Pergamonaltar und begann ihn in den folgenden Jahren Teil für Teil auszugraben und nach Berlin zu verfrachten. Das Osmanische Reich erteilte hierfür die Ausfuhrgenehmigung, verschifft wurden die Funde durch die deutsche Marine. Im ersten für den Altar errichteten Museum wurde er frei stehend im Raum platziert; 1908 musste das Gebäude aufgrund mangelnder Stabilität jedoch wieder abgerissen werden. Der nach Plänen von Alfred Messel ausgeführte Neubau, das 1930 eingeweihte heutige Pergamonmuseum, lässt nun die Rückseite des Altars sich an die Stützmauern anschmiegen.

„Der betende Knabe" – Bronze-Skulptur
aus Rhodos (um 300 v. Chr.), seit 1830
im Besitz der Berliner Museen

Mit weiteren Grabungen wurde in Olympia – von einer dortigen Arbeit hatte schon der Gründungsheros der klassischen Archäologie, Johann Joachim Winckelmann (1717–1768), geträumt –, Samos, Milet, Priene und Didyma begonnen. Bis heute finden Grabungen an diesen Orten unter der Regie oder mit Beteiligung des Deutschen Archäologischen Instituts statt, das 2004 seinen 175. Geburtstag feiern konnte. Die dem Auswärtigen Amt zugeordnete Institution mit Hauptsitz in Berlin führt freilich keine Kunstwerke mehr aus den Fundländern aus. Überhaupt zielen die Grabungen heute sehr viel weniger auf wertvolle Funde ab als vielmehr darauf, Wissen über die Vergangenheit zu erlangen. Und natürlich fehlt inzwischen auch jegliches imperialistisches Sendungsbewusstsein, das aufgrund der Konkurrenz zu den großen Kolonialmächten während des wilhelminischen Kaiserreichs noch eine Rolle spielte.

Rechts: Kore „Ornithe" aus der Geneleos-Gruppe (um 560–550 v. Chr.), Archäologisches Museum Berlin
Unten: Stierreliefs am Ischtartor, Babylon (604–561 v. Chr.), Fotografie um 1902

Auch andere Berliner Sammlungen erfuhren durch Grabungstätigkeiten bedeutende Neuzugänge. Die mit Gips überzogene und bemalte Kalksteinbüste der Nofretete aus dem Neuen Reich des alten Ägypten, die der Architekt und Ägyptologe Ludwig Borchardt (1863–1938) bei Grabungen 1912 in der Nähe von Tell el-Armana fand, bereichert als Schenkung des Mäzens James Simon (1851–1932) seit 1920 das Ägyptische Museum. Bei den privat finanzierten Grabungen Heinrich Schliemanns (1822–1890) in Troja war bis 1879 nicht klar, ob Objekte auch nach Berlin gehen sollten, denn Schliemann lag mit den Vertretern der deutschen Altertumswissenschaft im Clinch. Es ist Rudolf Virchow (1821–1902) und seiner Reise zu den Grabungen nach Troja zu verdanken, dass Schliemann das Gefühl genommen werden konnte, Deutschland habe sich von ihm abgewandt. Bereits 1881 erreichten die ersten Kisten mit trojanischen Funden Berlin. Die Aufstellung der bronzezeitlichen Objekte erfolgte in den auf Betreiben von Virchow vereinigten vorgeschichtlichen und ethnologischen Sammlungen.

Ludwig Borchardt, 1910, Gemälde von Max Liebermann, Öl auf Leinwand, 89 x 71 cm

Immer wieder werden antike Fundstücke seitens der Herkunftsländer zurückgefordert. Der Wunsch ist nachvollziehbar, denn längst hat sich in den Mittelmeerländern ein dem Norden vergleichbares Interesse an der antiken Vergangenheit etabliert. Und auch die wissenschaftlichen und organisatorischen Möglichkeiten ihrer Erforschung haben sich dort entwickelt. Gleichzeitig werden die Erwerbungsumstände in den verschiedenen Ländern rückwirkend häufig unterschiedlich beurteilt. So betont man entweder, dass vieles durch die Anwesenheit der Archäologen vor den Schmelz- und Kalkbrennöfen gerettet wurde, oder aber, dass einiges überhaupt erst durch die Grabungen und den Transport zu Bruch gegangen sei. Grundsätzlich wird die Diskussion nur um die berühmten Werke geführt. Dabei gerät das Ziel, das kulturelle Erbe der Antike insgesamt zu erhalten, in den Hintergrund. Eine Perspektive, wie damit umgegangen werden könnte, bieten heute sowohl neue didaktische Ausstellungskonzepte, die mit wenigen, aber gut inszenierten antiken Werken die Besucher fesseln können, als auch – soweit restauratorisch verantwortbar – die gegenseitige Ausleihe der Kunstobjekte.

Neues Museum

Mit Friedrich August Stülers Meisterwerk des Spätklassizismus wurde die Idee einer Insel für Kunst und Wissenschaft in die Tat umgesetzt. Der Erweiterungsbau für Schinkels Altes Museum entstand zwischen 1843 und 1856. Er beherbergte insbesondere die ägyptische Sammlung, Gipsabgüsse von griechisch-römischen bis hin zu klassizistischen Skulpturen und das Kupferstichkabinett. Die reiche Ausmalung der Ausstellungsräume, in denen die Universalgeschichte der Menschheit anschaulich wurde, erfolgte durch die wichtigsten Berliner Maler des Spätklassizismus. Glanzvoller Mittelpunkt des Erdgeschosses war der Ägyptische Hof: Das Peristyl mit 16 bemalten Säulen stellt eine verkleinerte Kopie des Säulenhofs des Ramesseums in Karnak dar. Das Haus hat im Krieg am meisten von allen fünf Museen gelitten, es blieb ca. 60 Jahre lang Ruine. Nach der Wende und zwei Wettbewerben wird es als letztes Kronjuwel der Museumsinsel von David Chipperfield wiederhergestellt, allerdings nicht als „historisierendes Disneyland in neuem Glanz". Was an größeren Bauteilen und Raumfolgen verloren ist, – das sind ganze Gebäudeflügel –, wird nun in der

Ägyptischer Hof im Neuen Museum, Lithografie nach einem Aquarell von Eduard Gaertner, 1862

Formensprache des 21. Jh. ergänzt. Leitmaterialien sind Beton und unverputzter Backstein. Ab 2009 werden hier wieder das Ägyptische Museum und ein Teil des Museums für Vor- und Frühgeschichte einziehen. Daneben plant Chipperfield eine schnörkellose Kolonnadenarchitektur als zentrale Eingangshalle zu allen Museen. Sie wird den Namen des Berliner Mäzens James Simon tragen und das Neue Museum mit dem Pergamonmuseum verbinden. Das letzte Gebäude, das diesem über Jahrhunderte gewachsenen Museumsensemble hinzugefügt wird, soll 2012 eröffnet werden.

Alte Nationalgalerie

An einen korinthischen Tempel erinnert die Fassade aus rotem Sandstein mit doppelläufiger Freitreppe. Die Alte Nationalgalerie wurde 1866 bis 1876 nach den Plänen von Friedrich August Stüler und Johann Heinrich Strack erbaut. Vor dem Eingangsportal thront seit 1886 ein von Alexander Calandrelli geschaffenes bronzenes Reiterstandbild von König Friedrich Wilhelm IV., dem „Romantiker auf dem Thron", der seine Ideen in den Bau einfließen ließ. Nach der Reichsgründung „Der deutschen Kunst" gewidmet, entbrannten um die Jahrhundertwende harte Auseinandersetzungen über die Sammlungsankäufe. Direktor Hugo von Tschudi wurde, weil er beim französischen „Erbfeind" zu viele Bilder erwarb, sogar entlassen. Heute zählen die Werke von Edouard Manet und Claude Monet, von Edgar Degas und Auguste Renoir zu den Hauptattraktionen. Auch Paul Cézannes „Mühle an der Couleuvre bei Pontoise" (1881) hängt hier, das erste Werk des Franzosen, das je in einem Museum ausgestellt wurde. Im Krieg zerstört, wurde die Nationalgalerie als erstes Gebäude auf der Museumsinsel wieder aufgebaut und 1997 bis 2001 aufwendig saniert. Sie zeigt neben der Kunst der Romantik und des französischen Impressionismus u. a. Werke von Adolph von Menzel, Max Liebermann, Franz von Stuck, Arnold Böcklin und Anselm Feuerbach. Auch die Sammlung der Skulpturen ist bemerkenswert, allen voran Johann Gottfried Schadows Prinzessinnengruppe und sein Grabmal des Alexander Graf von der Mark.

Caspar David Friedrich (1774–1840),
Mondaufgang über dem Meer, 1822
Öl auf Leinwand, 55 x 71 cm

Der Maler symbolisch aufgeladener Landschaftsbilder setzte häufig abendliche Stimmungen ins Bild. Zwei Frauen und ein Mann haben sich auf einem Felsen am Meeresufer niedergelassen und blicken in den mondbeglänzten Himmel. In der Ferne kreuzen Segelschiffe den düsteren Horizont: eine Parabel auf die Unergründlichkeit des Universums. Der Berliner Bankier Joachim Heinrich Wilhelm Wagener, der einst mit der Stiftung seiner Gemäldesammlung an den preußischen König die Gründung der Nationalgalerie anregte, legte auch den Grundstein für diese weltweit einzigartige Galerie der deutschen Romantik. Nach dem Erwerb von bedeutenden Bildern Schinkels ging sein wichtigster Auftrag an Friedrich, bei dem er 1822 das Tageszeitendiptychon bestellte. Bereits im November meldete Friedrich die Vollendung der Gemälde. Als Gegenstück zum „Mondaufgang über dem Meer" entwirft „Der einsame Baum" ein Bild des Morgens. Wie ein Monument ragt in der Mitte eine stattliche, Lebenskraft symbolisierende Eiche auf. 17 Gemälde von Friedrich sind in der Nationalgalerie versammelt, eine unübertroffene Reihe von Meisterwerken, anhand derer sich der Werdegang dieses großen Romantikers verfolgen lässt, beginnend mit Inkunabeln der Epoche wie „Der Mönch am Meer" (1808–1810) und „Abtei im Eichwald" (1809/10). In diesen Bildern überrascht, für die Entstehungszeit geradezu revolutionär, die weitgehende Reduktion der landschaftlichen Formen, der Raumtiefe und Farbwerte. Zu Friedrichs monumentalsten Kompositionen zählt „Der Watzmann" (1824/25). Das „Riesengebirge" (um 1830–1835) gehört zu den besinnlichen Bildern des Spätwerkes.

Auguste Rodin (1840–1917),
Der Mensch und sein Gedanke, 1899/1900
Marmor, 77 x 46 x 55 cm

Unerlöst ist der Gedanke in der Materie, im Fels, gefangen. Rodin fasst dessen Figur in eine zarte, kindliche Gestalt, die aus dem Stein herauswächst, ohne sich befreien zu können. Diese Aufgabe fällt dem Künstler zu. Vielfach wurde diese Metapher auf den künstlerischen Schöpfungsakt variiert. Erzählt wurde sie als Mythos mit unterschiedlichen Helden. Der berühmteste heißt Pygmalion, der sich in die von ihm selbst geschaffene Statue verliebt, bis die Göttin, sich erbarmend, dem Stein Leben einhaucht.

Die Idee zu dieser Gruppe entwickelte Rodin während der Vorarbeiten zur „Höllenpforte", in deren Umfeld auch die andere große Berliner Skulptur entstand, „Der Denker" (1881–1883), die zu seinen bekanntesten überhaupt gehört. Es war der Berliner Bankier Felix Koenigs, der auf einer Parisreise mit Max Klinger

eine Rodin-Retrospektive besuchte und dort auf das Gipsoriginal von „Der Mensch und sein Gedanke" stieß. Von dem halben Dutzend Skulpturen, die er bei Rodin in Auftrag gab, fand nur dieses Werk in Marmor den Weg in die Nationalgalerie.

Adolph von Menzel – Chronist des 19. Jahrhunderts

von Edelgard Abenstein

Die Kunstgeschichte verdankt dem Historienmaler Adolph von Menzel, dass er – als Edouard Manet erst 13 Jahre alt war – in Berlin den Impressionismus geschaffen hat, und zwar mit einem kleinen Bild ohne Handlung: seinem „Balkonzimmer" (1845), in dem flüchtige Sonnenstrahlen auf

Adolph von Menzel (1815–1905), Selbstbildnis, 1834, Kreidelithografie

dem Parkett sowie ein gardinenbauschender Luftzug die Hauptrolle spielen. Berühmt wurde Adolph von Menzel zu Lebzeiten jedoch mit seinen Gemälden über das Leben Friedrichs des Großen. Dabei stellte er den König nicht in Herrscherpose dar. Stattdessen bevorzugte er Szenen, in denen jeder Anflug von Pathos oder Feierlichkeit vermieden wird, wie etwa im „Flötenkonzert Friedrichs des Großen in Sanssouci" (1850–1852), wo ein Zuhörer gelangweilt zur Decke schaut. Bei aller Detailgenauigkeit ging Menzel der Sinn für Majestätisches ab. So wurde er zu einem der bedeutendsten Vertreter des Realismus in Deutschland – und er war Zeuge nahezu aller politischen und sozialen Umbrüche im 19. Jh., denn er wurde beinahe 90 Jahre alt. Malend und zeichnend beobachtete er, wie sich Berlin von einer Residenzstadt zur Industriemetropole entwickelte.

Menzel wurde 1815 im preußischen Breslau geboren, wo der Vater eine Steindruckerei betrieb. 1830 zog die Familie nach Berlin. Nach dem frühen Tod des Vaters übernahm der junge Menzel dessen Geschäft und sorgte für den Lebensunterhalt von Mutter und Geschwistern. 1833 besuchte er für ein halbes Jahr die Berliner Akademie der Künste und bildete sich danach autodidaktisch weiter. Nach seinen ersten, den Impressionismus vorwegnehmenden Gemälden verschrieb er sich dem Realismus. Aus der „Aufbahrung der Märzgefallenen" (1848) machte er ein Historienbild ohne Heroisierung. 1856 erhielt er eine Professur an der Königlichen Akademie der Künste.

*„Eisenwalzwerk", 1875, Adolph von Menzel, Öl auf Leinwand, 153 x 253 cm,
Alte Nationalgalerie, Berlin*

Er bekam mehrere Auszeichnungen, darunter 1898 den Schwarzen-Adler-Orden sowie den Adelstitel. Die Zeitgenossen sahen ihn vor allem als Hofmaler. Doch sein Thema waren seine Epoche und die Menschen, unter denen er sich bewegte. Mit Stift und Zeichenblock traf man ihn auf Hofbällen an, auf Pferdefuhrwerken und in Kinderzimmern. Kein Gegenstand war ihm zu gering, und er zeichnete, wo er ging und stand. „Die kleine Exzellenz" – Menzel war nur 1,40 m groß – war ein Chronist des modernen Lebens, und er beschönigte nichts. Er malte den Blick aus seinem Atelierfenster, Bären im Berliner Zoo, sein ungemachtes Bett und die Hand des Vaters. Tausende von Skizzen entstanden; für das Gemälde „Das Eisenwalzwerk" (1872–1875), die erste bedeutende Industriedarstellung in Deutschland, fertigte er mehr als 100 Zeichnungen an. Als Menzel 1905 als international angesehener Künstler starb, ehrte ihn Kaiser Wilhelm II. mit einem Staatsbegräbnis, die Nationalgalerie mit einer Gedenkausstellung.

Altes Museum

Schinkel selbst hielt es für seine beste Arbeit: das Museum, das aussieht wie ein griechischer Tempel und neben Schloss, Dom und Zeughaus eine vierte Macht im Staate durchsetzte: Kunst und Kultur. Als erstes Haus in Deutschland (1825–1830) machte das Museum königliche Sammlungen öffentlich zugänglich. Das besagt schon die lateinische Inschrift an der Hauptfront. Das Haus ist „dem Studium jeder Art von Alterthümern und der freien Künste" gewidmet. Zwei Skulpturen – Albert Wolffs „Löwenkämpfer" und die „Kämpfende Amazone" von August Kiss – flankieren die Freitreppe zur Vorhalle, die von 18 ionischen Säulen getragen wird. Diese wiederum sehen sich bewacht von 18 preußischen Adlern auf dem Dach. Herzstück des Museums ist die dem römischen Pantheon nachempfundene, vollendet proportionierte Rotunde (23 m hoch, Ø 23 m). In einem Ring aus 20 korinthischen Säulen und in den Nischen im oberen Galerieumgang fand die Sammlung antiker Statuen ihren Platz. Seit 1998 ist im Hauptgeschoss die Antikensammlung zu sehen, die sich auch an einem zweiten Standort, im Pergamonmuseum, präsentiert. Höhepunkte der Sammlung, die nach Themen wie „Sport", „Fest", „Gelage" und „Götter" geordnet ist, sind u. a. der skythische Goldfund aus Vettersfelde, der „Betende Knabe", die „Thronende Göttin von Tarent" sowie Zeugnisse der minoischen und etruskischen Kultur. Für eine Interimszeit bis 2009 hat das Ägyptische Museum im ersten Stock Station gemacht, nachdem es seinen Standort in Charlottenburg verlassen hat. Auch wenn aus statischen Gründen die gewichtigen Exponate, wie das Tempeltor von Kalabsha, zurzeit nicht gezeigt werden können, so entschädigen vor allem die Glanzstücke aus der Amarna-Zeit für diesen Verzicht.

Amphora des „Berliner Malers", um 400 v. Chr.
Ton, H. 81,5 cm (mit Deckel)

Der Gott Hermes hat sich in die Gesellschaft des Silens Orimeichos begeben. Übermütig schwingt er zwei Weingefäße, eine Kanne und einen Krug, die offensichtlich geleert sind. Die Leier, das traditionell ihm zugeschriebene Instrument, hat er seinem Kumpan übergeben, der gleichfalls einen Krug hält. Silen und der Gott, ausgestattet mit den jeweils typischen Attributen, mit Bart und Tierschwanz der eine, mit Flügeln an Hut und Schuhen der andere, sind ein ungleiches Paar. Der Maler jedoch macht sie zu Brüdern im Augenblick. Androgyn, zartgliedrig und voller Grazie lässt er ihre Bewegungen ineinanderfließen. „Berliner Maler" nennt man den Urheber, seit die Wissenschaft die Vase mit Hermes und Silen aus der Berliner Antikensammlung zu seinem Werk erklärt hat. Über seine Identität ist nichts bekannt. Doch durch genaue Beobachtung der Malweise wurden ihm, von der Berliner Amphora ausgehend, zwischen 200 und 250 Arbeiten zugeschrieben, meist mittelgroße bis große Gefäße wie Bauch- und Halsamphoren. Die Vasen im rotfigurigen Stil aus seiner frühen Schaffensperiode, die auf zwischen 500 und 480 v. Chr. eingegrenzt wird, zählen zu den bedeutendsten Leistungen der attischen Kunst jener Zeit. Die Antikensammlung ist berühmt für ihre reichhaltige Vasenkollektion aus der klassischen Epoche und für ihre Helden- und Götterbilder: Die attische Schale des Malers Sosias etwa zeigt das Bildnis des Achill, der Patroklos verbindet.

Bildnis des Perikles,
römische Kopie nach Original, um 430 v. Chr.
Marmor, H. 54 cm

Wenn gekämpft wird, sitzt der korinthische Helm wie eine Maske auf dem Gesicht. In Friedenszeiten trägt man ihn locker über der Stirn – wie Perikles (um 500 – 429 v. Chr), der athenische Staatsmann und Heerführer. Charaktervoll im Ausdruck, das Haar gepflegt, Lippen, Lider, Brauen voll des Ebenmaßes – dieses Bildnis verkörperte offenbar ein Ideal. Kein anderer Athener erreichte je eine solche Machtstellung, kein anderer verstand sich so zu behaupten wie Perikles. 15-mal in Folge wählten ihn die Bürger Athens zum Strategen. Seine rhetorische Begabung war legendär, wie Plutarch einen Zeitgenossen berichten lässt: „Wenn ich ihn im Ringkampf zu Boden werfe, streitet er ab, gefallen zu sein, und zwar so erfolgreich, dass selbst jene ihm glauben, die ihn mit eigenen Augen haben fallen sehen." Mit dem Parthenon und den Propyläen initiierte Perikles das Bauprogramm auf der Akropolis, als Mäzen finanzierte er angeblich einen Preis für Aischylos' „Die Perser". Mit Perikles brach in Athen eine kulturelle Glanzzeit an. Er wurde zum Namensgeber seiner Epoche. Die römische Marmorbüste des Perikles, die in vier verschiedenen Ausführungen, u.a. im Londoner British Museum und in den Vatikanischen Museen aufbewahrt wird, ist vermutlich die Kopie einer vom Bildhauer Kresilas geschaffenen Bronzestatue. Das griechische Original ist nicht erhalten. Wie stark das Porträt idealisiert wurde, lässt sich nicht ermessen.

In einer Hinsicht aber folgt die Darstellung der Überlieferung von der Persönlichkeit des Perikles: Der Politiker legte großen Wert auf würdevolle Auftritte.

Büste der Nofretete, Neues Reich,
18. Dynastie, Amarna-Zeit, um 1340 v. Chr.
Kalkstein und Gips, H. 50 cm

„Die Schöne ist gekommen." So lautet ihr Name übersetzt. Nofretete, der „schönste Schatz" Berlins, ist auch heute noch eine der rätselhaftesten Figuren des alten Ägypten. Ludwig Borchardt entdeckte die Büste 1912 im ägyptischen Achet-Aton nahe dem heutigen Tell el-Amarna, dem Ort, an dem Echnaton seinem Gott eine Stadt bauen ließ. Als die ausgegrabenen Schätze 1913 zwischen Ägypten und Deutschland geteilt wurden, ging die heute weltberühmte Büste an die Deutschen. Der Berliner „Baumwollkönig" James Simon, der die Expedition finanziert hatte und so in den Besitz des Kunstwerks gekommen war, stiftete es 1920 den Preußischen Museen. 1924 wurde Nofretete im Neuen Museum auf der Berliner Museumsinsel erstmals öffentlich ausgestellt.

Über ihre Herkunft ist nichts überliefert. Sie war die Gattin des Amenophis IV., der sich Echnaton nannte und in seinem Land ein politisches Erdbeben auslöste. Er stellte Religion und Gesellschaft auf den Kopf, entmachtete die Kaste der Priester und stürzte alle Götter vom Thron, außer einem einzigen, Aton, den Sonnengott. Für die Frau an seiner Seite hatte der Pharao eine klare Wahl getroffen: Nur die Hauptfrau unter seinen Geliebten durfte sich Königin nennen und den Rang einer Gottheit erlangen: Nofretete. Das Königspaar residierte in einer neu erbauten, prachtvollen Metropole am östlichen Nilufer, nördlich von Theben in der Nähe des heutigen Dorfes Tell el-Amarna. Die Epoche ist nach diesem Ort benannt. Die Kunstwerke aus der Amarna-Zeit gehören zu den schönsten Zeugnissen aus dem alten Ägypten. Neben der Nofretete-Büste, deren Bemalung sich seit 3350 Jahren ohne Restaurierung erhalten hat, besitzt das Museum weitere herausragende Stücke, das farbige Relief „Spaziergang im Garten", die „Simonsche Holzfigur" des Echnaton (nach ihrem Stifter James Simon benannt), die kleine Kalksteinstatue der Nofretete und, beide verbindend, das Handpaar von einer Doppelfigur des Königspaars, Inbegriff irdischer Harmonie als Abbild der Harmonie zwischen Mensch und Gott. Nicht zuletzt deshalb gilt das Ägyptische Museum als eine der weltweit bedeutendsten Sammlungen ägyptischer Hochkultur.

Hausaltar mit Darstellung der Königsfamilie Echnaton und Nofretete, Neues Reich, 18. Dynastie, um 1350 v. Chr.
Kalkstein, 32,5 x 39 cm

Es ist eine Szene voller Innigkeit. Nofretete, Echnaton und ihre drei Töchter empfangen die Leben spendenden Strahlen des Schöpfer- und Sonnengottes Aton. Die königliche Familie – privat. Das allein schon ist ein Novum. Sie, wie immer erkennbar an ihrem einzigartigen Kopfschmuck, der Krone Tefnuts, ist – revolutionär zu ihrer Zeit – auf einer Ebene mit ihrem Mann zu sehen, ausgestattet also mit derselben Machtfülle wie der König. Mehr noch: Echnaton sitzt auf einem ungeschmückten Thron, Nofretete aber auf dem, der von den Pflanzen des vereinigten Königreichs getragen wird. Die traditionell starke Position der Frau in der altägyptischen Gesellschaft erfährt bei Nofretete noch einmal eine unerhörte Steigerung. Das Bild verkündet also ein politisches Programm. Und es ist eine Ikone der Aton-Religion: Echnaton repräsentiert das männliche, Nofretete das weibliche Element der Schöpfung. Beide verstehen sich als Götter auf Erden. Das ist in dieser Form gleichfalls beispiellos in der ägyptischen Geschichte. Das Bild von der königlichen Familie hat die traditionellen Darstellungen der verschiedenen Gottheiten ersetzt.

Deutsches Historisches Museum

Der bedeutendste noch existierende Barock-bau Berlins hat vier Architekten in nur elf Jahren verschlissen: Johann Arnold Nering, Martin Grünberg, Andreas Schlüter und Jean de Bodt. 1706 wurde er seiner Bestimmung übergeben: Das Zeughaus diente während Preußens Aufstieg zur europäischen Groß-macht als Waffenarsenal – Anlass für die Ber-liner Märzrevolutionäre, es 1848 zu stürmen. Nach der Reichsgründung war es bis zum Zweiten Weltkrieg Waffen- und Kriegsmu-seum. Von 1952 bis 1990 zeigte hier das Mu-seum für Deutsche Geschichte der DDR sei-ne Sicht auf die „revolutionären Traditionen des Deutschen Volkes". Es ist im Deutschen Historischen Museum aufgegangen, das sich nach Jahren des Provisoriums seit 2006 neu präsentiert. Die Geschichte Deutschlands wird hier jetzt kontrovers ausgestellt, im euro-päischen Zusammenhang und in ihrer regio-nalen Vielfalt. Vergangenheit und Gegenwart zeigen sich nicht nur in den Exponaten des Museums, sondern auch im Nebeneinander von Altbau und dem neu gestalteten Stadt-raum: Ieoh Ming Pei, ein Walter-Gropius-Schüler, entwarf die neue Ausstellungshal-le als einen luftigen Baukörper aus Glas und Stein, der einen optischen Angelpunkt schafft zwischen Museumsinsel und den Linden, deren ältestes Gebäude das Zeug-haus ist.

Rechts: rückseitiger Anbau des Museums von Ieoh Ming Pei mit gläsernem Treppenhaus

Otto Antoine (1865–1951), Leipziger Platz, um 1910
Öl auf Leinwand, 51,7 x 86 cm

Ein Pferdefuhrwerk, Droschken, eine Straßenbahn, ein Decksitz-Omnibus – es herrscht Groß-
stadtgetriebe. Die Gefährte bahnen sich ihren
Weg durch eine dichte Menschenmenge, vorbei
an Händlern jeder Art. Es werden Blumen,
Gemüse und Ballons verkauft. Der Betrachter
steht am Rand der Leipziger Straße, die auf den
Potsdamer Platz führt. Rechts liegt die Militär-
wache des Potsdamer Tores, die sich trutzig-dräu-
end ins Bild schiebt. Im Hintergrund erhebt sich
das stattliche Hotel Fürstenhof, das, von den Architekten Richard Bielenberg und Josef Moser
erbaut, seit 1907 den Platz beherrscht. Davor
duckt sich das Zollhäuschen des von Schinkel
1823/24 neu gestalteten Tors. In spätimpressionis-
tischer Manier fing Otto Antoine das Treiben auf
dem Leipziger Platz um 1910 ein. Ab 1890 war der
Maler in Berlin ansässig, hospitierte an der Kunstakademie Berlin und im Atelier von Franz Skarbina, einem entschlossenen Neuerer in der Berliner Secession. Antoines Werke waren auf den
Großen Berliner Kunstausstellungen 1904 und
1906 zu sehen. Auch später malte er in ähnlicher
Art eine Vielzahl von Berlin-Bildern und mehrfach den Leipziger und den Potsdamer Platz, zuletzt um 1930. Antoines Porträt des Berliner
Großstadtlebens veranschaulicht auf liebens-
würdige Weise die Wandlungen der Zeit. Das
Tempo und die unerbittliche Betriebsamkeit des
verkehrsreichsten Platzes in Europa aber bleiben
weitgehend ausgeblendet. Anders als Hugo Krayn
oder Ernst Ludwig Kirchner suchte Antoine im
Moloch der Metropole das Idyll.

Humboldt-Universität

Wo heute der mächtige Bau Unter den Linden mit seinem dreigeschossigen Haupttrakt steht, hatte Friedrich der Große zunächst einen Königspalast geplant. Der sollte gegenüber von Oper, Kathedrale und Bibliothek auf dem Forum Fridericianum die enge Allianz zwischen Monarchie, Kunst und Wissenschaft repräsentieren.

Von diesem Plan blieb, in verkleinerter Form, die Stadtresidenz für den Bruder des Königs, den Prinzen Heinrich, übrig, die Johann Boumann d. Ä. von 1748 bis 1766 errichtete. Friedrich Wilhelm III. stiftete sie dann der Berliner Universität, die bis 1946 seinen Namen trug. Ihre Gründung ist vor allem auf Betreiben Wilhelm von Humboldts im Zuge der Reformbewegungen zustande gekommen.

AL SEGUNDO DESCUBRIDOR DE CU
LA UNIVERSIDAD DE LA HABANA 19

Humboldt entwarf eine „Universitas litterarum", in der die Einheit von Lehre und Forschung ebenso herrschen sollte wie der Anspruch, die Studenten allseitig humanistisch zu bilden. Dieser Gedanke erwies sich als erfolgreich, verbreitete sich weltweit und ließ in den folgenden anderthalb Jahrhunderten viele Lehranstalten gleichen Typs entstehen. 1810 nahm die Berliner Universität ihren Betrieb auf. Ihr erster gewählter Rektor war der Philosoph Johann Gottlieb Fichte. Neben Georg Wilhelm Friedrich Hegel waren es Friedrich Schleiermacher, Ludwig Feuerbach, Jacob und Wilhelm Grimm, die rasch den Ruhm der Universität als Talentschmiede für die Geisteswissenschaften verbreiteten. Von Beginn an bestimmten mit Christoph Wilhelm Hufeland und Albrecht Daniel Thaer aber auch die Naturwissenschaftler das Profil der Fakultäten. Nicht zuletzt dank der Förderung Alexander von Humboldts, dem zweiten Namenspatron, wurde die Universität schnell Wegbereiter vieler neuer Disziplinen. 29 Nobelpreise zeugen von den überragenden wissenschaftlichen Leistungen ihrer Gelehrten wie Robert Koch, Albert Einstein oder Theodor Mommsen. 1829 wurde die Charité eingegliedert, von 1913 bis 1920 das U-förmige Haupthaus durch Ludwig Hoffmann spiegelbildlich erweitert. Nach der Zerstörung durch Bombenangriffe 1944/45 baute man die gesamte Anlage nach dem historischen Vorbild wieder auf. Seit 1949 trägt sie den Namen ihres Erfinders, während im Westen infolge der Berlin-Blockade die Freie Universität gegründet wurde.

Die Brüder Wilhelm und Alexander von Humboldt

von Edelgard Abenstein

Sie sind eines der berühmtesten Brüderpaare Deutschlands. Während Alexander als „zweiter Columbus" nicht nur der naturwissenschaftlichen Forschung neue Horizonte erschlossen hat, legte Wilhelm die Grundsteine für eine neue Bildungstheorie und die Kulturwissenschaft.

Bildnis Alexander von Humboldt, 1806, von Georg Friedrich Weitsch, Öl auf Leinwand, 126 x 92,5 cm, Alte Nationalgalerie

Das Hauptaugenmerk ihres Vaters, eines ehemaligen Offiziers und Kammerherrn der Kronprinzessin, richtete sich auf die bestmögliche Erziehung und Ausbildung seiner Söhne, die auf Schloss Tegel aufwuchsen. Ihre Lehrer stammten aus den ersten Kreisen der Berliner Aufklärung. Doch beide, für einflussreiche Staatsämter vorgesehen, lösen sich nach dem Tod der Mutter aus den vorgegebenen Bahnen. Der 1767 geborene Wilhelm widmet sich statt Jura mehr der Philosophie, der Geschichte und den alten Sprachen, später auch dem Baskischen, dem indischen Sanskrit sowie den Indianersprachen. Der zwei Jahre jüngere Alexander erfüllt sich seinen Jugendtraum und wird Naturforscher. 1799 reist er von Spanien über die Kanarischen Inseln nach Südamerika, wo er fast fünf Jahre verbringt, um die Flora, Fauna und Geologie des Kontinents zu erkunden. Auf der ersten Etappe folgt er dem Lauf von Orinoko und Amazonas. Der zweite Teil seiner Reise führt ihn nach Kuba und in die Anden, wo er vor allem die Vulkane erforscht. Während eines Aufenthalts in Mexiko sammelt er

Material für ein landeskundliches Werk über die damalige Kolonie, das Königreich Neu-Spanien. Wieder in Europa, veröffentlicht Alexander von Humboldt seine Erfahrungen in einem 30-bändigen Werk. Sein Bruder Wilhelm hält ihn „für den größten Kopf", der gemacht sei, „Ideen zu verbinden, Ketten von Dingen zu erblicken, die Menschenalter hindurch, ohne ihn, unentdeckt geblieben wären". 1829 unternimmt der Naturforscher eine weitere Reise, diesmal in den asiatischen Teil Russlands. Nach seiner Rückkehr arbeitet er ein Vierteljahrhundert an seinem Opus Magnum, einem fünfbändigen Werk namens „Kosmos". Es ist nichts weniger als die Bestandsaufnahme des Wissens über die Erde bis zur Mitte des 19. Jh. Alexander von Humboldt stirbt 1859 mit knapp 90 Jahren in Berlin.

Wilhelm von Humboldt, der schon als 13-Jähriger fließend

Wilhelm v. Humboldt, Stahlstich von J. L. Raab nach Franz Krüger, um 1840

Griechisch und Latein spricht, entdeckt in der Beschäftigung mit der Antike den Zweck „der philosophischen Kenntnis des Menschen überhaupt". Den griechischen Geist sieht er „als Ideal desselben, was wir selbst sein und hervorbringen möchten", als Bildungsinhalt schlechthin an. 1794 zieht er nach Jena, wo er zum „Juniorpartner" der Weimarer Klassiker wird. Schillers „Wallenstein" und dessen ästhetische Schriften begleitet er ebenso kunstverständig wie Goethes „Hermann und Dorothea". Nach ausgedehnten Reisen ins revolutionäre Paris und ins Baskenland folgen viele Jahre im preußischen Staatsdienst, den er zunächst bis 1808 als Gesandter am päpstlichen Stuhl in Rom absolviert. Dort findet er genügend Zeit, sein repräsentatives Haus nahe der Spanischen Treppe gemeinsam mit seiner Frau Caroline zu einem gesellschaftlichen Mittelpunkt zu machen. Die Bildhauer Bertel Thorvaldsen und Christian Daniel Rauch verkehren hier, der junge Karl Friedrich Schinkel, Friedrich Tieck und August Wilhelm Schlegel in Begleitung der Frau von Staël. Auch der von seiner Amerika-Expedition zurückgekehrte Alexander besucht den Bruder dort mehrere Monate, bevor er sich in Paris an die umfassende wissenschaftliche Auswertung des gesammelten Forschungsmaterials macht. 1809 wird Wilhelm von Humboldt Leiter der Sektion für Kultus und Unterricht im preußischen Innenministerium. Während seiner Amtszeit setzt er eine grundlegende Bildungsreform durch, die ein dreigliedriges System von der Elementarschule über das Humanistische Gymnasium bis hin zur Universität vorsieht und allen Schichten bessere Bildungschancen sichern soll. Als Diplomat und Botschafter bemüht er sich auf dem Wiener Kongress und auf dem Bundestag in Frankfurt am Main immer wieder um eine politische Lösung der deutschen Frage. Vergebens, denn wegen seines Versuchs, eine liberale Verfassung in Preußen durchzusetzen, wird er kaltgestellt, 1819 wegen seines Widerstands gegen die Karlsbader Beschlüsse aus allen Ämtern entlassen. In der Folge zieht er sich auf seine Tegeler Familienresidenz zurück, wo er sich bis zu seinem Tod 1835 mit Sprachstudien beschäftigt.

Schillers Gartenhaus in Jena, 1797, stehend v. l.: Goethe, Wieland, Wilhelm u. Alexander v. Humboldt, Fotografie nach einer Zeichnung von Wilhelm von Lindenschmit d. J.

So unterschiedlich das Tegeler Brüderpaar auch war – Wilhelm entwickelte in seinen politischen Ämtern mehr preußischen Patriotismus und hat diesen bei dem lange Zeit im Forschungsmekka Paris weilenden Alexander gelegentlich vermisst –, in ihrer wissenschaftlichen Arbeit einte sie ihr kosmopolitischer Ansatz. Das Vermächtnis der Humboldt-Brüder stammt von Wilhelm. Alexander hat im „Kosmos" ausdrücklich darauf als Ziel verwiesen, nämlich „die Grenzen, welche Vorurteile und einseitige Ansichten aller Art feindselig zwischen die Menschen gestellt, aufzuheben; und die gesamte Menschheit ohne Rücksicht auf Religion, Nation und Farbe als einen großen, nahe verbrüderten Stamm zu behandeln".

Im neuen Stadtschloss in der Mitte Berlins soll dieses noble Erbe Gestalt annehmen. Neben den Zeugnissen der Kunst und Kultur Afrikas, Asiens, Amerikas und Ozeaniens aus den Dahlemer Museen bringt die Humboldt-Universität den reichen Schatz ihrer wissenschaftlichen, teilweise auf das berühmte Brüderpaar zurückgehenden Sammlungen ein. Auf diese Weise verbindet sich das humanistische Bildungsideal Wilhelms mit dem dem weltumspannenden Wissen von Alexander in dem nach ihnen benannten Humboldt-Forum.

Alexander von Humboldt am Orinoko, 1877, Holzstich nach dem Gemälde von Ferdinand Keller

Staatsbibliothek Unter den Linden

Mit ihren seit 1661 systematisch erworbenen über neun Millionen Büchern und Zeitschriften, zehn Millionen Handschriften, Atlanten, Noten und Karten gehört sie zu den größten Bibliotheken der Welt. Das Gebäude Unter den Linden ist ihre dritte Unterkunft. Bereits der Große Kurfürst hatte damit begonnen, im Apothekerflügel des Stadtschlosses eine Bibliothek einzurichten. Diese Aufgabe übernahm dann 1780 die ihrer geschwungenen Form wegen sogenannte „Kommode" am Bebelplatz. Zunächst nur dem preußischen Hof sowie ausgewählten Gelehrten vorbehalten, hatten mit der Eröffnung der Universität ab 1810 auch Studenten Zugang. Mehr noch: Der Aufstieg dieser Hochschule zur bedeutendsten Universität Deutschlands mit Vorbildfunktion für das Bildungswesen in ganz Europa und Nordamerika konnte nur gelingen, weil mit der Königlichen Bibliothek eine funktionierende und bestandsreiche Institution in unmittelbarer Nachbarschaft vorhanden war. Die räumlich begrenzte „Kommode" aber

Staatsbibliothek Unter den Linden, Postkarte von 1915

„Kommode" am Bebelplatz, einstige Königliche Bibliothek

hatte als Bücherreservoir 100 Jahre später ausgedient und wurde anlässlich des Universitätsjubiläums mit einer neu eingerichteten Aula zum Hörsaalgebäude umgewidmet. Seitdem wird sie vor allem von der Juristischen Fakultät genutzt. Die Bibliothek wanderte über die Straße in den von Ernst von Ihne zwischen 1903 und 1914 im neobarocken Stil errichteten Bau. Bis 1902 hatte an diesem Platz die Akademie der Wissenschaften gestanden, ein ehemaliges, von Johann Boumann d. Ä. 1743 erneuertes Marstallgebäude. Im Roten Saal dieses Hauses hielt der erste Akademiepräsident Gottfried Wilhelm Leibniz 1701 seine von Königin Sophie Charlotte angeregten Vorlesungen und Johann Gottlieb Fichte 1807 seine „Re-

den an die deutsche Nation". Bis in die 1930er-Jahre zählte die Preußische Staatsbibliothek zu den bedeutendsten Bibliotheken der Welt. Ab Herbst 1941 wurde der gesamte Bestand ausgelagert: in Klöster und Schlösser der Umgebung, nach Süddeutschland und in die Regionen östlich von Oder und Neiße. Nach Kriegsende war auch die Bibliothekenlandschaft geteilt. In West-Berlin bildeten die in den Westzonen gelagerten Bestände den Grundstock der Staatsbibliothek Preußischer Kulturbesitz am Kulturforum; die östlichen Bestände fanden zurück in die Deutsche Staatsbibliothek Unter den Linden. Mit der Wiedervereinigung wurde auch der Bücherschatz zusammengelegt und zwischen beiden Häusern neu verteilt.

Kulturforum
Potsdamer Straße

Zwischen Tiergarten, Potsdamer Platz und Landwehrkanal erstreckt sich das Kulturforum mit seinen architektonischen Solitären rund um die 1846 von Friedrich August Stüler errichtete St.-Matthäuskirche, einen Ziegelbau im italo-romanischen Stil. In diesem Ensemble ist die europäische Kunst versammelt. Der Gedanke eines neuen Kulturzentrums im Westteil der Stadt geht auf Hans Scharoun zurück, der schon in seinem „Kollektivplan" von 1946 ein „Kulturband" entlang der Spree entwarf und auch in den 1950er-Jahren allen politischen Widrigkeiten zum Trotz immer eine Gesamtberliner Kulturlandschaft im Sinn behielt. Darin war

zwischen den Linden im Osten und dem Schloss Charlottenburg im Westen ein weiterer kultureller Knotenpunkt genau in der Mitte vorgesehen. So entstanden auf dem durch Hitlers Baupläne für eine gigantische neue Hauptstadt schon vor und vollends während des Krieges durch Bomben verwüsteten Areal als Eckpfeiler zuerst die Philharmonie, die Staatsbibliothek und die Neue Nationalgalerie. Nachdem die Mauer die Teilung längst zementiert hatte, folgten Musikinstrumenten-Museum, Kunstgewerbemuseum und der Kammermusiksaal, später das Kupferstichkabinett und die Kunstbibliothek. Den Schlussstein in einer mehr als 30-jährigen Planungs- und Baugeschichte setzte die 1998 eröffnete Gemäldegalerie. Die Architekten Hilmer & Sattler entwarfen den sachlichen Neubau an der Südwestecke des Kulturforums.

Gemäldegalerie

Die Sammlung europäischer Malerei vom 13. bis zum 18. Jh. zählt mit Recht zu den größten und weltweit bedeutendsten und blickt auf eine wechselvolle Geschichte zurück. Eröffnet wurde sie 1830 in dem von Schinkel entworfenen Königlichen Museum am Lustgarten, dem heutigen Alten Museum. Den Grundstock bildeten die Kunstsammlungen des Großen Kurfürsten und Friedrichs des Großen. Unter Wilhelm von Bode, dem Direktor von 1890 bis 1929, gelangte die Sammlung bald zu internationalem Ruhm. Von 1904 an wurde sie im damaligen Kaiser Friedrich-Museum, dem heutigen Bode-Museum, präsentiert. Der Zweite Weltkrieg richtete großen Schaden an. Mehr als 400 großformatige Werke gingen verloren oder wurden zerstört. Die anschließende Spaltung Berlins riss auch die Sammlung auseinander. Nachdem die Bilder lange auf Ost und West verteilt waren, im Bode-Museum und im Museum Dahlem, sind sie nun auf dem Kulturforum wieder vereint. Kern der Galerie ist eine dreischiffige Wandelhalle, die bis auf ein in der Mitte platziertes Wasserbecken von Walter de Maria leer ist. Um die Halle herum liegen 72 Säle und Kabinette, die rund 1000 Hauptwerke präsentieren; in der Studiengalerie des Untergeschosses sind weitere 400 Gemälde ausgestellt. Sammlungsschwerpunkte der Gemäldegalerie bilden die deutsche und italienische Malerei des 13. bis 16. Jh. und die niederländische Malerei des 15. und 16. Jh. Glanzstücke sind Werke von Albrecht Dürer, Lucas Cranach d. Ä., Hans Memling und Pieter Bruegel d. Ä. Den Höhepunkt der Sammlung stellen die Werke der Holländer und Flamen des 17. Jh. dar, besonders die Werke Rembrandts und immer noch „Der Mann mit dem Goldhelm" (um 1650/55), obwohl als gesichert gilt, dass er nicht von des Meisters Hand, sondern aus seiner Werkstatt stammt. Dazu kommen Bildnis-, Genre- und Landschaftsgemälde u. a. von Frans Hals, Jacob van Ruisdael und Peter Paul Rubens. Französische Malerei ist u. a. durch Antoine Wattcau und Nicolas Poussin vertreten, unter den Spaniern ragen El Greco und Diego Velázquez, unter den Engländern Joshua Reynolds und Thomas Gainsborough hervor.

Caravaggio (1571–1610),
Amor als Sieger, 1601/02
Öl auf Leinwand, 156 x 113 cm

Der jugendliche Gott der Liebe – ein Sieger. Sein Triumph ist das Lächeln, und es gibt nichts, was Amor den Rang ablaufen könnte. Er steht buchstäblich über allem, über Wissenschaft, Kunst, Ruhm und Macht, deren Symbole zu seinen Füßen verstreut liegen: Violine, Laute und Notenblätter, Winkel und Zirkel, Feder und Lorbeer, Rüstung und Krone. Vor einem blauen, sternbesetzten Globus platziert, scheint ihm die ganze Welt zu gehören. Provokativ und selbstgewiss macht er sich lustig über jede Art von menschlichem Ehrgeiz, von moralischen und intellektuellen Werten. Dabei balanciert er auf Zehenspitzen und stützt sich mit dem linken Bein auf einer von Draperien verhüllten Tisch- oder Bettkante ab, eine instabile Position also, bei der sein Geschlecht fast in die Mitte des Bildes rückt. Caravaggios Modell, ein hübscher Knabe aus der römischen Vorstadt, diente ihm auch als Vorlage für religiöse Figuren, womit er die moralischen Vorstellungen seiner Zeitgenossen empfindlich belastete. Kennzeichnend für Caravaggios Werke, die die Malerei des 17. Jh. revolutionierten, sind das Helldunkel und der Naturalismus ihrer Figuren.

Als Antwort auf Caravaggios aufreizend nackten, jugendlichen Gott schuf Giovanni Baglione einen himmlischen Amor (um 1602/03) in vollem Harnisch, der die irdische Liebe zu Boden wirft. Der himmlische Sendbote stellt die Ordnung wieder her, wenn er zum Stoß gegen jede Art von Frivolität ausholt.

**Antonio del Pollaiuolo
(um 1431/32–1498),
Profilbildnis einer jungen
Frau, um 1465/70**
Pappelholz, 52,5 x 36,5 cm

Es zählt zu den berühmtesten Frauenporträts der italienischen Frührenaissance und zu den bekanntesten Bildern der Gemäldegalerie. Die vornehme Dame mit den vollendet ebenmäßigen Zügen entsprach dem Schönheitsideal der Zeit: blond, hellhäutig, blauäugig. Seitdem das Bild 1894 aufgetaucht war, rätselte man über seine Herkunft und Entstehung. Lange Zeit hielt man es für ein Werk Piero della Francescas, der ein ähnliches weibliches Profilbildnis (Museo Poldi Pezzoli, Mailand) gemalt hatte. Auch del Pollaiuolos Bruder Piero, dessen „Verkündigung an Maria" nebenan als großes Altarbild des Quattrocento gezeigt wird, kam als Maler infrage.

Heute weiß man aufgrund von Stilmerkmalen, die gegenüber vergleichbaren Bildern der Zeit hervorstechen, dass es von Antonio del Pollaiuolo stammt. Die klaren Konturen, die gegen das Blau des Himmels abgesetzt sind, und die kräftigen Reliefs auf der schmalen Marmorbalustrade, ganz besonders aber die feine Zeichnung der Ornamentik auf dem prachtvollen Gewand deuten auf die Erfahrung des Multitalents Antonio del Pollaiuolo hin, der sich auch als Goldschmied und Bronzebildner einen Namen machte und außerdem Stoffe und Stickereien entwarf.

Tizian (um 1488/90–1576),
Venus mit dem Orgelspieler, um 1550/52
Öl auf Leinwand, 115 x 210 cm

Dass Musik und Erotik aus derselben Familie stammen, ist bekannt. Überraschend aber ist die Kombination, die Tizian aus diesem Paar geschaffen hat: Die auf einem roten Samtlager ruhende Venus neigt sich dem tändelnden kleinen Amor zu, als lausche sie einer ihr zugeflüsterten Liebesbotschaft, während ein nobler junger Mann sich gerade von der Orgel abwendet, um dem Treiben zuzusehen. Tizian hat diese Konstellation, wie so oft den Wünschen seiner Auftraggeber folgend, mehrfach gemalt. 1545 hatte er an Kaiser Karl V. geschrieben, er überbringe ihm bald „eine Venus", die er in seinem Namen geschaffen habe. In deren Folge entstand bis 1570 eine Reihe weiterer Gemälde, so auch das Berliner Bild, auf denen sich die Musik auf kapriziöse Weise zur Liebesgöttin gesellt. Während die kühlen, gedeckten Farben an den Manierismus erinnern, wirkt das Bild in seiner Bewegtheit wie ein Vorbote des Barock. Der Großmeister der venezianischen Hochrenaissance schuf in der Zeit, als die Venus-und-Orgelspieler-Varianten entstanden, auch seine bedeutenden Politiker- und Papst-Porträts. Dass er aber auch mit Witz die private Seite der Macht zu charakterisieren verstand, zeigt das „Bildnis der Clarissa Strozzi im Alter von zwei Jahren" (1542), ein weiteres Meisterwerk im Besitz der Gemäldegalerie. Als wär's ein Stück aus dem Familienalbum, beugt sich das kleine Mädchen aus der berühmten florentinischen Dynastie standesgemäß gekleidet über einen Steintisch, auf dem ihr Bologneser Hündchen sitzt. Eine Hand ruht auf seinem Rücken, in der anderen hält sie eine Brezel. Dieses Bildnis ist eines der frühesten Kinderporträts der italienischen Malerei.

Jan Vermeer van Delft (1632–1675),
Das Glas Wein, um 1661/62
Öl auf Leinwand, 66,3 x 76,5 cm

Ein vornehm gekleideter junger Mann betrachtet ein Mädchen, während sie ihr Weinglas leert. Die Hand an den Krug gelegt, scheint er, ohne selbst zu trinken, nur darauf zu warten, das Glas erneut zu füllen. Obwohl nichts vordergründig Erotisches passiert, liegt eine besondere Spannung über dem Paar. Dabei liefert Vermeer keinen Hinweis darauf, in welchem Verhältnis die beiden zueinander stehen. Ob der Alkoholkonsum in einer amourösen Affäre enden wird, bleibt ungewiss.

Vermeer deutet nur an. Die auf dem Stuhl liegende Chitarrone, die auf seinen Bildern häufiger als Requisit auftaucht, steht sowohl für Harmonie als auch für leichtfertigen Lebenswandel. Die Wappenscheibe im halb geöffneten Fenster zeigt außerdem eine Frau, die in der Hand verschlungene Bänder hält, vermutlich ein Zaumzeug, das als Sinnbild der Mäßigung gilt. Auch die kühle Noblesse, in der das rosenrote Seidenkleid des Mädchens schimmert, verweist eher auf die gediegene Herkunft der Figur als auf die Gefährdung ihrer Unschuld durch übermäßigen Weingenuss. Vermeer gehört trotz seines nur ungefähr 35 Gemälde umfassenden Œuvres zu den berühmtesten holländischen Malern. Seine wichtigsten Kompositions- und Ausdrucksmittel sind die Perspektive und (zumeist von links einfallendes) Licht. Um dessen optische Wirkung besser erfassen zu können, benutzte er vor allem bei späteren Gemälden, wie auch bei der „Jungen Dame mit Perlenhalsband" (um 1662/65), das sich ebenfalls im Besitz der Gemäldegalerie befindet, die Camera obscura. Deren Gebrauch eröffnete den Künstlern völlig neue Ausdrucks- und Gestaltungsmöglichkeiten.

Kupferstichkabinett

Hinter der weiten, schiefen Ebene der soge- nannten Piazza liegen nicht nur die Schätze der Gemäldegalerie. 1994 eröffnete daneben das Kupferstichkabinett mit einer Überblicks- schau, die den reichen Bestand an Holzschnit- ten, Bleistiftzeichnungen und Lithografien vom 14. bis zum 20. Jh. exemplarisch auf- blätterte. Bereits 1652 begann die Samm- lungsgeschichte: Der Große Kurfürst kauf- te damals 2500 Zeichnungen für die Hofbibliothek. König Friedrich Wilhelm III. gründete dann 1831 das Kupferstichkabinett, das mittlerweile 110 000 Handzeichnungen, Aquarelle, Gouachen und Pastelle sowie 520 000 Drucke, mit Originalgrafik illustrierte Bücher und einige Hundert Inkunabeln be- sitzt. Von mittelalterlichen Manuskripten über Zeichnungen des Renaissancemalers Tizian und Radierungen des Berliners Daniel Chodowiecki bis zur Grafik des 20. Jh. und zur Fotografie reicht die Palette. Besonders reich sind die Bestände an früher italienischer, altdeutscher und niederländischer Grafik und an Zeichnungen, u. a. von Botticelli und Dürer sowie von Schinkel und Menzel.

Rembrandt van Rijn (1606–1669),
Selbstbildnis mit Pelzmütze, 1631
Radierung, 6,4 x 6 cm

Rembrandt ist 25 Jahre alt, als er dieses Por- trät anfertigt, und er steht kurz vor seinem ersten großen Erfolg mit dem Gruppenbild

„Die Anatomie des Dr. Tulp" (1632). Bis ins späte Alter hat er sich selbst zum Gegenstand seiner künstlerischen Betrachtung gemacht. Die etwa 100 Selbstbildnisse nehmen einen bedeutenden Platz in seinem Œuvre ein. Da- bei wählt er auch mancherlei Verkleidung; mal tritt er als Orientale, mal als Renais- sancefürst auf. Doch all diesen Porträts ist ei- nes gemeinsam: Rembrandt gewährt Einblick in sein Wesen, er enthüllt Seelenzustände wie Angst, Freude oder Erstaunen. Wie auch in diesem frühen Werk legt er besonderen Wert auf die tiefgründigen, ins Innere schauenden Augen. Rembrandts Radierungen bilden ei- nen der Sammlungsschwerpunkte des Mu- seums. Sein Werk liegt im Kupferstichkabi- nett fast vollständig vor. Von den ihm einst zugeschriebenen 150 Zeichnungen hat zwar nur etwa die Hälfte der strengen Kritik mo- derner Forschung standgehalten, aber auch diese Zahl wird von keinem anderen Muse- um erreicht.

Musikinstrumenten-Museum

Nach Hans Scharouns Tod hat sein engster Partner Edgar Wisniewski, einer Skizze des Meisters folgend, die Pläne für das Musikinstrumenten-Museum samt Institut für Musikforschung weiterentwickelt. Von Anfang an war der 1984 eröffnete, direkt an die Philharmonie anschließende Neubau als Bühne für das aktive Musikleben gedacht, ebenso wie für die Wissenschaft, die dort etwa die historische Aufführungspraxis erforscht. Unter den rund 800 ausgestellten Exponaten des 1888 durch den preußischen Staat begründeten Museums, das zunächst in Schinkels Bauakademie untergebracht war, gibt es etliche Raritäten: etwa mehrere Querflöten, auf denen einst Friedrich der Große seine Kompositionen gespielt hat, oder ein von Joseph Brodmann gebauter Hammerflügel (1810), der Carl Maria von Weber gehörte. Außerdem finden sich unter den Schätzen ein zusammenklappbares Reisecembalo aus dem Besitz der Liselotte von der Pfalz, das später Königin Sophie Charlotte geschenkt wurde, eine echte Stradivari von 1703 und eine vollständige Sammlung von Blasinstrumenten

aus der Naumburger Wenzelskirche. Hauptattraktion ist die größte Kino- und Theaterorgel Europas, „The Mighty Wurlitzer", die Werner Ferdinand von Siemens 1929 aus New York importierte, um sie in seinem Berliner Privathaus aufzustellen. Im Museum ist die komplette Entwicklung der europäischen Musik vom 16. bis ins 20. Jh. dokumentiert – und auch zu hören. Denn viele Musikinstrumente werden bei Führungen oder in Konzerten vorgeführt.

Rechts: handschriftliche Grifftabelle für Querflöte von J. J. Quantz, mit Unterschriften von Friedrich II. von Preußen und dem Marquis Honoré Gabriel de Mirabeau, Musikinstrumenten-Museum, Berlin

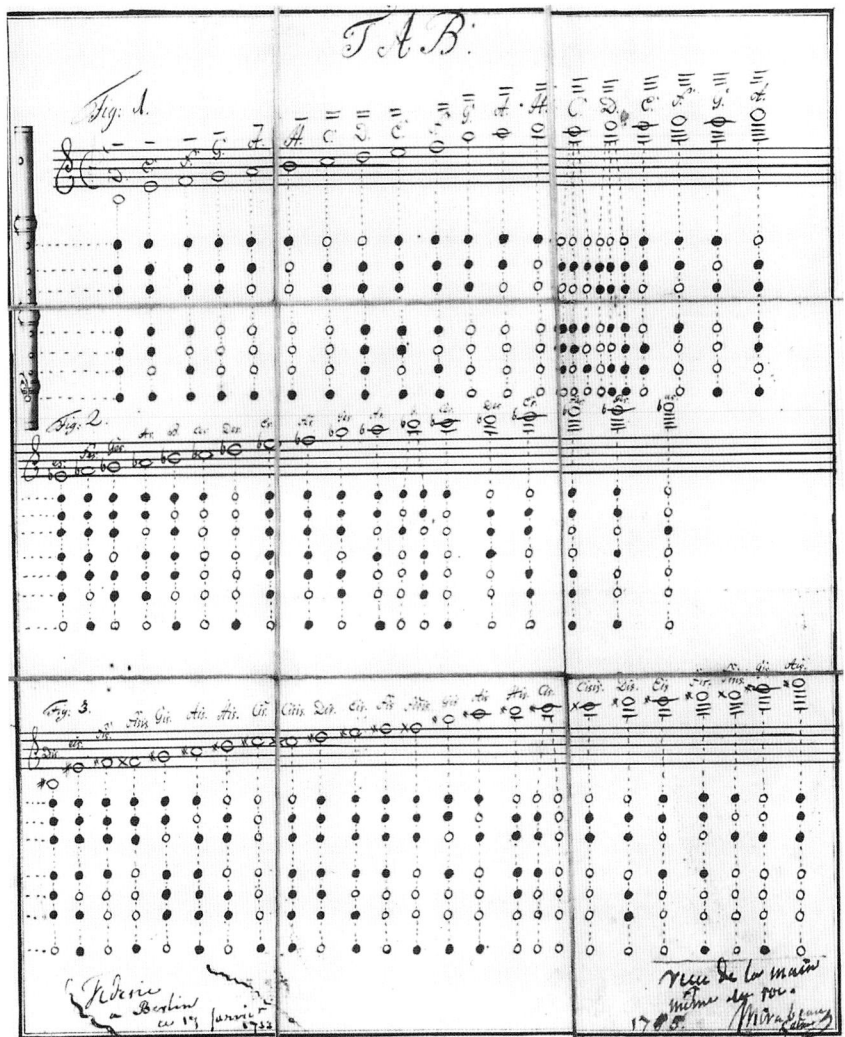

Philharmonie

Der größte Konzertsaal Berlins ist der schönste Nachkriegsbau der Stadt, weltberühmt wegen seines bizarr gefalteten, zeltartigen Dachs, der golden schimmernden Außenhaut und seiner einzigartigen Akustik. Die Heimstätte der Berliner Philharmoniker, die schon immer zu den führenden Orchestern der Welt zählten, bildete den Auftakt für das neue kulturelle Bauensemble am Tiergarten. Der Wettbewerb von 1956 hatte zunächst einen Neubau in Wilmersdorf vorgesehen, wo heute das Haus der Berliner Festspiele steht. Nach kontroverser Debatte wurde der Siegerentwurf schließlich ab 1960 am heutigen Standort verwirklicht. Seither ist die Philharmonie nicht nur allen Freunden klassischer Musik ein Begriff, auch in Architekturkreisen hat der Name einen einzigartigen Klang, denn das Gebäude galt von seiner Eröffnung 1963 an als revolutionär. Überall wurde der Entwurf für unzählige neue Konzerthäuser kopiert. Weltweit erstmalig stellte Hans Scharoun die Musik ins Zentrum seiner zirkuszeltartigen Konstruktion, das Orchesterpodium also in die Mitte einer großen Arena. Auf einem polygonalen Grundriss aus übereinanderliegenden und gegeneinander gedrehten Fünfecken entwickelte er den Bau buchstäblich von innen nach außen. Seine im Plan vorgegebene goldgelbe Hülle aus eloxierten Aluminiumplatten erhielt das Konzerthaus erst um 1978. Mit ihrer einmaligen Silhouette, die auch den 1987 nach ihrem Muster entworfenen Kammermusiksaal charakterisiert, prägt die Philharmonie den Stadtraum am Potsdamer Platz.

Das Innere der Philharmonie

Kein Zuhörer sitzt mehr als 30 m von den auf dem zentralen Podium musizierenden Künstlern entfernt. Diese demokratische Grundidee leitete Scharoun, der schon in den 1920er-Jahren ein Vordenker des Organischen Bauens war, bei der Gestaltung des Innenraums der Philharmonie. Wie Weinbergterrassen steigen die Zuschauerränge mit insgesamt 2452 Sitzplätzen rund um das Orchester bis unter die mit Schallsegeln und versenkten Leuchtkörpern belebte Decke an. Klang und Raum hat Scharoun auf diese Weise architektonisch miteinander verschmolzen. Dieses Wunderwerk an erlesener Akustik genießen die Philharmoniker und ihr Publikum seit 1963. Das Orchester selbst besteht schon seit 1882. Hans von Bülow, Arthur Nikisch und Wilhelm Furtwängler waren stilbildende Dirigenten. Ab 1954 leitete 25 Jahre lang der „Titan" Herbert von Karajan die Philharmoniker. Er war der erste Medienstar der Branche und ist bis heute umstritten. Ihm folgte 1989 Claudio Abbado, der „stille Magier", und auf ihn 2002 Sir Simon Rattle, der Rhythmiker mit dem dynamischen Führungsstil. Alle prägten den musikalischen Ausdruck des Orchesters und mehrten den Ruhm dieses edelsten Klangkörpers Deutschlands. Derzeit erschließt sich die ehrwürdige Institution das Publikum der Zukunft. Mit ihrem vorbildlichen „Education-Projekt" will sie auch Kinder und Jugendliche an die klassische Musik heranführen.

Staatsbibliothek an der Potsdamer Straße

Ebenfalls nach den Plänen von Hans Scharoun entstand die Staatsbibliothek von 1967 bis 1978 als östlicher Abschluss des Kulturforums. Nach Scharouns Tod wurde der Bau 1972 von Edgar Wisniewski weitergeführt. Das neue Gebäude lag dicht an der Mauer, dazwischen war eine Stadtautobahn quer durch das Zentrum Berlins geplant. Nach Osten muss die Bibliothek deswegen weitgehend ohne Fenster auskommen. Das hoch aufragende Büchermagazin sollte zudem das Kulturforum gegen den Verkehrslärm abschirmen. Wie ein gewaltiger Schiffskörper überragt dieser massive Teil des Gebäudes die vorgelagerten Anbauten und korrespondiert über die gelbe Aluminiumverkleidung mit der Philharmonie. Ähnlich wie dort ist das Innere, sind die lichtdurchfluteten Lesesäle mit mehreren Galerien, versetzten Ebenen und Freitreppen als wirkungsvolle Raumlandschaft gestaltet worden. Grundstock der Bibliothek waren die im Zweiten Weltkrieg nach Westdeutschland ausgelagerten Bestände der Preußischen Staatsbibliothek Unter den Linden. Die übrigen Teile verblieben im Ostberliner Stammhaus. Nach dem Fall der Mauer sind beide Häuser wieder als Staatsbibliothek zu Berlin – Stiftung Preußischer Kulturbesitz mit getrenntem Aufgabenbereich vereint: Die Bibliothek am Kulturforum ist Informations- und Leihbibliothek für Literatur ab dem Erscheinungsjahr 1946, das Haus Unter den Linden Forschungsbibliothek für Literatur bis 1945.

Neue Nationalgalerie

Seit ihrer Eröffnung 1968 ist Ludwig Mies van der Rohes Neue Nationalgalerie ein architektonisches Monument, das in seiner Anziehungskraft mit den darin ausgestellten Sammlungen konkurriert. Die Stahlkonstruktion einer Glashalle mit freitragendem, quadratischem Dach knüpft an eine Reihe ähnlicher Hallenprojekte in Mies' Werk an. Die erste Fassung dieses Bautyps entwarf er für ein Verwaltungsgebäude von Bacardi-Rum in Kuba, das aber nie ausgeführt wurde.

Auffällig ist die Beziehung zwischen dem gläsernen Tempel und den klassizistischen Bauten Schinkels und seiner Nachfolger, mit denen die Geschichte der Berliner Museen so untrennbar verbunden ist.

Der neue Bau in West-Berlin beherbergte bis zur Wende die Werke aus der (Alten) Nationalgalerie, die nach dem Krieg im Westen geblieben waren, und die 1945 gegründete Sammlung der Galerie des 20. Jh., die den Verlust von über 400 Werken der Moderne durch die Naziherrschaft wieder gutmachen sollte. Seit der Umstrukturierung der Museen im wiedervereinten Berlin sind in der Neuen Nationalgalerie Skulpturen und Gemälde vom Beginn des 20. Jh. bis in die 1960er- Jahre beheimatet, vom Expressionismus, Kubismus, Bauhaus, Surrealismus und Verismus bis zur Neuen Sachlichkeit. Hinzu kommt eine feine Sammlung amerikanischer Malerei der 1960er- und 1970er-Jahre. Zu den Kernstücken gehören u. a. elf Gemälde von Max Beckmann, die einen Querschnitt durch sein Schaffen ab 1906 bieten, Werke von Otto Dix, George Grosz, Hannah Höch, Paul Klee, Wassily Kandinsky, Joan Miró und Salvador Dalí sowie das letzte Gemälde des New Yorkers Barnett Newman, „Who's Afraid of Red, Yellow and Blue IV" (1969/70), dessen „Broken Obelisk" (1963) auch die Eingangsfront ziert.

Max Ernst (1891–1976),
Capricorne, 1948/1964
Gips, farbig gefasst, 246 x 210 x 155 cm

Ein gehörnter Mann thront behäbig mit Zepter und Nachkommen in der Hand, aus dem Schoß ragt ein Wasserrohr mit Speier. Neben ihm sitzt zart eine Frau mit Fischleib und Fischsymbol am Haupt. Der Titel „Capricorne" geht auf das 10. Tierkreiszeichen des Steinbocks zurück, das in der Mythologie der Griechen und der Babylonier für Fruchtbarkeit und Wiedergeburt steht. Die Gruppe erinnert an vorderasiatische Kultfiguren. Max Ernst hat die Plastik in Sedona, Arizona, geschaffen, nachdem er 1938 die Pariser Surrealistengruppe verlassen hatte und 1941 in die USA emigriert war. 1946 war er von New York nach Sedona übergesiedelt, wo er in der archaischen Landschaft der roten Berge und unwegsamen Canyons 1948 die monumentale, freistehende Gartenskulptur modellierte. Er setzte sie aus gewöhnlichen Fundstücken zusammen. Für Gehörn, Hals und Fischleib etwa verwendete er Autofedern sowie übereinandergestapelte Milchflaschen für das Zepter und umkleidete diese mit Zement. 1953 verließ Max Ernst Sedona, um wieder in Frankreich zu leben. Neun Jahre später kehrte er zurück, um von der später zerstörten Zementfassung einen Gipsabdruck zu nehmen, den er 1964 neu für den Bronzeguss modellierte. Gipsmodell wie Bronzeguss schenkte der Künstler der Nationalgalerie unter ihrem damaligen Direktor Werner Haftmann. Die Skulptur dieses „hochherrschaftlichen" Paares vereint animalische und ironische Aspekte. Diese bei Max Ernst häufige Kombination zeigt sich auch in dem monumentalen Gemälde „Die Auserwählte des Bösen" (1928) oder in „Vogel auf Rot" (1956), die sich gleichfalls im Besitz der Nationalgalerie befinden.

Der Maler und Bildhauer
Max Ernst gehörte seit 1922
in Paris dem Kreis der Surrealisten
an, Fotografie von 1966

Museumszentrum Dahlem

Im Süden der Stadt, nahe am Grunewald und am Campus der Freien Universität gelegen, setzen die Dahlemer Museen mit den außereuropäischen Kulturen einen besonderen Akzent. Die Pläne, dort einen solchen Museumskomplex zu errichten, stammen von Wilhelm von Bode. 1914 hatte Bruno Paul mit einem ersten Bau begonnen, der erst nach dem Zweiten Weltkrieg bezogen wurde und mit den von 1966 bis 1973 dazugetretenen Neubauten dem Völkerkundemuseum sowie der Gemäldegalerie im geteilten Ber-

lin als westliche Heimstatt dienten. Heute ist hier das (umbenannte) Ethnologische Museum untergebracht, das mit 500 000 Objekten aus allen Erdteilen, u. a. Alt-Amerika, der Südsee und Afrika, eines der weltweit bedeutendsten ist. Auch die Museen für Ostasiatische und Indische Kunst, die 2006 unter dem neuen gemeinsamen Namen Museum für Asiatische Kunst vereinigt wurden, sind hier beheimatet. Zu sehen sind Werke aus dem indo-asiatischen Kulturraum vom 4. Jt. v. Chr. bis in die Gegenwart, japanische Malerei, ostasiatische Lackkunst und chinesische Keramik. In einen Dialog mit fernen Gegenden tritt seit 2005 auch das Museum

Nordamerika-Abteilung des Ethnologischen Museums, im Vordergrund die Figur eines Kwakiutl-Häuptlings

Europäischer Kulturen (ehemals: Museum für Volkskunde), das unter dem Dach des Bruno-Paul-Baus Objekte aus dem Alltagsleben vom 18. Jh. bis in die Gegenwart zeigt: Möbel, Kleidung, Trachten, Arbeitsgeräte und Spielzeug.

Eine der großen Attraktionen ist die Bootshalle in der Südsee-Abteilung des Ethnologischen Museums. Hier sind unterschiedlichste Wasserfahrzeuge vom einfachen Rindenkanu bis zu hochseetauglichen Kähnen ausgestellt, darunter auch ein begehbares Doppelrumpfboot der Tonga-Inseln. Es ist eine Rekonstruktion nach Skizzen von James Cook. Auch ein Männerklubhaus der Palau-Inseln von 1907 wurde hier wiederaufgebaut, dessen Schnitzwerk und Malereien von ozeanischen Mythen erzählen. Dies ist einzigartig, denn solche Bauten existieren am Originalstandort längst nicht mehr.

**Sitzende Figur mit überlangem Rumpf,
südliches Neuirland, Fanamaket-Region,
erworben 1908**
Holz, Farbe, Molluskenschalen, 82 x 30 cm

Die melanesische Insel liegt nördlich von
Australien. Schon im 19. Jh., lange bevor
Künstler wie Picasso, Nolde und Breton die
außereuropäische Kunst für sich entdeck-
ten, waren Werke aus Neuirland bekannt
geworden. Erhalten sind sie nur, weil sie
für Museen gesammelt worden sind. An
ihrem Ursprungsort dienten sie für kurze
Zeit der Erinnerung an Verstorbene oder der
Verkörperung von Totenseelen. Die Figuren
gestaltete man dabei nicht nach der Natur,
sondern man folgte einem vorgegebenen
Kanon. Die Individualität der dargestellten
Person übersetzte man in ausgewählte Attribute oder Charakteristika. Diese drückten sich
in der Haltung und Bemalung der Figur aus,
oder sie bestanden aus Dingen, die dem Verstorbenen einst gehörten. Sie enthielten das
Wesen der Toten und waren daher besonders
geeignet, die Darstellungen mit spiritueller
Kraft zu versehen. Dieses Beispiel zeigt eine Figur mit aufrechtem, langem Oberkörper und
großen Ohren, was auf ein feines Gehör und
ausgeprägte körperliche Spannkraft schließen
lässt. Neben diesen freistehenden Skulpturen,
die in Männerhäusern aufgestellt waren, wurden auch Pfosten, verziert mit geometrischen
und floralen Elementen, gestaltet. Das Ethnologische Museum besitzt eine Reihe dieser
Schnitzwerke aus Neuirland, die mit ihrer For-
menvielfalt und Fülle an Motiven zu den Meisterwerken ozeanischer Kunst zählen.

Gedenkkopf eines Königs Oba, Nigeria, Königreich Benin, 18. Jh.
Messing, H. 28 cm

Nach dem Tod des Königs errichtete man in einem abgeschlossenen Hof des Palastes für ihn einen Altar. Zu den bedeutenden Gegenständen, die dort versammelt wurden, gehörten aus Messing gegossene Nachbildungen des Kopfes des Verstorbenen. Dieses Beispiel aus dem 18. Jh. zeigt den Herrscher mit seinen Insignien aus Korallenperlen, der kappenähnlichen Krone und dem hohen Halskragen aus Korallenketten. Auch die Mütter der Könige, die eine wichtige Rolle spielten, wurden mit ähnlichen Gedenkköpfen geehrt. Sie trugen neben den Halsbändern als Erkennungszeichen spitze Mützen. Die langjährige Tradition dieser Totenmale, die auf das 16. Jh. zurückgeht, führte zu großer Kunstfertigkeit. Bemerkenswert ist der realistische Zugriff, mit dem diese Köpfe gestaltet sind. Das Museum besitzt eine reiche Zahl davon, ebenso an figuralen Plastiken aus Benin, das im 15. Jh. zum Zentrum des westafrikanischen Handels mit Europa aufstieg. Sklaven und Elfenbein wurden exportiert, importiert wurde Messing, das Rohmaterial für die Kunstwerke der Epoche.

Mit dem Ende der Sklavenherrschaft verlor Benin seine Rolle als Handelsplatz und wurde 1897 von den Engländern erobert. Die aus dem Königspalast geraubten Kunstwerke wurden in London versteigert. Neben den international einmaligen Beständen aus Nigeria, Kamerun und dem Kongo-Gebiet deckt die Berliner Sammlung, die mit 75 000 Objekten eine der bedeutendsten weltweit ist, den gesamten afrikanischen Kontinent ab.

Tanzender Ganesha,
nördliches Bengalen,
11. Jh. n. Chr.
Grauschwarzer Schiefer, 56,5 x 25 cm

Trotz seiner Körperfülle und der kurzen Beine bewegt sich der Gott des glücksverheißenden Beginns, Ganesha, entschieden graziös und in feiner Balance. Er vollführt seinen Tanz auf dem Tier, das ihm normalerweise zur Fortbewegung dient, auf der Ratte. Zum Tanz spielen zwei Musikanten auf. Darbietungen mit Musikern, ja ganzen Orchestern gibt es schon früh in der indischen Bildkunst. Aus dem 1. Jh. v. Chr. sind Reliefs mit Musikinstrumenten bekannt. Tanzdarstellungen sind noch älter und vereinzelt bereits zur Zeit der Indus-Kultur (2800–1800 v. Chr.) anzutreffen. Getanzt wird unter starker Dehnung des Körpers in bizarren Drehungen. Eine aus dem 1. Jh. n. Chr. überlieferte berühmte Abhandlung über den klassischen indischen Tanz belegt, wie hoch entwickelt die auf der Kunstmusik basierende darstellende Kunst in dieser Zeit bereits gewesen ist. Weitere Beispiele, die die charakteristische Tanzhaltung jener Epoche veranschaulichen, sind „Die Verehrung des Tanzenden Shiva" (10. Jh. n. Chr.) sowie die offenbar von der dauerhaften Bewegung erschöpfte, magere Göttin „Chamuda" (11. Jh. n. Chr.). Einen weiteren Höhepunkt des Museums bildet die berühmte Turfan-Sammlung: Skulpturen, Wandmalereien und Manuskripte aus dem 2. bis 14. Jh. aus überwiegend buddhistischen Höhlentempeln, die auf vier deutschen Expeditionen 1904 bis 1914 in der Region Turfan, einem Knotenpunkt der Seidenstraße, gefunden wurden. Wegen des Wüstenklimas haben sich die Papierhandschriften in 30 Sprachen erhalten.

Asiatische Wandmalerei aus Kyzyl (um 500 n. Chr.), 59 x 38 cm, von der 3. Turfan-Expedition, Museum für Asiatische Kunst, Berlin

Der „alte" Westen

Spätestens mit dem Bau der Mauer behauptete sich West-Berlin auch als neue Museumsstadt. Neben den „Zwillingen", deren Sammlungen ein Pendant im Ostteil der Stadt hatten, zeugen davon noch immer die damals neu gegründeten Häuser wie das Bauhaus-Archiv am Tiergarten, das Bröhan-Museum, das neben dem Charlottenburger Schloss mit dem Museum Berggruen und der Sammlung Scharf-Gerstenberg einen neuen Schwerpunkt der Moderne setzt, das Georg-Kolbe-Museum nahe dem Olympiastadion oder das Brücke-Museum in Dahlem. Im Süden West-Berlins formierte sich ein weiteres Zentrum der Kultur. Hier befindet sich mit dem Jagdschloss Grunewald (bis 2009 wegen Renovierung geschlossen) das älteste Renaissancezeugnis auf Berliner Boden. Ab 1542 nach einem Entwurf von Caspar Theyss für den Kurfürsten Joachim II. „zum grünen Walde" errichtet, präsentiert es neben einem Jagdzeugmagazin eine Sammlung hochwertiger Gemälde von deutschen und niederländischen Künstlern aus dem 16. bis 19. Jh. Das Haus am Waldsee zeigt in einer stattlichen Villa wechselnde Ausstellungen mit zeitgenössischer Kunst. Aus dem einstigen Landgut, der Domäne Dahlem, ist im alten Dorfkern ein Freilichtmuseum geworden. Das AlliiertenMuseum auf dem Gelände des ehemaligen Outpost-Kinos der amerikanischen Streitkräfte zeigt neben einem originalen „Rosinenbomber" aus der Blockadezeit Berlins ein Kontrollhäuschen vom Checkpoint Charlie und alles, was an den Viermächtestatus der geteilten Stadt erinnert.

Brücke-Museum

Seine Entstehung verdankt das am Grunewald gelegene Museum dem 1884 in der Nähe von Chemnitz geborenen Maler Karl Schmidt-Rottluff. Er übergab Berlin im Dezember 1964 anlässlich seines 80. Geburtstags eine Schenkung von 74 eigenen Arbeiten. Sie bildet den Kern einer der bedeutendsten Sammlungen expressionistischer Kunst in Deutschland. Das Museum wurde 1966/67 nach Plänen von Werner Düttmann erbaut und steht architektonisch in der Tradition des Bauhauses. Es ist ausschließlich Arbeiten der Künstlervereinigung Brücke gewidmet, der ersten avantgardistischen Künstlergruppe des 20. Jh. in Deutschland. 1905 in Dresden gegründet, siedelte sie 1911 nach Berlin über, wo sie sich 1913 auflöste. Neben Werken der Gründungsmitglieder Karl Schmidt-Rottluff, Ernst Ludwig Kirchner, Fritz Bleyl und Erich Heckel, die in Dresden gemeinsam Architektur studierten, lassen sich hier ebenso bedeutende Arbeiten von Max Pechstein, Otto Mueller und Emil Nolde finden. Die märkische Waldlandschaft, die das Museum umgibt, wirkt reizvoll in die Ausstellungsräume hinein.

**Ernst Ludwig Kirchner (1880–1938),
Artistin – Marcella, 1910**
Öl auf Leinwand, 100 x 76 cm

Fränzi alias Marcella war Kirchners Lieblingsmodell. In unzähligen Varianten hat er das 9-jährige Arbeiterkind Franziska Fehrmann aus der Dresdner Vorstadt gemalt – in wechselnden Interieurs, ausgestattet mit unterschiedlichen Requisiten. Ein gelb-grün gestreiftes Kleid und blau-schwarze Ringelstrümpfe versetzen das lümmelnde Mädchen in die Rolle eines müde gewordenen Clowns. Dies hat man als sensibles Gleichnis auf die Vereinnahmung des kindlichen Modells durch die Künstler selbst gedeutet. Zirkus und Bühne waren für Kirchner und seine Freunde neben der Natur eine eigene Welt, die sie mit dem Mythos der Freiheit, dem Traum von einem anderen Leben gleichsetzten. Mit der Wahl dieser Sujets ging die Entwicklung eines eigenen Stils einher, den Kirchner in der Brücke gleichermaßen prägte und zu einem Höhepunkt führte. Die radikale Vereinfachung der Form ist als eine Befreiung von der Tradition und Perfektion der akademi-

schen Kunst zu sehen. Farbe wird jetzt selbst zum Sujet. Das Museum zeigt zahlreiche Hauptwerke Kirchners, die einen Bogen von den Jahren in Dresden über die Berliner Großstadtbilder bis zu seiner Zeit in Davos in den Schweizer Alpen spannen, wo er bis zu seinem Tod zurückgezogen lebte und arbeitete.

Bauhaus-Archiv

Der Berliner Neubau, der neben dem Museum eine Dokumentensammlung und eine Bibliothek beherbergt, wurde 1976 bis 1979 nach einem Entwurf von Walter Gropius errichtet. Der durch seine Tätigkeit als Direktor am Bauhaus zuerst in Weimar, dann in Dessau bekannte Architekt hatte seit 1960 an der Gründung des Bauhaus-Archivs mitgearbeitet. Sein unverwechselbares Aussehen erhält der zweigeschossige weiße Bau durch die Lichtsheds, deren Fenster nach Norden ausgerichtet sind. Diese sorgen für eine kontrollierte Lichtführung und erlauben eine optimale Präsentation der Exponate. Der klar gegliederte Baukörper umfasst in seinem Innern das Archiv und Ausstellungsräume, in denen Sonderausstellungen und aus den Beständen Architekturmodelle, Entwürfe, Gemälde, Fotografien, Alltagsgegenstände und Möbel der Bauhaus-Künstler Ludwig Mies van der Rohe, Oskar Schlemmer, Marcel Breuer, László Moholy-Nagy, Marianne Brandt u. a. präsentiert werden. Das Bauhaus-Archiv besitzt die umfangreichste Sammlung dieser weltberühmten Schule für Architektur, Design und Kunst im 20. Jh.

**Marcel Breuer (1902–1981),
Freischwinger, Entwurf 1928**
Ausführung Gebr. Thonet, Verchromtes
Stahlrohr, Peddigrohr in schwarzem
Bugholzrahmen, 80 x 47 x 57 cm

Schon mit seinem Lattenstuhl von 1922 erfüllte Marcel Breuer vorbildlich die bauhauseigenen Prinzipien. In radikalisierter
Form setzte er, 1925 in Dessau zum Leiter
der Möbelwerkstatt ernannt, seine Gestaltungsideen mithilfe des Stahlrohrs um. Es entstand eine Reihe von
Stuhlentwürfen, die die technischen
Möglichkeiten des Werkstoffs nutzen, um das traditionelle Sitzmöbel
zu vereinfachen. Die avancierteste
Form ist der Freischwinger, eine
Spielart des hinterbeinlosen Stuhls.
Schon 1926 hatte Mart Stam unter der
Bezeichnung „Kragstuhl" einen ersten
freitragenden Stuhl entwickelt, der
allerdings auf einer starren Rohrkonstruktion ruhte. Angeregt davon
entwarf Mies van der Rohe 1927 für
die Weißenhofsiedlung in Stuttgart einen Stuhl aus Stahlrohr, dessen federnde Eigenschaften er gewinnbringend nutzte. Mit seinen platzgreifenden Vorderkufen passte das Möbel
allerdings weniger in die raumknappen Sozialwohnungen der Zeit und
auch nicht zum gesellschaftlichen Anspruch, wie ihn das Bauhaus formulierte. Mit den seit 1925 entwickelten Möbeln und seinen Einrichtungen
trug Breuer aber zweifelsohne zu einer

neuen, modernen Vorstellung des Wohnens
bei. Er wurde damit über die 1920er-Jahre
hinaus zu einem der bedeutendsten Möbelentwerfer und Innenarchitekten des 20. Jh.,
wie zahlreiche Objekte des Museums bezeugen. Ebenso beispielhaft demonstrieren
Gebrauchsgegenstände wie die Teekannen
Marianne Brandts, Josef Albers' Fruchtschale oder der Kerzenleuchter Gyula Paps
den enormen Einfluss der Bauhaus-Bewegung auf das moderne Design.

Bröhan-Museum

Jugendstil, Art Déco und Funktionalismus – das Museum zeigt Objekte der bildenden und angewandten Kunst aus drei Epochen. Es trägt den Namen des Sammlers Karl H. Bröhan, der 1981 seine Privatsammlung, die er bis dahin in einer Dahlemer Villa gezeigt hatte, der Stadt Berlin zum Geschenk machte. Seither ist das feine Museum in einem einst zum Charlottenburger Schloss gehörenden Kasernengebäude aus der Zeit des Spätklassizismus untergebracht. Ungewöhnlich ist die Präsentation der Stücke in Raumkunstensembles. In eleganter Wohnatmosphäre werden Kunstobjekte und Gebrauchsgegenstände aus Porzellan, Keramik, Metall und Glas kombiniert mit Möbeln, Teppichen, Lampen und Gemälden gezeigt – ein Zusammenspiel, das auch die Gleichwertigkeit verschiedener Kunstäußerungen veranschaulicht. Schwerpunkte sind Arbeiten des französischen und belgischen Art Nouveau, des deutschen und skandinavischen Jugendstils und des französischen Art Déco. Neben Möbeln von Eugène Gaillard, Hector Guimard, Louis Majorelle, Peter Behrens oder Bruno Paul gehört auch eine außergewöhnlich reiche Porzellansammlung bedeutender Manufakturen wie KPM Berlin, Kgl. Kopenhagen, Meißen, Nymphenburg, Sèvres u. a. zum Bestand, außerdem ein Spektrum von kostbaren Gläsern, etwa von Émile Gallé, Art-Déco-Kunst von Edgar Brandt, Silber von Jean Émile Puiforcat sowie Jugendstil-Fayencen der böhmischen Amphora-Werke. Die Gemäldesammlung umfasst Werke der Berliner Secession von Karl Hagemeister, Hans Baluschek, Willy Jaeckel, Franz Skarbina und Walter Leistikow. Zwei kleinere Kabinette sind dem belgischen Jugendstilkünstler Henry van de Velde und dem Wiener Secessionisten Josef Hoffmann gewidmet.

Ausstellungsraum mit einer Sitzgruppe von Maurice Dufrene

Walter Leistikow (1865–1908), Grunewaldsee oder Schlachtensee, um 1900
Öl auf Leinwand, 80,5 x 121 cm

Ländlicher Frieden unter dunklen Kiefernkronen. Der Blick schweift weit über einen still umgrünten See, dorthin, wo die tief stehende Sonne den Wald in ein flammendes, von der glatten Wasseroberfläche gespiegeltes Rot getaucht hat – das war die Atmosphäre, in der Leistikow gerne malte. Oft hielt er sich wochenlang an den Ufern der Berliner Seen auf; die Waldgrundstücke der befreundeten Bankiers Hermann Rosenberg und Carl Fürstenberg standen ihm offen. In seinen Gemälden entwickelte er sich zu einem der einfühlsamsten Interpreten der märkischen Landschaft. Flächenhafte Abstraktion, eigenwillige Schwerpunktsetzung sowie die Fähigkeit, das Unwichtige auszusparen, kennzeichnen seine Handschrift. Er malte nach der Natur, ohne sich den Postulaten der Wahrheit und Objektivität zu verpflichten. Erst „im Atelier erfolgte die umfassende künstlerische Arbeit". Hier übernahm „die Phantasie die Führung". Leistikow gestaltete, indem er den Natureindruck durchaus idealisierend umwandelte. So ist auch die Landschaft von 1900, eines von neun Gemälden, die das Museum besitzt, topografisch nicht eindeutig zuzuordnen. Zwei Seen sind hier in einem Bild vereint.

Die Darstellung des Regionalen hatte in der Kunst um 1900 Konjunktur. Von Leistikow aber wurde sie mit den modernen Tendenzen des Jugendstils und des Japonismus verbunden. Mit seinen Bildern hatte der Maler, der zu den tonangebenden modernen Künstlern im wilhelminischen Berlin zählte, großen Erfolg. Sie wurden zu Lieblingen des Publikums auf den Ausstellungen und von Galerien und Sammlern gekauft. 1898 gehörte Leistikow zu den Gründungsmitgliedern der Berliner Secession, die Berlin zur führenden Stadt der modernen Kunst in Deutschland machte.

Museum für Fotografie und Helmut Newton Stiftung

Es war einst ein Offizierscasino. Decken und Wände waren im pompejanischen Stil bemalt, antike Pilaster und Jugendstilornamentik schmückten Festräume, die Kegelbahn und einen Schießstand. Von all dem Pomp ist nur der Kaisersaal geblieben, ein

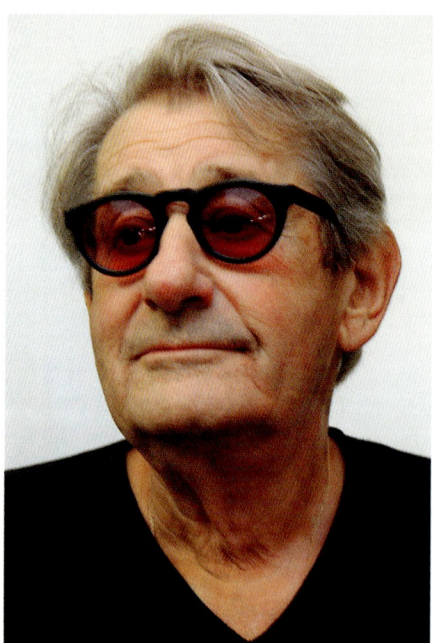

Der Star-Fotograf Helmut Newton, weltbekannt für seine unterkühlten Frauenakte, aufgenommen 2002 in Düsseldorf

tonnengewölbter Festraum, und der zeigte bis vor kurzem das blanke Mauerwerk und in 11 m Höhe einen unverhüllten Dachstuhl. Bis Frühjahr 2009 wird er nun saniert. Seit dem Umbau durch das Berliner Architekturbüro Kahlfeldt 2003/04 befinden sich an diesem Ort zwei Institutionen: die Helmut Newton Stiftung und das Museum für Fotografie, eine Abteilung der Kunstbibliothek bei den Staatlichen Museen zu Berlin. Das Museum bespielte bisher die eindrucksvolle Ruine des Kaisersaals mit wechselnden Ausstellungen zeitgenössischer Fotografie. In den unteren Etagen zeigt die Helmut Newton Stiftung Objekte aus dem Nachlass des Fotografen. Das Gebäude gegenüber dem Bahnhof Zoologischer Garten, das 1908/09 nach den Plänen von Heino Schmieden und Julius Boethke errichtet und in Anwesenheit von Kaiser Wilhelm II. eingeweiht wurde, hatte für den Fotografen eine besondere Bedeutung: Es war das Letzte, was er von Berlin sah, als er 1938 auf der Flucht vor den Nazis in den Zug stieg. Der Weg des gebürtigen Berliners – er kam 1920 als Helmut Neustädter in Schöneberg zur Welt – zurück in die deutsche Metropole war nicht ohne Hindernisse. Als er seiner Heimatstadt, auch angeregt durch seinen Freund Heinz Berggruen, seinen Nachlass anbot, stieß er nicht nur auf Beifall. Die Stadt, in ständigen Geldnöten, hatte keine Mittel für ein adäquates Museumsgebäude. Also übernahm Newton auch die Umbaukosten. Der Meister erlebte die Eröffnung selbst nicht mehr. Er kam im Januar 2004 bei einem Autounfall ums Leben.

Foyer der Helmut Newton Stiftung mit Newtons provozierender Serie „Big Nudes", nackte Frauen auf High Heels, an den Wänden

Museum Berggruen

Die private Sammlung mit 165 Werken von Pablo Picasso, Paul Klee, Henri Matisse und Alberto Giacometti gilt als eine der weltweit bedeutendsten der klassischen Moderne. 2000, vier Jahre nach der Eröffnung des Hauses, vermachte Heinz Berggruen diesen Schatz für einen symbolischen Preis seiner Geburtsstadt Berlin. Eine Sensation und – eine Geste der Versöhnung, wie der Stifter sagte. Der jüdische Journalist Heinz Berggruen, der 1914 in Charlottenburg geboren wurde, emigrierte 1936 in die USA und gründete nach dem Zweiten Weltkrieg seine erste Galerie in Paris. Bald war sie die erste Adresse im internationalen Kunsthandel.

Berggruens viel gerühmte Freundschaften mit Künstlern – allen voran Picasso – und seine Galeristenkontakte ermöglichten ihm den Aufbau dieser einzigartigen Kollektion. Das Innere des einstigen, von Friedrich August Stüler gegenüber dem Charlottenburger Schloss entworfenen Garde-du-Corps-Baus, wurde für die Sammlung maßgeschneidert. Seit dem Tod Heinz Berggruens 2007 führt sein Sohn Nicolas das Erbe des Vaters weiter. 50 weitere Gemälde will er ins Museum bringen, wofür das benachbarte Kommandantenhaus vorgesehen ist. In den östlichen Stülerbau, wo einst das Ägyptische Museum residierte, ist im Juli 2008 die Sammlung Scharf-Gerstenberg mit herausragenden Werken des Surrealismus eingezogen.

**Pablo Picasso,
Der gelbe Pullover, 1939**
Öl auf Leinwand, 81 x 65 cm

Einen Monat, nachdem der Krieg ausgebrochen war, entstand in Royan an der Atlantikküste das Bildnis Dora Maars. Picasso malte die Geliebte wie in vielen Bildern dieser Jahre in einem ganz gewöhnlichen Weidenstuhl. Darin erscheint sie, wie Françoise Gilot sie schilderte, fremd und gleichsam entrückt: „Doch das Bemerkenswerteste an ihr war ihre eigenartige Unbeweglichkeit. Sie redete nicht viel, machte überhaupt keine Gesten, und in ihrem Gehabe lag etwas, das über Würde hinausging – eine gewisse Starrheit. Es gibt dafür einen sehr treffenden französischen Ausdruck: Sie gab sich wie das Heilige Sakrament." Diese Unberührbarkeit scheint in dem Bild eingefangen. Schaufelartige Hände und der gerippte, gelbe Pullover, der sich raupengleich um den Körper legt, sprechen von einer unumkehrbaren Metamorphose. Alfred H. Barr erblickte darin den Einfluss des Manieristen Giuseppe Arcimboldo, den die Surrealisten wiederentdeckt hatten.

Neben diesem Schlüsselwerk sind in der Sammlung über 70 höchst qualitätvolle Arbeiten Picassos aus allen Schaffensperioden vertreten: Gemälde, Skulpturen und Papierarbeiten – von seiner Studienzeit in Madrid bis zum Spätwerk. Zu den wichtigsten Gemälden zählen der „Sitzende Harlekin" (1905) und „Der Maler und sein Modell" (1939). Daneben finden sich Hauptwerke von Paul Cézanne und Vincent van Gogh, Georges Braque und Georges Seurat, ein Raum mit Arbeiten von Alberto Giacometti und 20 kleinformatige Aquarelle, poetische Skripturen und fragile Malereien von Paul Klee.

Käthe-Kollwitz-Museum

Das Museum im ältesten Wohnhaus (1871) in der Fasanenstraße, einem spätklassizistischen Palais, ist ganz dem Schaffen der Wahlberlinerin Käthe Kollwitz gewidmet. Rund 200 Zeichnungen, Druckgrafiken und Plakate sowie das gesamte plastische Werk repräsentieren das vielfältige Œuvre einer der bekanntesten Künstlerinnen des 20. Jh. Seine Gründung 1986 verdankt das Museum dem Galeristen Hans Pels-Leusden, der viele Werke aus eigenem Besitz zur Verfügung stellte. Schwerpunkte der Kollektion bilden die Radierungen zum „Weberaufstand" (1898), der Holzschnittzyklus „Krieg" (1922/23), Arbeiten zum Thema „Tod" (1903 bis 1942) und das „Gedenkblatt für Karl Liebknecht" (1919/20). Auch die Mutter-Krieg-Kind-Thematik durchzieht die gesamte Präsentation. Die stets dem Realismus verpflichteten Werke spiegeln die existenzielle und künstlerische Auseinandersetzung der Käthe Kollwitz mit ihrer Zeit: Der Tod ihres 18-jährigen Sohns auf dem Schlachtfeld in Flandern hatte sie in Kontakt mit dem Sozialismus gebracht und zur lebenslangen Pazifistin werden lassen. Wie wichtig Käthe Kollwitz zeit ihres Lebens die genaue Selbstbeobachtung gewesen ist, zeigen ihre Selbstporträts von 1888 bis 1938. Von den mehr als 100 Zeichnungen und druckgrafischen Arbeiten aus dieser Reihe präsentiert das Museum einen wichtigen Querschnitt. Man sieht die Künstlerin, mal en face, mal im Profil oder auch in der Nahaufnahme des Gesichts, als „Nachdenkende Frau". Nur in einer um 1888/89 entstandenen Tuschfederzeichnung lacht sie in ungebrochener Lebensfreude keck aus dem Bild.

Käthe Kollwitz (1867–1945),
Selbstbildnis, 1936
Kohle auf Papier, 56 x 43 / 61,2 x 47,5 cm

Schonungslos ist der Blick ins eigene Gesicht. Nichts Eitles ist spürbar. Die Künstlerin zeigt sich als alternde Frau: nach innen schauend, die Lippen wie in einem vielsagenden Schweigen verschlossen. Auch dieses „Selbstbild", wie Käthe Kollwitz ihre Eigenporträts nannte, ist eine Momentaufnahme. Es fängt einen Wendepunkt in ihrer Biografie ein. Nachdem die Professorin 1933 dazu gezwungen wurde, freiwillig ihren Austritt aus der Preußischen Akademie der Künste zu erklären, wurden ihre Ausstellungen in der Folge unterbunden. Als man drei Jahre später ihre Werke aus den Museen entfernte, schrieb sie im November unter dem Eindruck einer verzweifelten Ohnmacht in ihr Tagebuch: „[...] diese merkwürdige Stille [...]. Es hat mir fast niemand etwas dazu zu sagen. Ich dachte, die Leute würden kommen, würden schreiben – nein. So etwas von Stille um mich."

Invalidenmeile

Hamburger Bahnhof

Jahrzehntelang lag die Invalidenstraße wie eine hochbewachte Sackgasse zwischen Ost und West. Der dortige Grenzübergang östlich der Sandkrugbrücke, die über den Spandauer Schifffahrtskanal führt, war Schauplatz des ersten Massenansturms am Abend des 9. November 1989. An dieses Ereignis erinnert Christophe Girots Skulptur „Sinkende Mauer" (1997), eine weitläufige Brunnenanlage im Invalidenpark zwischen dem Naturkundemuseum und dem Museum für Gegenwart im Hamburger Bahnhof. Gegenüber dehnt sich das Gelände der altehrwürdigen Charité aus, der berühmtesten Klinik Deutschlands und eines Weltzentrums der Medizin.

Aus dem 1710 ins Leben gerufenen Pesthaus wurde bis Anfang des 20. Jh. eine Stadt in der Stadt, ein Bauensemble musealen Charakters aus Backstein, das Elemente der Neogotik und des Jugendstils miteinander verbindet. Forschung und Krankenhausbetrieb vollziehen sich hier heute auf modernstem Niveau. Der älteste und schönste Bau des Quartiers ist Carl Gotthard Langhans' Anatomisches Theater, das gleichzeitig mit dem Brandenburger Tor 1789/90 entstand. Perfekt proportioniert erhebt sich eine Rotunde über einem kleinen Amphitheater, in dem tieranatomische Untersuchungen durchgeführt wurden. Ebenfalls auf dem Gelände befindet sich die 1899 von Rudolf Virchow angelegte Medizinhistorische Sammlung.

Die zeitgenössische Kunst der Staatlichen Museen wird seit November 1996 im Hamburger Bahnhof ausgestellt. Das 1845 bis 1847 von Friedrich Neuhaus in Anklängen an Schinkel und Stüler errichtete Gebäude ist der einzige erhaltene Kopfbahnhof Berlins, der damals die deutsche Haupt- mit der Hansestadt verband. Als man sich nach dessen Stilllegung 1904 entschloss, ihn zu einem Verkehrs- und Baumuseum umzugestalten, entstand die große dreischiffige Eisen-Glas-Halle, die noch heute das Zentrum des Museums bildet. Direkt an der Mauer gelegen, blieb das kriegszerstörte Gebäude bis Ende der 1980er-Jahre ungenutzt. Den Umbau nahm Josef Paul Kleihues vor. Im Mittelpunkt der Präsentation befindet sich die hochrangige Privatsammlung des Berliner Kunstliebhabers Erich Marx mit Werkgruppen zeitgenössischer Künstler wie Joseph Beuys, Robert Rauschenberg und Anselm Kiefer. Aber auch neue Arbeiten von Thomas Struth, Rachel Whiteread und Andreas Gursky werden gezeigt. Zuwachs bekam das Museum 2002 durch den Ankauf der Sammlung Marzona mit Minimal-, Konzept- und Land Art sowie 2004 durch die Leihgabe der Friedrich Christian Flick Collection. Die mit 150 Künstlern größte Privatsammlung zeitgenössischer Kunst präsentiert in den angrenzenden Rieckhallen, einem ehemaligen Speditionslager, u. a. Werke von Duane Hanson, Candida Höfer, Martin Kippenberger, Bruce Nauman, Pipilotti Rist, Thomas Ruff und Cindy Sherman.

Museum für Naturkunde

Mit über 13 m Höhe reicht der Brachiosaurus brancai bis knapp unter die verglaste Kuppel im Lichthof. Er ist der Höhepunkt des Museums und das weltweit größte Dinosaurierskelett aus echten Fossilien. 38 Tonnen wog der Urzeitriese, als er vor 150 Millionen Jahren durch das Jura stapfte. 1909 wurde der Brachiosaurus am Tendaguru-Hügel in Ostafrika, dem heutigen Tansania, von einem deutschen Forscherteam ausgegraben und 1937 erstmals hier aufgestellt. Er dominiert die Saurierhalle, in der mit sechs weiteren

Saurierskeletten alle bedeutenden Gruppen dieser Spezies vertreten sind: Urvogel, Flugsaurier, frühe Fische und Dinosaurier. Auf rund 6600 m² gibt das Museum für Naturkunde einen Überblick über die Evolution des Lebens auf der Erde, zur europäischen Tierwelt und zu Mineralien. Sein ältestes Objekt – ein 4,6 Milliarden Jahre alter Meteorit – läuft außer Konkurrenz. Rund 50 weitere „himmlische Gesteinsbrocken" unterschiedlicher Struktur und Farbe gehören zur Ausstellung. Besonders anschaulich werden Flora und Fauna in dreidimensionalen Großdioramen aus den 1920er-Jahren: Wie auf einer Bühne stellen sich Tiere von der Maus

bis zum Hirsch in ihrem Lebensraum vor. Über 30 Millionen Objekte sind in diesem Schatzhaus des Lebens archiviert. Dazu gehören Funde von den Reisen Alexander von Humboldts, von Leopold von Buch und von Adelbert von Chamisso. Die Basis der zoologischen Abteilung bilden u. a. die Sammlungen des Grafen Johann Centurius von Hoffmannsegg. Nur einen Bruchteil bekommt der Besucher zu Gesicht. Das Naturkundemuseum kann auf eine mehr als 200 Jahre alte Tradition zurückblicken. Deshalb steht, trotz aller technischen Animationen, das im Vordergrund, was das Museum zu einem der bedeutendsten seiner Art in der Welt gemacht hat: die Sammlung von Originalpräparaten. Im Dezember 1889 vereinte Kaiser Wilhelm II. drei Museen in einem neuen Bau, den August Tiede im Stil der französischen Renaissance und des Barock mit gusseisernen Säulenhallen und opulenten Treppenhäusern errichtet hatte: die zuvor eigenständigen Institutionen der damaligen Friedrich-Wilhelm-Universität, das Geologisch-Paläontologische, das Mineralogisch-Petrografische und das Zoologische Museum. Expeditionen zwischen 1875 und 1910 erweiterten die Sammlung des Naturkundemuseums rasant. Das im Februar 1945 bei Bombenangriffen empfindlich getroffene Gebäude wurde schon im September 1945 als erstes Berliner Museum wiedereröffnet. In den 1960er-Jahren kamen neue Stücke nur aus den sozialistischen Bruderländern hinzu, von Expeditionen nach Kuba oder in die Mongolei. 2005 bis 2007 wurde ein großer Teil des Museums renoviert und eine neue Dauerausstellung, „Evolution in Aktion", eingerichtet. Doch der Wiederaufbau des kriegsbeschädigten Museums ist längst noch nicht abgeschlossen.

Joseph Beuys (1921–1986),
Straßenbahnhaltestelle, 2. Fassung, 1979
29 Eisenteile, 837 x 246 x 74 cm,
Sammlung Marx

Das in Eisen gegossene Monument hat Beuys 1976 für den zentralen Raum des deutschen Pavillons der Biennale in Venedig entworfen. Es war als Denkmal seiner eigenen Erinnerung gedacht, dabei geht es jedoch weit über das Biografische hinaus. Zunächst führt es zurück in die niederrheinische Kultur seiner Heimat, an jene Haltestelle Zum eisernen Mann am Ende der Nassauer Allee in Kleve, an der der 6-jährige Beuys auf dem Weg zur Schule oft gestanden hat. Das Kind kannte selbstverständlich die Bedeutung jener seltsamen Trophäenmale nicht, die vom Fürsten Johann Moritz von Nassau-Siegen errichtet worden waren und nun zwischen Schienen und Straße aufragten. Aber es nahm diesen Ort wohl intuitiv wahr, an dem

sich Relikte aus dem 17. Jh. mit moderner Verkehrstechnik verbanden. Was in der ersten Fassung schwer zu erkennen war, ein aufrecht stehendes Geschützrohr, eine sogenannte Feldschlange, deren letztes Drittel durch ein Drachenmaul geziert ist, hat Beuys abformen lassen und den umgebenden vier Munitionsfässern als pazifistisches Zeichen neu zugeordnet. In der 1979 entstandenen zweiten Fassung der „Straßenbahnhaltestelle" weist die Weiche, wie so oft bei Beuys, in zwei Richtungen, in Vergangenheit und Zukunft. Gleiches gilt für die mehrteilige Arbeit „Das Ende des 20. Jahrhunderts" (1982/83) oder den „Unschlitt/Tallow" (1977). Daneben zeigt das Museum rund 450 Zeichnungen und macht auch Film- und Tonmaterial über den großen Kunstschamanen zugänglich. Es bietet so eine Übersicht über das Werk von Beuys, mit der sich kein anderes Museum messen kann.

ein erstes war im Januar 1933 eröffnet und 1938 von der Gestapo geschlossen worden. Nach dem Krieg wurde eine Jüdische Sammlung im damaligen Berlin Museum gezeigt, in Philipp Gerlachs 1735 erbautem barocken Kollegienhaus, das heute gleichfalls zum Jüdischen Museum gehört. Drei Achsen erschließen den Libeskind-Bau: Die „Achse des Exils" weist in den E. T. A. Hoffmann-Garten (Garten des Exils), die „Achse des Holocaust" endet vor einer Stahltür, hinter der sich der leere, dunkle Holocaust-Turm verbirgt, und die „Achse der historischen Kontinuität" führt in die Ausstellung, die in 15 Abteilungen anhand von persönlichen Do-

kumenten, Zeremonialobjekten, Gemälden, Fotografien, Münzen, Büchern, Zeitungen usw. zwei Jahrtausende deutsch-jüdischer Kulturgeschichte vorstellt. Das größte jüdische Museum Europas zeigt auch, wie Deutschland durch die Vielfalt jüdischen Lebens geprägt und gestaltet wurde.

Weitere „hauptstädtische" Museen

„Die Luft knistert vor Kreativität", schrieb die „New York Times" über Berlin. Deutschlands Kapitale ist die Hauptstadt der Kunst und Künstler. In keiner anderen europäischen Stadt gibt es so viele Museen und Sammlungen, aber auch Galerien und private Ausstellungsorte. Sammler präsentieren ihre Schätze an erlesenen Orten wie Christian Boros in einem ehemaligen Bunker oder Erika Hoffmann unter dem Dach einer alten Fabrik in den Sophie-Gips-Höfen. Die Zeichen stehen auf Pioniergeist und Engagement, sie stehen für Erneuerung. Was wie Konkurrenz für die Museen aussieht, verdankt sich nicht zuletzt deren Aufbruchswillen. Als Berlin wieder zur deutschen Hauptstadt wurde, begann nicht nur eine rege Betriebsamkeit bei der Neuordnung der öffentlichen Kunstsammlungen. Auch neue Ausstellungshäuser wurden gegründet, allen voran das Jüdische Museum.

Jüdisches Museum

Das expressive Gebäude auf dem Grundriss einer blitzähnlichen Zickzacklinie ist ein Meisterwerk zeitgenössischer Architektur. Daniel Libeskinds großer Wurf, der von einem zerbrochenen Davidstern ausgeht, wurde schon besichtigt, bevor er als Museum zugänglich war. Durch seine Zinkblechfassade, in die unregelmäßig Fensteröffnungen

wie Streifen eingeschnitten sind, gewinnt der Bau einen abstrakten, zeichenhaften Charakter. Die Innenräume werden teilweise durch Rampen erschlossen, die durch die asymmetrischen, schief- und spitzwinkligen Säle leiten. Eine geradlinige Abfolge wird durch eingebaute Betonwände und v. a.

durch nicht betretbare Leerräume bewusst vermieden. In die sogenannten Voids, die sich teilweise über mehrere Geschosse erstrecken, sieht man nur durch schmale Schlitze und erblickt eben Leere als Symbol für Abwesenheit und Verlust. Als das Museum 2001 eröffnete, erhielt Berlin nach über 60 Jahren wieder ein Jüdisches Museum –

Archaeopteryx

Mit seinen 150 Millionen Jahren ist er zwar nicht das älteste Objekt des Museums, aber eines seiner wertvollsten. In Sichtweite des monumentalen Brachiosaurus ruht er, nur 30 cm hoch, wie das Allerheiligste in einer Vitrine aus Panzerglas. Als eines von neun Exemplaren, die über die Welt verteilt sind, u. a. in München, London und in Thermopolis, USA, ist der Berliner Urvogel aber das am besten erhaltene, schönste Exemplar. Gefunden wurde er zwischen 1874 und 1876 auf dem Blumenberg bei Eichstätt. Das Fossil erhielt den Namen Archaeopteryx siemensi zu Ehren des Sponsors Werner von Siemens, der der Berliner Universität für den Kauf dieses Exemplars 20 000 Goldmark zur Verfügung stellte, um es für die deutsche Wissenschaft zu erhalten. 1861 war im Solnhofener Plattenkalk schon einmal ein ähnlicher Abdruck gefunden worden: ein Tier, das halb wie ein Reptil und halb wie ein Vogel aussah. Es wies einige Eigenschaften von Reptilien auf: Zähne, Knochenschwanz, Krallen an den Flügeln und ein sehr kleines Brustbein. Es hatte jedoch auch wie ein

Vogel Flügel mit Federn, hohle Knochen und einen Schnabel. Da man sich damals entschloss, das Fossil für einen Vogel zu halten, gab man ihm den Namen Archaeopteryx lithographica, was so viel wie „alte Feder aus lithografischem Kalkstein" heißt. Heute weiß man, dass der Archaeopteryx das Bindeglied zwischen Reptilien und Vögeln darstellt.

Märkisches Museum – Stiftung Stadtmuseum Berlin

Seit über 130 Jahren blättert das Märkische Museum die geschichtliche und städtebauliche Entwicklung Berlins durch die Jahrhunderte auf, von den dörflichen Anfängen bis zur größten deutschen Stadt heute. Das Gebäude entstand von 1901 bis 1907 nach Plänen des Berliner Stadtbaurats Ludwig Hoffmann. Davor war das 1874 gegründete Museum provisorisch im Palais Podewils untergebracht. Hoffmann konstruierte es nach Vorbildern der Backsteingotik und Renaissance. Die märkische Region, die im Museum dokumentiert wird, kommt bereits in der Architektur zur Anschauung: Der walmdachbekrönte Turm ist dem Bergfried der Bischofsburg in Wittstock nachempfunden, die Schaugiebel und die Ornamentik der gotischen Fassade kopieren die Katharinenkirche in Brandenburg/Havel. Auch der Roland, der vor dem Haupteingang des Museums steht, stammt in seinem Entwurf von dort. Die Innenräume inszenieren bestimmte Stimmungen, um vergangene Zeiten erlebbar zu machen: Schwerter und Ritterrüstungen werden in der mittelalterlichen Waffenhalle mit Sterngewölbe gezeigt, sakrale Kunstwerke in der gotischen Kapelle.

Herausragende Stücke in dieser eigenwilligen Architekturassemblage sind u. a. das einzige erhaltene Originalteil der Quadriga vom Brandenburger Tor, ein Pferdekopf, Gemälde von Anton von Werner und Edvard Munch, die Abteilung Theater- und Literaturgeschichte von 1750 bis 1933, eine einzigartige Sammlung von Musikautomaten und das Kaiserpanorama. Der bedeutende historistische Museumsbau ist das Stammhaus der Stiftung Stadtmuseum, die im Zuge der Neuordnung der Berliner stadthistorischen Sammlungen 1995 entstand. Dazu gehören 13 über die Stadt verteilte Museen wie das Ephraim-Palais, die Nikolaikirche, das Sportmuseum in Marzahn und Schloss Friedrichsfelde.

**Karl Wilhelm Wach (1787–1845),
Königin Luise als Hebe vor dem
Brandenburger Tor, 1812**
Öl auf Kupfer, 61,7 x 46,2 cm

Eine Königin mit entblößtem Busen? Noch dazu in Preußen und bei einem Gemahl, dem schon Schadows Doppelstandbild der Prinzessinnen wegen der Modellierung der Körper durch das Gewand so sehr missfallen hatte, dass er es in einem entlegenen Kabinett des Schlosses verborgen halten ließ. Wachs Bild entstand zwei Jahre nach Luises Tod als Kopie eines heute verschollenen Originals, das der wenig bekannte Künstler Peter Eduard Ströhling (1768–1826) 1802 gemalt hatte. Der Schüler der Berliner Akademie Karl Wilhelm Wach hatte sich bis zu seinem Luisen-Bildnis nur mit religiösen Sujets und Kopien nach Renaissancemeistern befasst. Auf seiner Version fehlt die Quadriga, die sich 1812 als Beutekunst in Frankreich befand und erst nach dem Sturz Napoleons an ihren Platz auf dem Brandenburger Tor zurückkehrte. Wie die antike Hebe, die Mundschenkin der Götter, hält Luise anmutig Kanne und Trinkschale; Lyra, Schriftrolle und Lorbeerzweig im Vordergrund charakterisieren sie als Beschützerin der Künste. In ein eng anliegendes Gewand gehüllt, posiert sie mit überkreuzten Beinen lasziv, kokett, frivol: „Friedrich Wilhelm III. hätte es fatal sein müssen [...]." (Gisela Zick) Aber selbst wenn es nicht so scheint: Dem Bild wird auch ein religiöser Gehalt unterstellt, es sei ein Beschwörungs- und „Gedächtnisbild" (Annemarie Reimer). Luises früher Tod mit 34 Jahren hatte das Land erschüttert; sie wurde zur „preußischen Heiligen". In der gottgleichen Gestalt der verehrten Königin, die sich in Tilsit dem Franzosenkaiser entgegenstellte, um ihn für den Friedensschluss zu gewinnen, sieht mancher die Überwindung des napoleonischen Jochs beschworen.

Berlinische Galerie

1975 von einer um den Kunsthistoriker Eberhard Roters versammelten Gruppe kunstsinniger Bürger gegründet, wurde die Berlinische Galerie schnell zu einer Institution. Nach wechselnden Stationen ist das Museum für Moderne Kunst, Fotografie und Architektur 2004 gleich hinter dem Jüdischen Museum in einem ehemaligen Glaslager von 1965 untergekommen. Die Industriehalle, die in einem von der Internationalen Bauausstellung hervorgebrachten Wohngebiet liegt, wurde nach Entwürfen des Architekten Jörg Fricke zu einem funktionalen großzügigen Haus für moderne Kunst umgebaut. Mehr als 700 Werke von 1870 bis heute sind in der Dauerausstellung zu sehen: die Secessionisten und die Jungen Wilden, Dada und Fluxus, Neue Sachlichkeit und Expressionismus, Russen in Berlin, die Avantgarde in Architektur und Fotografie, Berlin unterm Hakenkreuz, die Stadt in Trümmern, Ost-Berlin und West-Berlin, die vereinte Metropole und die kreative zeitgenössische Szene. Im Spagat zwischen der international orientierten Nationalgalerie und dem kulturhistorischen Stadtmuseum sammelt, erforscht und präsentiert das Museum in Berlin entstandene Kunst.

Max Beckmann (1884–1950),
Die Straße, 1914
Öl auf Leinwand, 171 x 72 cm

Der Künstler mit Familie, Frau und Sohn, dicht gedrängt in der Menschenmenge: Das war man von Max Beckmann nicht gewöhnt. Unmittelbar zuvor hatte er noch Historienbilder mit jeder Menge Personal gemalt, wie den „Untergang der Titanic" (1912), und damit erhebliches Aufsehen erregt. Nun begann er sich für Alltägliches zu interessieren, für zeitgenössische Themen, besonders für Straßenmotive aus seiner Berliner Umgebung. Damit folgte er dem Zug der Zeit. Auch er bediente das neue Genre des modernen Großstadtbildes, das in den Werken der Expressionisten, insbesondere der Berliner Brücke-Maler, einen Höhepunkt fand. „Die Straße" war ursprünglich ein dreimal so großes Querformat – ein Gemälde, das noch ganz im Geist der Secession lebte, dem Impressionismus verpflichtet und gleichermaßen realistisch mit Genreszenen angereichert war. 14 Jahre später zerschnitt Beckmann das Bild in zwei Teile, von denen nur die (abgebildete) linke Hälfte und ein kleinerer Ausschnitt erhalten sind. Beide befinden sich heute im Besitz der Berlinischen Galerie. Dem für seine Frankfurter Jahre so charakteristischen Hochformat hatte Beckmann nun auch die Berliner Straßenszene unterworfen. Seinen neu gewonnenen Kompositionsprinzipien scheint sie nicht mehr genügt zu haben. Erhalten geblieben ist der Künstler selbst, der wie häufig in seinen späteren Bildern im Mittelpunkt steht, isoliert wie immer.

Museum für Kommunikation

Drei Roboter rollen durch den Lichthof, begrüßen die Besucher, machen Vorschläge für den Rundgang und informieren über die Geschichte des Hauses, das 1898 als erstes Postmuseum der Welt eröffnet wurde. Die abgerundete, neobarock gestaltete Gebäudeecke des großen Museums krönt eine Gruppe von Atlanten, die mit theatralischer Geste die Weltkugel tragen. Als Allegorien auf Wissenschaft und Verkehr repräsentieren sie die Bedeutung, die der Post mit der Reichsgründung zukam. Nach einer umfangreichen Sanierung wurde das Haus mit seiner pompösen Treppenanlage, Lichthöfen, Kolonnaden und Arkaden 2000 wieder eröffnet. Ausgestellt sind hier nostalgische Objekte ebenso wie moderne Kommunikationstechnik. Neben den berühm-

testen Briefmarken, der roten und der blauen Mauritius, wird auch die älteste Postkarte der Welt gezeigt, die ersten Telefonapparate in Deutschland von Philipp Reis und der mit den Kosmonauten ins All gereiste „Kosmos-Stempel". Mehr als 100 000 Objekte befinden sich in der Sammlung sowie im Archiv für Philatelie. Nur ein Teil der Exponate findet Platz in den Ausstellungsräumen. Sie dokumentieren die unterschiedlichsten Aspekte der Geschichte der Nachrichtenübermittlung, und sie zeigen auch, was vor dem fliegenden Wechsel der Informationen stand: die Post als Inbegriff zügiger Fortbewegung, als Medium der Grenzüberschreitung. Stefan Sous' Installation „Berliner Luft Post" (1999) setzt dies eindrucksvoll in Szene. Neben der Vergangenheit interessiert hier die Bedeutung von Kommunikation für Gegenwart und Zukunft, ihre technische, aber auch ihre soziale Dimension.

Deutsches Technikmuseum

Es ist eine ganze Museumsstadt, die sich auf dem Gelände des stillgelegten Anhalter Güterbahnhofs ausgebreitet hat: Das einstige Bahnhofs- und Industrieareal war nach dem Krieg zu einer Naturlandschaft geworden. Dessen Biotope sind heute Teil des Museumsparks mit imposanten Lokschuppen, Markt- und Kühlhallengebäuden, Wasserrad und Schmiede, Mühlen und einer historischen Brauerei. Dieses um 1908 entstandene und heute restaurierte Gebäudeensemble ist selbst Objekt des Museums, das sich 1982 hier niedergelassen hat. Doch auch an beweglichen Schätzen herrscht kein Mangel, denn hier wird alles gesammelt, präsentiert und vorgeführt, was Ingenieurwesen, Industrie und Physik hervorgebracht haben: Lokomotiven, Oldtimer, Schiffsmodelle, Webstühle, Radios und Kameras, Flugzeuge, Dampfmaschinen, Druckpressen, wissenschaftliche Instrumente, Motorräder, Kutschen, Haushalts- und Papiermaschinen sowie ein Fernsehstudio von 1958. Viele historische Maschinen werden in Aktion gezeigt, Besucher dürfen selber Hand anlegen, an der Webmaschine oder beim Papierschöpfen. Auf welcher Grundlage viele der ausgestellten Geräte und Maschinen funktionieren, zeigen über 250 Experimente zu Akustik, Optik, Elektrizität, Wärmelehre oder Radioaktivität in der interaktiv angelegten Abteilung „Spektrum". Dazu gehören auch eine Nebelkammer und ein Foucaultsches Pendel.

Konrad-Zuse-Computer

Den ersten frei programmierbaren Rechner der Welt hat ein Berliner erfunden. Konrad Zuse war damals 28 Jahre alt. Seine Stelle als Statiker bei den Henschel-Flugwerken hatte er aufgegeben, um im Wohnzimmer seiner Eltern zwei Jahre lang an Leitwerk, Speicher, Mikrosequenzen, Programmsteuerung und Gleitkommarithmetik zu basteln. 1938 war der erste Rechner, der alle Bausteine eines modernen Computers enthielt, fertig. Zuse nannte ihn Z1. Von den Ideen Alan Turings und den Arbeiten von Charles Babbage erfuhr er übrigens erst nach dem Krieg. Da Zuse mit seinem Erstling nicht zufrieden war – die Schaltglieder hakten ab und zu –, baute er weitere Computer. Die Typenbezeichnung war immer Z und eine fortlaufende Nummer. Noch während des Krieges entstand in der Kreuzberger Methfesselstraße Z3. Im Gegensatz zu seinem Vorgänger lief dieser Rechner einwandfrei. Herausragend waren Z11, der der optischen Industrie und Universitäten verkauft wurde, und Z22, der erste Computer mit Magnetspeicher.

Da sein Gesellenstück mitsamt den Konstruktionsplänen ein Opfer der Bomben geworden war, entschloss sich Konrad Zuse 1986, Z1 noch einmal für das Museum nachzubauen. In der ständigen Ausstellung sind erstmals fast alle von Konrad Zuse gebauten Rechner – von Z1 bis Z31 mit der Vielfalt ihrer Zusatzgeräte und Anwendungen – sowie das Originalbuch mit der von ihm entwickelten Programmiersprache „Plankalkül" zu sehen. Auch die Firmen- und Familiengeschichte wird ausgebreitet. Die Schau zeigt obendrein die andere Seite des genialen Technikers: seine abstrakten und expressiven Gemälde.

Martin-Gropius-Bau

Der dreistöckige palazzoartige Bau, der einst direkt am Grenzstreifen zwischen Kreuzberg und Mitte lag, dämmerte lange im Schatten der Mauer dahin. Erst 1978 bis 1989 wurde das kriegszerstörte Gebäude wiederhergestellt. Seitdem erstrahlt es neu im Glanz des königlichen Kunstgewerbemuseums, das Martin Gropius, ein Großonkel von Walter Gropius, und Heino Schmieden von 1877 bis 1881 im Stil der späten Schinkelschule entwarfen. Die reich verzierten Fassaden aus verschiedenfarbigem Ziegelstein, mit Schmuckelementen aus Terrakotta und Mosaiken im abschließenden Mezzanin entstanden originalgetreu wieder.

Lediglich die Nordseite, vor der unmittelbar die Mauer verlief, wurde erst nach der Wiedervereinigung rekonstruiert. Die rußschwarzen und beschädigten Portalfiguren blieben als Mahnung stehen. Der zentrale Lichthof mit seinen filigranen Säulen und umlaufenden Galeriegeschossen bietet ein eindrucksvolles Forum für Veranstaltungen; er ist das Herzstück aller hier gezeigten Ausstellungen. Seit dem Auszug der Berlinischen Galerie, des Werkbund-Archivs und der Jüdischen Sammlung des Berlin Museums,

die nach 1981 hier für einige Jahre beheimatet waren, ist der Martin-Gropius-Bau Schauplatz großer Wander- und Wechselausstellungen. Verschiedene Institutionen wie die Staatlichen Museen, die Berliner Festspiele und die Bundeskunsthalle Bonn besorgen die Inszenierungen von Kunst, Geschichte oder Ethnologie.

Der Martin-Gropius-Bau liegt am Rande eines Geländes, auf dem sich im Dritten Reich die Führungsstäbe von SS und Geheimer Staatspolizei konzentrierten. Hier befand sich die Schaltzentrale des Nazi-Terrors. Bei Grabungen zur Dokumentation des Areals stieß man auf Kellerwände und legte den Zellenboden der ehemaligen Gestapo-Folterkeller frei. Die 1987 durch eine Bürgerinitiative begründete Freiluftausstellung „Topographie des Terrors" dokumentiert die Geschichte des Geländes und die Funktion der hier angesiedelten Nazi-Behörden. Als Übergangslösung gedacht, wurde die Ausstellung zu einer jahrzehntelangen Dauereinrichtung. Peter Zumthors Entwürfe für ein Ausstellungs- und Dokumentationszentrum wurden aus Kostengründen nicht realisiert, die halbfertigen Treppentürme wieder abgerissen. Jetzt plant Ursula Wilms ein sachlich-kubisches Bauwerk, das voraussichtlich 2010 eröffnet wird. Unmittelbar daneben befindet sich der einzige in Berlin-Mitte erhaltene Rest der Mauer.

Theater, Opern und Lichtspielhäuser

Theater, Opern und Lichtspielhäuser

Von Hoch- bis Off-Kultur findet man alles in Berlin. Drei Opernhäuser, mehr als 150 Theater- und Kleinkunstbühnen, ebenso viele Kinos und acht große Sinfonieorchester von internationalem Rang. Die pulsierende Metropole hat immer schon Kulturschaffende magisch angezogen. Ihre Ausstrahlung verdankt sie nicht zuletzt dem produktiven Wechselspiel zwischen ernster Kunst und leichter Unterhaltung. So knüpfte Berlin mit dem neu eröffneten Admiralspalast 2006 direkt an seine Glanzzeit in den Goldenen Zwanzigerjahren an. Als einer der ersten Vergnügungspaläste der Stadt bot er rund um die Uhr Amüsement aller Art. Varietés und Revuen hatten in dem Art-Déco-Bau ihr Zuhause, die Comedian Harmonists feierten Erfolge, Johannes Heesters brillierte in Franz Lehárs „Lustiger

Witwe", und zwischen den theatralischen Darbietungen zog ein Luxusdampfbad das Publikum an. Im Neuen Westen baute sich auf einem Kohlenplatz der Meierei Bolle der Architekt Bernhard Sehring 1896 ein eklektizistisches Monumentaltheater, das ein bunt gemischtes Repertoire bot: das Theater des Westens. Wo einst Enrico Caruso und Maria Callas Verdi und Puccini sangen, werden heute internationale Musicals gespielt. Traditionen schreibt man seit jeher groß im Kulturleben der Stadt, stößt sie aber genauso gerne wieder um. So führte Peter Stein die Schaubühne des Berliner Westens, die als linkes Ensembletheater mit Bruno Ganz, Edith Clever und Jutta Lampe begonnen hatte, zu Weltruhm: Seine Kleist- und Tschechow-Inszenierungen, sein Antikenprojekt wurden zu international gefragten Exportartikeln. Gespielt wurde zunächst am Halleschen Ufer in Kreuzberg und seit 1981 im ehemaligen Universum-Kino am Lehniner Platz (Erich Mendelsohn, 1926–1928). 1999 fand ein Generationswechsel in der künstlerischen Leitung statt. Seither entwickelt sich die Schaubühne zu einem Ort für experimentelles und zeitgenössisches Repertoiretheater, das inzwischen das Erbe des berühmten Vorgängers zu nutzen versteht. Längst zum Szene-Klassiker und international gefeierten Aushängeschild der Berliner Bühnen avanciert ist die Volksbühne mit dem einstigen Enfant terrible Frank Castorf. Daneben behaupten sich selbstbewusst die kleinen Theater, neben vielen anderen etwa die Sophiensäle, das Hebbel am Ufer und das eigenständige Ballhaus Ost. Es gibt nichts, was es nicht gibt in Berlin. So erstaunt es nicht, dass den Besucher der Stadt täglich ein Angebot von bis zu 1500 Veranstaltungen erwartet.

Links: Innenansicht des Admiralspalastes – Rechts: Theater des Westens, Musical-Theater

Schauspielhaus (Konzerthaus) am Gendarmenmarkt

Hier erlebte Schillers Drama „Wallensteins Tod" 1799 seine viel bestaunte Uraufführung, Kleists „Penthesilea" hingegen wurde 1876 zum Flop. Hier wurden die Konzerte Paganinis und Liszts frenetisch

gefeiert, und Wagner dirigierte hier seinen „Fliegenden Holländer" erstmalig in Berlin. Das von Karl Friedrich Schinkel 1818 bis 1821 errichtete Schauspielhaus, das am traditionsreichen Gendarmenmarkt liegt,

atmet Geschichte. Es gehört zu den Meisterwerken klassizistischer Architektur in Deutschland. Als Nachfolgebau des von Carl Gotthard Langhans entworfenen, 1817 abgebrannten Hauses wurde es 1821 eingeweiht und erlebte mit Carl Maria von Webers „Freischütz" eine umjubelte Uraufführung. 20 Jahre hatte Theodor Fontane hier seinen Kritikerplatz inne. Preußisches Staatstheater Berlin war der Name, den das Schauspielhaus 1919 bekam und bis zu seiner Zerstörung im Jahr 1945 behielt. In der Zeit der Weimarer Republik und des Nationalsozialismus war es die erste Theateradresse Deutschlands. Leopold Jessner schuf hier in den 1920er-Jahren einen völlig neuen Stil der großen Geste mit expressionistischen Dekorationen, für die vor allem die berühmte Jessnersche Treppe sprichwörtlich wurde. In den Jahren der NS-Gleichschaltung versuchte Gustaf Gründgens, die „reine Kunst" mit erstklassigen Schauspielern wie Elisabeth Flickenschildt, Werner Finck, Werner Krauß, Käthe Gold und Marianne Hoppe durch finstere Zeiten zu retten. Im Zweiten Weltkrieg brannte das Schauspielhaus bis auf die Außenmauern aus und wurde erst in der DDR von 1979 bis 1984 zur 750-Jahrfeier Berlins originalgetreu rekonstruiert, wobei man das Innere jedoch völlig veränderte. An die Stelle eines Theaters mit Bühne trat ein 1850 Plätze umfassender Konzertsaal mit einer an schinkelschen Formen orientierten Ausstattung. Seit 1994 trägt das Haus den Namen Konzerthaus Berlin.

Staatsoper Unter den Linden und Deutsche Oper

Kaum hatte Friedrich II. den preußischen Thron bestiegen, setzte er mit dem Bau der Königlichen Oper durch den Architekten Georg Wenzeslaus von Knobelsdorff ein weithin sichtbares Zeichen. Allerdings war damals das gesamte Parkett – für 2000 geladene Gäste – unbestuhlt, nur der König besaß einen Sitzplatz. Erst 1789 begann der Verkauf von öffentlichen Eintrittsbilletts. Auch heute blickt die musikalische Welt auf das Haus Unter den Linden mit Daniel Barenboim als Chefdirigenten auf Lebenszeit. Seit der Fusion der ehemaligen Ballettensembles der Berliner Opernhäuser zum neuen Staatsballett Berlin unter der Intendanz von Vladimir Malakhov hat hier zudem der Tanz eine viel beachtete Adresse. Ihren ersten künstlerischen Höhepunkt erlebte die Oper nach den Befreiungskriegen: Der berühmte Gaspare Spontini leitete das Haus, Albert Lortzing feierte Triumphe, Giacomo Meyerbeer, später Richard Strauss. Alban Bergs „Wozzeck" erblickte hier das Bühnenlicht der Welt. Die im Zweiten Weltkrieg in Schutt und Asche gebombte Lindenoper wurde 1952 bis 1955 von Richard Paulick komplett rekonstruiert. Seither bietet sie Platz für 1396 Besucher. Man pflegt ein breites Repertoire mit Schwerpunkten aus der Vor-Mozart-Zeit und der Moderne, macht mit Projekten wie den „Festtagen" auf sich aufmerksam, setzt Film- und Theaterregisseure auf die großen Klassiker an und verschafft heimlichen Weltstars einen Auftritt, wie etwa Rolando Villazón, der hier schon sang, als man ihn noch als Geheimtipp handelte. Traditionell profiliert sich demgegenüber die Deutsche Oper Berlin, mit 1885 Plätzen die größte der Stadt, durch die Uraufführung zeitgenössischer Werke, u. a. von Hans Werner Henze und Wolfgang Rihm, fühlt sich aber auch der „kritischen Neubefragung" des klassischen Repertoires von Mozart bis Verdi verpflichtet. Den Geist des Hauses prägte einst der langjährige Generalintendant Götz Friedrich, zeitweilig mit seinem Generalmusikdirektor Christian Thielemann. Der sachliche, mit Spreekieseln verkleidete Betonquader, 1956 bis 1961 von Fritz Bornemann erbaut, war an die Stelle der kriegszerstörten Charlottenburger Oper aus dem Jahre 1912 getreten. Mit dem Neubau in der Bismarckstraße erhielt der Westen sein einziges repräsentatives Musiktheater. Heute besitzt Berlin drei städtische Opernbühnen. Das ist einmalig auf der Welt, aber ein großes Finanzproblem. Über die Fusionierung der Häuser wird seit Jahren nachgedacht.

Oben: Die deutsche Oper an der Bismarckstraße in Charlottenburg – Rechts: Staatsoper Unter den Linden

Deutsches Theater

Unglaublich, aber wahr: Eine Bombe verrichtete hier eine gute Tat. Bis zum Zweiten Weltkrieg nämlich lag das Deutsche Theater im Hinterhof. Die Straßenfront an der Schumannstraße war durch eine Häuserzeile geschlossen. Erst nachdem diese zerstört war, öffnete sich die Anlage zum südlichen Platz. Von dem ursprünglichen Bau

von Eduard Titz aus dem Jahre 1850, dem Friedrich-Wilhelmstädtischen Theater, ist nur der Zuschauerraum mit 600 Plätzen geblieben. 1883 erhielt das Haus seinen heutigen Namen. Otto Brahm etablierte mit Gerhart Hauptmann den Naturalismus, Ibsens „Nora" feierte im Deutschen Theater ihre ersten Erfolge. 1905 übernahm Max Reinhardt die Bühne, seine neuartigen Klassikerinszenierungen – texttreu, psychologisierend, schauspielerorientiert – schrieben Regiegeschichte. Er war es auch, der 1906 eine Drehbühne einbauen und durch William Müller die Fassade neoklassizistisch überformen ließ. Der gleiche Architekt wandelte das benachbarte Casino in die Kammerspiele um. Hatte Max Reinhardt das Haus als erste der fünf Bühnen seines Berliner Imperiums zu Weltruhm gebracht, so versuchte Heinz Hilpert es mit Anstand und einem klassisch-humanistischen Programm durch die Nazizeit zu führen. In der DDR prägte Wolfgang Langhoff einen neuen Inszenierungsstil. Heute werden überwiegend klassische Stücke aufgeführt, von Euripides' „Medea" bis Goethes „Faust". In den Kammerspielen steht besonders zeitgenössische Dramatik auf dem Spielplan. Immer schon glänzte das Deutsche Theater mit großen Namen, mit Regisseuren von Heiner Müller bis Michael Thalheimer, mit seinem Ensemble erstrangiger Schauspieler wie Jörg Gudzuhn, Ulrich Mühe, Dieter Mann, Jürgen Holtz, Kurt Böwe oder Ulrich Matthes und Schauspielerinnen wie Dagmar Manzel, Inge Keller, Käthe Reichel oder Nina Hoss.

Komische Oper

Von Händel bis Cole Porter – hier versteht man jedes Wort, denn alle fremdsprachigen Opern werden in deutscher Sprache aufgeführt. So entschied es der Österreicher Walter Felsenstein, als er die Komische Oper 1947 gründete. Seit seiner ersten Inszenierung an diesem Haus, Johann Strauß' „Fledermaus", setzte er Maßstäbe für die Opernregie. Der Schwerpunkt seiner Arbeit lag im Darstellerischen, wie es bis dahin nur im Schauspiel praktiziert wurde. Mit ihm als Intendanten und Chefregisseur des Hauses erlangte die Komische Oper Berlin weltweiten Ruhm. Dazu trugen auch namhafte Orchesterleiter wie Otto Klemperer, Rudolf Kempe, Kurt Masur und später Kirill Petrenko bei. Über Jahrzehnte wusste Chefregisseur Harry Kupfer Felsensteins Erbe eines „realistischen" Musiktheaters mit Ausflügen in die leichte Operetten-Muse zu bewahren. Auch sein Nachfolger Andreas Homoki wagt sich mit Hausregisseuren wie Calixto Bieito, Peter Konwitschny und Hans Neuenfels in diese Fußstapfen. Heute stehen sowohl die klassischen Werke der Opernliteratur als auch moderne Stücke auf dem Programm, darüber hinaus

eine erfolgreiche Serie von Kinderopern. Der Name des Hauses verweist auf die Tradition der französischen Opéra comique im ausgehenden 18. Jh. und die von diesem Genre inspirierte erste Berliner Komische Oper an der Weidendammer Brücke. Als Theater Unter den Linden, später Metropol, wurde das Gebäude in der Behrenstraße 1892 im neobarocken Stil errichtet. Der Zuschauerraum mit seinen 1190 Plätzen sowie die prachtvolle Treppe sind wunderbar erhalten. Die im Krieg zerstörte Fassade wurde in den 1960er-Jahren neu gebaut, das Foyer erst jüngst von Stephan Braunfels in einen eleganten, großstädtischen Spiegelsaal umgewandelt.

Maxim-Gorki-Theater

Der russische Dramatiker Maxim Gorki, nach dem das Theater benannt ist, wird schon lange nicht mehr gespielt. Stattdessen macht man mit Autoren der Gegenwart auf sich aufmerksam, mit Berliner Stoffen sowie Koproduktionen mit namhaften Bühnen anderer Städte. Das mit 440 Plätzen kleinste der Berliner Staatstheater versteckt seine noble klassizistische Fassade hinter dem Kastanienwäldchen an der Neuen Wache Unter den Linden. Diese exquisite Adresse verdankt das Theater seiner ungewöhnlichen Geschichte als ältester Konzertsaalbau Berlins. Ursprünglich war es nämlich das Domizil der von Karl Friedrich Fasch 1791 gegründeten Sing-Akademie, einem renommierten Musikklub des Berliner Bürgertums. Karl Friedrich Schinkel, Felix Mendelssohn Bartholdy und Otto von Bismarck sangen hier. Der Maurermeister, Komponist und Dirigent Carl Friedrich Zelter, der die Akademie seit 1800 leitete, initiierte den Bau, der zwischen 1825 und 1827 nach Schinkels Entwürfen von Carl Theodor Ottmer ausgeführt wurde. Berühmt wurde Zelter außerdem durch seine Korrespondenz mit Goethe, den er als dessen einziger Duzfreund auch häufig besuchte. Das neu eröffnete Haus, das für seine sensationelle Akustik gerühmt wurde, erlebte 1829 die erste Aufführung der nach Johann Sebastian Bachs Tod wiederentdeckten „Matthäus-Passion". Es wurde aber auch schon damals für musikferne, der Pflege der Bürgerkultur dienliche Zwecke genutzt: Alexander von Humboldt hielt hier 1827 seine „Kosmos-Vorlesungen", nach der Märzrevolution tagte im Sommer 1848 die Konstituierende Preußische Nationalversammlung. Zumeist aber konzertierte die Sing-Akademie, bis das Haus im Zweiten Weltkrieg schwer beschädigt wurde. Nach dem Wiederaufbau diente es ab 1947 dem benachbarten Haus der Kultur der Sowjetunion (dem jetzigen Palais am Festungsgraben) als Bühne. 1952 erhielt das Theater seinen jetzigen Namen.

Berliner Ensemble

Der Name stammt von seinem Gründer, Bertolt Brecht. Berliner Ensemble hieß die Gruppe, die sich 1949 um den Dramatiker scharte, als er nach Jahren des Exils in den USA und der Schweiz ein neues Arbeitsfeld in Deutschland suchte und im damaligen Ost-Berlin ein verlockendes Angebot bekam. Nach einem fünfjährigen Gastspiel am Deutschen Theater machte er 1954 das Haus am Schiffbauerdamm zu seiner Spielstätte. Hier führte er mit Helene Weigel, Therese Giehse und Ernst Busch seine Stücke und seine Theorie vom „epischen Theater", einer radikalen Abkehr vom Illusionstheater, zu internationalem Ruhm. Bahnbrechende Inszenierungen wurden auf die Bretter gebracht: „Der kaukasische Kreidekreis", das „Leben des Galilei", „Die Mutter" und „Der gute Mensch von Sezuan". Nach Brechts Tod 1956 leitete Helene Weigel das Haus allein bis ins Jahr 1971. Auch die Liste der nachfolgenden Intendanten ist illuster: Ruth Berghaus, Peter Zadek, Matthias Langhoff, Heiner Müller und George Tabori haben den Stil des Hauses geprägt. Heute leitet Claus Peymann, der einstige Direktor des Wiener Burgtheaters, die berühmte Bühne, wo nach langen Jahren der Abstinenz neben Klassikern und Zeitgenossen wie Peter Handke und Botho Strauß erneut Brecht-Stücke auf dem Spielplan stehen. Doch es gab auch eine Epoche vor dem großen Meister. Seit seiner Eröffnung 1892 wurde in diesem Haus, das damals Neues Theater, später Theater am Schiffbau-

Das Brecht-Monument, das der Bühnenbildner Karl-Ernst Herrmann am Berliner Ensemble aufgestellt hat

erdamm hieß, Geschichte geschrieben: so 1893 mit der ersten (privaten) Aufführung des Skandalstücks der Zeit, Gerhart Hauptmanns naturalistischem Drama „Die Weber", 1905 mit Shakespeares „Sommernachtstraum" in der Inszenierung von Max Reinhardt, der damit die Ära des Regietheaters einläutete, und schließlich 1928 mit Brechts eigener „Dreigroschenoper", die das Duo Brecht/Weill über Nacht berühmt machte. Schon immer glänzten auf dieser Bühne die Größen des Berliner Theaterlebens, von Fritzi Massary bis Corinna Harfouch, von Alexander Granach bis Martin Wuttke.

Die Goldenen Zwanziger, ihre Theater und die Revue

von Edelgard Abenstein

„Spree-Athen ist tot, und Spree-Chicago wächst heran", heißt es im Berlin der Zwischenkriegszeit. Ein neues Lebensgefühl breitet sich aus. Vergnügungen stehen auf der Tagesordnung – die Hauptstadt erfindet die Kulturindustrie und lässt es sich gut gehen. Schlank und sportlich läuft die selbstbewusste Frau, angeleitet durch die Feuilletons der Tiefdruckmagazine, durch den Neuen Westen. Die Röcke werden kürzer, die Haare auch. Man tanzt Charleston, den „Grotesk-Tanz", und amüsiert sich mit den Chocolate Kiddies, die den Jazz nach Berlin bringen. Die wilhelminische Epoche mit ihrer Prüderie liegt in weiter Ferne. Zumindest oberflächlich herrscht politische Ruhe in Deutschland. Die Inflation ist überwunden, die Löhne und das Wirtschaftsvolumen steigen. Es ist die Zeit der Bürgerblock-Kabinette, denen Außenminister Gustav Stresemann bei wech-

Probe von Brechts „Mutter Courage und ihre Kinder", 1951, in der Mitte Brecht selbst

Der Regisseur Max Reinhardt, Fotografie um 1925

selnder Besetzung Kontinuität verleiht. Die mit 4,3 Millionen Einwohnern drittgrößte Stadt der Welt zieht Talente aus ganz Europa an. 12 Opern gelangen in diesen Jahren zur Uraufführung. Die bedeutendsten Dirigenten der Zeit arbeiten in Berlin. Wilhelm Furtwängler leitet seit 1922 die Berliner Philharmoniker, Otto Klemperer führt die Krolloper gegenüber dem Reichstag in eine neue Ära, Bruno Walter steht an der Städtischen Oper Charlottenburg im Wettbewerb mit Erich Kleiber, dem Dirigenten an der Staatsoper. Paul Hindemith und Ernst Krenek lehren an der Hochschule für Musik. Theaterrevolutionäre vom Schlage Leopold

Admiralspalast und Weidendammer Brücke, Fotopostkarte um 1915

Jessners drängeln sich genauso dicht an dicht wie die großen Mimen Tilla Durieux, Adele Sandrock, Elisabeth Bergner, Therese Giehse, Gustaf Gründgens, Fritz Kortner u. v. a. „Die Stadt frisst Talente", sagte Carl Zuckmayer, der 1925 mit seinem „Fröhlichen Weinberg" einen sensationellen Erfolg feierte. Der große Zauberer des Berliner Theaters aber hieß Max Reinhardt. Er spielte für Menschen, „die Theater als Luxus empfanden, als schönsten Schmuck des Daseins". Für seine großen Shakespeare-Inszenierungen, bei denen Darstellung, Schauplatz und Handlungsgeschehen eine geniale Symbiose bildeten, hatte er schon vor dem Krieg erstmals die ganze Fülle moderner Technik genutzt. Mit seinen aufwendigen Bühnendekorationen führte er das

Illusionstheater zu einem sinnenfrohen Höhepunkt. Was den Mythos des Berlin der 1920er-Jahre aber besonders auszeichnete, das waren Glanz und Glamour der leichten Muse. Der letzte Schrei in der Metropole von Tempo, Mode und einer höchst freizügigen Lebenskultur war die Ausstattungsrevue. „An Alle!" nennt Erik Charell sein erstes Programm, das am 22. Oktober 1924 im Großen Schauspielhaus Premiere hat, wo es kurz nach dem Krieg Max Reinhardt mit der „Orestie" nicht gelungen war, die über 3000 Sitzplätze zu füllen. Als Kassenschlager sind die Tiller Girls aus London verpflichtet, die ihre makellosen Beine mit so viel Disziplin schwingen, als entstammten sie einem preußischen Garderegiment. Das Haus ist immer ausverkauft. Die Konkurrenz reagiert schnell: Hermann Haller im Admiralspalast mit „Wann und Wo" und James Klein in der Komischen Oper setzen gleichfalls auf tanzende Mädchen. Bis dahin war allabendlich Hans Albers in ein mit Nixen bevölkertes Wasserbassin gesprungen. Nun heißt Kleins Revue: „Tausend süße Beinchen", später „Zieh dich aus".

Volksbühne am Rosa-Luxemburg-Platz

Das Amüsiertheater triumphiert über alle „ernsten" Kulturformen. Von den rund 50 Bühnen Berlins waren zwei Drittel der Unterhaltung gewidmet. Die drei Revuepaläste, das Große Schauspielhaus, der Admiralspalast und die Komische Oper, alle an der Weidendammer Brücke, boten jeden Abend zusammen über 7000 Plätze an. Nimmt man das Apollotheater, das Metropoltheater und das Theater des Westens hinzu, kommt man bei den Ausstattungsrevuen auf 12 000 Besucher täglich. 167 Kabaretts und Va-

rietés, darunter die Großbetriebe Scala, Wintergarten und Plaza, zeigten alles vom Nackttanz bis zur Akrobatik. Selbst die Theaterleute mit aufklärerisch-politischem Anspruch konnten sich dem Einfluss der neuen Ausdrucksformen nicht entziehen. Erwin Piscator, der ab 1924 an der Volksbühne am Bülowplatz (heute Rosa-Luxemburg-Platz) inszenierte, nannte eine seiner ersten Arbeiten „Revue Roter Rummel". Seine eigene Bühne am Nollendorfplatz eröffnete er 1927 mit Ernst Tollers „Hoppla, wir leben!", einer Szenenfolge aus filmischen sowie Revueelementen. Auch der größte Theatererfolg dieser Epoche,

Titelblatt des Notendrucks „Wenn Du meine Tante siehst, ich lass' sie grüssen!", von 1924

Die Tiller Girls aus London auf der Potsdamer Straße während der internationalen Varieté- Festspiele in Berlin 1960

die 1928 im Theater am Schiffbauerdamm urauf-geführte „Dreigroschenoper" von Bertolt Brecht und Kurt Weill, verdankt sich dem speziellen, vom Zeitgeist gesteuerten Rezept. Die enthusiasti-sche Aufnahme zeigt, dass dieses Stück genau die Mischung aus Modernität und Unterhaltung besaß, für die das Berliner Publikum in besonde-rer Weise empfänglich war.

Zu einem Dauerbrenner bis heute avancierte Ralph Benatzkys „Im weißen Rössl", weil Erik Charell, der das Singspiel 1930 im Großen Schau-spielhaus aus der Taufe hob, ein abgetakeltes Genre revuehaft modernisierte. Zum ersten Mal verfuhr ein Team aus Textern und Komponisten nach generalstabsmäßiger Planung, wie sie heute bei jedem Broadway-Musical üblich ist. So entstand die weltweit erfolgreichste Operette aller Zeiten.

Ab 1933 machte die NS-Diktatur gegen alles, was sie als „Großstadtdekadenz" ansah, mobil. Im besonderen Maße traf die Judenverfolgung die Kreativen aus der Unterhaltungskultur. Krieg und Bomben ließen in den Amüsierbetrieben dann endgültig die Lichter ausgehen.

Film und Kinos, Babylon und International

Angefangen hat die Geschichte des europäischen Films im Wintergarten-Varieté am Bahnhof Friedrichstraße, wo der Filmpionier Max Skladanowsky 1895 seine ersten Stummfilmstreifen zeigte. In einem Hinterhof ganz in der Nähe erlebten Henny Porten und Asta Nielsen ihre ersten Auftritte vor der Kamera, während der Berliner Tüftler Oskar Messter die Projektionstechnik revolutionierte. Mit den Schlüsselwerken der expressionistischen Ära, „Das Cabinet des Dr. Caligari" (Robert Wiene, 1920), „Nosferatu" (Friedrich Wilhelm Murnau, 1922) oder „Dr. Mabuse, der Spieler" (Fritz Lang, 1922), setzte der deutsche Film Maßstäbe. Die hier entwickelten Kamera- und Be-

leuchtungstechniken nahmen Einfluss auf die gesamte internationale Filmproduktion. Berlin stieg damit zur führenden Filmmetropole Europas auf. Die UFA in Potsdam-Babelsberg entwickelte sich nach Hollywood zum zweitgrößten Filmimperium der Welt, wo internationale Klassiker wie der 1927 uraufgeführte Stummfilm „Metropolis", Fritz Langs berühmtestes Epos über eine Fabrikstadt der Zukunft, produziert wurden.

Damals traten auch die Kinos ihren rasanten Siegeszug an. 1921 gab es in der Stadt 400 Lichtspiele mit fast 150 000 Plätzen. „Theater der kleinen Leute" nannte sie Alfred Döblin. Doch es entstanden, vor allem rund um die Gedächtniskirche, auch prächtige Filmpaläste mit Platzanweisern in Livree, Orchestern mit bis zu 70 Musikern und einem varietéartigen Rahmenprogramm. Als einziger Zeuge dieser Zeit ist das Kino Babylon in Mitte erhalten. 1929 wurde es in dem komplett von Hans Poelzig entworfenen Wohnquartier mit dem Film „Fräulein Else" eröffnet. Die Handschrift des Architekten ist unverkennbar: ein Theater mit großer Raumwirkung. Das Foyer zeigt gerundete Formen, die den Schwung der horizontalen Bänder an den Außenfassaden wiederholen. Im Zuschauerraum mit Empore wölbt sich über glatten Wänden eine flache Decke mit eingelassenem Oberlicht. 2001 wurde das Kino mit 450

Plätzen gemäß dem Originalzustand rekonstruiert. Ein Unikat ist die 1999 restaurierte Philips-Kino-Orgel. Als einzige ihrer Art in Deutschland begleitet sie noch heute am Originalstandort die Vorführung von Stummfilmen.

Einer der letzten Vertreter der Lichtspielära der 1950er-Jahre schließlich ist das Kino International nahe dem Alexanderplatz. Wie ein großes Schaufenster, das die Welt des Zelluloids auf die Straße strahlen lässt, eröffnet es einen weiten Blick auf die Karl-Marx-Allee. Josef Kaiser entwarf mit dem gegenüberliegenden Café Moskau, den benachbarten Pavillonbauten, dem ehemaligen Hotel Berolina sowie dem Kino als Mittelpunkt einen der spannungsreichsten Komplexe des DDR-Städtebaus. 1963 eröffnet, darf sich der 551 Besucher fassende Kinosaal durchaus mit dem Platzangebot moderner Großkinos messen. Jeden Februar zu den Berliner Filmfestspielen steht das International als eine der Spielstätten des Festivals im Rampenlicht.

Kulissenbau zu „Metropolis", Regie: Fritz Lang, Deutschland 1926

Plakat zu Robert Wienes Spielfilm „Das Cabinet des Dr. Caligari", 1920

Marlene Dietrich –
eine „preußische Prinzessin" in Hollywood

von Jeannine Fiedler

Als Marlene Dietrich 1901 in Berlin geboren wurde, lagen vor Wilhelm II. noch 17 Jahre bis zur Abdankung seiner am Ende fatalen Regentschaft. Als sie 1992 starb, war das wiedervereinte Deutschland noch keine zwei Jahre jung. Diese fast ein Jahrhundert umspannende Lebenszeit bedeutete für Dietrichs Heimat die gescheiterte Weimarer Republik, die Diktatur des Dritten Reichs, zwei katastrophale Weltkriege und die Teilung des Landes. Ihr gelang in diesen Jahrzehnten nicht weniger als die Schaffung eines Mythos: Aus der kessen Berliner Aktrice wurde 1930 Der Blaue Engel und – nachdem Hollywood sie noch im selben Jahr nach Kalifornien gerufen hatte – eines der faszinierendsten Leinwandgesichter der Traumfabrik. Die schon am Ku'damm in Männeranzügen für Furore sorgende Diseuse wandelte sich in ihrer zweiten Karriere ab 1950 zur erfolgreichen Entertainerin – nicht nur in Las Vegas, sondern weltweit. Und die Dietrich besaß moralische Integrität: Sie ließ sich nicht von den Nationalsozialisten als internationaler Vorzeigestar für die Ufa zurückkaufen, sondern wurde US-amerikanische Staatsbürgerin, kämpfte gegen das Hitler-Regime und war sich während des Zweiten Weltkriegs für keinen Fronteinsatz zu schade.

„Ihr Name beginnt wie eine Zärtlichkeit und endet mit einem Peitschenschlag: Marlene Dietrich", so charakterisierte Jean Cocteau in einem berühmt gewordenen Aperçu auch die Persönlichkeit der Diva. Die Zärtlichkeit, das war ihre maskenhaft perfekte Schönheit. Als ihr Pygmalion hatte Marlenes früher Meister und Mentor, der Regisseur Josef von Sternberg, aus der fri-

Marlene Dietrich betört als Lola in dem Ufa-Film „Der blaue Engel" von 1930 die Männerwelt.

Der russische Regisseur Sergej M. Eisenstein und Josef von Sternberg mit Marlene Dietrich während der Dreharbeiten zu „Der blaue Engel", 1930

volen, gut geerdeten Berliner Lokalberühmtheit in „Der Blaue Engel" die Rohform gemeißelt und erhob sie mit ihrer „Lola Lola" zum Kult. Aber in den folgenden gemeinsamen Welterfolgen wie „Marokko" (1930), „Shanghai Express" (1932) und „Die scharlachrote Kaiserin" (1934) schuf er aus der Magie von Licht und Schatten eine Apotheose der Schönheit, eine Filmgöttin für das 20. Jh. Dabei hätte er Marlene, sein „Geschöpf", entgegen dem Mythos der zum Leben erweckten Galatea, am liebsten zu statuarischem Schweigen verdammt. In zahlreichen Filmen durfte sie zwar ohne von Sternbergs künstlerische Signatur sehr lebendig agieren, doch erst

spät würdigte die Kritik auch ihr schauspielerisches Können. Die Dietrich, und das ist der Peitschenschlag, war auch berühmt für ihre eiserne Disziplin, ihren Ehrgeiz, Fleiß und ihre Toleranz – allesamt preußische Tugenden, die diese staunenswerte Karriere erst ermöglichten. Ihre herrlichen Beine, die am Ende ihren Dienst auf den Brettern, die die Welt bedeuten, verweigerten, sowie ihr, wie sie selber meinte, „zu Tode fotografiertes Gesicht" – beides enthielt sie dem Publikum in ihren letzten 15 Pariser Lebensjahren vor. Bestattet wurde die preußische Prinzessin aus Hollywood auf eigenen Wunsch an ihrem Geburtsort: in Berlin.

Medienzentren und Messen

Medienzentren und Messen

Luftbildaufnahme des Messegeländes mit zahlreichen Ausstellungshallen und dem 1926 eingeweihten Funkturm (oben rechts)

Wo die Macht ist, sind auch die Medien nicht weit. So siedelten sich nach der Wende die öffentlich-rechtlichen Anstalten nur einen Steinwurf vom neuen Regierungsviertel entfernt an. Auch die privaten Sender suchten – in denkmalgeschützten Gebäuden – die Nähe zu Reichstag und Ministerien: RTL nutzt die einstige Zentralstation der Berliner Eletricitäts-Werke am Schiffbauerdamm, SAT 1 hat sich um den Hausvogteiplatz herum u. a. im seinerzeit hochmodernen, ehemaligen Konfektionshaus Manheimer nieder-

gelassen. Schon der erste Rundfunksender Deutschlands hatte 1923 sein Quartier im Schatten der politischen Schaltzentralen an der Wilhelmstraße aufgeschlagen. Als es im Vox-Haus am Potsdamer Platz, dem kulturellen und kommerziellen Brennpunkt der Stadt, zu eng wurde, zog man in die prosperierenden Westen mit seinen neuen Quartieren um, in die heutige Masurenallee. Auch die alte Messe, die schon 1914 am Lehrter Bahnhof aus allen Nähten geplatzt war, wurde dorthin verlegt.

Funkturm, Messegelände und Haus des Rundfunks

Er ist ein elegantes Wahrzeichen der Stadt: der von den Berlinern „Langer Lulatsch" getaufte Funkturm wurde 1926 zur Dritten Deutschen Funkausstellung in Betrieb genommen. Die mit Antenne 150 m hohe filigrane Stahlfachwerkkonstruktion, mit der Heinrich Straumer den Pariser Eiffelturm en miniature nachbaute, steht – und das ist einzigartig – auf Porzellanfüßen, Isolatoren, die eine Ableitung von Energie in den Erdboden verhindern. 1929 wurde von hier das erste Fernsehbild der Welt ausgestrahlt. 1945 zerstörten Granaten eine der Hauptstreben, doch der Turm blieb stehen. Von dem in 52 m Höhe gelegenen Restaurant und vor allem von der Aussichtsplattform unterhalb der Spitze hat man einen fantastischen Rundblick von der Havel bis nach Mitte.

Zu Füßen des Funkturms entstand damals auch das neue Messegelände für die Metropole. Der Gesamtentwurf (1928) von Martin Wagner und Hans Poelzig wurde allerdings nicht realisiert. Stattdessen führte man in den 1930er-Jahren die Pläne von Richard Ermisch aus, die sich an dem für die Repräsentationsbauten der NS-Zeit üblichen Stil orientierten: Das 1935 abgebrannte Haus der deutschen Funkindustrie von Heinrich Straumer (1924) wurde durch die Gläserne Galerie ersetzt. Die 35 m hohe Ehrenhalle bildet noch heute den Zugang zum Gelände. Daran schließen sich zwei 100 m lange Gebäude an, die Berlin seinerzeit einen pompösen Messeauftritt bescherten. Das George-Marshall-Haus (1950) von Bruno Grimmek und Werner Düttmann hingegen, eine gläserne Ausstellungshalle im südlichen Somergarten, steht mit seiner Leichtigkeit in größtem Gegensatz zu den nationalsozialistischen Monumentalbauten. Ein weiterer Meilenstein deutscher Rundfunkgeschichte erhebt sich gegenüber von Funkturm und Messegelände: Hans Poelzigs im Stil expressiver Sachlichkeit 1929 bis 1931 errichtetes erstes Funkhaus Deutschlands. Das Gebäudekonzept hat Maßstäbe gesetzt. Die drei viergeschossigen Bürotrakte bilden einen Innenhof, in dem sich lärmgeschützt die akustisch empfindlichen Studios befinden. Die drei Sendesäle lassen sich über die große Eingangshalle, einen Lichthof mit umlaufenden Galerien, erreichen. Seit 1957 wird das Haus vom Sender Freies Berlin (SFB), heute Rundfunk Berlin-Brandenburg (RBB), genutzt. Das einst größte und modernste Haus seiner Art in Europa gehört nach wie vor zu den architektonisch besten Zweckbauten des 20. Jh. in Berlin.

Treppenhaus im Haus des Rundfunks

Wir senden aus Berlin –
eine kleine Fernsehgeschichte

von Jeannine Fiedler

„Kinosender": erstes öffentliches Fernsehen durch Lichtabtaster im Reichspostmuseum, 9. April 1935

Schon die Frühzeit des Fernsehens gestaltete sich als ein furioser Wettlauf der Erfinder und ihrer jeweiligen Nationen um technische Neuheiten und Erstausstrahlungen, der u. a. bei weltweiten Fernsehtests ausgetragen wurde. Zu den führenden Technikern im angloamerikanischen Raum gehörten John Logie Baird, mit dessen Entwicklungen die British Broadcast Corporation (BBC) in London arbeitete, und Philo T. Farnsworth, dem 1927 in San Francisco die erste elektronische Bildübertragung vom Sender zum Empfänger mittels einer Elektronenstrahlröhre gelang. Doch auf der Erfindung des Deutschen Paul Nipkow aus dem Jahr 1884 – der mit spiralförmig gestanzten Löchern versehenen, rotierenden Nipkow-Scheibe, welche Bilder in Helldunkelsignale zerlegte und zusammenfügte – bauten zahlreiche Weiterentwicklungen des Mediums auf, weshalb er als Urvater des Fernsehens gilt. Ein entscheidender Schritt wurde bereits 1897 getan, als Ferdinand Braun und Jonathan Zenneck eine Kathodenstrahlröhre, Braunsche Röhre genannt, entwickelten. Mit ihr ließen sich zeitlich aufeinanderfolgende Bildpunkte auf eine mit Leuchtstoff beschichtete Glasscheibe projizieren. Manfred von Ardenne führte in seinem 1928 gegründeten Forschungslaboratorium für Elektronenphysik in Berlin-Lichterfelde die Methode der Leuchtfleck-Zeilenabtastung zur Reife. 1929 erhielt das Fernsehen erstmals ein „Gesicht":

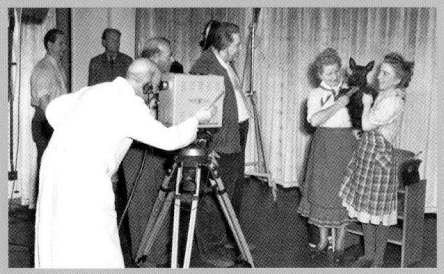

Erste Aufnahmen in einem neueröffneten Fernsehstudio in Westberlin, Fotografie von 1951

Zwei junge Berliner Damen gerieten bei einem Versuchsprogramm vor das Elektronische Teleskop der Deutschen Reichspost. Die Fräulein Schura von Finkelstein und Imogen Orkutt gaben in 30-zeiliger Bildauflösung, das heißt als grob horizontal gerasterte Schemen, ein Lied zum Besten. Amüsanterweise konterkariert es mit echtem Berliner Mutterwitz in der Verkleidung deutschen Liedguts das Phänomen der unsichtbaren Strahlen: „Horch', was kommt von draußen rein ..." – in die gute Stube, so möchte man ergänzen – ob aus dem Äther oder aus der Braunschen Röhre. Der Fortschritt war nicht aufzuhalten: Ardenne präsentierte auf der Berliner Funkausstellung von 1931 das erste vollelektronische Fernsehen, wofür ihn die „New York Times" auf die Titelseite hob; in der Berliner Krolloper fand am 18. April 1934 die erste öffentliche Fernsehübertragung statt; mit dem Fernsehsender „Paul Nipkow Berlin" begann am 22. März 1935 die weltweit erste regelmäßige Programmausstrahlung in hochauflösender 180-zeiliger Qualität. 1937 waren es bereits 441 im Vergleich zu den heutigen 625 Zeilen.

Diese Erfolgsgeschichte wurde erst durch den Zweiten Weltkrieg unterbrochen, als Geld und Personal zum weiteren Ausbau des für Propagandazwecke noch nicht geeigneten Mediums fehlten. Nur 500 als Heimempfänger zu hohem Preis verkaufte Geräte konnten kaum für eine ähnlich effektive ideologische Indoktrination sorgen wie der bewährte Hörfunk (Volksempfänger) oder Hunderte von Lichtspieltheatern, die vor jeder Filmaufführung auch die Wochenschau mit Neuigkeiten aus dem Dritten Reich zeigten. Höhepunkt in der zehnjährigen Sendezeit der Fernsehstation „Paul Nipkow Berlin" war die Übertragung der Olympischen Spiele 1936 aus Berlin. In landesweit eingerichteten „Fernsehstuben" verfolgten erstmals in Echtzeit mehr als 160 000 Menschen die sportlichen Wettkämpfe. Das Fernsehen hat als neues Leitmedium der Industriestaaten in der zweiten Jahrhunderthälfte nicht nur unsere Wahrnehmung von der Welt, sondern auch die Lebensweise von Millionen verändert.

Kamerateam bei der Olympiade in Berlin 1936 während der 100-Meter-Vorläufe

Fernsehturm Berlin-Mitte

Das mit 365 m höchste Bauwerk Deutschlands (mit neuer Stahlspitze seit 1997 sind es sogar 368 m) ist schlicht unübersehbar und eine technische Superleistung. Der Bau des Fernsehturms, der 1969 fertiggestellt und als „Werk der Werktätigen" gefeiert wurde, war zehn Jahre zuvor durch Hermann Henselmann, den Architekten der Karl-Marx-Allee, angeregt worden. Er hatte ei-

nen „Turm der Signale" entworfen, der aus einem geschwungenen Betonschaft, einer gläsernen Kugel und einer Stahlnadel bestand. „Space design" nannte die raumfahrtbegeisterte Welt dies in der westlichen Hemisphäre. Was als Symbol für den satellitengleichen Aufstieg des Kommunismus gedacht war, verdankt seine Entstehung dem Umstand, dass die DDR eine landesweite Sendeanlage brauchte, die sie als „sozialistische Höhendominante" inmitten ihrer Hauptstadt platzierte. Das Fernsehen der DDR hatte 1956 seinen offiziellen Betrieb als Deutscher Fernsehfunk in Adlershof gestartet, auf einem Gelände, das eng mit den Anfängen der deutschen Fluggeschichte verbunden ist: dem ersten Motorflughafen Deutschlands. In den zu Studiogebäuden umgebauten Hangars wurden legendäre Werke der filmischen Frühgeschichte gedreht – etwa „Das indische Grabmal" (1921) oder „Das Testament des Dr. Mabuse" (1933). In luftiger Höhe über dem Alexanderplatz dreht sich bis heute in der verglasten Kuppel des Fernsehturms ein Panoramacafé zweimal pro Stunde um die eigene Achse; zwei Personenaufzüge befördern jeweils bis zu 15 Personen mit einer Geschwindigkeit von 6 m/s hinauf und hinunter. Bei Sturm schwankt die Spitze bis zu 60 cm, dabei beträgt die Tiefe des Fundaments nicht mehr als 5 m. Der Turmsockel ist von Pavillons eingerahmt, die mit ihren plastisch gestalteten Dachflächen das Blatt- und Wurzelwerk eines organischen Schafts symbolisieren sollen. Heute befindet sich hier das Medienzentrum Berlin-Alexanderplatz.

Die neuen Medienzentren

Mit der Regierung haben sich auch die Produzenten der täglichen Nachrichten in der Hauptstadt neue Marktplätze gesucht. So hat sich das ARD-Hauptstadtstudio strategisch günstig inmitten des Regierungsviertels an der Ecke Reichstagsufer/Wilhelmstraße platziert. Laurids und Manfred Ortner stellten es als rötlich leuchtenden Riegel mit einem die Uferkrümmung nachzeichnenden Schwung an die Spree, wo ein

Restaurant Mitarbeiter und Publikum anzieht. Die Bürotrakte des fünfgeschossigen Studiogebäudes sind durch eine große, glasüberdachte Redaktionshalle im Kern der Anlage miteinander verbunden. An der Wilhelmstraße bestimmt ein einziges großes Fenster die Fassade, das symbolträchtig den Blick auf die Gebäude von Regierung und Parlament freigibt. Das benachbarte Bundespresseamt hat in seinen Komplex mehrere Altbauten aus der Kaiserzeit und der DDR einbezogen, u. a. das ehemalige Postscheckamt (1913–1917),

Blick auf das Gebäude der Bundespressekonferenz am Spreebogen

dessen reich geschmückte Fassade auf die Spree hin ausgerichtet ist, während vor der östlichen Giebelwand ein schmaler Verwaltungstrakt (KSP Engel und Zimmermann, 1996 – 2000) neu errichtet wurde. Auch das ZDF-Hauptstadtstudio ließ sich an prominenter Adresse nieder: Unter den Linden im historischen Zollernhof. Zur Straße hin wurde die alte Muschelkalkfassade saniert, während der öffentlich zugängliche Hof überdacht und die Innenräume einer Verjüngungskur unterzogen wurden. Der schönste Bau aber ist das neue Haus der Bundespressekonferenz, einer von der Bundesregierung unabhängigen Arbeitsgemeinschaft von etwa 900 Parlamentskorrespondenten. Die Fassade des streng geformten Blocks aus grauem Vulkanbasalt ist klar gegliedert. Der zentrale Raum des Gebäudes (Johanne und Gernot Nalbach, 1998 – 2000), der Konferenzsaal, ragt mit einer großen, wuchtig gefassten Fensterfläche aus der wohlgestalteten Front heraus. Das Gebäude richtet sich auf das Kanzleramt und das Paul-Löbe-Haus mit den Abgeordnetenbüros aus, somit also auf Regierung und Parlament, aber auch auf Gustav Peichls futuristisch anmutenden Kindergarten. Bei nächtlicher Beleuchtung erstrahlt es mit seinem leicht verrückten Fassadenraster und den weißen Neonfeldern wie eine kostbare kleine Schmuckschatulle aus dem Art Déco.

ICC – Internationales Congress Centrum Berlin

Bis zur Neubebauung des Potsdamer Platzes war das Internationale Congress Centrum am Messedamm von Ralf Schüler und Ursulina Schüler-Witte das umfangreichste Berliner Bauvorhaben der Nachkriegszeit (1974–1979). Von Stadtautobahnen umgeben, liegt der – architektonisch kühn anmutende – Gesamtkomplex wie eine große aluminiumbekleidete Maschine an einem wichtigen Eingang zur Stadt. Auf einer Gesamtlänge von 320 m umfängt er 80 Säle und Räume, deren größter bis zu 5000 Personen fasst. Mit 800 000 m³ umbautem Raum ist das ICC das größte Kongresszentrum Deutschlands. Wie kein anderer Bau in Berlin steht der tadellos funktionierende Koloss für die Technikgläubigkeit der Entstehungszeit und das Leitbild der autogerechten Stadt, die den Fußgänger ignorierte. Über ein „Autofoyer" wird der Verkehr auf acht Spuren ins Innere geleitet, ein elektronisches Leitsystem führt die Besucher zu den einzelnen Sälen. Diese sind, auch um Schallübertragungen zu vermeiden, stützenfrei, was allerdings jede Art von Umbau erschwert. Neben internationalen Kongressen und Tagungen finden hier renommierte Bälle statt. Die bizarr-technoiden Interieurs des ICC dienen auch als Filmkulisse, wie jüngst für Dani Levys Komödie „Alles auf Zucker". Da das ICC trotz seiner Funktionalität ein erhebliches Betriebskostendefizit einfährt, wurde immer wieder über seinen Abriss nachgedacht. Doch nun – die Würfel sind gefallen – bleibt es der Stadt endgültig erhalten.

Verkehrsareale

Verkehrsareale

Die gläserne Halle des neuen Hauptbahnhofs

Berlin gehört zu den jüngsten Großstädten, sein Bahnsystem zu den ältesten in Europa. Das macht aus seinen Verkehrsarealen eine Institution mit Patina. Die großen Kopfbahnhöfe des 19. Jh. wurden zwar im Krieg zerstört und sind heute museale Ruinen wie der Anhalter Bahnhof, sie wurden umgewidmet wie der Hamburger Bahnhof oder neu gebaut wie der Lehrter Bahnhof. Von den U- und S-Bahnhöfen aber blieben viele als Zeichen innovativer Gebrauchskunst ebenso bestehen wie das Berliner Symbol für den technischen Fortschritt, die Avus. Die Automobil-, Verkehrs- und Übungsstrecke, die 1921 eröffnet und zwei Jahrzehnte lang als „schnellste Rennstrecke der Welt" gerühmt wurde, führt heute jedermann geschwindigkeitsbegrenzt durch den Grunewald nach Nikolassee.

Ob in der Luft, auf der Schiene, auf der Straße – das Berlin der Vorkriegszeit war ein Verkehrsknotenpunkt europäischen Ranges. Mit 200 000 Flugpassagieren pro Jahr übertraf der Berliner Flughafen 1934 jeden anderen in Europa, mit 500 Fernzügen täglich fand der Eisenbahnverkehr in Berlins Bahnhöfen ein zentrales Drehkreuz zwischen Ost und West. Diese Funktion hat die Stadt mit der Teilung eingebüßt.

Bahnhöfe

Auf dem Gelände des ehemaligen, bereits 1871 errichteten Lehrter Bahnhofs ist mit einer Fläche von 90 000 m² der größte Kreuzungsbahnhof Europas entstanden: der 2006 eröffnete Hauptbahnhof. Er ist Mittelpunkt des gesamten Zugverkehrs der Hauptstadt. Hier treffen sich, auf mehrere Etagen verteilt, Nord-Süd- und Ost-West-Verbindungen, zwei ICE-Linien, Regional- und S-Bahnen sowie künftig die „Kanzler-U-Bahn". Um das Regierungsviertel in der direkten Nachbarschaft vor Lärm zu bewahren, sind die in den Süden führenden Trassen unterirdisch durch den Tiergarten gelegt worden. Die Ausmaße dieses Prestigebaus nach den Plänen von Gerkan, Marg und Partner sind gewaltig: Die gläserne Halle in Ost-West-Richtung schwingt sich auf 321 m in den Spreebogen, die sie kreuzende Bahnhofshalle ist 160 m lang, eingerahmt von zwei 46 m hohen, parallelen, gläsernen Gebäuden, die wie Bügel die Gleise überspannen. Die Errichtung dieser beiden Brücken war eine architektonische Meisterleistung. Senkrecht in den Himmel gebaut, wurden sie erst nach Fertigstellung vor den Augen von 100 000 Zuschauern millimetergenau in die Horizontale abgesenkt. Der Bahnhof ist allerdings nicht für alle ein Quell reiner Freude: Das auf 430 m konzipierte Dach wurde aus Kostengründen um rund 100 m verkürzt, sodass bei einem langen ICE ausgerechnet die Fahrgäste der 1. Klasse den Zug ungeschützt verlassen müssen. Ob das Dach verlängert wird, ist derzeit ungewiss. Die gegen Gerkans Willen im Untergeschoss eingebaute Flachdecke wird nach dem auf einen sensationellen Prozess folgenden Vergleich zwischen Architekt und Bahn jedoch bleiben. Durch den neuen Hauptbahnhof haben die bisherigen Zentralbahnhöfe der Stadt, der Ostbahnhof und besonders der Bahnhof Zoo-

logischer Garten, ihre Bedeutung für den Fernverkehr verloren. Schon ab 1884 hielten am Zoo Fernzüge neben der Vorortbahn. Von 1952 an war er der einzige Fernbahnhof in West-Berlin – mit nur zwei Bahnsteigen, eines der zahlreichen Phänomene, die den un-

Anhalter Bahnhof, Fotografie von 1935

natürlichen Zustand der Stadt während ihrer Teilung, besonders nach dem Bau der Mauer 1961, illustrieren. Vom einstmals größten und verkehrsreichsten Fernbahnhof Berlins, dem Anhalter Bahnhof (Franz Schwechten, 1876 – 1880) mit seiner riesigen Halle aus Glas und Gusseisen, ist allein der Portikus als kriegsbeschädigte Ruine geblieben. Dem Vorbild englischer Industriebauten nachempfunden, war dieser Bahnhof mit seinen prachtvollen Repräsentationsräumen nicht nur das Tor zum Süden. Hier betraten die meisten Besucher die Hauptstadt des Reichs. Staatsgäste wie Zar Nikolaus II. wurden hier empfangen. Rundum standen große Hotels, direkt gegenüber befand sich das noble Excelsior. Vicki Baums Weltbestseller „Menschen im Hotel" spielte in dieser mit 600 Zimmern größten Herberge der Stadt, die durch einen Tunnel höchst exklusiv mit der Bahnhofshalle verbunden war.

U- und S-Bahnhöfe

Der Hackesche Markt mit S-Bahn-Viadukten im Hintergrund

Ohne den Nahverkehr hätte es das moderne Berlin nicht gegeben, und nur als moderne Stadt wurde es letztlich bedeutend. Das Netz der Stadtschnellbahn, S-Bahn genannt, entstand bis 1882, die Untergrundbahn erschloss von 1902 an den städtischen Raum in alle Richtungen. Auch in diesem einst innovativsten Verkehrsnetz der Welt repräsentiert sich die Baugeschichte in Berlin. Da die Stadt während der Teilung in Agonie versank, fielen die alten U- und S-Bahnhöfe nicht wie in anderen westlichen Großstädten der Abrisswut zum Opfer. Nach dem Fall der Mauer erkannte man die Schönheit dieser Zweckbauten. Eine sorgfältige Restaurierung sorgte dafür, dass man sie heute als Zeugen einer historischen Gebrauchsarchitektur bewundern kann: allen voran die Bahnstationen von Alfred Grenander, die auf der Strecke von Mitte bis zur Krummen Lanke (1929) eine Zeitreise durch die Stilgeschichte von der Jahrhundertwende bis zur sachlichen Formensprache der 1920er-Jahre bieten. Mit dem U-Bahnhof Wittenbergplatz (1913) schuf der Architekt ein Theater in schwelgerischem Dekor, eine repräsentative Bühne für alle, der Alexanderplatz versinnbildlichte mit seinen langen Raumlinien die Geschwindigkeit der Metropole: „Ein Automat schluckt dich am Zoo ein und speit dich am Alexanderplatz wieder aus", befand Arthur Eloesser über den temporeichen Personentransport im dicht besiedelten Berlin. Die meisten Baumeister des Bahnsystems sind zwar vergessen, doch die Zeugnisse ihrer Kunst stehen gleich Solitären im längst veränderten Stadtraum, so die historistischen oder Jugendstil-Empfangsgebäude der Vorortbahnen in Nikolassee, Grunewald und Frohnau oder die sachlich-funktionalen Anlagen des Neuen Bauens an der Bornholmerstraße. Zu den beeindruckendsten Leistungen des öffentlichen Nahverkehrs zählt die Ost-West-Strecke der S-Bahn, ein auf 731 gemauerten Viadukten errichteter Abschnitt, der von Charlottenburg zum Ostbahnhof (einst Schlesischer Bahnhof) führt. Als deren älteste Station, die 1882 dem Verkehr übergeben wurde, erhebt sich eine mit farbenfrohem Mosaik verzierte Halle auf eleganten backsteinernen Bögen. Der Bahnhof hieß zunächst Börse, ab 1951 Marx-Engels-Platz, was irreführend war, lag dieser doch vor dem Palast der Republik und damit 500 m entfernt. 1992 wurde die Station nach den benachbarten gleichnamigen Höfen in Hackescher Markt umbenannt.

Der U-Bahnhof Krumme Lanke

Der Architekt für den Personennahverkehr –
Alfred Grenander

von Edelgard Abenstein

Bronzetafel im U-Bahnhof Klosterstraße als Erinnerung an den schwedischen Architekten Alfred Grenander

Er ist der „geheime Herr des Berliner Untergrunds" (Aris Fioretos): Alfred Grenander, Architekt, Möbeldesigner und Städteplaner, Innenraumgestalter und Erneuerer, hatte an der Entwicklung Berlins zur Weltstadt und modernen Architekturmetropole entscheidenden Anteil. Von der Jahrhundertwende bis Anfang der 1930er-Jahre plante und entwarf er für die Berliner Hoch- und Untergrundbahn Viadukte und Bahnhöfe, die noch heute gut die Hälfte des inzwischen stark erweiterten Netzes ausmachen. Seine Entwürfe wiesen den Weg bis weit in die

1930er-Jahre hinein, auch in der Gestaltung der U-Bahnhöfe der 1950er- und 1960er-Jahre lebten sie weiter. Ähnlich wie sein berühmter Kollege Peter Behrens (1868–1940) für die AEG, schuf Grenander Industriedesign als Gesamtkunstwerk. Dessen konstruktive Klarheit und Funktionalität überzeugen bis heute.

1863 im schwedischen Skövde geboren, zog Grenander 1885 von Stockholm nach Berlin, wo wie nirgendwo sonst auf dem Kontinent eine künstlerisch-innovative Hochstimmung herrschte. Hier setzte er sein Architekturstudium an der Technischen Hochschule Charlottenburg fort, arbeitete von 1888 bis 1897 im Planungsbüro des Reichstagsarchitekten Paul Wallot und machte sich gleichzeitig mit eigenen Entwürfen auch als Innenarchitekt einen Namen. 1904 nahm er als

Schild über dem Eingang zur U-Bahnstation Karl-Marx-Straße

U-Bahnhof Hermannplatz, einer der wenigen U-Bahnhöfe Berlins mit Hallencharakter

Repräsentant Deutschlands an der Weltausstellung In St. Louls teil, wo er mit Jugendstilmöbeln aus erlesenen Materialien sowie zwei Pavillonbauten seine Zeitgenossen so beeindruckte, dass man ihn als „den Erneuerer der deutschen Kunst" feierte. Um 1900 begann seine Entwurfstätigkeit für die Berliner Hoch- und Untergrundbahn-Gesellschaft. Mit dem Charlottenburger U-Bahnhof, der heute Deutsche Oper heißt, lieferte er sein Gesellenstück in einem Genre, dessen prosaische Funktion er in unvergleichlicher Weise zur schönen Form entwickelte. Er wurde zum Gestalter einer durchkomponierten Bahnhofsarchitektur von der Schrifttype der Stationsschilder, den Anzeigetafeln und Sitzbänken, den Waggons und Pavillons bis hin zu einer wohlüberlegten Licht- und Farbregie. Vorbildlich sind bis heute der übersichtliche Grundriss sowie die dekorative Gestalt der Umsteigebahnhöfe am Wittenbergplatz (1911–1913), Hermannplatz (1023–1927) oder Alexanderplatz (1928–1930). Mit verschiedenfarbigen Fliesen gab Grenander den Stationen ein eigenes Gesicht. So schmückte er den U-Bahnhof Klosterstraße mit Kopien jener glasierten Ziegel, die in Babylon gefunden worden waren und im Pergamonmuseum zur großen Fassade des Ischtar-Tors zusammengefügt wurden. Von blumigen Jugendstilformen über die klassizistische Vereinfachung bis zum strengen Industriefunktionalismus – Grenander zeigt sich überraschend wandlungsfähig. Auch seine zwischen 1927 und 1930 errichteten Umformerwerke, in der Hermannstraße 5–6 etwa, und das an Entwürfen Mies van der Rohes orientierte Bürohaus in der Rosa-Luxemburg-Straße 2 von 1928 bis 1930 weisen ihn als Architekten von Weltrang aus.

Flughäfen
Tempelhof und Tegel

Der einstige Exerzierplatz auf dem Tempelhofer Feld, der danach eine Übungswiese
für Flugpioniere war, wurde 1923 als Flughafen in Betrieb genommen und 1935 bis
1942 nach Plänen von Ernst Sagebiel im Mo-
numentalstil des Nationalsozialismus ausgebaut. Das damals größte zusammenhängende Gebäude der Welt zählt auch heute
noch zu den weltweit bedeutendsten Ver-

kehrsbauten. Die „Mutter aller Flughäfen"
(Norman Foster) ist ein avantgardistischer
Wurf, der allen Anforderungen eines modernen Großflughafens gewachsen war. Auf
der Mittelachse durch die Passagierhalle in
zwei Hälften geteilt, sah der Komplex ge-
trennte Ebenen für Ankunft, Abflug und
Frachtverkehr sowie Hotels, ein Kongresszentrum und Büros vor. Kurze Wege spielten ebenso eine Rolle wie die Anbindung an
den öffentlichen Nahverkehr. Dank seiner
kühnen Überdachung – eine 380 m lange,
40 m weit auskragende Stahlkonstruktion,

die zur Zeit des Baus einmalig auf der Welt war – konnten die Passagiere das Flugzeug betreten, ohne sich Wind und Wetter auszusetzen. Ende April 1945 von den Russen erobert, im Juli an die Amerikaner übergeben, verwandelte sich Hitlers unvollendetes megalomanes Projekt unversehens in ein Symbol der Freiheit und Selbstbehauptung. Der Flughafen gelangte während der sowjetischen Berlin-Blockade 1948/49 zu Weltruhm. Dank der beispiellosen logistischen Leistung der Amerikaner wurde die Stadt komplett aus der Luft versorgt. Zu Rekordzeiten wurden im Laufe eines einzigen Tages 12 849 Tonnen Fracht mit 1398 Flügen durch die Luftkorridore befördert. Auch der Flughafen Tegel (1975) hat Maß-

stäbe gesetzt. Hier herrschen ebenfalls kurze Wege vor: Keine 50 m liegen zwischen Taxi und Flugsitz – das ist Weltrekord. Mit der dezentralen Abfertigung im sechseckigen Ring begann der Aufstieg von Gerkan, Marg und Partner, dem heute erfolgreichsten Architekturbüro Deutschlands. Ihr Entwurf für einen „Drive-In-Airport" – auf dem ehemaligen Flugfeld der französischen Militärverwaltung von 1948 – war beispielgebend für Flughäfen in aller Welt. Seit Anfang der 1990er-Jahre ist in Schönefeld ein neuer Zentralflughafen in Planung, der mit seiner Inbetriebnahme 2011 sowohl Tegel als auch Tempelhof überflüssig machen soll. Beide Flughäfen werden dann für immer geschlossen – mit ungewisser Nutzungsperspektive.

Rundgang „technisch"

Technikmuseum

Viktoriapark Kreuzberg

Schultheiss-Brauerei

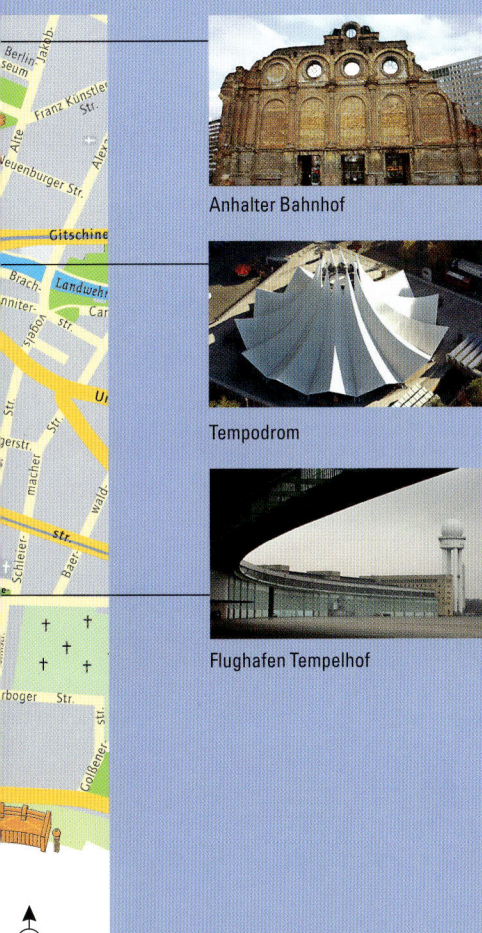

Anhalter Bahnhof

Tempodrom

Flughafen Tempelhof

250 m

Das einst größte Gebäude der Welt hat als Flughafen ausgedient. Seine Zukunft ist offen. Ob die Babelsberger Filmindustrie hier eine neue Traumfabrik errichten wird? Bei so viel Ungewissheit halten wir uns an die Vergangenheit und passieren das Luftbrückendenkmal, von den Berlinern liebevoll „Hungerkralle" genannt, das an die drei Korridore erinnert, über die Berlin während der Blockade von 1948/49 aus der Luft versorgt wurde. Den Platz der Luftbrücke verlassend, wenden wir uns nach links in die Dudenstraße, wo ein lang gestrecktes Haus mit gelben Verblendsteinen, schwarzen Terrakotten und einem markanten Schriftzug an der Fassade auffällt: das 1924 bis 1926 von Max Taut und Franz Hoffmann erbaute Haus der Deutschen Buchdrucker. Direkt daneben, in der Methfesselstraße, steht eines der ersten (zehngeschossigen) Wohnhochhäuser in Berlin, gleichfalls von Max Taut 1954/55 entworfen. Ein paar Meter weiter erinnert eine Gedenktafel an den Wissenschaftler Konrad Zuse, der hier den ersten Computer der Welt entwickelte. Von der Moderne ins geträumte Mittelalter sind es nur ein paar Schritte; links steigen wir die Stufen hoch zum Viktoria-Gelände, das sich mit vielen Türmchen und Zinnen wie eine Burganlage darbietet. Wo Mitte des 19. Jh. zunächst Tivoli und später Schultheiss Bier brauten, entwickelt sich heute ein attraktiver Wohn- und Gewerbepark. Vorbei an der repräsentativen Fabrikantenvilla erreicht man linker Hand den Kreuzberg, der dem Bezirk seinen Namen gab und mit seinen 66 m die höchste natürliche Erhebung Berlins darstellt. Der Blick reicht bis nach Mitte, zu den Kuppeln des Deutschen und Französischen Doms, zu den Türmen am Potsdamer Platz. Hier ragt das Nationaldenkmal zur Erinnerung an die Befreiungskriege auf, das von einem eisernen Kreuz gekrönt wird. Karl Friedrich Schinkel hat es von 1817 bis 1821 in dem bescheidenen, aber harten Material gefertigt, aus dem seit dem Krieg Gebrauchtwaren, Munition, aber auch kunstgewerbliche Stücke hergestellt wurden, womit das „Berliner Eisen" zu einem Wirtschaftsfaktor erster Güte in Preußen avancierte. Besonders romantisch wirkt die Anlage

Villa der ehemaligen Schultheiss-Brauerei

durch den wilden Wasserfall, wie man ihn hier im märkischen Berlin nicht erwartet, eine künstliche Nachbildung des Hainfalles im Riesengebirge. Immer wieder an moosigen Felsblöcken vorbei, über die das Wasser in mehreren Stufen zu Tal stürzt, führt der Weg in Serpentinen durch die Wiesen des Viktoriaparks hinunter auf die Sichtachse der Großbeerenstraße zu, wo rechts ein kleiner gusseiserner „Tempel" aus dem vorletzten Jahrhundert erhalten geblieben ist, das sogenannte „Café Achteck" – eine öffentliche Bedürfnisanstalt.

Der breite Boulevard, der wie viele Kreuzberger Straßen seinen Namen nach dem Ort einer siegreichen Schlacht gegen Napoleon trägt, führt an stuckgeschmückten Häuserzeilen vorbei direkt auf den Landwehrkanal zu, wo wir links in das Tempelhofer Ufer einbiegen. Mitte des 19. Jh. war diese Wasserstraße nach Plänen Peter Joseph Lennés als 10 km langer Seitenarm der Spree angelegt worden, um Baumaterialien für die rapide wachsende Stadt herbeizutransportieren. Nachdem der Kanal spätestens mit dem Mauerbau als Wirtschaftsverkehrsweg ausgedient hatte, verkehren hier heute hauptsächlich Ausflugsschiffe. Parallel dazu rattert die Hochbahn über die eisengestützten Trassen, die in ihrem Verlauf der ehemaligen, 1860 abgetragenen Akzisemauer der Stadt folgen. Wo einstmals Zölle eingetrieben und Pässe kontrolliert wurden, errichtete der Berliner Pionier des elektrisch betriebenen Massenverkehrs, Siemens & Halske, 1902 auf eigene Kosten die älteste U-Bahnstrecke der Stadt. Schon von weitem

Das Tempodrom am Anhalter Bahnhof

sichtbar, hängt gefährlich schräg über einem futuristischen Glaskörper, dem Neubau des Deutschen Technikmuseums von Helge Pitz und Ulrich Wolff (1996–2003), ein silbernes Propellerflugzeug in der Luft, ein „Rosinenbomber" des Typs C-47 B, der bei der Luftbrücke während der Berlin-Blockade eingesetzt war. Gleichfalls imposant reckt sich ein anderer Blickfang gen Himmel, der sich beim Gang durch die Möckernstraße zeigt: die eisberggleichen Spitzen des Daches vom Tempodrom, das Gerkan, Marg und Partner 2000/01 als Veranstaltungsarena für ca. 3500 Besucher auf dem Gelände des Anhalter Bahnhofs entwarfen. Von dessen eins-

tigem Glanz zeugen nur noch wenige Portalreste. Sein freitragendes eisernes Hallendach mit einer Spannweite von 62,5 m war seinerzeit einmalig in Europa. Entworfen hatte es Heinrich Seidel, der neben den Yorck-Brücken auch diejenige über den Landwehrkanal konstruierte, ein Ingenieur, der sich nach der Eröffnung des Bahnhofs 1880 entschloss, Schriftsteller zu werden. Prompt schrieb er einen Bestseller über einen Ingenieur, „Leberecht Hühnchen", dessen Begabung in seinem „rosenschimmernden" Optimismus lag. Davon geblieben ist nur die Färbung des Steins im Sonnenlicht.

Industriedenkmäler und Nutzbauten

Industriedenkmäler und Nutzbauten

Berlin war in den 1920er-Jahren nicht nur der größte Wirtschaftsstandort Deutschlands, sondern der drittgrößte Europas. Die chemische Industrie und die Elektroindustrie mit Siemens und AEG dominierten weltweit. Von den Werks- und Fabrikanlagen wurde die Stadt auch in ihren räumlichen Dimensionen geprägt. Begonnen hatte alles in „Feuerland" vor dem Oranienburger Tor, wo August Borsig 1837 die wichtigste preußische Lokomotivfabrik gründete; sein Wohnhaus (1899) in der Chausseestraße erinnert noch heute an diesen Standort. Auch Ernst Scherings chemisches Labor und Emil Rathenaus Maschinenfabrik, die Keimzelle der AEG, befanden sich hier. Eine Generation später, nach dem beispiellosen Wirtschaftsboom in der Kaiserzeit, gehörten diese Unternehmen weltweit zu den Spitzen innovativer Wachstumsbranchen und waren längst auf die grüne Wiese „ausgewandert". Ganz neue Stadtlandschaften wie Siemensstadt, Moabit oder das Gebiet Oberspree entstanden. Von Anfang an legte man Wert darauf, die Firmengebäude und Produktionsstätten funktionsgerecht und dennoch architektonisch ansprechend zu gestalten. Viele dieser heute denkmalgeschützten Zweckbauten werden inzwischen „umgenutzt" und mit neuem Leben erfüllt.

Hackesche Höfe

Der Name geht auf den Stadtkommandanten Hans Christoph Graf von Hacke zurück, der ab der Mitte des 18. Jh. die Entwicklung der Spandauer Vorstadt vorantrieb. Heute schlägt hier das Herz eines der beliebtesten Berliner Vergnügungsviertel mit schrägen Boutiquen und angesagten Restaurants. Schon um die vorletzte Jahrhundertwende florierten hier Handel und Amüsement, und als der Kaufhauskonzern Wertheim 1903 an

der Ecke Sophien-/Rosenthaler Straße eine Filiale eröffnete, erkannte der Bauunternehmer Kurt Berndt die Zeichen der Zeit. 1906/07 entstand die größte Gewerbeanlage Deutschlands, in der, typisch für Berlin, auch gewohnt wurde. Dass die Bereiche früher klar getrennt waren, zeigen bis heute die Abfolge der Höfe und ihre Fassaden. Nur der größte auf die Rosenthaler Straße führende Hof war für die Öffentlichkeit zugänglich. Hier lagen die Restaurants und Festsäle, Vergnügungsbetriebe und repräsentative Geschäftsräume, in denen jetzt Varieté, Kino und Theater ihr Publikum finden. Die folgenden Höfe, weitaus nüchterner und mit großen Fenstern ausgestattet,

waren für das Gewerbe bestimmt, dahinter lagen die gediegenen Wohnhäuser mit Balkonen. Für die Gestaltung des ersten Hofs und der Festsäle wurde der Jugendstilkünstler August Endell gewonnen. Mittels farbig glasierter Ziegel und der Sprosseneinteilung der Fenster gelang es ihm, den Fassaden ein Moment der Bewegung zu verleihen. Da sie in teils maurischem Stil gehalten, teils an Alfred Messels Kaufhäusern orientiert sind, wirkt der Hof wie ein von unterschiedlichen Gebäuden gesäumter Platz. Der Anfang der 1990er-Jahre komplett heruntergekommene Komplex gehört zu den ersten gelungenen Sanierungsprojekten nach der Wende.

Brauereien

Abendliches Treiben auf dem Gelände der Kulturbrauerei am Prenzlauer Berg

Zur Bierstadt wurde Berlin Mitte des 19. Jh. Die lockeren Böden in der Region erleichterten den Aushub tiefer Kühlkeller, wofür sich die unmittelbar vor den Stadttoren gelegenen Hügel anboten. Wie viele kleinere und große Brauereien es einst in Berlin gab, ist ungewiss, die Angaben schwanken zwischen 500 und 700. Der seit jeher größte Bierhersteller heißt jedoch Schultheiss. Seinen Namen verdankt er Jobst Schultheiss, der 1853 einen Brauereilagerkeller mit angeschlossenem Ausschank auf dem Prenzlauer Berg erwarb. Das Geschäft lief so gut, dass der Betrieb 1871 in eine Aktiengesellschaft umgewandelt wurde. Da beauftragte man den Architekten der Gedächtniskirche, die Anlagen zu vergrößern:

1886 bis 1891 schuf Franz Schwechten eine neoromanische Burganlage in gelbem Ziegelstein. Nach der Fusion mit den Brauereien Pfeffer, Tivoli und Patzenhofer wurde das Traditionshaus zur größten Brauerei Europas und in Sachen Lagerbier die größte der Welt. Der alte Standort ist heute ein Musterfall für die gelungene Umnutzung alter Gewerbeanlagen in ein vitales Kulturzentrum mit Theater, Kino, Kneipen, Clubs und Läden: die Kulturbrauerei. Auf dem Gelände der alten Engelhardt-Brauerei in Stralau entstehen hingegen feine Wohnungen, in Moabit Supermärkte.

Wassertürme und Gasometer

Wie Kirchtürme prägen sie die Silhouette der Stadt, und ähnlich große Sorgfalt verwandte man auf ihre bauliche Gestaltung. Von den 121 Wassertürmen, die es gab – der älteste von 1838 steht im Park Klein-Glienicke –, hat die Hälfte überdauert, auch wenn heute kein Wasser mehr durch ihre Rohre fließt. Allein drei liegen im Norden Berlins: In Heinersdorf befand sich im heute leer stehenden Turm in den 1930er-Jahren eine Schule, in Hohenschönhausen am Obersee beherbergt er eine Bar, und am Prenzlauer Berg bietet er Wohnraum und dient der Kultur. Zeitweise nutzen Künstler die bizarre Akustik dieses einstigen Wasserbehälters und der leeren Röhren für Klanginstallationen. Den 44 m hohen Turm ent-

Denkmalgeschützter Gasometer in Schöneberg

Wasserturm auf dem ehemaligen Windmühlenberg, erbaut 1877

warf der erste Direktor der Berliner Wasserwerke, Henry Gill, ein englischer Ingenieur, der gleichzeitig das Wasserwerk in Friedrichshagen im selben schmucken märkischen Stil erbaute. Im Wahrzeichen der Gegend um den Kollwitz-Platz, in dem einst Maschinenarbeiter wohnten, wird heute hoch privilegiert logiert. Diese Zukunft ist auch manchen stillgelegten Gasometern beschieden, jenem in Kreuzbergs Fichtestraße etwa. Im Zweiten Weltkrieg diente er als einer der größten Luftschutzbunker der Stadt, nun soll aus ihm eine exklusive Wohnadresse mit Lofts und Panoramaappartements werden. Der markante Gasometer Schönebergs hingegen, der wie ein Teleskop vergrößert und verkleinert werden konnte, überlebt als Denkmal seiner selbst.

Turbinenhalle der AEG

Ventilatoren, elektrische Wasserkessel, Firmenlogo – der Maler, Gestalter und Architekt Peter Behrens entwarf einfach alles. Als Chefdesigner der AEG prägte er das ästhetische Erscheinungsbild des Konzerns von den Produkten bis zur Architektur der Produktionsstätten. Sein erster Industriebau von 1908/09 wurde ein Meilenstein der Architekturgeschichte. Die Turbinenhalle ist vollständig aus Stahl, Glas und Beton, den modernen Materialien des Industriebaus, errichtet und weist eine sichtbare Tragwerkkonstruktion mit Stahlstützen und großen, leicht schräg gestellten Fensterflächen auf. Im Verzicht auf jeden Zierrat stellt sie eine vollkommene Abkehr vom Historismus dar. Die Betonung des vorstehenden, geknickten Giebels und der Betonpylonen an der Frontfassade verleiht dem funktionalen Bau große Würde: Er mutet wie ein Industrietempel an. In der Folge entwarf Peter Behrens im Dienste der AEG u. a. die Kleinmotorenfabrik (1910–1913) mit der ornamentlosen Pfeilerfassade und die Montagehalle für Großmaschinen (1911/12), beide in der Voltastraße, außerdem die AEG-eigene NAG-Autofabrik (1913–1917) und die Werkssiedlung in Oberschöneweide.

Postfuhramt

Es ist ein stolzes Zeugnis wilhelminischer Prachtentfaltung – und ein Signal für die steigende Bedeutung des Nachrichtenwesens seit Mitte des 19. Jh. Im Postfuhramt residierten u. a. die Zentrale des weit verzweigten Berliner Rohrpostsystems, die Paketausgabe des schräg gegenüberliegenden Paketpostamts sowie bis zu 240 Pferde in rückwärtigen Stallungen auf zwei Etagen. Sechs Jahre Bauzeit benötigten Carl Schwatlo und Wilhelm Tuckermann, bis sie das einstige kleine Postillonhaus 1881 in den damals aufwendigsten aller Behördenkomplexe verwandelt hatten. Das Postfuhramt inmitten des florierenden Wirtschaftsstandorts der Spandauer Vorstadt stellt alle Insignien eines Prachtbaus zur Schau: Über dem repräsentativen Eckeingang in einer Rundbogennische bilden zwei achteckige kleinere und eine große oktogonale Kuppel den krönenden Blickfang. Die gestreiften Klinkerfassaden tragen Terrakotten im Stil der italienischen Renaissance, pausbäckige Putten versinnbildlichen zwischen Blattwerk und Früchten allerlei Postgeschäfte, und zwischen den Rundbögen der Fenstereinfassungen reihen sich Bildnismedaillons von Entdeckern und Erfindern, die sich um den Nachrichtentransport verdient gemacht haben, wie Marco Polo oder Alexander von Humboldt, der bis zu seinem Tod schräg gegenüber in der Oranienburgerstraße wohnte. Heute wird das Postfuhramt von einer Galerie genutzt, die regelmäßig Ausstellungen mit zeitgenössischer Fotografie zeigt.

Shell-Haus

Die schönste Fassade der 1920er-Jahre in der Stadt besitzt Emil Fahrenkamps Shell-Haus am Landwehrkanal. Errichtet wurde dieser Stahlskeletthochbau als einer der ersten seiner Art in Berlin von 1930 bis 1932 als Niederlassung der Rhenania-Ossag Mineralwerke AG, des heutigen Ölkonzerns Shell. Von 1934 an wurde er vom Reichsmarineamt genutzt, nach dem Krieg von der BEWAG, seit 2000 ist er Sitz der GASAG. Bis heute überragt dieser elegante Bürobau nicht nur aufgrund seiner Höhe alle anderen Gebäude der Gegend. Während sich die Fassade in sechs

Stufen wellenförmig entfaltet, wächst das Gebäude treppenartig von sechs auf zehn Geschosse empor. Wie in einer fließenden Bewegung sind die Gebäudeecken gerundet, auch die stahlgefassten Fensterbänder sind in einem Viertelkreis rund um die Ecken herumgezogen. Die Fassade ist mit römischem Travertin verkleidet. Um diese Platten nach den Zerstörungen des Zweiten Weltkriegs originalgetreu zu ersetzen, erwirkte man bei der Generalsanierung 1999, dass der bereits geschlossene Steinbruch in der Nähe Roms wieder geöffnet wurde. Auch sonst scheute man keine Mühe: Selbst Details wie die Messinggriffe an den Fenstern wurden erhalten oder durch Nachbildungen ersetzt.

Königliche Porzellan-Manufaktur

Das königsblaue Zepter eroberte die Welt. Unter diesem Markenzeichen Friedrichs des Großen produzierte die KPM – zuerst im Besitz von Wilhelm Caspar Wegely, dann von Johann Ernst Gotzkowsky – Porzellan, bis der König sie 1763 erwarb. Heute ist sie eine der letzten Manufakturen weltweit: Jedes Stück wird von Hand hergestellt, klassisch schön und traditionellerweise technologisch stets auf dem neuesten Stand. 1793 wurde die erste Dampfmaschine Preußens in der Königlichen Porzellan-Manufaktur aufgestellt, seit 1795 produzierte man auch „ökologisch" ein sogenanntes Gesundheitsgeschirr ohne bleihaltige Farben und Glasuren,

das obendrein billiger in der Herstellung war. Nachdem der Betrieb in der Leipziger Straße 1871 dem Bau des Preußischen Landtags weichen musste, bezog er nahe dem Charlottenburger Tor das transportgünstig gelegene Gelände an der Spree. Sein damaliger Direktor Gustav Möller, einst ein Schüler der Bauakademie, ließ die neuen Werkshallen von 1868 bis 1872 nach eigenen Plänen errichten – drei davon sind erhalten. Hinter einer spätklassizistisch geprägten Verblendziegelfassade verbirgt sich eine der ersten aus Eisenstützen errichteten Fabrikhallen Berlins. Ein neuartiger Brennofen wurde entwickelt, der bis zum Beginn des 20. Jh. der einzige seiner Art in Europa blieb. Heute ist die sanierte Ofenhalle ein Industriedenkmal und der Empfangssalon der KPM mit Museum, Verkaufsraum und Café.

Adlershof

Eine Stadt für Wissenschaft, Wirtschaft und Medien wird hier aus dem Boden gestampft. Auf einer Fläche von 120 Fußballfeldern entsteht einer der größten Technologieparks Europas. Innovative High-Tech-Firmen sollen sich mit den naturwissenschaftlichen Instituten der Humboldt-Universität und Institutionen der außeruniversitären Forschung vernetzen, wie dem Bessy II, einem weißen runden Bau von 80 m Durchmesser, in dem Elektronen beinahe auf Lichtgeschwindigkeit beschleunigt werden. Bisher wurden für wissenschaftlich-technische Schlüsselbranchen vier Innovationszentren gebaut. Blickfang im gesamten Areal ist das Gebäudeensemble von Sauerbruch und Hutton, das aus einem eingeschossigen und einem dreigeschossigen jeweils amöbenförmigen Glasbau besteht. Hinter den geschwungenen Fensterfronten sind die bunt gefassten Betonteile sichtbar, deren Farbpalette ebenso wie die der bei Sonnenlicht heruntergelassenen Jalousien ein breites Spektrum sichtbaren Lichts visualisiert. Im Zentrum für Photonik und optische Technologien müssen die Laborflächen tageslichtfrei sein, weshalb man einen tiefen Grundriss anlegte. Das mit 7,5 m Höhe kleinere der beiden Gebäude besteht aus einem einzigen Raum, einer Halle für wissenschaftliche Versuche mit Großgeräten. Schlichter ist der benachbarte Bau von Ortner & Ortner, der die Form der umliegenden Gebäude aus den 1960er-Jahren aufnimmt. Ihm gegenüber wirkt das 200 m lange Umwelttechnikzentrum von Johann Eisele, Nicolas Fritz, Helmut Bott und Rainer Hilka geradezu monumental. Es erinnert an die Flughangars, die in Adlershof, der Wiege des deutschen Flugwesens, vereinzelt als denkmalgeschützte Ruinen überlebt haben.

Einsteinturm

Er galt als Inbegriff zukunftsweisender Architektur, da er die Funktion des Gebäudes in seinem Äußeren widerspiegelt. Der Bau auf dem Telegrafenberg in Potsdam wurde 1920 bis 1924 im Auftrag der Einstein-Stiftung errichtet. Hier sollte spektralanalytische Forschung betrieben und der Nachweis geführt werden, dass Einsteins Relativitätstheorie in der Praxis zutraf. So entstand ein Zweckbau, das Gehäuse für ein Sonnenobservatorium mit einem eigens entwickelten Spezialteleskop, das bis in die drehbare 20 m hohe Turmkuppel reichte. Erich Mendelsohn entwarf das Gebäude im expressionistisch-organischen Stil. Sein erstes großes Werk ist eine gleichsam skulpturale Architektur, stromlinienförmig, geschwungen und nahezu ohne rechte Winkel. An der wuchtigen, hell verputzten Gestalt herrschen Bögen und „weiche" Formen vor. Nachdem der Einsteinturm im letzten Kriegsjahr durch Luftangriffe beschädigt wurde, restaurierte man ihn in den 1960er-Jahren und zuletzt 1997 bis 1999. Die Inneneinrichtung des Gebäudes ist weitgehend erhalten, darunter auch das Arbeitszimmer des Nobelpreisträgers mit Originalmöbeln. Einstein selbst hat allerdings selten auf dem Telegrafenberg gearbeitet. Heute ist der Einsteinturm Teil des Astrophysikalischen Instituts Potsdam.

Siemensstadt

Elektropolis – charakteristisch sind die roten Klinkerfassaden der Werksanlagen und ihre gewaltigen Dimensionen. Mit einer Fläche von 5 km² ist Siemensstadt das größte Industriegelände Berlins mit 300 Werksgebäuden und vier Wohnsiedlungen. Neben Borsigwalde in Tegel und Spindlersfeld in Köpenick trägt damit auch der Stadtteil zwischen Charlottenburg und Spandau den Namen eines Industriebarons des vorletzten Jahrhunderts. Im Zentrum der Stadt liegt die Hauptverwaltung des Konzerns, gegenüber das „technische Herz", die Großmontage-halle für den von Werner von Siemens erfundenen Dynamo. Den „Siemens-Stil" entwickelte der Architekt Hans Hertlein, der von 1912 an fast 40 Jahre lang die Firmenarchitektur bestimmte und mit dem 70 m hohen Uhrenturm am Wernerwerk ein weithin sichtbares Zeichen setzte. Hertlein errichtete bereits seine ersten Hochhäuser in Stahlskelettbauweise. Während die Backsteinfassaden anfangs noch Pfeiler aufwiesen und durch hervortretende Treppentürme gegliedert waren, entwarf er ab den 1930er-Jahren glatte Gebäudekuben.

Zoologische und Botanische Gärten in Berlin

von Jeannine Fiedler

Gärten zum Studium von Tieren und Pflanzen sind historisch aus den Garten- und Parklandschaften des 18. Jh. hervorgegangen. Die Herrscherfamilien wünschten, sich an prachtvollen Vogelwelten zu delektieren, die sie nahe den Anwesen in großen Volieren hielten. Die Entdeckungsfahrten von James Cook, Louis Antoine de Bougainville

Elefantentor, 1899 errichtet von
Carl Zaar und Rudolf Vahl

und anderen Weltumseglern indes erschlossen dem europäischen Adel die exotische Flora, sofern diese in Gestalt von Setzlingen oder als Saatgut die monatelangen Schiffsreisen überlebt und die Akklimatisierungsphase in England, Frankreich oder an deutschen Höfen überstanden hatte. Fauna und Flora fremder Kontinente waren in Mode, und allerorten herrschte ein Wettstreit, wer die schönsten Parkanlagen, exotischsten Hölzer und fremdartigsten Tiere sein Eigen nannte.
Das bürgerlich geprägte 19. Jh. institutionalisierte diesen luxuriösen Zeitvertreib, indem Parks

und Gärten öffentlich zugänglich wurden und auch das Volk in den Genuss kam, exotische Tiere nicht nur auf dem Jahrmarkt studieren zu dürfen. Friedrich Wilhelm IV. förderte bereits 1844 in Berlin die Gründung des ersten deutschen Zoologischen Gartens, des neunten seiner Art in Europa. Den an den südwestlichen Teil des Tiergartens angrenzenden Zoologischen Garten, der später dem Westberliner Fernbahnhof seinen Namen geben sollte, konzipierte Peter Joseph Lenné ausgehend von der Idee des englischen Landschaftsgartens. Freigehege, die das „natürliche" Habitat der Tiere nur durch einen unüberwindbaren Graben vom Betrachter trennen, sind heute eingebettet in ein parkähnliches Gelände mit Flanierachsen, Ausflugslokalen, Brunnenanlagen, Tierskulpturen bedeutender Bildhauer, Felsengärten und geschlossenen Tierhäusern. Etwa 14 000 Tiere finden im artenreichsten Zoo der Welt eine Heimat. Aus der wechselhaften Zoo-Historiografie, die seine Zerstörung im Zweiten Welt-

Fassade des Zoo-Aquariums

Giraffenhaus im Zoologischen Garten

krieg einschließt, ergibt sich für das heutige Erscheinungsbild des Berliner Zoos ein Nebeneinander von historischen und zeitgenössischen Zooarchitekturen. So passiert der Besucher bereits an den Haupteingängen mit reicher Tiermotivik ausgestattete Torbauten, die auf die Zeit um 1900 zurückgehen. Das Elefantentor mit seinen lebensgroßen Skulpturen, die ein asiatisch geschwungenes Dach tragen, hat sich seit seiner Wiedererrichtung 1984 zum Publikumsmagneten entwickelt. Es befindet sich neben dem 1913 eröffneten Aquarium, dessen Fassade durch rötliche Sandsteinreliefs von Sauriern und durch maritime Mosaike beeindruckt. Anschauliche Beispiele des Orientalismus in der Zooarchitektur sind das moscheeartige Antilopenhaus mit gelb-türkisfarbener Klinkerornamentik oder der Persische Turmstall für pferdeartige Tiere. Für die moderne Zooarchitektur und -technologie steht das Flusspferdaquarium, das, von zwei filigranen Glaskuppeln überdacht, die Beobachtung der Tiere sowohl über als auch besonders unter Wasser ermöglicht. Der Tierpark Berlin-Friedrichsfelde entstand erst 1954/55 als Folge der Teilung Berlins im Osten der Stadt. Für den heute größten Landschaftstiergarten Europas mit annähernd 9000 Tieren bildete der Park von Schloss Friedrichsfelde die planerische Grundlage.

Glasarchitektur ist seit der Glas-Gusseisen-Skelettkonstruktion für den Ausstellungspavillon auf der Londoner Weltausstellung von 1851 die vorherrschende Bauweise bei Tropen- und Gewächshäusern in Botanischen Gärten. Einer ihrer Erfinder war der Gartenarchitekt Joseph Paxton, der für eben jenen Crystal Palace im Londoner Hyde Park verantwortlich war. In Berlin begegnet der Besucher des 1910 offiziell eröffneten Botanischen Gartens in Berlin-Steglitz spektakulären Beispielen dieser Architektur. Die Stahlkonstruktion des Großen Tropenhauses, eines der größten der Welt, überstand sogar den Krieg. Statt Silikatglas wurde beim Wiederaufbau allerdings Acrylglas zur Eindeckung verwendet, da es wesentlich günstigere Eigenschaften besitzt. Das knapp 16 m hohe Kalthaus für subtropische Gewächse ist mit seinem dreischiffigen Grundriss und den beiden Portaltürmen die „Kathedrale" des weltweit drittgrößten Botanischen Gartens mit 22 000 unterschiedlichen Pflanzenarten.

Der Botanische Garten mit seinen im Jugendstil errichteten Gewächshäusern

Botschaften

Seit jeher residierten die Großen der Weltpolitik rund um den Pariser Platz, die USA,
Frankreich, England und Russland – und sie
tun dies heute wieder. Wer dort nicht un-
terkam, verteilte sich über die Stadt.
Während viele der derzeit 182 in Deutschland akkreditierten Staaten ihren diploma-
tischen Sitz im früheren Ost-Berlin oder im
südwestlich gelegenen Dahlem behalten haben, hat der Tiergarten seinen einstigen Status als Botschaftsbezirk wiedergewonnen.
Das dort unter den Nationalsozialisten pro-
pagierte Großformat zeigen die ehemalige
Japanische, Italienische und Spanische Botschaft nach Kriegszerstörung und Wiederaufbau heute allerdings in veränderter
Form. Daneben machen viele Neubauten
mit gelungenen Entwürfen auf sich aufmerksam: der des österreichisch-finnischen
Architektenduos Alfred Berger und Tiina
Parkkinen für die Nordischen Botschaften
etwa, deren Gemeinschaftshaus hinter kup-
fergrüner Lamellenfassade Transparenz und
Verbundenheit demonstriert, oder die daneben liegende Botschaft Mexikos mit ihrer
monumentalen Front aus schräg gestellten,
weißen Betonstützen von Teodoro González
de León und Francisco Serrano. Für die
österreichische Gesandtschaft, die vom Potsdamer Platz aus das Entree zum Diploma-
tenviertel bildet, entwarf Hans Hollein einen
dreiteiligen Komplex in farbenfrohen und
bewegten, teils kubischen, teils elliptischen
Formen.

Botschaften der skandinavischen Länder

Hof der italienischen Botschaft

Österreichische Botschaft

Ludwig-Erhard-Haus

Eines der großen Bauprojekte der 1990er-Jahre im Westen Berlins war das neue Domizil der Industrie- und Handelskammer und der Berliner Börse von Nicholas Grimshaw. Neben dem gediegenen, travertinverkleideten Altbau von Franz Heinrich Sobotka und Gustav Müller mit seinem luftigen Flugdach lagert es wie ein riesiges, in sich bewegtes »Gürteltier« aus Stahl und Beton. Es beherrscht den gesamten Straßenzug. 15 stählerne Bögen, die sich entsprechend der wechselnden Breite des Grundstücks zur Mitte hin verschieben, um am Ende mehr als 60 m zu überspannen, bilden das Gerüst für eine komplett stützenfreie Halle. Mittels Stahlseilen sind darin die oberen fünf Bürogeschosse eingehängt. Zwei in die Bögen geschobene Atrien lassen das Tageslicht ein und geben den Blick bis unter die Glasdachkonstruktion frei. Vom öffentlich zugänglichen Foyer aus, wo silberne Aufzüge auf- und niederschweben, während weit oben gläserne Brücken die Büros miteinander verbinden, lässt sich Einblick in die Geschäfte der Börse nehmen.

Gefängnis Moabit

Um die Wege kurz zu halten, baute man Gefängnis und Gericht in einem Zug und in direkter Nachbarschaft. Beauftragt wurden August Busse, der auch das Kaiserliche Patentamt in der Luisenstadt entwarf, und Heinrich Herrmann, der als Architekt der Strafanstalt Plötzensee schon über einschlägige Erfahrungen verfügte. Das Königliche Untersuchungsgefängnis im Stadtteil Moabit, das 1881 mit den ersten 150 Häftlingen belegt wurde, ist eine sternförmige Anlage mit fünf von überallher einsehbaren Flügeln. Diese Konstruktion war vollständig neu und diente der besseren Kontrollierbarkeit der Gefangenen. Das gleichzeitig entstandene „alte" Kriminalgericht wurde im Krieg zerstört und später abgerissen. Direkt daneben wurde von 1902 bis 1906 nach Plänen von Rudolf Mönnich und Carl Vohl das „neue", damals hochmoderne Kriminalgericht gebaut, wo dank eines ausgetüftelten Gängesystems die Angeklagten ungesehen zu den Sälen geführt werden können. Zu den bekanntesten im Kriminalgericht Moabit verhandelten Fällen gehören der des Hauptmanns von Köpenick sowie der Prozess gegen das Zentralkomitee der SED.

Rundgang „jüdische Kultur"

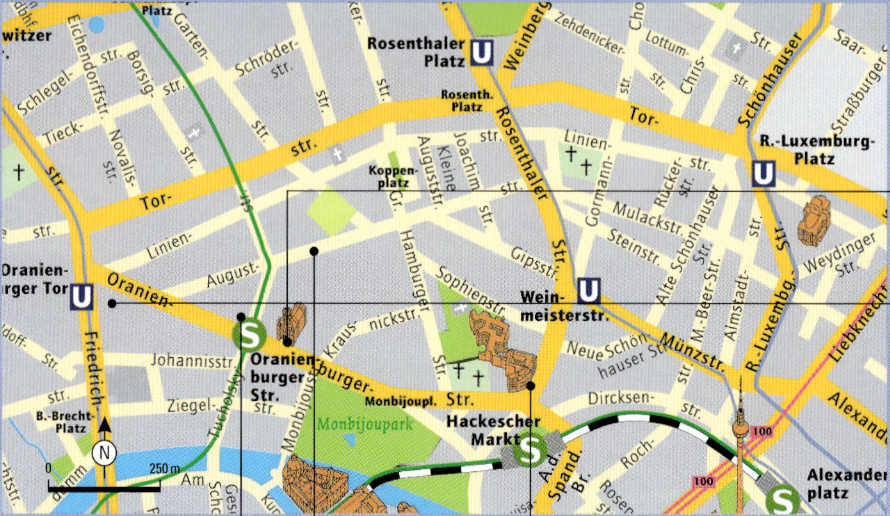

Postfuhramt

Hackesche Höfe

Synagoge Oranienburger Straße

Tacheles

Auguststraße

Vor 1933 lebten ungefähr 160 000 Juden in Berlin. Viele von ihnen wohnten in der Spandauer Vorstadt, wo bis heute Spuren ihrer Kultur zu finden sind. Erste Station ist die Neue Synagoge mit ihrer weithin leuchtenden, goldenen Kuppel in der Oranienburger Straße. Das Wahrzeichen des Viertels wurde in der Pogromnacht vom 9. auf den 10. November 1938 dank der Zivilcourage eines Einzelnen gerettet. Der Polizist Wilhelm Krützfeld widersetzte sich den Brandstiftern mit dem Hinweis auf den Denkmalschutz des Gebäudes, woran heute eine Gedenktafel erinnert. Am Ende der Oranienburger/Ecke Friedrichstraße gerät auf der linken Seite eine kunstvoll konservierte Ruinenfassade ins Blickfeld: das Tacheles – ein Wort aus dem Jiddischen, was soviel heißt wie „unverblümt die Wahrheit sagen". Unter diesem Motto ist hier ein quirliges Kulturzentrum mit Ateliers, Kino, Theatersälen und Kneipen entstanden. Was in seinen Ausmaßen beeindruckt, ist nur der verbliebene Flügel eines monumentalen Gevierts, des einst größten Passagenkaufhauses von Berlin. Gegenüber dem Postfuhramt, einem auffallenden Klinkerbau in Ocker und Rot, biegen wir nach rechts in die Tucholskystraße ein, wo neben dem jüdischen Beth-Café 1990 die orthodoxe Gemeinde Adass Jisroel an der Stelle der 1938 zerstörten eine neue Synagoge erbaute. Am Hofdurchgang ist noch ein alter Davidstern zu sehen. Wieder rechts geht es in die Auguststraße, ins Mekka der Kunstwelt. Vorbei an den Heckmann-Höfen, einer lauschigen Passage zur Oranienburger Straße mit Läden und

Restaurants, erreicht man rechts zunächst die ehemalige jüdische Mädchenschule, einen der letzten Neubauten der jüdischen Gemeinde von 1930, dessen Fassade mit zeittypischen Eisenklinkern verblendet ist. Der klassizistische Bau daneben gehörte einst zum jüdischen Krankenhaus. Dann nähert man sich links einem Torhaus, hinter dem Berlins Weg zur Kunsthauptstadt Europas begann. In der damals baufälligen Margarinefabrik gründete Anfang der 1990er-Jahre eine Gruppe junger Leute die Kunst-Werke, eine heute international be-

Sanierungsgebiet Spandauer Vorstadt

Das Kulturzentrum Tacheles

kannte Institution für zeitgenössische Kunst. Im Hof trifft man auf ein bizarres Café aus Spiegeln und Glas. Die ganze Gegend, ein traditioneller Arme-Leute-Bezirk mit kleinteiliger Architektur, der die Wende in

abbruchreifem Zustand erlebte, ist mittlerweile auf Hochglanz saniert. Heute findet sich in jedem zweiten Haus eine Galerie; auch Designer, Goldschmiede und Cafés haben sich niedergelassen. Überall lässt sich ein Blick in die wunderschön restaurierten Höfe werfen, etwa im ältesten Haus des Viertels, Auguststraße 69, aus dem Jahr 1794. Auf dem Torbogen kündet eine Inschrift von den ehemaligen jüdischen Besitzern: Süssmann & Wiesenthal. Zur Linken nehmen wir dann die Große Hamburger Straße, die in den Koppenplatz mündet. Seit 1996 steht hier auf dem Rasen ein Mahnmal des Bildhauers Karl Biedermann, das man zunächst, zwischen spielenden Kindern, kaum als solches erkennt: „Der verlassene Raum" – ein Tisch, ein Stuhl, ein weiterer Stuhl ist umgestürzt – Symbol für hastigen Aufbruch, Flucht, Deportation. Wie überall in der Spandauer Vorstadt liegt auch hier zwischen Vergangenheit und Gegenwart nur ein Schritt. Wir kehren um und gehen die Große Hamburger Straße entlang, die man wegen der friedlichen Koexistenz von jüdischen und anderen konfessionellen Einrichtungen

Heckmannhöfe: Die Bauwerke stehen teilweise unter Denkmalschutz.

„Toleranzstraße" nannte. Aber hier lag auch das Zentrum für Deportationen; im jüdischen Altersheim und in der Knabenschule befand sich ab 1942 das Sammellager für 56 000 Berliner Juden. Der älteste jüdische Friedhof wurde 1943 von SS-Leuten geschändet, Will Lammerts Figurengruppe erinnert daran. Nur wenige Grabsteine, wie der des Philosophen Moses Mendelssohn, blieben erhalten. Kein Spaziergang durch die Spandauer Vorstadt, der nicht in die Hackeschen Höfe führt, touristisches Glanzlicht der Stadt. Dass mehr als ein Viertel der Mieter hier einst Juden waren, ist vergessen. Aber wenn im Hoftheater wieder jiddische

Musik erklingt, ahnt man, welche Kultur hier verloren ging. Davon erzählt auch die Rosenthaler Straße 39, wo im Seitenflügel Otto Weidt eine Bürstenfabrik betrieb, in der er blinde jüdische Zwangsarbeiter beschäftigte und manche vor der Deportation bewahrte. Eine Ausstellung in den Räumen des Geschehens erinnert an diesen nichtjüdischen Helden des Alltags. Wer ein Quartier fernab vom touristischen Treiben erleben will, dem sei der Besuch des Scheunenviertels nahe dem Rosa-Luxemburg-Platz empfohlen, wo einst osteuropäische Juden Zuflucht fanden – damals war es das „Klein-Brooklyn" von Berlin.

Sportanlagen

Sportanlagen

Strandbad Wannsee

Das Turnen wurde in Berlin erfunden. Als der Pädagoge Friedrich Ludwig Jahn 1811 auf der Kreuzberger Hasenheide den ersten Turnplatz in Deutschland einrichtete, verfolgte er mit der Leibeserziehung allerdings einen bestimmten Zweck. Die deutschen Burschen sollten für ihren Einsatz in den Befreiungskriegen 1813/14 gegen Napoleon fit gemacht werden. Hohe Erwartungen in die körperliche Ertüchtigung setzten auch Parteien und Behörden, als sie gegen Ende des Jahrhunderts die ersten Schwimmbäder einrichteten und vor dem Ersten Weltkrieg am westlichen Rand von Charlottenburg das Deutsche Stadion, den Vorläufer des späteren Olympiastadions, für die Öffentlichkeit zugänglich machten. Sport sollte auf den Heeresdienst, die „Schule der Nation", vorbereiten und wohl auch die Arbeitswilligkeit steigern. Ganz besonders aber diente das sozialpolitische Programm dazu, in der rasch wachsenden Mietskasernenstadt mit ihren teilweise katastrophalen hygienischen Verhältnissen die Volksgesundheit zu heben.

In seiner klaren, sachlichen Architektur ist das größte Binnenseebad Europas ein herausragendes Beispiel für die soziale Intention des Neuen Bauens. Licht, Luft und Sonne für die gesamte Bevölkerung: Die Anlage an dem über 1 km langen Sandstrand war für den Massenbetrieb ausgelegt. Der von Martin Wagner und Richard Ermisch 1929 entworfene Terrassenkomplex umfasst vier langgestreckte Hallen mit Umkleidekabinen, Duschräumen und Läden. Die Flachdächer laden zum Sonnenbaden ein, eine ausladende Pergola verbindet die Einzelbauten. Die ursprünglich noch viel größer geplante Anlage wurde aufgrund der Weltwirtschaftskrise allerdings nicht komplett ausgeführt. Getreu dem Evergreen „Pack die Badehose ein [...] und dann nischt wie raus nach Wannsee" ist das jüngst sanierte Strandbad bis heute ein beliebtes sommerliches Ausflugsziel der Berliner.

Strandbad Wannsee, eines der größten Binnengewässer-Bäder Europas

Historische Hallenbäder

Badetempel für alle – das war die kommunale Aufgabe, im Zuge derer Ende des 19. Jh. der Bau von öffentlichen Schwimmanstalten vorangetrieben wurde. So entstand in Charlottenburg 1896 bis 1898 das älteste noch erhaltene Volksbad (Paul Bratring) im aufwendigen Stil der Gründerzeit. Am

klein gewordene Badeanstalt, die erste Berlins, erneuert wurde. Dann allerdings durften sie in dem mit 50 m längsten überdachten Schwimmbecken Europas ihre Bahnen ziehen. Das 1993 sanierte Gebäude erstrahlt heute wieder in Carlo Jelkmanns neusachlichem Baustil. Auch Heinrich Tessenows Innenausstattung sowie die das russisch-römische Bad schmückenden Glasmalereien von Max Pechstein wurden vorbildlich re-

Innenansicht des Stadtbades Neukölln

Prenzlauer Berg entwarf Stadtbaurat Ludwig Hoffmann 1899 bis 1902 in den Formen der Neorenaissance ein architektonisches Kleinod, das noch auf seine Sanierung wartet, und in Kreuzberg sorgte ein 1901 eröffneter, bis heute zugänglicher Badepalazzo für die Verbesserung der hygienischen Verhältnisse. In Mitte mussten die 310 000 Einwohner bis 1930 warten, bevor ihre 1888 von dem Großkaufmann, Kunstsammler und Mäzen James Simon gestiftete, längst zu

konstruiert. Das schönste Stadtbad Berlins aber liegt im Arbeiterbezirk Neukölln. In freier Nachbildung antiker Vorbilder wurden die beiden mit feinem Marmor, Travertin und Mosaiken verkleideten Schwimmhallen als dreischiffige Basiliken gestaltet. Das architektonische Juwel von 1914 wurde dem damals hohen, sozialen Anspruch gemäß durch eine mit dem Bad verbundene Volksbibliothek (heute Heimatmuseum) ergänzt.

Schwimm- und Radsportzentrum an der Landsberger Allee

Nur 98 cm ragt das Dach der Halle über die Rasenfläche im Europa-Sportpark und dennoch verbirgt sich darunter eine der größten Veranstaltungsarenen Europas mit einem Fassungsvermögen von bis zu 12 000 Zuschauern: das Velodrom (1993–1997). Wie ein gelandetes Ufo ruht es als Kreis inmitten einer Wiese mit rund 450 Apfelbäumen. Daneben erstreckt sich unter einem rechteckigen, gleichermaßen mit silbernem Metallgewebe bespannten Dach die Schwimm- und Sprunghalle (1995–1999), ein Zentrum für den Hochleistungs-, Schul- und Vereinssport. 17 m tief sind die beiden Gebäude ins Erdreich gegraben und von Weitem so gut

wie unsichtbar – ein minimalistisch selbstbewusstes Gegenmodell zu den weltweit üblichen megalomanen Spiel- und Wettkampfstätten. Mit dem anlässlich der (gescheiterten) Olympia-Bewerbung Berlins im Jahre 1993 entworfenen Sportzentrum und Park gelang es Dominique Perrault, dem Architekten der Pariser Nationalbibliothek, zwischen vernachlässigten Industriequartieren auch die städtische Infrastruktur am Prenzlauer Berg nachhaltig zu verbessern.

Olympiastadion

Große Ausfallstraßen, S- und U-Bahnhöfe boten eine optimale Verkehrsanbindung an das Olympiagelände am westlichen Stadtrand. 1934 bis 1936 wurde das elliptische Stadion für 100 000 Menschen (heute 74 244) erbaut. Werner March entwarf es in vorbildlicher Funktionalität, wobei er die geometrische Grundform dem Vorbild antiker Sportstätten entlehnte. Er senkte die Arena um 12 m ab, was dem Gebäude seine monumentale Wucht nahm. Im Westen wurden die Tribünen von dem die Ost-West-Achse fortschreitenden Marathon-Tor unterbrochen, durch das die Athleten vom sogenannten Maifeld her einliefen. Die antikisierende Gestaltung sowie die Steinverkleidung der Stahlbetonkonstruktion gehen auf Albert Speer zurück. 2002 bis 2004 wurde das Stadion von Gerkan, Marg und Partner zu einer modernen und fußballgerechten Multifunktionsarena umgebaut und bekam ein offenes Dach.

Die Olympischen Spiele 1936

Noch zur Zeit der Weimarer Republik waren die XI. Olympischen Sommerspiele 1936 nach Berlin vergeben worden. Trotz vielfältiger Boykottaufrufe gelang es den Nationalsozialisten, daraus ein Ereignis der Selbstdarstellung zu machen, das der internationalen Öffentlichkeit ein letztes Mal das Bild eines friedlichen Deutschland vorgaukelte. Mit dem Reichssportfeld, das neben dem Stadion eine Freilichtbühne (die heutige Waldbühne) und ein Aufmarschgelände, das Maifeld mit der Langemarckhalle, umfasste, entstand das erste städtebauliche Großprojekt des Dritten Reichs. Um eine vermeintliche Weltoffenheit Deutschlands vorzutäuschen, fiel dessen Architektur jedoch weit weniger einschüchternd aus als andere nationalsozialistische Bauten. Erstmals in der Geschichte der Olympischen Spiele mobilisierte ein Staat alle finanziellen und materiellen Ressourcen für deren Durchführung. Der Flughafen Tempelhof entstand, die S-Bahnstationen Zoologischer Garten, Schöneberg und Reichssportfeld wurden umgebaut und Straßen und Plätze herausgeputzt. Westlich von Berlin, in Döberitz, errichtete die Wehrmacht das Olympische Dorf und nutzte es später als Kaserne. Das Ereignis wurde perfekt vorbereitet. Antisemitische Parolen verschwanden von den Hauswänden und waren in den Medien, etwa dem Hetzblatt „Der Stürmer", untersagt. Um den drohenden Boykott der Spiele durch die USA abzuwenden, starteten in der deutschen Mannschaft zwei Alibi-„Halbjuden".

Szene aus „Olympia", Dokumentarfilm der Olympischen Spiele in Berlin 1936 von Leni Riefenstahl

290

Eröffnung der XI. Olympischen Spiele in Berlin, 1936

Begleitet wurden die Wettkämpfe von zahlreichen Theater- und Opernaufführungen sowie mehreren Ausstellungen. Die insgesamt drei Millionen Besucher aus dem In- und Ausland reagierten begeistert, ebenso die große Mehrzahl der Pressevertreter. Von der Öffentlichkeit blieb hingegen unbeachtet, dass man alle in Berlin lebenden Sinti und Roma aus der Stadt verbannte. In Sachsenhausen entstand ein Konzentrationslager. Nicht zuletzt dank des geschickten Einsatzes moderner Medien wie Rundfunk, Film und – in einer Erprobungsphase – auch Fernsehen wurden die Olympischen Spiele ein voller Propagandaerfolg für den NS-Staat. Vor allem die mediale Darstellung mit 368 Rundfunkübertragungen in Europa und fast 800 nach Übersee wirkte sich positiv auf das Image des Regimes aus. Für eine nachhaltige Resonanz sorgte ganz wesentlich die Regisseurin Leni Riefenstahl mit ihrem aufsehenerregenden Dokumentarfilm „Olympia", der am 20. April 1938 im Ufa-Palast am Zoo uraufgeführt wurde.

Rundgang „sportlich"

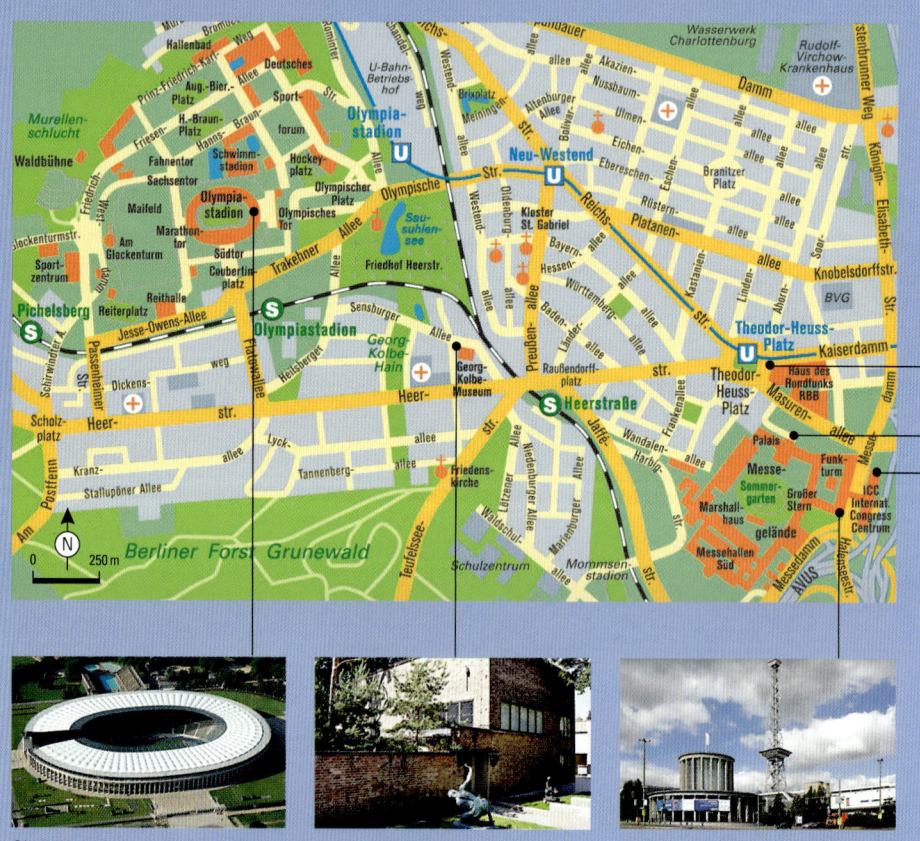

Olympiastadion

Georg-Kolbe-Museum

Funkturm und Palais

Fernsehzentrum
am Theodor-Heuss-Platz

Haupteingang des Messegeländes

ICC

Auf sportliche Besucher ist der Westen der Stadt bestens vorbereitet. Mit dem Olympiastadion besitzt Charlottenburg die zweitgrößte Wettkampfstätte Deutschlands. Wenn dort nicht gerade ein Fußballspiel stattfindet, nehmen wir die U 2, verlassen den 1929 von Alfred Grenander im Stil der Neuen Sachlichkeit entworfenen Bahnhof Olympiastadion in Richtung Olympischer Platz und betreten das riesige Gelände durch das Tor, markiert vom jeweils 36 m hohen, die olympischen Ringe tragenden Bayern- und Preußenturm. Um einen Eindruck von den Dimensionen des 1936 zu den Olympischen Spielen fertiggestellten Areals zu gewinnen, umrunden wir das mit Muschelkalk verkleidete Stadionoval und gehen östlich davon am Maifeld, auf dem seinerzeit Polowettbewerbe stattfanden, entlang bis zum Plateau des Glockenturms. Von dort aus hat man den besten Überblick über das gesamte Gelände: auf das Stadion selbst, das seit seiner Sanierung 2004 unter einem lichtdurchlässigen Dach 74 000 Zuschauern Platz bietet, auf das Marathon-Tor in der Westkurve und links davon auf das Schwimmstadion mit seinen hohen Tribünen, zu dessen zwei Becken heute jeder Zugang hat. Dahinter sind die Hockey- und Tennisplätze sowie das Sportforum zu sehen. Wie die im Sockelgeschoss des Glockenturms liegende Langemarckhalle, nationale Gedenkstätte der Nazis für die Gefallenen des Ersten Weltkriegs, entstand zur gleichen Zeit, von Werner March nach dem Vorbild antiker Theater entworfen, das Halbrund der

Waldbühne in der Murellenschlucht. Auf den 88 Stufen des weiten Amphitheaters finden 20 000 Zuschauer Platz. Heute ist es sommerlicher Treffpunkt für Freunde der Oper, des Jazz, der Rockmusik und des Films. Man braucht keine große Einbildungskraft, um sich vorzustellen, wie nachts das weiße Zeltdach über der Bühne zu schweben scheint, wenn die Berliner Philharmoniker hier am Ende ihrer Konzerte traditionell die inoffizielle Hymne der Stadt intonieren: „Die Berliner Luft" von Paul Lincke. Dass nicht nur die Architektur mit ihren Bauten beeindrucken wollte, zeigen die Monumentalplastiken auf dem ehemaligen Reichssportfeld, die auf dem Rückweg immer wieder in den Blick geraten: riesige Pferde nebst Rossehaltern sowie Sportler der verschiedensten Disziplinen, u. a. von Josef Wackerle, Karl Albiker und Arno Breker. Ihre stilistischen Merkmale, eine starke Vereinfachung der Formen, lassen die Ausdruckswelt der neoklassizistischen Kunst der 1930er-Jahre erkennen, wie sie etwa Richard Scheibe und Georg Kolbe perfektioniert hatten.

Um auch davon einen Eindruck zu gewinnen, nehmen wir den Weg über die Trakehner Allee, die am malerisch um den Sausuhlensee herum terrassierten Friedhof Heerstraße entlangführt. Hier liegt die Verlegerfamilie Ullstein begraben, des Weiteren George Grosz, Tilla Durieux und der Kunsthändler Paul Cassirer, dessen Grabplatte Georg Kolbe ebenso entwarf wie die für sein eigenes (Familien-)Grab mit drei

Waldfriedhof Heerstraße – landschaftlich und gartenkünstlerisch einer der ungewöhnlichsten Begräbnisorte der Stadt

feinen Stelen. Von hier aus brechen wir in die Pillkaller Allee auf, an deren Ende in einem kleinen Park der Georg-Kolbe-Hain liegt. Seit 1957 fanden hier fünf monumentale Bronzeskulpturen des Künstlers Platz, die für das Sportforum Leipzig gedacht waren, u. a. die „Große Kniende" (1942/43), „Dionysos" (1932) oder „Mars und Venus" (1940). Ganz in der Nähe, in der Sensburger Allee 25, treffen wir auf das Wohn- und Atelierhaus des Künstlers, das heute Sitz des Museums ist. In einem Café unter alten Kiefern lässt sich, umgeben von Skulpturen des Meisters, der Atmosphäre eines Berliner Bildhauerateliers der 1920er-Jahre nachspüren, wie sie nirgendwo sonst anzutreffen ist. Um einen Blick über das heutige Berlin zu bekommen, ist noch ein kleiner Fußmarsch die Heerstraße entlang zum Theodor-Heuss-Platz vorgesehen. Am Ende der Ost-West-Achse, die sich geradlinig 17,5 km durch Berlin zieht, lassen sich die Ausmaße der Metropole erleben: Man kann bis zum Brandenburger Tor schauen. Rechts erhebt sich aus dem Messegelände in filigraner Eisenkonstruktion der Funkturm, unsere letzte Station.

Wer vom Aktivsport genug hat, nimmt den Aufzug nach oben. Schon während der blitzschnellen Fahrt in der gläsernen Kabine öffnet sich der Blick auf das Berliner Häusermeer, auf ICC und Avus. Eine weite Sicht bietet sich auf der Aussichtsplattform dar. Man schaut über die Stadtsilhouette im Osten, südlich ragt der Teufelsberg mit seinen weißen Kuppeln, der einstigen Abhörstation der Amerikaner, aus dem Grün des

Abendlich beleuchteter Funkturm

Grunewalds empor, dahinter glitzert die Havel als silbernes Band am Horizont. Einen Besuch lohnt auch das Restaurant auf halber Höhe mit seinem nahezu original erhaltenen Interieur aus den 1920er-Jahren, von dem es schon zur Eröffnung 1926 im „Berliner Tageblatt" hieß, man fühle sich hier erhaben wie „in einem Luftschiff".

Kirchen und Synagogen

Kirchen und Synagogen

Trotz aller Kirchen tritt Berlin nicht als Stadt der religiösen Inbrunst auf. Aus Sicht der Katholiken gilt sie gar als Diaspora, was man auch am sparsamen Einsatz der Glocken bemerkt. Nicht von ungefähr ist die bekanntes-

wart der Stadt sakrale Neubauten, denn Architekturgeschichte ist in Berlin immer auch Kirchengeschichte gewesen: Die 2000 auf dem ehemaligen Mauerstreifen an der Bernauer Straße errichtete Kapelle der Versöhnung etwa ist ein religiöser Erinnerungsort. Die deutsche Metropole kennt aber auch andere Glaubensrichtungen und deren Gotteshäuser: Synagogen, buddhistische Tempel und Moscheen. Deren älteste, die 1928 an der Brienner Straße eröffnete Ahmadiyya-Moschee im Stil indischer Grabmäler mit Minaretten, Kuppeln und Zinnen, war das erste Bauwerk seiner Art in Deutschland.

Neptunbrunnen und Marienkirche

te Glocke der Stadt die Freiheitsglocke im Rathaus Schöneberg, die allmittäglich drei Minuten läuten darf, ohne Gläubige zur Andacht zu rufen. Dennoch ist Berlin eine Stadt der Gotteshäuser. Es gibt so viele, dass manche wie die Kreuzberger Heilig-Kreuz-Kirche, eine der größten Berlins, zu Konzerthäusern oder wie die Spandauer Lutherkirche zum Appartementhaus umgewidmet werden. Und doch beschert auch die Gegen-

Marienkirche

Die einzige noch als Gotteshaus genutzte mittelalterliche Kirche von Alt-Berlin steht einsam auf einer unbehausten Fläche. Sie diente einst als sakrales Zentrum der um die Mitte des 13. Jh. entstandenen Neustadt von Berlin und Cölln, die nach dem Zweiten Weltkrieg dem Erdboden gleichgemacht wurde. Der älteste Teil des Backsteinbaus auf einem Feldsteinsockel, der auf den Typ der Bettelordenskirchen zurückgeht, ist der einschiffige gotische Chor von 1270/80. Nach einem Brand im 14. Jh. wurde die Pfarrkirche ohne Veränderungen wieder aufgebaut. Erst der Turm aus dem folgenden Jahrhundert, den Carl Gotthard Langhans 1789/90 mit einem Helm aus neogotischen und klassizistischen Formen versah, gab ihr die unverwechselbare Silhouette.

Im Inneren hebt sich die reich geschmückte Alabasterkanzel von 1702/03, ein Werk Andreas Schlüters, des ersten Architekten der jungen Residenzstadt, der um diese Zeit Schloss und Zeughaus baute, von den strengen gotischen Bündelpfeilern und den schlichten Wänden ab. Einzigartig ist das 1860 von Friedrich August Stüler in der Turmhalle wiederentdeckte Totentanz-Fresko, eines der ältesten seiner Art in Deutschland. Das 2 m hohe und 22 m lange Wandgemälde von 1485 erzählt in 28 szenischen Bildern, wie der Tod die Vertreter der geistlichen und weltlichen Stände in sein Reich holt. Das Werk entstand unter dem unmittelbaren Eindruck der Pestepidemie von 1484, ebenso das Schriftband mit niederdeutschen Versen. Dieses gilt als älteste erhaltene Berliner Dichtung. Vor dem Eingangstor erinnert ein verwittertes Sühnekreuz aus Stein an den 1325 ermordeten Propst Nikolaus von Bernau. Die im Zweiten Weltkrieg beschädigte Marienkirche wurde 1945 bis 1950 instandgesetzt, wobei man die ursprünglich weiße Ausmalung wiederhergestellt hat. Etwa zeitgleich mit der Kirche war einen Steinwurf entfernt, an der damaligen Stadtmauer, die Heiliggeist-Kapelle entstanden. Der frühgotische Ziegelbau mit seinem Sterngewölbe aus dem 16. Jh. wird heute von der Humboldt-Universität genutzt.

Nikolaikirche

Hier haben einst Kaufleute, Fischer und Handwerker gebetet. Sie ist das älteste steinerne Zeugnis der Stadt. Mit dem Bau wurde vermutlich um 1230, als Berlin die Stadtrechte erhielt, begonnen. Etwa zehn Jahre später war die Pfeilerbasilika aus Feldsteinen fertig. Im 14./15. Jh. erneuerte man die Kirche und errichtete die heutige dreischiffige Anlage mit Kreuzrippen- und Sterngewölben; die Marienkapelle mit den geschmückten Staffelgiebeln wurde 1452 gestiftet. 1876/77 erhielt die Kirche einen neogotischen Turmaufsatz, dessen zwei Backsteintürme mit Spitzhelmen etwas unglücklich aneinandergedrückt wirken. Kurz vor Kriegsende wurde das Gotteshaus schwer von Bomben getroffen, das Innere brannte aus, die meisten Langhauspfeiler stürzten ein. Erst als anlässlich der 750-Jahrfeier Berlins das gleichfalls zerstörte Nikolaiviertel quasi als Altstadt-Simulation wieder aufgebaut wurde, rekonstruierte man auch die Kirche. Viele andernorts erhaltene Ausstattungsteile wurden wieder eingefügt. In der seit 1987 als Museum und Konzertraum genutzten Nikolaikirche lässt sich heute die frühe Stadtgeschichte Berlins bis zum Ende des Dreißigjährigen Krieges nachvollziehen.

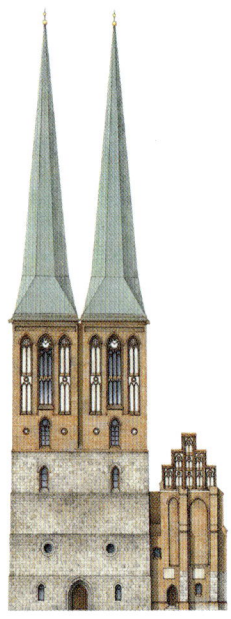

Friedrichwerdersche Kirche

Es ist das erste Gebäude Schinkels, das rundum aus roh belassenen Ziegelsteinen besteht. Bei diesem Hauptwerk der deutschen Neugotik mit seinen kubischen Doppeltürmen (1824–1830) ließ sich der Meister des Klassizismus einmal nicht von der Antike anregen. Er griff auf das englische Vorbild der College-Chapels zurück. In der Technik des Rohziegelbaus knüpfte er an die heimische mittelalterliche Bautradition an und belebte die Verwendung dieses im steinlosen Preußen billigen, aber wetterfesten Baumaterials wieder, das mit seiner eigentümlichen Schönheit im Berliner Kirchenbau des 19. Jh. Schule machte. Bei der Ausgestaltung bediente sich Schinkel gleichfalls alter Techniken. Auf den Putz der Gewölbe ließ er Backsteinmauerwerk und auf Pfeiler und Wände Sandsteinquader aufmalen. Die gusseisernen Flügeltüren am Doppelportal tragen Kreismedaillons mit Engeln von Friedrich Tieck. Nach schweren Kriegsschäden ist die Kirche in den 1980er-Jahren rekonstruiert und als Museum für Skulpturen neu bestimmt worden. Unter den lichthellen Sterngewölben präsentiert sich die Berliner Bildhauerschule u. a. mit Johann Gottfried Schadows Prinzessinnengruppe, mit Werken von Christian Daniel Rauch, Emil Wolff und Theodor Kalides revolutionärer „Bacchantin auf dem Panther" (1848). Bildnisbüsten bedeutender Personen der Goethezeit ergänzen die Skulpturenausstellung: Immanuel Kant, Johann Wolfgang von Goethe, Wilhelm und Alexander von Humboldt und andere Personen dieser für die deutsche Geistesgeschichte so bedeutenden Zeit sind vertreten. Auf der Empore gibt eine Dokumentation Einblick in Leben und Werk von Karl Friedrich Schinkel.

Parochialkirche

Sophienkirche

Der italienische Einfluss ist unverkennbar: Die von Johann Arnold Nering entworfene und von Martin Grünberg weitergebaute Kirche (1695–1705) zeigt eine für Berlin einmalige Form. Dem kreuzförmigen Zentralbau mit vier halbrunden Apsiden im Innern ist ein turmbekrönter Vorbau vorgelagert. 1944 brannte die Kirche aus, das obere Turmgeschoss mit Helm stürzte ein. Nach notdürftiger Sicherung wurde sie erst 1991, im Innern allerdings stark vereinfacht, wieder aufgebaut. Sie dient heute als Halle für wechselnde Ausstellungen. In der Nähe befindet sich das zweitälteste Gotteshaus der Stadt, die Franziskaner-Klosterkirche, ein Backsteinbau von etwa 1260, neben dem im 16. Jh. die erste höhere Schule Berlins einzog, das Gymnasium Zum Grauen Kloster. Die Kirche wurde im Krieg schwer beschädigt, die Reste des Klosters später abgetragen. Die Kirchenruine dient heute als Galerie für Freiplastik, hier sind u. a. Kapitelle vom Eosanderportal des Berliner Schlosses ausgestellt.

Zu den malerischsten Perspektiven im Zentrum Berlins gehört der Blick von der Großen Hamburger Straße auf den Turm der Sophienkirche. Eingerahmt von zwei neobarocken Wohnhäusern, erheben sich auf einem kompakten Turmschaft zwei grazile, von einer kupfernen Haube gekrönte Glockengeschosse. 1729 bis 1735 erbaut, ist er der einzige Barockturm Berlins, der die Jahrhunderte überdauert hat. Der Innenraum der Kirche wurde 1892 in neobarocken Formen umgestaltet. Die 1905 im selben Stil entstandenen Wohnhäuser sind streng symmetrisch auf die Kirche ausgerichtet. Auf dem kleinen baumbestandenen Friedhof liegen der Leiter der Sing-Akademie Carl Friedrich Zelter, der Historiker Leopold von Ranke und die „Karschin" genannte erste Schriftstellerin Deutschlands, die von ihren Werken leben konnte, Anna Louisa Karsch, begraben. Die rückwärtige Sophienstraße mit ihren liebevoll restaurierten Wohnhäusern aus dem 18. und 19. Jh. zählt zu den am besten erhaltenen Straßenzügen des alten Berlin.

Berliner Dom

Von manchen wird er als zu pompös kritisiert: Der wichtigste Sakralbau der späten Gründerzeit in Deutschland gehört nicht zu den allseits geliebten Wahrzeichen der Stadt. Seine Geschichte begann 1465, als Papst Paul II. die kleine St.-Erasmus-Kapelle auf der Spreeinsel zur Oberpfarr- und Domkirche zu Berlin erhob. Standort und Gestalt der späteren Grablege der Fürsten veränderten sich im Lauf der Jahrhunderte. Schließlich wurde sie an den östlichen Rand des Lustgartens verlegt, wo Friedrich II.

durch Johann Boumann d. Ä. 1750 einen barocken Neubau errichten ließ, der nach Plänen von Karl Friedrich Schinkel 1816 bis 1821 klassizistisch umgestaltet wurde. Diese Anlage genügte dem Repräsentationswillen des Kaiserreichs nicht mehr. Wilhelm II. ließ den Dom kurzerhand abreißen und zwischen 1893 und 1905 durch Julius Carl Raschdorff neu bauen. Das Ganze war imperial geplant, denn der Berliner Dom sollte die Hauptkirche der Protestanten werden und seinem katholischen Gegenstück in Köln den Rang ablaufen. Daher wurde der Petersdom in Rom zum Vorbild gewählt. Die gewaltige Hof- und Grabkirche der Hohen-

zollern ist an Formen der italienischen Hochrenaissance und des Barock angelehnt. Der
überkuppelte Zentralbau, die Fest- und Pre-
digtkirche mit über 2000 Sitzplätzen, besteht aus schlesischem Sandstein; wie ein
Triumphbogen öffnet sich das Hauptportal
zum Lustgarten. An der Südseite liegt die
saalartige Tauf- und Traukirche, die einst
nach Norden anschließende Denkmalskir-
che wurde 1976 abgetragen. Die Orgel mit
7269 Pfeifen, 113 Registern und vier Manu-
alen wurde von Wilhelm Sauer 1904 in
Frankfurt/Oder gebaut und war damals die
größte des Landes. 1944 wurde der Dom bei
einem Bombenangriff schwer getroffen, ab
1974 wiederhergestellt und 1993, nachdem
auch die Innenrenovierung abgeschlossen
war, feierlich wieder eröffnet. Sein Äußeres
fiel nach dem Wiederaufbau etwas bescheidener aus. Auch die Höhe der Kuppel redu-
zierte man. Sie misst aber noch immer 74 m
und ist mit Mosaiken nach Entwürfen Anton
von Werners ausgeschmückt. 250 Stufen
führen in das Rund hinauf. In der Fürsten-
gruft unter dem Dom ruhen in 90 Särgen die
Angehörigen der Hohenzollern-Dynastie.
Bedeutend sind die Prunksarkophage des
Großen Kurfürsten Friedrich Wilhelm und
der Kurfürstin Dorothea, vermutlich nach einem Entwurf von Johann Arnold Nering, sowie die prächtigen Särge von Andreas Schlüter, in denen Königin Sophie Charlotte und
König Friedrich I. ruhen.

Die acht „Seligpreisungen" aus der Bergpredigt,
dargestellt als Mosaiken in der Kuppel des
Berliner Doms

Das Romanische Café – berühmter Treffpunkt für Literaten und Künstler

von Edelgard Abenstein

Es hatte den Charme einer Bahnhofswartehalle, aber man konnte, ideal für Leute mit knapper Kasse, zwölf Stunden bei einer Tasse Kaffee sitzen. Wer im Berlin der 1920er-Jahre ankam und als Dichter, Maler oder Regisseur etwas werden wollte, ging als Erstes in das berühmteste aller Künstlerlokale am Kurfürstendamm. Hier wurden Kontakte geknüpft, Jobs verteilt und Namen gemacht. Das Romanische Café befand sich gegenüber der Kaiser-Wilhelm-Gedächtniskirche, ungefähr da, wo heute das Europa-Center steht. Seinen Namen verdankte es dem neoromanischen Stil, in dem Franz Schwechten den gesamten Komplex aus Kirche und zwei flankierenden Häusern gebaut hatte. Zunächst frequentiert von Repräsentanten aus Politik und Wirtschaft, wurde es nach dem Ersten Weltkrieg zum bekanntesten Literaten- und Künstlertreffpunkt der Weimarer Zeit. Es hatte das unweit gelegene Café des Westens als

Kontaktbörse abgelöst, wo Künstler und Mäzene aufeinandertrafen, Arrivierte und solche, die berühmt werden wollten. Wie das Who's who des Kulturbetriebs der Goldenen Zwanziger liest sich die Liste der Gäste: Max Reinhardt, Alfred Kerr,

*Die Kaiser-Wilhelm-Kirche,
Fotografie von 1896*

Mittagsstunde im Romanischen Café auf dem Auguste-Viktoria-Platz, Fotografie von 1929

Claire Waldoff, Otto Dix, Alfred Döblin, Hanns Eisler, Irmgard Keun, Kurt Tucholsky, Else Lasker-Schüler u. v. a. Sie waren alle da: Malerfürsten wie Max Slevogt, erfolgreiche Galeristen und Verleger wie Alfred Flechtheim und Bruno Cassirer, der behauptete, ohne Caféhaus könne man keine Literatur machen. Die eleganten Salonkommunisten hatten ihren eigenen kleinen Tisch mit Leonhard Frank als inoffiziellem Vorsitzenden, George Grosz war nach englischer Mode mit Homburg ausstaffiert und Rudolf Leonhard mit Monokel, Seidenhemd und Stock aus Rhinozeroshaut. „Dichter, die sich als Dichter verkleideten", so nannte Hermann Kesten die Gäste in seinen Erinnerungen spitz. „Wichtig war, dass man immer wieder über Tage, Wochen, Monate gesehen wurde", erkannte der Neuberliner Elias

Canetti. Die Arroganz Brechts „mit seiner proletarischen Verkleidung" fand er grässlich, umso interessanter aber die Femmes fatales wie die Nackttänzerin Anita Berber, die immer von einem Schwarm Verehrer umringt war. „Es gibt Leute, die hier seit zwanzig Jahren, Tag für Tag, aufs Talent warten", schrieb Erich Kästner, der wie viele seiner Kollegen nicht weit von den Kaffeehäusern des Kurfürstendamms entfernt wohnte. „Sie beherrschen, wenn nichts sonst, so doch die Kunst des Wartens in verblüffendem Maße", spottete er. Dabei gab es in der Tat viele Karrieren, die im Romanischen Café begannen. Manche führten bis nach Hollywood, die des mittellosen Billy Wilder aus Wien etwa, der seine Erlebnisse als Gigolo unter dem Titel „Herr Ober, einen Tänzer bitte!" in einer Reportage für die „BZ am Mittag" vermarktete. Sein erstes Drehbuch hat er mit Robert Siodmak, der daraus seinen Debütfilm „Menschen am Sonntag" (1930) machte, an einem Tisch auf der Terrasse des Romanischen Cafés ausgeheckt.

Außenansicht des Romanischen Cafés, Fotografie um 1935

Kaiser-Wilhelm-Gedächtniskirche

Während des Kalten Krieges war sie das Wahrzeichen des freien Westens, das weltweit bekannte Symbol für die Durchhaltekraft und den Aufbauwillen West-Berlins: die Turmruine der alten Gedächtniskirche, die mit einem modernen Bauensemble aus Glas, Stahl und Beton in kontrastreicher Symbiose lebt. Die 1891 bis 1895 von Franz Schwechten erbaute neoromanische Kirche sollte dem ersten deutschen Kaiser einst ein glorioses Andenken sichern. Mit dem 113 m hohen Turm war sie das höchste Gebäude Berlins und diente als Mittelpunkt des großbürgerlichen Neuen Westens mehr der staatlichen Repräsentation als religiösen Belangen. Der Bau zog allerdings gerade innerhalb des Bürgertums heftige Kritik auf sich, in den 1920er-Jahren wurde sogar sein Abriss gefordert. Erst die Ruine, die nach dem Bombenangriff vom 23. November 1943 stehen geblieben war, schlossen die Berliner in ihr Herz. Als der „Hohle Zahn" 1956 einem Neubau weichen sollte, protestierten sie vehement. So entstand 1959 bis 1961 nach Plänen von Egon Eiermann um das Mahnmal herum ein vierteiliger Neubau. Das Ensemble besteht aus einem achteckigen Kirchenraum mit einer kleinen rechteckigen Sakristei, einem sechseckigen Glockenturm und einer viereckigen Kapelle. Alle Gebäude sind flach gedeckt, ihre teils wabenförmig zusammengesetzten Wände bestehen aus Betonrahmen, in die insgesamt 33 000 in Chartres hergestellte Glasbausteine eingelassen sind. Sie tauchen etwa das Kircheninnere in eine tiefblaue, von far-

bigen Einsprengseln matt erhellte Dämmerung. Über dem Altar schwebt golden der auferstandene Christus von Karl Hemmeter: Einzigartig ist die meditative Atmosphäre inmitten des quirligsten Platzes der City-West. In der Ruine befindet sich eine Gedenkhalle mit Mosaiken und Architekturfragmenten aus der alten Kirche, in deren Mittelpunkt eine Christusfigur steht, sowie ein Nagelkreuz aus der von deutschen Bomben zerstörten britischen Kathedrale von Coventry.

Zu Füßen der Gedächtniskirche liegt der Breitscheidplatz, einer der belebtesten Treffpunkte der Stadt, mit Joachim Schmettaus Weltkugelbrunnen, den die Einheimischen zutreffend „Wasserklops" nennen.

Rahel Varnhagen und die jüdische Kultur in Berlin

von Edelgard Abenstein

Rahel Varnhagen, Zeichnung 1832 von Wilhelm Hensel

Rahel Levin, spätere von Varnhagen, war die bedeutendste Salondame in Berlin um 1800. Sie wurde 1771 als älteste Tochter des jüdischen Kaufmanns Markus Levin in Berlin geboren. dem der König ein „Generalprivilegium" erteilt hatte, das ihn mit seinen christlichen Standesgenossen rechtlich gewissermaßen gleichstellte. So nutzte er die Chance, in seinem Haus die Berliner Gesellschaft zu empfangen. Schauspieler, Militärs und Diplomaten gehörten zu seinen Gästen. Dennoch wurde Rahel wie viele jüdische Mädchen von einer orthodoxen Erziehung in Fesseln gelegt. Neugierig und wissensdurstig von Jugend an, klagte sie: „Mir wurde nichts gelehrt." Vom jungen Ludwig Tieck ließ sie sich in der Lektüre beraten: „Helfen Sie mir, damit ich nicht dumm bleibe!" Selbstständig las sie sich fortan durch die Literatur

Sie war weder mächtig, noch schön, nicht von adeliger Herkunft und noch nicht einmal besonders gebildet. Und doch wurde sie zu einer der wichtigsten Frauen Preußens. Denn es gelang ihr, als unverheiratete jüdische Frau zum Mittelpunkt der Berliner Gesellschaft aufzusteigen. und Philosophie, Fichtes Schriften über die Befreiung des Ich wurden ihr Vademecum; sie schwärmte für Goethe, den sie später mehrfach besuchte und ihr Leben lang verehrte. Als „schöne Seele" ging sie in dessen Roman „Wilhelm Meister" ein. Sie besuchte die Privatvorlesun-

„Geselligkeit bei Rahel Varnhagen", kolorierte Radierung von Erich M. Simon, o. J.

gen August Wilhelm Schlegels, der sie allerdings langweilte, „ein verstockter Schwächling, der nichts von der Liebe weiß". Seinem Bruder Friedrich hingegen, einem leidenschaftlichen Schwärmer, stand sie nahe, vor allem als dieser sich in einer Amour fou mit ihrer Freundin, der Bankiersgattin und Mendelssohn-Tochter Dorothea Veit, verstrickte. Als diese Mann und Kinder verließ, um mit Friedrich zusammenzuleben, hatte Berlin einen handfesten Skandal und die Literaturgeschichte mit Schlegels autobiografisch gefärbtem Roman „Lucinde" ihren ersten Schlüsselro-

man über die romantische Liebe. Rahel, die dem Paar freundschaftlich zur Seite stand, hatte in dieser Hinsicht selbst wenig Glück. Ihre große Chance aber kam 1790 mit dem Tod des Vaters, als die Familie in die Jägerstraße 54 zog. Dort führte sie selbstbewusst die väterliche Tradition der Geselligkeit fort, indem sie, nun in ihre Räume unterm Dach, die Leute weiterhin zum Tee bat. Die gerade einmal 19 Jahre alte Rahel Levin, wurde innerhalb kürzester Zeit zu einer gefeierten Gastgeberin. Ihr bescheidenes „Stübchen" avancierte bald zum geistigen Mittelpunkt der

311

Bettina von Arnim (1756–1793), Gemälde von Achim von Arnim, Enkel der Dichterin, um 1890, Gut Wiepersdorf

leichtfüßiger Satiren. Dieser rühmte Rahel später als die einzige Frau, „bei der ich ächten Humor gefunden". Von Anfang an zählte ein veritabler Hohenzollernprinz und Neffe Friedrichs des Großen zu den Gästen im Salon, Louis Ferdinand, ein hochbegabter Musiker und Liebling der Frauen, der mit der bildschönen Gattin eines Bankiers, Pauline Wiesel, gleichfalls eine von Rahels Freundinnen, eine stürmische Affäre durchlebte. Lediglich gutbürgerliche Frauen waren in der Jägerstraße selten anzutreffen. Adelige Damen hingegen hatten keine Bedenken, hier mit Frauen von – für damalige Verhältnisse – zweifelhaftem Ruf in Kontakt zu kommen, mit der „leichtlebigen" Schauspielerin Friederike Unzelmann etwa oder Karoline von Schlabrendorf, die gern in Männerkleidern auftrat. Es waren gemischte Runden, die hier zusammenfanden, und sie wurden zusammengehalten durch Rahels Witz, ihre Originalität und Lebendigkeit. Bei ihr pflegte man literarische und musische Neigungen, der Geist, nicht die Herkunft der Gäste zählte. So wurde das Mansardenzimmer, in dem sich das Erbe der Berliner Aufklärung mit dem Lebensgefühl der Romantik kreuzte, zum Modell für eine neue Geselligkeit. Es wurde vielfach nachgeahmt. Als Gastgeberinnen der Salons gelang es jungen Frauen wie Rahel, die Konventionen der Zeit außer Kraft zu setzen. Sie führten Gespräche, stießen Debatten an, hatten den Mut zu einer eigenen Meinung und behandelten die Männer wie ihresgleichen. Ein neues Zeitalter schien angebrochen. Der Einmarsch Napoleons durch das Brandenburger Tor setzte dem vorerst ein Ende. Jetzt bestimmte hauptsächlich die Politik den Alltag. Rahel Levin zog sich zurück, das Verlöbnis mit dem Grafen Finckenstein war zerbrochen – er mochte seine Familie doch nicht mit einer Jüdin

Stadt, denn die junge Jüdin war ein Kommunikationstalent, und man drängte sich danach, bei ihr eingeladen zu werden. Alle kamen, ihre jüdischen Freunde, die Söhne und Töchter Moses Mendelssohns, Henriette Herz, die andere Salonière Berlins und deren Mann, der Arzt Marcus Herz. Vor allem aber gingen die Schriftsteller der Romantik bei ihr aus und ein: die Brüder Wilhelm und Alexander von Humboldt, Friedrich de la Motte Fouqué, Adelbert von Chamisso, Ludwig Tieck und E. T. A. Hoffmann, der Kriegsrat Friedrich von Gentz, der Theologe Friedrich Schleiermacher sowie der bereits arrivierte Jean Paul, der Meister

konfrontieren. Nach Jahren der finanziellen Not ließ sie sich 1814 taufen und heiratete den um 14 Jahre jüngeren, blassen Karl August Varnhagen – da war sie 43 Jahre alt. Nachdem sie an der Seite ihres Mannes durch halb Europa gereist war, führte sie bis zu ihrem Tode 1833 einen zweiten Salon in der Französischen Straße 20, dann in der Mauerstraße 36: feiner, vornehmer, gediegener. Und wieder kamen alle von Rang und Namen: Hegel, der Rektor der Universität, Mendelssohn Bartholdy, Fürst Pückler-Muskau, Bettina von Arnim und der junge Heine. Der erhob sie, die längst eine deutsche Zelebrität war, zur „geistreichsten Frau des Universums", und noch im Pariser Exil blieb Rahels Berliner Salon für ihn „das Vaterland" schlechthin.

Der Philosoph Moses Mendelssohn (1729–1786)

Henriette Herz, Holzstich nach Gemälde, 1792 von Anton Graff, aus: Der Bär, 10. Jg., Nr. 4, Berlin 1883

E.T.A. Hoffmann (1776–1822) nach Wilhelm Hensel, 1821

Synagogen

Schon von Weitem glänzt die goldene Kuppel der Neuen Synagoge in der Oranienburger Straße. Dieser im maurischen Stil gehaltene Bau, der 1859 von Eduard Knoblauch entworfen und bis 1866 von Friedrich August Stüler vollendet wurde, war das Gotteshaus der größten jüdischen Gemeinde in Deutschland. Zur Einweihung fanden sich der preußische Ministerpräsident Otto von Bismarck sowie das Kronprinzenpaar in

dem 3000 Plätze umfassenden Hauptgebetsraum ein. Die in der Pogromnacht vom 9. November 1938 dank des Eingreifens eines mutigen Polizeibeamten nur geringfügig beschädigte Synagoge wurde 1943 durch Bomben zu großen Teilen zerstört. 1988 begann der Wiederaufbau von Vorhalle und Repräsentantensaal. Der Hauptgebetsraum wurde allerdings nicht rekonstruiert; die ursprünglichen Ausmaße sind durch ein weißes Kiesfeld markiert. Als Centrum

Die seit 1988 wieder errichtete Kuppel der Neuen Synagoge in der Oranienburger Straße strahlt goldgelb im abendlichen Licht.

Die „Gesetzestafeln", Mosaik über dem Portal der Synagoge in der Rykestraße

Judaicum ist die Synagoge heute Museum, Gemeindehaus, Gebets- und Gedenkstätte. In der Nähe sind neben anderen jüdischen Einrichtungen das Anne Frank Zentrum und der Zentralrat der Juden in Deutschland beheimatet, koschere Läden und Restaurants haben sich angesiedelt – die Oranienburger Straße ist wieder zu einem Zentrum des jüdischen Lebens in Berlin geworden.

Das einzige jüdische Gotteshaus, das von den 17 Berliner Synagogen der Vorkriegszeit übrig geblieben ist, liegt am Prenzlauer Berg in der Rykestraße und wurde 2007 aufs Schönste neu hergerichtet. Die 1903/04 nach Plänen von Johann Hoeniger erbaute Synagoge mit Platz für mehr als 1200 Gläubige ist heute nicht nur die größte Deutschlands. Sie hat als eine der wenigen Nazi-Terror und Bombenkrieg nahezu unbeschadet überlebt. Von der Straße aus ist der enorme Baukörper gar nicht zu sehen. Die Synagoge wurde bewusst in einem Hinter-

hof errichtet, um nicht wie in der Oranienburger Straße Anlass für antisemitische Ausfälle zu bieten. Betritt man den Hof, so tut sich die eindrucksvolle Schaufront einer in romanisierenden Formen gehaltenen Backsteinbasilika auf, die bewusst an die Tradition des Abendlandes anknüpft. Damit zeigt sich, dass jüdische Sakralbauten um die vorletzte Jahrhundertwende nicht länger wie Stein gewordene Märchen aus Tausendundeiner Nacht aussehen wollten. Im Innern tragen Pfeiler die Emporen, über dem Kreuzrippengewölbe der Exedra am Ende des Mittelschiffs spannt sich ein blauer, bestirnter Nachthimmel, als hätte ihn Schinkel selbst gemalt – ein offensives Bekenntnis zur Assimilation.

Zeichnung der Neuen Synagoge

Denkmäler

Denkmäler

Vom Friedhof der Märzgefallenen, dem letzten Ruheort der Opfer der 1848er-Revolution, über das Haus der Wannsee-Konferenz, wo 1942 die „Endlösung der Judenfrage" beschlossen wurde, bis zur Gedenkstätte Hohenschönhausen, der einstigen Untersuchungshaftanstalt des Ministeriums für Staatssicherheit in der DDR – Berlin kennt viele Zeugen seiner wechselvollen Geschichte. Wie die Stadt ihre Vergangenheit selbst sieht, belegen ihre Denkmäler. Seit die Politik hier wieder eine Bühne der Selbstdarstellung bekam, wuchs auch die Bedeutung dieser Zeugen des historischen Erbes. Berlin erinnert und bekennt sich auf ganz unterschiedliche Weise zu seinem Vorleben.

Die Neue Wache, seit 1993 Gedenkstätte für die Opfer von Krieg und Gewaltherrschaft

Neue Wache

Schinkels erstes großes Werk in Berlin war zugleich der erste staatliche Repräsentationsbau nach der französischen Besetzung: die Neue Wache (1816–1818) – griechischer Tempel und römisches Kastell in einem. Obwohl sie als einfaches Wachhaus (zum Schutz des Königs) genutzt wurde, sah man sie auch als Denkmal für die Befreiungskriege an. So flankierten den Bau Unter den Linden die Standbilder der Generäle Scharnhorst und Bülow, die zusammen mit den kleinen Siegesgöttinnen im Gebälk sowie der Viktoria im Giebelfeld des Portikus an das glückliche Ende einer schweren Zeit erinnerten. Auf der gegenüberliegenden Seite der Linden waren die etwas kleineren antinapoleonischen Generäle Blücher, Gneisenau und Yorck aufgestellt, allesamt bis 1855 von der Hand Christian Daniel Rauchs gefertigt.

Mit dem Ende der Monarchie verlor die Wache ihre Funktion. 1931 gestaltete sie Heinrich Tessenow zu einem schlichten Gefallenen-Ehrenmal um. Die DDR machte daraus das Mahnmal für die Opfer des Faschismus und Militarismus und verbannte 1950 Scharnhorst und Co. in den Prinzessinnengarten bzw. ins Depot. Seit 1993 dient die Wache, in der rekonstruierten Tessenow-Fassung und mit einer vielfach vergrößerten Kopie von Käthe Kollwitz' Skulptur „Trauernde Mutter mit totem Sohn", als Zentrale Gedenkstätte für die Opfer von Krieg und Gewaltherrschaft. Bis heute hat man darauf verzichtet, die Generäle an ihren angestammten Ort zurückkehren zu lassen. Scharnhorst und Bülow stehen jetzt vis-à-vis und blicken von dort aus auf die Neue Wache.

Holocaust-Mahnmal

Die wichtigste seit Gründung der Bundesrepublik Deutschland entstandene Gedenkstätte, das „Denkmal für die ermordeten Juden Europas", ist ein Labyrinth ohne Zentrum. Es besteht aus einem zu ebener Erde angelegten Feld von Stelen, die sich in ihrer Höhe unterscheiden: 2711 Betonpfeiler mit einer Breite von 0,95 m und einer Länge von 2,38 m, die zwischen 0,50 m und 4,70 m hoch emporragen, verteilen sich auf einem unregelmäßig abgesenkten Gelände von 2 ha. Schon in den 1980er-Jahren hatte man begonnen, sich für ein Denkmal stark zu machen. Zwischen 2003 und 2005 wurde es nach einem Entwurf von Peter Eisenman gebaut. Das Stelenfeld befindet sich in bester Berliner Lage – an der Touristenmeile zwischen Brandenburger Tor und Potsdamer Platz. Geschichtsträchtiger dürfte kaum ein Flecken deutschen Bodens sein: Die Stelen stehen dort, wo sich Goebbels im Bunker versteckte, unweit der Stelle, an der Hitlers Leiche verbrannt wurde. Nach dem Krieg zerschnitten hier Mauer und Todesstreifen die Stadt und das Gelände. Die Botschaft, die mit der Wahl dieses Platzes verbunden war, hat dem New Yorker Architekten Eisenman imponiert: „Keine andere Nation der Welt hätte so einen wichtigen Ort mitten in der Hauptstadt zur Verfügung gestellt."
Der Ort der Information in einer unterirdischen Halle am Südostrand des Geländes ergänzt das Mahnmal. Durch namentliche Nennung und exemplarische Familiengeschichten wird an die jüdischen Opfer erinnert. Erst unter der Erde wird das historische Ausmaß dessen, woran an der Oberfläche gedacht werden soll, erkennbar: der Holocaust, die Ermordung von Millionen Menschen in deutschen Vernichtungslagern. Während die Befürworter das Denkmal als notwendig für die Erinnerung ansahen, rieben sich die Gegner an der Größe und Monumentalität des Entwurfs. Polemiker glaubten, die NS-Vergangenheit sollte mit dem Denkmal entsorgt werden, andere meinten, alle Opfer der Nazi-Diktatur hätten ein Denkmal verdient. Heute hat sich die Aufregung gelegt. Auch die Freunde des Jüdischen Museums, die in Eisenmans Entwurf ein Plagiat von Libeskinds Garten sahen, haben sich beruhigt. Denn auch im Jüdischen Museum steht ein Säulenfeld, das gleichfalls das Gefühl eines schwankenden Bodens vermittelt.

Bendlerblock

Der 1911 bis 1914 entstandene Bendlerblock beherbergte bis 1918 das Reichsmarineamt, danach die Reichswehrführung, später das Oberkommando der Wehrmacht. Hier hielt Hitler am 3. Februar 1933 vor der Reichswehrführung seine berüchtigte Rede über die „Eroberung neuen Lebensraums im Osten". Hier spielten sich aber vor allem die Ereignisse des 20. Juli 1944 ab. Der Bendlerblock war die Berliner Zentrale der Verschwörer gegen die nationalsozialistische Diktatur, hier wurde der Umsturzversuch mit Claus Graf Schenk von Stauffenberg geplant. Nachdem dessen Attentat auf Hitler im Führerhauptquartier in Ostpreußen misslungen war, wurde er noch in derselben Nacht mit den anderen Hauptverantwortli-chen, den Generälen Beck und Olbricht, Oberst Mertz von Quirnheim und Oberleutnant von Haeften, im Innenhof des Bendlerblocks erschossen. Daran gemahnt ein 1953 von Richard Scheibe geschaffenes Ehrenmal. Weitere Mitglieder des Widerstandes, wie der ehemalige Leipziger Bürgermeister Carl Friedrich Goerdeler und der dem Kreisauer Kreis zugehörige Helmuth Graf von Moltke, wurden im Zuchthaus Plötzensee enthauptet bzw. erhängt. Vor der ehemaligen Hinrichtungsbaracke, in der heute noch der Balken mit den Haken zu sehen ist, stehen ein Gedenkstein sowie eine Steinurne mit Erde aus allen nationalsozialistischen Konzentrationslagern. Ganz in der Nähe befindet sich die Kirche Maria Regina Martyrum, die 1960 bis 1963 zum Gedenken an die Opfer des Nationalsozialismus errichtet wurde.

Gedenkstätte Berliner Mauer

Im Sommer 1961 stürzten sich hier Menschen aus den Fenstern ihrer Häuser, in der verzweifelten Absicht, sich aus dem über Nacht abgeriegelten Ost-Berlin in die Freiheit des Westens zu retten. Die Bernauer Straße, die an der Grenze zwischen Wedding (West) und Mitte (Ost) liegt, war Schauplatz tragischer Fluchtschicksale. Denn hier pflügte sich die Mauer mitten durch bewohntes Gebiet, vorbei an Haustüren und Balkonen. Brutal trennte sie für immer Familien und Nachbarschaften. 37 Jahre nach dem Mauerbau, am 13. August 1998, wurde die offizielle Mauergedenkstätte an der Ecke Ackerstraße eingeweiht. Der von den Architekten Andreas Zerr, Peter Hapke und Claus Nieländer entworfene Turm mit Aussichtsplattform bietet einen Überblick über die erhaltenen Teile der Grenzanlage, die die Stadt einst teilte: Die vordere Grenzmauer war 3,60 m hoch, glatt und kahl. Dahinter lag der bewachte, nachts beleuchtete Todesstreifen. Den DDR-Grenzsoldaten war der Waffengebrauch als Mittel zur Verhinderung der Republikflucht ausdrücklich erlaubt. Das Mahnmal umfasst ein 80 m messendes Stück Grenzland mit zwei 6 m hohen Wänden, durch deren schmale Öffnungen ein Blick auf den einstigen Todesstreifen möglich ist. Neben einem Dokumentationszentrum gehört auch die Kapelle der Versöhnung (Rudolf Reitermann, Peter Sassenroth) zur Mauergedenkstätte. Sie entstand 2000 an der Stelle, an der die DDR 1985 die gleichnamige Kirche zur „Erhöhung der Sicherheit an der Staatsgrenze zu Berlin-West" sprengen ließ.

Die Berliner Mauer –
ein Monument der Unmenschlichkeit

von Jeannine Fiedler

Grenzübergang „Checkpoint Charlie", Fotografie von 1961

„Niemand hat die Absicht, eine Mauer zu errichten!", schmetterte Walter Ulbricht am 15. Juni 1961 auf einer Pressekonferenz in Ost-Berlin die Anfrage einer westdeutschen Korrespondentin ab. Diese Antwort entpuppte sich nur zwei Monate später als dreiste Lüge, denn der Staatsratsvorsitzende und mächtigste Mann der DDR hatte zu jenem Zeitpunkt bereits alles in die Wege geleitet, um die endgültige Abriegelung der „Ostzone" gegen den Westen zum „Schutze des Volkes der DDR" zu vollziehen. Die Mauer als „anti-imperialistischer Schutzwall" des Arbeiter- und Bauernstaates sollte das größte sozialistische Experiment auf deutschem Boden vor seiner Ausblutung bewahren. Schon am 26. Mai 1952 hatte die DDR die Grenze zur Bundesrepublik gesperrt. Sie setzte hiermit ein deutliches politi-

sches Zeichen gegen die Ratifizierung des Deutschland-Vertrages, mit welchem der Bundesrepublik eine größere Souveränität durch die Westalliierten zugestanden wurde. Die „grüne Grenze" zwischen den Westsektoren der amerikanischen, britischen und französischen Alliierten und dem Ostsektor unter der Aufsicht der UdSSR, die zuvor problemlos passiert werden konnte, wurde nun durch Nationale Volksarmisten mit Stacheldraht und Sperrzonen versehen. Auch Berlin – im Osten die „Hauptstadt der DDR" und im Westen letzter „Hort der Freiheit" – blieb hiervon nicht ausgenommen: 99 von 277 Straßen, die West- mit Ost-Berlin oder mit dem Umland der DDR verbanden, wurden gesperrt. Die drei Sektoren unter den Flaggen der Westalliierten waren nun praktisch isoliert; Grenzwechsel zwischen den Sektoren wurden genauer observiert. Doch wollte sich in jenen Jahren ein DDR-Bürger ins „kapitalistische Feindesland" absetzen, so hatte er noch immer in Berlin die besten Chancen zur „Republikflucht". Eine Fahrt mit der S-Bahn oder ein Passieren der noch nicht geschlossenen Straßenübergänge ermöglichten bis 1961 meist ohne Gefahr von Leib und Leben den Wechsel zwischen den Ideologien und den Lagern des Kalten Krieges.

Mauerbau: Westberliner Plakat zur Information der Ostberliner Bevölkerung, Fotografie von 1961

Ein Volksarmist ergreift in letzter Minute die Möglichkeit zur Flucht in den Westsektor, 15. August 1961.

Auf der einen Seite führte die desolate wirtschaftliche Situation der DDR zur Abwanderung ihrer Bürger; auf der anderen waren es Hoffnungen auf einen weniger rigiden Sozialismus, die mit dem gescheiterten Volksaufstand vom 17. Juni 1953 bitter enttäuscht wurden, welche die Flüchtlingszahlen aus der DDR im Verlaufe der 1950er-Jahre drastisch ansteigen ließen. Repressalien gegen die Bevölkerung und der massive Ausbau des Staatssicherheitsdienstes (Stasi) taten in der Folge das ihre. 1959 verabschiedeten sich 145 000 Bürger von der DDR und Ost-Berlin. 1960 waren es bereits 200 000 Flüchtlinge; Drei Viertel von ihnen wählten den Weg über West-Berlin. Auf dem Höhepunkt der Flüchtingswelle hatten in der ersten Jahreshälfte 1961 bereits 155 000 DDR-Bewohner den „Goldenen Westen" erreicht und dem sozialistischen Teil Deutschlands den Rücken gekehrt. Das SED-Regime wollte diesen Menschenstrom, der ihn seines „Humanmaterials" beraubte, jedoch nicht weiter ungehindert ziehen lassen. In der Nacht zum Sonntag, den 13. August 1961, begannen bewaffnete Einheiten der DDR-Grenzpolizei und Mitglieder der Betriebskampfgruppen, die Sektorengrenzen zu West-Berlin mit Stacheldrahtrollen und spanischen Reitern abzuriegeln und eine ca. 163 km lange Sperranlage rund um den Westteil zu errichten, die Berlin für die kommenden 28 Jahre in zwei Hälften spaltete.

Bei allem Trennungsleid und Schicksalsschlägen auf beiden Seiten wurden die West-Berliner fortan als „Insulaner", die im letzten westlichen „Bollwerk" vor dem Ostblock die Stellung hielten, hoch subventioniert und mit Privilegien ausgestattet. Fast drei Jahrzehnte lang war ihnen ein Leben in „splendid isolation", in glänzender Abgeschlossenheit beschieden. Dieser Sondersta-

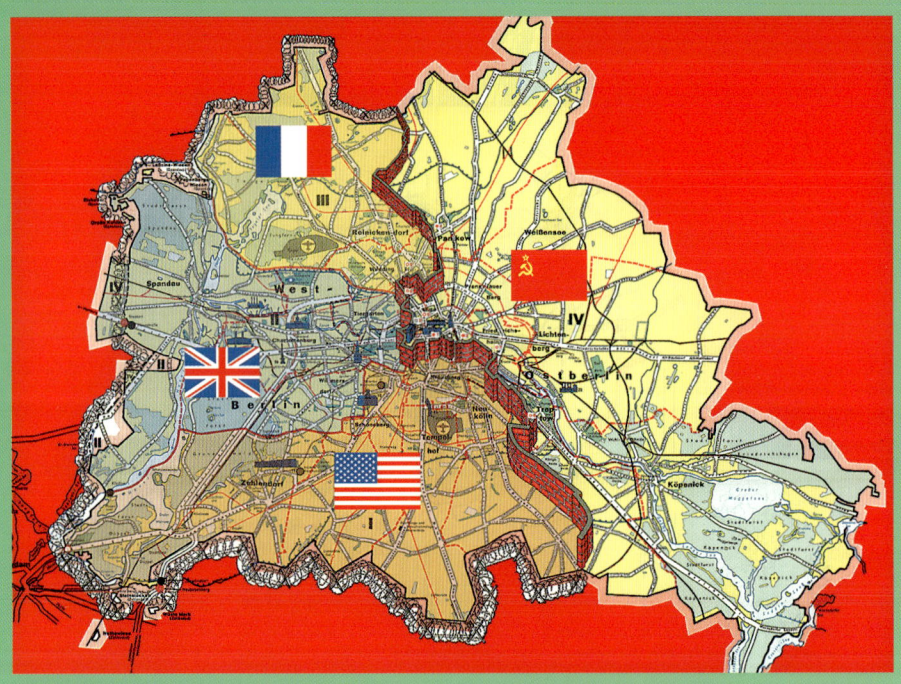

Der Mauerplan aus den 1960er-Jahren zeigt die Einteilung des Stadtgebiets in drei Westsektoren und einen Ostsektor.

tus wurde auch durch die Besuche hochkarätiger Staatslenker aus der westlichen Welt annonciert: Mit seinem Bekenntnis „Ich bin ein Berliner!" erwies US-Präsident John F. Kennedy am 26. Juni 1963 vor dem Schöneberger Rathaus der Stadt höchsten Respekt. Doch bevor auch Ost-Berlin ab den späten 1960er-Jahren als strahlende Vorzeigemetropole sozialistischen Leistungswillens eine Sonderrolle erhielt, verloren etwa 53 000 Ost-Werktätige und 13 000 aus dem Westen im jeweils anderen System ihr Auskommen. Überdies wurde der durch die Sektoren geleitete U- und S-Bahnverkehr zwischen den Stadthälften vorerst eingestellt; weitere Straßenzüge wurden gesperrt: 192 Haupt- und Nebenstraßen waren als Lebensadern der Großstadt plötzlich verödet. Immerhin gelang es etwa 6900 Bürgern, noch bis zum frühen Abend des 14. August 1961 über die erst provisorisch gesicherten Sektorengrenzen nach West-Berlin zu fliehen.

Doch auch nach erfolgter Abriegelung und Sicherung der Grenzanlagen durch die zuständigen Organe der DDR flohen zwischen 1961 und 1989 entlang der innerdeutschen Grenze etwa 475 000 Menschen in den Westen. Zu viele mussten ihren Wunsch nach Freiheit allerdings mit dem Tod bezahlen: Laut offiziellen Angaben starben allein an der Berliner Mauer mehr als 125 Menschen!

Nach 1961 sind die Grenzanlagen ständig weiter ausgebaut und zu komplizierten Sperrsystemen entwickelt worden. Allein die Elemente, aus denen sich die Mauer zusammensetzte, durchliefen eine längere Entwicklung, bis aus ihnen jene kompakten, ca. 4 m hohen Fertigplatten aus Beton wurden, die eine runde Betonröhre krönte. Des Weiteren gehörten Flutlichtanlagen, Todesstreifen, Wachtürme, Kontaktzäune und Fahrzeugbarrieren zum Inventar der Grenzanlagen, die sich bis zu einer Breite von 100 m erstreckten. In Berlin waren sie durch sieben innerstädtische Grenzübergänge unterbrochen, die anfangs fast ausschließlich in West-Ost-Richtung im Rahmen der Passierscheinregelungen genutzt wurden. Ab 1964 ermöglichte eine Sonderregelung auch DDR-Rentnern, einmal pro Jahr ihre Verwandten in West-Berlin oder in der Bundesrepublik zu besuchen. Nachdem der Eiserne Vorhang 1989 zwischen Ungarn und Österreich zunehmend durchlässiger wurde und schließlich die friedliche Revolution in der DDR am 9. November 1989 die Öffnung der Berliner Mauer bewirkte, blieben vom historischen Monument

Ein Bus als Aussichtsplattform vor der Mauer in Wedding, Fotografie von 1961

auf seiner Gesamtstrecke nur wenige Spuren erhalten. Volkes Wille demontierte es in Kürze per Hammerschlag. Die Mauergedenkstätte an der Bernauer Straße ist heute die offizielle Einrichtung des Landes Berlin zur Dokumentation der Mauer und ihrer Schrecken. Ein Stück originalen Grenzstreifens kann hier besichtigt werden.

Mauerrest an der East-Side-Gallery

Luftbrückendenkmal

Vor dem Haupteingang des Flughafens Tempelhof reckt sich seit 1951 das Mahnmal zur Erinnerung an die Blockade West-Berlins in den Himmel. In der Nacht auf den 24. Juni 1948 versperrte die sowjetische Besatzungsmacht als Antwort auf die Währungsreform in den Westsektoren sämtliche Land- und Wasserwege in die Stadt. In einer ergreifenden Rede – „Ihr Völker der Welt! Schaut auf diese Stadt!" – rief der Regierende Bürgermeister Ernst Reuter die Welt um Hilfe an. Der amerikanische Militärgouverneur Lucius Clay reagierte sofort: Die Zweimillionen-Halbstadt sollte auf dem Luftweg ernährt werden – eine irrwitzige Idee, die zu einer logistischen Meisterleistung führte. Zwei Tage nach Verhängung der Blockade wurden bereits Versorgungsgüter eingeflogen, Kohle, Lebensmittel, Medikamente. Um die Stromversorgung zu sichern, kam sogar ein ganzes Kraftwerk mit dem alliierten Transportgeschwader durch die Luft. Außer in Tempelhof landeten die „Rosinenbomber", wie die Berliner die Frachtmaschinen nannten, auch in Tegel und Gatow, Flugboote sogar auf dem Wannsee. Als die Sowjets nach elf Monaten aufgaben, war aus Besiegten und Besatzern eine Schicksalsgemeinschaft geworden, West-Berlin die Frontstadt der westlichen Selbstbehauptung, die Besatzer zu „unseren" Schutzmächten. Die 20 m hohe Skulptur von Eduard Ludwig, die sogenannte „Hungerkralle", symbolisiert die drei Luftkorridore, die Berlin mit den Westzonen verbanden. Auf einer Bronzeplatte sind die Namen derjenigen verzeichnet, die während der Blockade ihr Leben ließen: 31 amerikanische und 41 britische Piloten sowie sechs deutsche Helfer.

Sowjetische Ehrenmale

Nach dem Ende des Zweiten Weltkrieges wurden von der Roten Armee in Berlin drei Ehrenmale errichtet. Dem Gedenken an die 20 000 im Kampf um Berlin gefallenen sowjetischen Soldaten gewidmet ist eine riesige Anlage mit Mausoleum, Ehrenhain, Fahnen aus Stein und Skulpturen im Treptower Park: der größte sowjetische Soldatenfriedhof in Deutschland. Das gewaltige Denkmal (1946–1949) im Zentrum zeigt einen Soldaten, der ein Kind auf dem Arm trägt und in der rechten Hand ein gesenktes Schwert hält, welches das Hakenkreuz zerschlagen hat. Ein weiteres sowjetisches Ehrenmal steht in der Nähe des Brandenburger Tors auf dem Gelände zwischen Reichstag und Reichskanzlei, das in den letzten Kriegstagen in erbitterten Kämpfen erobert wurde. Die konkave Pfeilerarchitektur mit dem zentralen Bronzestandbild eines Soldaten der Roten Armee in Feldausrüstung war das erste neue Bauwerk (1945/46) nach dem Waffenstillstand überhaupt; zwei sowjetische Panzer, die angeblich als Erste in Berlin eingerollt sind, flankieren das Mahnmal. Ein drittes gleichfalls monumentales Ehrenmal befindet sich in der Schönholzer Heide nördlich von Berlin, wo mehr als 13 000 Rotarmisten bestattet sind. Das Baumaterial für alle drei Anlagen holte man aus Hitlers Reichskanzlei, aus Amtsgebäuden und Villen sowie aus einem Steinlager östlich der Oder, das für den Bau eines NS-Triumphbogens in Moskau angelegt worden war. Bei

Sowjetisches Ehrenmal im Treptower Park, mit ca. 5000 Einzelgräbern

diesem „Recycling" ließen sich die sowjetischen Baumeister vom Pragmatismus genauso wie von der Symbolik leiten.

Rundgang „sozialistisch"

Ernst-Thälmann-Denkmal

Mauergedenkstätte

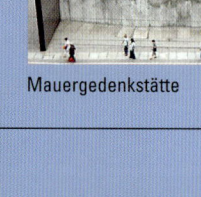

Marx-Engels-Denkmal

DDR-Museum

Karl-Marx-Allee

Hochhaus an der Weberwiese

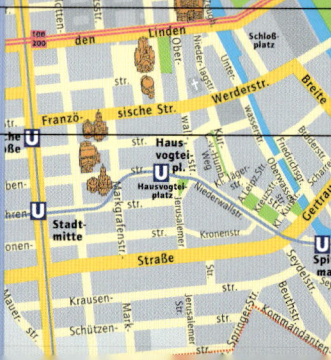

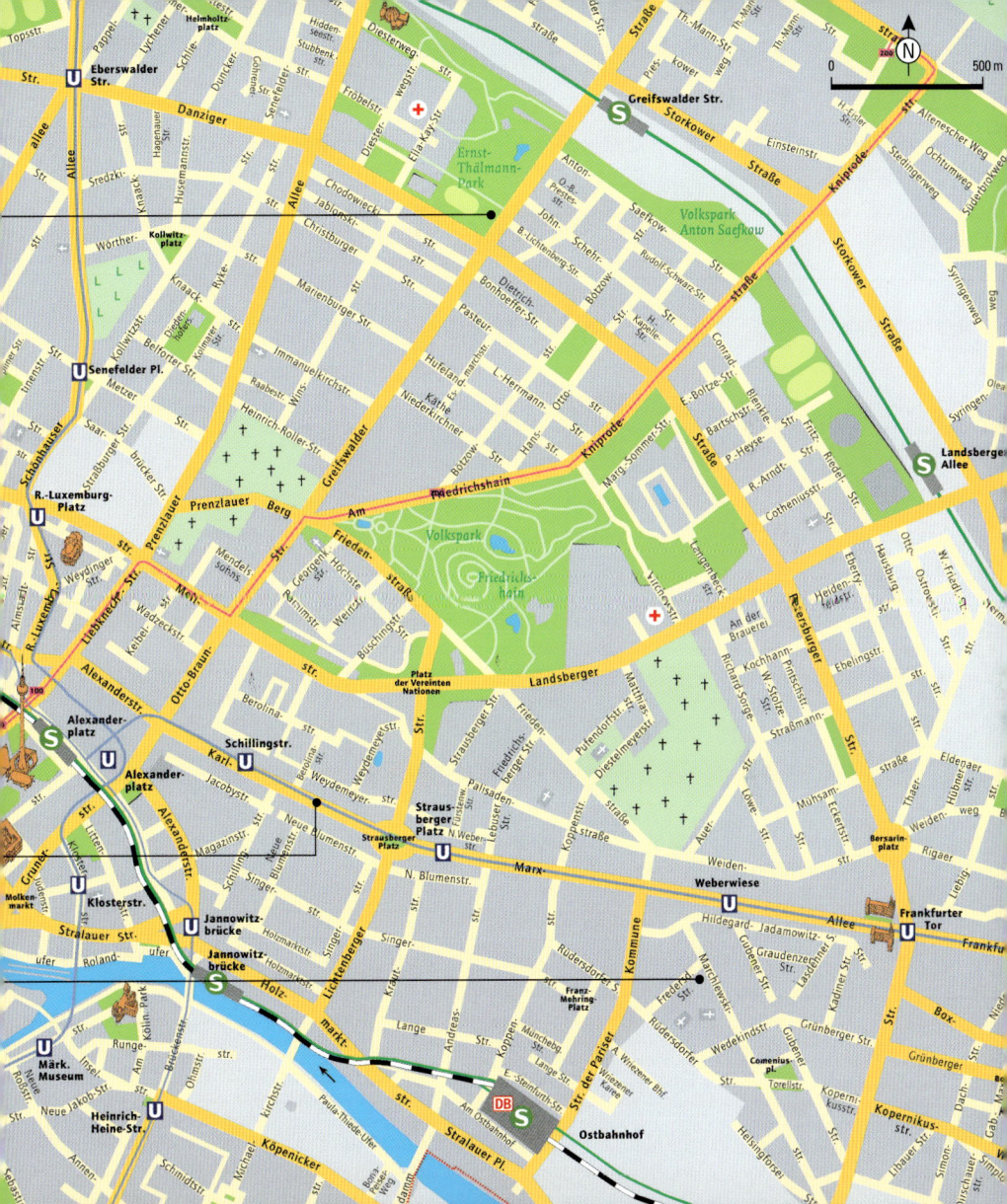

Marx-Engels-Denkmal, von Unbekannten mit dem Spruch „Wir sind unschuldig" besprüht

Nirgendwo hat die mehr als 40-jährige Epoche des deutschen Sozialismus mehr Spuren hinterlassen als in Berlin: Plattenbau-Siedlungen, Denkmäler zur Geschichte der Arbeiterbewegung, Plätze und Straßen, auf denen das propagandistische Programm des Systems zu Stein geworden ist. Lediglich das monströseste Ostberliner Bauwerk, die Mauer, ist nur noch in Resten erhalten. An vielen Stellen markiert eine in die Straße eingelassene Doppelreihe aus Kopfsteinpflaster deren ehemaligen Verlauf. Den Rundgang beginnen wir in der Bernauer Straße, die durch die 1961 aus den Fenstern der Ostberliner Häuser auf den westlichen Bürgersteig flüchtenden Menschen traurige Berühmtheit erlangte. Wir gehen an dem einstigen Mauerstreifen mit Gedenkstätte und neu erbauter Versöhnungskirche ent-

lang, bis er auf der Höhe des etwas ramponierten Mauerparks in die Eberswalder Straße mündet. Auf diesen 1,5 km entsteht bis 2009 rechter Hand, nach dem Entwurf von Mola Winkelmüller Architekten zusammen mit sinai.Faust.Schroll.Schwarz, ein neues Mahnmal aus leichten Eisenstäben, durch die man hindurchgehen kann, die aber, wenn man die Straße hinaufschaut, wie eine geschlossene, alles trennende Mauer wirken. Die Geschichte wird auf Fotowänden erzählt, von denen eine erste schon von Schulklassen umlagert ist.

Wir gehen nun in einem Bogen in Richtung Danziger Straße (man kann auch die Straßenbahn Linie M 10 nehmen), werfen an der Ecke Schönhauser Allee einen Blick in die Kulturbrauerei und schauen einige Meter weiter Richtung Kollwitz-Platz in die Husemannstraße, eines der seltenen Bauensembles der Gründerzeit, das schon zu DDR-Zeiten saniert wurde. Gleichfalls zur 750-Jahrfeier Berlins im Jahr 1987 entstand der Ernst-Thälmann-Park an der Danziger und Greifswalder Straße, ein Prestigeobjekt mit dem Zeiss-Großplanetarium und einer Wohnanlage für 4000 Menschen mit Teich und Denkmal. Das 13 m hohe und 16 m breite Monument aus Bronze und ukrainischem Granit, das dem Arbeiterführer und Vorsitzenden der KPD bis 1933 gewidmet ist, stammt vom sowjetischen Künstler Lew Kerbel. Man wählte dafür diesen Platz an der weiträumig gestalteten Parkanlage, weil hier die Protokollstrecke für die Mitglieder des Politbüros vorbeiführte. So nannte man die Ausfallstraße nach Wandlitz, dem Wohnort von Honecker und Co., weswegen in der Greifswalder Straße die Häuserfassaden, wie in einem Potemkinschen Dorf, häufiger gestrichen wurden. Zur nächsten Station geht es den Berg hinab, auf die Ebene des Alexanderplatzes, wo die Stadt mit hohen Plattenbauten und riesigen Straßenanlagen wie nirgendwo sonst nach dem städtebaulichen Credo der DDR aussieht. Daran ändert auch der alles überragende Fernsehturm nichts, der mit seiner silbernen Kuppel und der hohen Spitze an die Weltraumeuphorie der 1960er-Jahre erinnert. Jenseits des zugigen Platzes, den einst Alt-Berlin, von der Marienkirche beschirmt, mit geschäftigem Leben füllte, erreichen wir inmitten einer Grünanlage das Marx-Engels-Forum (1986): die vom Bildhauer Ludwig Engelhardt geschaffene Doppelfigurenbronze der beiden Namensstifter wird ergänzt durch Marmor- und Bronzereliefs sowie vier Stelen aus Edelstahl, in welche Bilder zur Geschichte der Arbeiterbewegung eingelassen sind.

Auf der Spreepromenade gegenüber, jenseits des Berliner Doms, begegnen wir einem Nostalgie-Kuriosum. Auf 400 m^2 präsentiert sich im Ostalgie-Museum der Alltag der DDR rund um Club Cola, Ost-Jeans und Trabant in einem komplett eingerichteten Wohnzimmer im landestypischen Plattenbau mitsamt Küche, Haushaltswaren und Lebensmitteln. Außerdem gibt es eine Abhöranlage der Staatssicherheit, FDJ-Hemden im Schrank, private Fotoalben zum Durchblättern und jede Menge Gelegenheiten zur Interaktion. Das DDR-Museum ist ein Haus der Erinnerungen an Gerüche, Geräusche und einen vergangenen ostdeutschen Alltag. Hoch offiziell hingegen zeigt sich das sozialistische Berlin in seinem städtebaulichen Paradestück, der Karl-Marx-Allee, die wir über die Karl-Liebknecht-Straße und noch einmal quer über den Alexanderplatz ansteuern. Am eindrucksvollsten wirkt sie, wenn man sie von der Straßenmitte in voller Länge überblickt. Dann sehen die Doppeltürme am Frankfurter Tor wie Triumphbögen aus, zwischen denen die Häuserfluchten ins Unendliche zu reichen scheinen. Bis dahin sind etwa 2 km in monumentalem Neoklassizismus zurückzulegen, vorbei am Kino International, dem Café Moskau vor dem Strausberger Platz, das Nicolas Berggruen, Sohn des verstorbenen Kunstsammlers, erworben hat, um daraus wieder eine glamouröse Adresse zu machen, über Henselmanns Hochhaus an der Weberwiese bis etwa zur Proskauer Straße, wo der pompöse Baustil sein Ende findet.

Das „Cafe Moskau", einstiges DDR-Vorzeigerestaurant

Friedhöfe

Friedhöfe

Der Invalidenfriedhof, 1748 angelegt ist er der zweitälteste Militärfriedhof der Stadt.

Wenn Friedhöfe offene Geschichtsbücher sind, so kennt Berlin davon mehr als jede andere Großstadt der Welt. Anders als in Paris, London oder New York begräbt man hier die Toten nicht auf zentralen Großfriedhöfen. Sie finden ihre letzte Ruhe auf über 200 größeren und kleineren Fried- und Kirchhöfen im gesamten Berliner Stadtgebiet. Diese Verteilung ergibt sich aus der historischen Entwicklung Berlins, das aus mehreren Siedlungskernen zu einer großen Stadt verschmolzen ist. Die ältesten Gräber liegen in unmittelbarer Nähe der jeweiligen Kirchen, so auf dem 1705 angelegten, heute

noch vorhandenen Kirchhof der Parochialkirche in der Klosterstraße. Später bestatteten die Gemeinden ihre Toten außerhalb der Stadtmauern, seit 1735 vor dem Halleschen Tor oder auf dem Dorotheenstädtischen Friedhof im heutigen Bezirk Mitte. Im 19. Jh. entstanden die Friedhöfe an der Bergmannstraße sowie die Kirchhöfe an der Hermannstraße im heutigen Neukölln. Obwohl sich Rudolf Virchow schon 1875 aus Gründen der Stadthygiene für die Feuerbestattung ausgesprochen hatte, wurde sie erst 1911 erlaubt. Damit wurden auch die ersten Krematorien gebaut.

Dorotheenstädtischer Friedhof

Die meisten Prominenten der Stadt liegen zweifellos auf dem kleinen romantischen Gottesacker im Norden der Friedrichstraße begraben. Als man ihn 1763 anlegte, war die Gegend jenseits der Stadttore Weideland, später wurde die Dorotheenstadt ein gutbürgerliches Stadtviertel in Universitätsnähe. Daher sind hier viele Professoren bestattet, darunter Johann Gottlieb Fichte (1762–1814), Georg Wilhelm Friedrich Hegel (1770–1831) und Christoph Wilhelm Hufeland (1762–1832), aber auch erfolgreiche Industrielle wie der Eisenbahnpionier August Borsig (1804–1854). Brecht hat hier neben dem Haus in der Chausseestraße, in dem er zuletzt gewohnt hatte, 1956 wunschgemäß seine letzte Ruhestätte gefunden. Viele Kulturschaffende der DDR folgten ihm nach: Johannes R. Becher (1891–1958), Hanns Eisler (1898–1962), John Heartfield (1891–1968) Helene Weigel (1900–1971) und Anna Seghers (1900–1983). Bis heute strahlt der Friedhof eine große Anziehungskraft aus, wie neuere Gräber von Heiner Müller (1929–1995) bis George Tabori (1914–2007) zeigen. Das berühmte Quartett des preußischen Klassizismus hat hier nicht nur künstlerisch gewirkt; Schinkel, Schadow, Rauch und Stüler sind hier ebenfalls bestattet. Das bedeutendste Grabmal ist auf dem nur durch eine Mauer abgetrennten Französischen Friedhof zu besichtigen, der 1780 für die Berliner Hugenotten angelegt wurde: das Ancillon-Monument, das Schinkel als eines seiner letzten Werke für den Erzieher Friedrich Wilhelms IV., Friedrich Ancillon (1767–1837), entworfen hat. In unmittelbarer Nähe befindet sich das große, kapellenartige Baldachingrab des Grabmalers und Kunstmäzens Ludwig Ravené (1793–1861) von Friedrich August Stüler. Auf dem weiter nördlich liegenden zweiten Friedhof der Französischen Gemeinde an der Liesenstraße ist u. a. Theodor Fontane begraben.

Invalidenfriedhof

Einst war er die vornehmste Adresse für die letzte Ruhe der preußischen Militärs. Der „Heldenfriedhof" wurde 1748 nach dem Ersten Schlesischen Krieg als Begräbnisstätte des benachbarten Invalidenhauses für Offiziere und Kriegsveteranen angelegt. Heute ist er ein Zeugnis der Verwüstungen, die die Mauer in der Stadt hinterlassen hat. Denn der Invalidenfriedhof lag direkt im Grenzgebiet. Um ein freies Beobachtungs- und Schussfeld zu gewinnen, wurden große Teile der Grabanlagen eingeebnet. Von etwa 3000 Gräbern sind nur rund 200 erhalten. Das künstlerisch bedeutendste Grabmal hat Schinkel 1824 für den Militärreformer Gerhard von Scharnhorst (1755–1813) entworfen. Den schlafenden Löwen auf einem frei stehenden Marmorsarkophag schuf Christian Daniel Rauch, die Reliefs model-

lierte Friedrich Tieck. Neben weiteren Generälen ruht hier auch der Begründer der Turnbewegung und Jahn-Freund Karl Friedrich Friesen (1784–1814). 1848 wurden auf dem Invalidenfriedhof die gefallenen Soldaten der Märzrevolution beerdigt, während für die zivilen Opfer der Friedhof der Märzgefallenen in Berlin-Friedrichshain eingerichtet wurde. Ein Rest der Mauer, die den Invalidenfriedhof durchschnitt, ist als Mahnmal ebenso erhalten geblieben wie der Wachturm in der Kieler Straße, der, eingefasst von sechsgeschossigen Häusern, heute beinahe harmlos aussieht. Daneben befindet sich eine Dokumentation zum Schicksal des hier 1962 erschossenen Grenzposten Peter Göring. Ein weiterer Militärfriedhof ist der Alte Garnisonfriedhof an der Linienstraße. Hier sind u. a. Adolf von Lützow (1782–1834), General der Befreiungskriege, und der Dichter Friedrich de la Motte-Fouqué (1777–1843) begraben.

Jüdischer Friedhof Weißensee

Auf dem mit 115 000 Gräbern größten jüdischen Friedhof Westeuropas lässt sich die Geschichte der preußischen Juden im 19. Jh. ablesen. Es war eine Epoche der Emanzipation und des sozialen Aufstiegs. Den einfachen Steinen und Gedenktafeln, wie sie der Tradition jüdischer Grabgestaltung entsprechen, stehen hier hoch repräsentative Anlagen gegenüber. Vergleichbar dem Stil christlicher Friedhöfe um die Jahrhundertwende, entfalten die Wandarchitekturen und Mausoleen auch hier eine außergewöhnliche Pracht. Die Kaufhauskönige Hermann Tietz (1837–1907) und Adolf Jandorf (1870–1932) sind hier bestattet, der Zeitungsmogul Rudolf Mosse (1843–1920), der Verleger Samuel S. Fischer (1859–1934) und der Maler Lesser Ury (1861–1931). Viele sehr alte Grabsteine sind erhalten, so auch jener für Louis Grünbaum, der hier als erster Toter 1880 beigesetzt wurde. Außerdem befinden sich auf dem Friedhof die Urnenstätten von 809 in Konzentrationslagern ermordeten Juden und die Gräber von 3000 Menschen, die in der Zeit des Nationalsozialismus Selbstmord begingen, sowie das Grab des Widerstandskämpfers Herbert Baum (1912–1942). Auf dem älteren verwitterten und grün umrankten Friedhof an der Schönhauser Allee sind u. a. Max Liebermann (1847–1935), Leopold Ullstein (1826–1899) und Giacomo Meyerbeer (1791–1864) begraben. Den ältesten, 1672 gegründeten Jüdischen Friedhof Berlins an der Großen Hamburger Straße gibt es nicht mehr. Die 3000 Gräber wurden von der Gestapo zerstört. Heute erinnert eine Gedenkstätte mit wenigen jüdischen Grabplatten u. a. an Moses Mendelssohn (1729–1786), der hier beigesetzt wurde.

Städtischer Friedhof Stubenrauchstraße

Hier hat die berühmteste Berlinerin ihre letzte Ruhestätte gefunden: Marlene Dietrich. Auf eigenen Wunsch wurde sie nach ihrem Tod im Pariser Exil 1992 unweit von ihrer Mutter begraben. Seither ist der kleine Friedenauer Friedhof eine weltweit be-

kannte Pilgerstätte. Dabei kamen die Berliner mit ihrem einzigen Weltstar nie wirklich gut zurecht. 1901 in der nahe gelegenen Leberstraße 65 geboren, lebte Marlene in den 1920er-Jahren in der Kaiserallee 54 (heute Bundesallee) und ging nach dem Erfolg des „Blauen Engels" (1930) nach Hollywood. Sie nahm die amerikanische Staatsbürgerschaft an und trotzte den Nazis mit „antipatriotischer Gesinnung". Heute ist ihr Grab das meist besuchte der Stadt. Auf den schlichten Stein ließ die Offizierstochter eine Zeile aus dem Abschiedssonett des großen Freiheitskämpfers Theodor Körner setzen: „Hier steh ich an den Marken meiner Tage." Ganz in ihrer Nähe ruht ein gleichfalls verlorener Sohn Schönebergs, der 1920 in der Innsbrucker Straße 24 als Helmut Neustätter geborene Fotograf Helmut Newton. Als er 2004 in einem Ehrengrab beigesetzt wurde, kehrte in einem Akt der Versöhnung auch sein Nachlass in seine Heimatstadt zurück. Schon in den 1920er-Jahren hieß der kleine Gottesacker in Friedenau Künstlerfriedhof. Damals wurde hier der Komponist Ferruccio Busoni (1866–1924), Leiter der Meisterklasse an der Preußischen Akademie der Künste und Lehrer Kurt Weills, mit allen Ehren bestattet. Georg Kolbe entwarf 1925 das Grabmal, einen hohen Steinpfeiler mit der ekstatisch schwebenden Bronze „Genius". Auch der expressionistische Dichter Paul Zech (1881–1946) ist hier beigesetzt, ebenso die Malerin Jeanne Mammen (1890–1976) und die Schriftstellerin Dinah Nelken (1900–1989), die mit ihren Büchern Millionenauflagen erreichte.

Friedhöfe vor dem Halleschen Tor

Denkmäler aus Barock und Klassizismus, Biedermeier und Jugendstil prunken auf der großen Anlage am Mehringdamm, die fünf der ältesten Begräbnisstätten Berlins umfasst. 80 000 Tote wurden hier beigesetzt, u. a. Georg Wenzeslaus von Knobelsdorff (1699–1753), der Baumeister Friedrichs des Großen, sowie dessen Hofmaler Antoine Pesne (1683–1757), der Architekt und Schinkel-Lehrer David Gilly (1748–1808), der Schauspieler und Intendant August Wilhelm Iffland (1759–1814), Rahel Varnhagen von Ense (1771–1833), der Berlin die Salons und die Kultur der Gesellschaft verdankte, und ihr Ehemann Karl August (1785–1858), die schöne Henriette Herz (1764–1847), die als getaufte Jüdin bewusst ein Grabkreuz von Schinkel wählte, und der Schauspieler Johann Friedrich Fleck (1757–1801), dessen Urnengrabmal nach Schadows Entwurf die Masken von Tragödie und Komödie trägt. Der Komponist Felix Mendelssohn Bartholdy (1809–1847) und seine Familie sind hier bestattet, E. T. A. Hoffmann (1776–1822), der Berlin in seinen magischen Erzählungen ein Denkmal gesetzt hat, und Adelbert von Chamisso (1781–1838),

dessen Märchen über Peter Schlemihl und den verkauften Schatten zum Inbegriff einer Dichtung über die romantische Seele wurde. Auch auf dem benachbarten Friedhof an der Bergmannstraße ruhen Zeugen der Zeitgeschichte, u. a. Schillers Freundin Charlotte von Kalb (1761–1843) und Preußens berühmtester Maler Adolph von Menzel (1815–1905).

Villen- und Siedlungsbau

Villen- und Siedlungsbau

Ribbeckhaus

Berlins Wohnhäuser erzählen eine ganz eigene Geschichte der Stadt: Sie beginnt bei den Resten des „Alten Berlin" und führt über die Friedrichstadt des 17. und 18. Jh. mit ihren singulären Adels- und Bürgerpalais bis zum Klassizismus schinkelscher Prägung und der alle Quartiere erfassenden Gründerzeit. Diese Epoche wurde vom Bau der Mietskasernen und der geografischen Verlagerung der gesellschaftlichen Mitte in die westlichen Regionen der Stadt bestimmt. Das neue Bürgertum machte sich aus dem Zentrum auf und davon und ließ sich zunächst am Rand des Tiergartens, am Kurfürstendamm und im Westend, schließlich im Grunewald und am Wannsee nieder, wo ganz neue Kolonien entstanden. Revolutionäre Ideen aber blühten nach dem Ende der Monarchie auf. Walter Gropius, Erich Mendelsohn, Hans Scharoun, Bruno Taut und viele andere machten Berlin zum architektonischen Brennpunkt der Moderne in Deutschland. Ihre über die Stadt verteilten Bauten lockten ebenfalls aus dem Zentrum an die Peripherie. Ein gänzlich neues Gesicht erhielt Berlin durch den Wiederaufbau nach dem Krieg: Die Stalinallee, das Hansaviertel, die Gebäude der IBA und viele andere mehr spiegeln heute die politische Entwicklung der geteilten Stadt wider.

Das älteste Wohnhaus Berlins ist zugleich das einzig verbliebene Spätrenaissancegebäude der Stadt. Im Windschatten des Schlosses an der damals verkehrsreichsten Prunkstraße der Stadt gelegen, entstand es zwei Jahre bevor Brandenburg in den für das Land verheerenden Dreißigjährigen Krieg hineingezogen wurde. Laut Inschrift über dem Portal wurde es 1624 vom Geheimen Rat Hans Georg von Ribbeck und seiner Ehefrau Katharina als eines der prächtigsten Adelspalais der Gegend erbaut. Doch schon vier Jahre später kaufte es die Tochter des Kurfürsten Johann Sigismund, Herzogin Anna Sophia von Braunschweig-Lüneburg. Nach ihrem Tod nutzte es der benachbarte Marstall (1670), und der Hof organisierte hier seine ersten Theater- und Opernaufführungen. Später beherbergte es die Königliche Oberrechnungskammer. Das ursprünglich zweigeschossige Gebäude wurde 1803/04 aufgestockt, wobei man die alten Zwerchgiebel leicht verändert wieder aufsetzte. Bei der

Restaurierung des kriegsbeschädigten Gebäudes bis 1960 wurde die Fassade vereinfacht wiederhergestellt. Im Erdgeschoss und im Souterrain erinnern Kreuzgratgewölbe an den ursprünglichen Zustand. Heute lässt sich im Ribbeckhaus die Geschichte Berlins seit ihren Anfängen studieren: Seit 1996 befindet sich hier das Zentrum für Berlin-Studien der Zentral- und Landesbibliothek Berlin.

Ephraim-Palais

Einst als „die schönste Ecke" von Berlin gepriesen, ist es bis heute das eleganteste Wohnhaus, das je für einen bürgerlichen Privatmann gebaut wurde. Es war eine kleine Apotheke, die der viel beschäftigte Baumeister Friedrich Wilhelm Diterichs um 1765 für den Hofjuwelier, Münzpächter und Bankier Veitel Heine Ephraim in einen repräsentativen Bau verwandelte. Balkone mit filigranen, vergoldeten Geländern und Putten, ein Portikus mit toskanischen Doppelsäulen, durch Kolossalpilaster gegliederte Hauptgeschosse sowie eine mit grazilen Sandsteinvasen bekrönte Dachbalustrade machen aus dem vierstöckigen Palais ein Kleinod des Berliner Rokoko. Auch im Innern herrscht ästhetische Perfektion. Die schwungvoll gerundete Gebäudeecke setzt sich in ovalen Festsälen fort, einen Raum im ersten Stock schmückt die Kopie einer Barockdecke von Andreas Schlüter aus dem Wartenbergschen Palais. 1936 fiel das Palais der Umgestaltung der Mühlendammbrücke zum Opfer. Das Gebäude wurde abgerissen, die Fassade jedoch nach Protesten aus der Bevölkerung vorher abgetragen und im Wedding eingelagert. Sie kam durch einen Kulturgutaustausch in den 1980er-Jahren aus West- nach Ost-Berlin zurück, um das originalgetreu rekonstruierte, um 12 m versetzte Gebäude wie eh und je zu schmücken. Heute ist das Ephraim-Palais eine Dependance des Stadtmuseums und wird für wechselnde Ausstellungen zur Berliner Kunstgeschichte genutzt.

Märkisches Ufer

Gegenüber der Fischerinsel mit ihren 25-geschossigen Hochhäusern scheint ein kleiner, einzigartiger Rest von Altberlin die Zeiten überdauert zu haben. Entlang der Promenade am Spreekanal, wo museale Kähne auf dem Wasser des Historischen Hafens schaukeln, erhebt sich eine Reihe von barocken und klassizistischen Bürgerhäusern. Das älteste, Nr. 18, das vermutlich Martin Grünberg um 1700 errichtete, wurde mit dem benachbarten, ebenfalls dreigeschossigen barocken Putzbau, Nr. 16, bei der Restaurierung 1973 zusammengelegt und beherbergte bis 1994 die Gedächtnisstätte für den Berliner Maler Otto Nagel. Heute ist hier das Bildarchiv Preußischer Kulturbesitz untergebracht. Zu Recht gilt das Märkische Ufer als ein Musterbeispiel der rekonstruierenden Denkmalpflege. Hat man hier doch die kriegsbedingten Bebauungslücken mit historischen Originalen, die ursprünglich andernorts standen, geschlossen. So wurde das Ermelerhaus, Nr. 10 – benannt nach einem seiner Besitzer, dem Tabakwarenfabrikanten Wilhelm Ermeler, wie der Fries über dem Portal bekundet – mit seiner klassizistischen Fassade aus der Breiten Straße hierher versetzt. Zusammen mit dem Haus Nr. 12, das nur die Uferseite zu wechseln hatte, bildet es jetzt das Art'otel Ermelerhaus. Im Innern sind neben dem spätbarocken Treppengeländer Teile der prächtigen originalen Ausstattung erhalten.

Böhmisch-Rixdorf

„Ist das Berlin?", wunderte sich der in Prag geborene Egon Erwin Kisch. „Ein beinahe deplaziertes Idyll zwischen Scheunenfronten und Gartenzäune." Das war 1926, und auch heute liegt das Böhmische Dorf wie ein Relikt von einem fremden Stern inmitten des quirligen Stadtteils Neukölln, der früher Rixdorf hieß. Dort, weit vor den damaligen Toren der Stadt, betrieb der Soldatenkönig Friedrich Wilhelm I. seine europaweit diskutierte Ansiedlungspolitik. Weil sie im Ruf der Verlässlichkeit standen, als arbeitsam galten und in ihrer Frömmigkeit versöhnlich, gewährte er böhmischen Protestanten Asyl, die um ihres Glaubens willen das zum katholischen Österreich gehörende Böhmen verlassen mussten. Von 1737 an ließen sich rund um den Richardplatz etwa 2000 Herrnhuter als Kleinbauern

Ein historisches Bauernhaus im böhmischen Dorf

und Textilarbeiter nieder und bauten in der Tradition ihrer Heimat. Das heute noch sichtbare Dorf mit seinen zweistöckigen schmalen Häusern und kleinen Gewerbehöfen entlang der Richardstraße und dem Jan-Hus-Weg ist eine nicht ganz originalgetreue Kopie aus dem 19. Jh., nachdem die ursprüngliche Bebauung bei einem Großbrand 1849 vernichtet wurde. Aus der Anfangszeit der Kolonisten stammt das Schulhaus der Brüdergemeinde in der Kirchgasse 5 sowie auf dem Böhmischen Friedhof ein Grabstein von 1755, der noch tschechisch beschriftet ist.

Kiezbebauung

Die einst größte Mietskasernenstadt der Welt, die in Europa die Metropole mit der höchsten Bevölkerungsdichte war, verdankt ihr Gesicht

beitervierteln bis zu sechs hintereinander gestaffelte Höfe möglich waren. Nur die Maße der Innenhöfe waren vorgeschrieben: Bis 1887 mussten sie wenigstens 5,34 x 5,34 m groß sein, damit eine Feuerwehrspritze dort wenden konnte. In den überbelegten, nur un-

Blick auf den Prenzlauer Berg mit dem Wasserturm an der Knaackstraße, der bereits zu seiner Entstehungszeit 1874 Wohnungen enthielt

dem Stadtplaner James Hobrecht. Dessen 1862 genehmigter Bebauungsplan teilte die Abschnitte zwischen den Ausfallstraßen in Raster für 22 m hohe Wohnblöcke und wenige Straßenfluchten ein, die mindestens 22 m breit, durch Platzanlagen aufgelockert und zudem schmuckvoll gestaltet sein sollten. Ein Vorderhaus mit Seitenflügeln und Hintergebäuden war die Norm, wobei die Anzahl Letzterer ungeregelt blieb, sodass in den neuen Ar-

zureichend mit Sanitäranlagen ausgestatteten Mietshäusern herrschten oft miserable Lebensbedingungen. Heute gehören die sanierten Altbauwohnungen hingegen zu den beliebtesten Wohnformen. Vom Krieg und den Zerstörungen der Nachkriegszeit weitgehend verschonte, ungewöhnlich geschlossen erhaltene Ensembles der Kiezarchitektur finden sich vor allem am Prenzlauer Berg, in Friedrichshain und Kreuzberg.

Gründerzeit-Mietshäuser

In seinen inneren Wohnbezirken wird das Stadtbild Berlins weitgehend vom Wilhelminismus geprägt: Hier findet man ornamental geschmückte Fassaden, die in den Formen von Gotik, Renaissance, Barock oder einer Mischung aus allen Stilen dekoriert sind. In den besseren Quartieren sind sie durch Erker und Balkone belebt. Da man in Berlin hauptsächlich zur Miete wohnte, kam es in den Häusern zu dem für die Stadt charakteristischen Nebeneinander sozial unterschiedlicher Schichten. Im Vorderhaus lebte die gehobenere Klientel, hinten waren Dienstboten, Handwerker und Lohnarbeiter untergebracht. Besonders für Kreuzberg wurde die Durchmischung von Wohnen und Arbeiten typisch. Die Quergebäude waren oftmals als komplette Fabriketagen angelegt. In Zuschnitt und Komfort unterschieden sich die Wohnungen je nach Bezirk. Während in den Arbeiterquartieren nur kleinere Wohnungen gebaut wurden, waren in Charlottenburg und Wilmersdorf großbürgerliche Häuser mit geräumigen Innenhöfen an der Tagesordnung und

Wohnungen mit zehn und mehr Zimmern keine Seltenheit. Gemeinsam ist allen Berliner Gründerzeitwohnungen – den im Rahmen der großen Sanierungsprogramme renovierten sowie den seit jeher privilegierten – ein wiedererkennbares Grundmuster in der Ausstattung: Stuck an den hohen Decken, Flügeltüren, Parkett oder Dielenfußböden.

Eine lokale Besonderheit ist das „Berliner Zimmer", das im Übergang vom Vorderhaus zum Seitenflügel liegt. Auch wenn es durch ein in die Ecke gerücktes Fenster zum Hof schlecht beleuchtet wird, verleiht es aufgrund seiner Größe jeder Wohnung einen Hauch von Überfluss.

Wohn- und Geschäftshaus am Ku'damm

Max Liebermann – Berliner Maler und Gärtner

von Edelgard Abenstein

Selbstbildnis des Malers Max Liebermann

Er war nicht nur in Berlin eine Institution. Schon zu Lebzeiten nannte man ihn einen Klassiker. Max Liebermann, der den Impressionismus in Deutschland durchsetzte, war einer der wichtigsten Wegbereiter der Moderne. Als Sohn eines jüdischen Textilfabrikanten wurde er 1847 in Berlin geboren. Zu Beginn seiner künstlerischen Laufbahn kämpfte er vehement gegen die Regeln eines erstarrten Akademismus. Liebermann malte zunächst in naturalistischem Stil und lernte dann auf mehreren Reisen nach Holland und Barbizon die Technik der Freilichtmalerei kennen. Dort fand er auch die Motive zu seinen ersten wichtigen Werken – darunter „Die Gänserupferinnen" (1871/72), „Der Weber" (1882) und „Die Netzflickerinnen" (1887/89) –, die in unpathetischer Schlichtheit den arbeitenden Menschen zum Kunstmotiv erhoben. Das brachte ihm das Etikett „Maler des Hässlichen" ein. Erst als er sich zunehmend Sujets aus dem Leben des gehobenen Bürgertums zuwandte, wurde er zu einem gefeierten Maler der Jahrhundertwende. Auch in der Berliner Kunstpolitik spielte Max Liebermann eine große Rolle. Bereits Anfang 1892 gründete er mit Walter Leistikow und Max Slevogt die Berliner Secession. Er wurde Professor an der Königlichen Akademie der Künste und war von 1920 bis 1932 Präsident der Preußischen Akademie der Künste. Als eleganter Bürger, der mit pointiertem Witz gesegnet war – „ich bin in meinen Lebensgewohnheiten der vollkommene Bourgeois [...] und arbeite mit der Regelmäßigkeit einer Turmuhr" –, führte er am Pariser Platz neben dem Brandenburger Tor ein offenes Haus. Die geistige Elite der Zeit war bei ihm zu Gast und wurde von ihm porträtiert: Theodor

Die Liebermann-Villa, heutiges Kunstmuseum

Die Blumenterrasse im Wannsegarten nach Nordwesten, 1921, Max Liebermann, Öl auf Leinwand, 50,3 x 75 cm, Städtisches Museum Gelsenkirchen

Fontane, Albert Einstein, Wilhelm von Bode, Käthe Kollwitz, Harry Graf Kessler, Heinrich und Thomas Mann. „In Liebermann bewundere ich Berlin", bekannte der Dichter der Buddenbrooks. Liebermann suchte zeitlebens im Naturvorbild die Harmonie, was sich in der Wahl seiner Sujets widerspiegelt: Er malte badende Knaben und promenierende Sommergäste am Strand, Biergärten, stille Alleen und zunehmend sein kleines Gartenreich im Süden der Stadt. 1909 hatte er sich ein Sommerhaus am Wannsee bauen lassen, das er stolz „mein Schloss am See" nannte. Hier fand er abseits vom Großstadtbetrieb Ruhe. Mit dem Bau der Villa betraute er Paul Otto Baumgarten, den Garten gestaltete er gemeinsam mit Albert Brodersen, wobei er sich außerdem von Alfred Lichtwark, dem Direktor der Hamburger Kunsthalle, beraten ließ, der ein begeisterter „Gartenreformer" war. Mit dem Arrangement aus Nutz- und Blumengarten vor dem Haus und einer Blumenterrasse, Hecken, Bäumen und einer Rasenfläche zur Seeseite schuf er sich die Motive für sein Spätwerk. Mehr als 200 Gemälde in einem heiteren Impressionismus entstanden am Wannsee. Nach der Machtergreifung der Nationalsozialisten legte der Malerfürst und Ehrenbürger Berlins seine öffentlichen Ämter nieder; seine Bilder wurden als „entartet" verfemt. Zwei Jahre später, am 8. Februar 1935, starb Max Liebermann. Seine Frau Martha entzog sich 1943 der Deportation nach Theresienstadt durch Selbstmord.

Villenkolonie Alsen am Wannsee

Schon vor der Gründerzeit zog es das Bürgertum Berlins ins Grüne. Man floh vor den Mietskasernen und legte Villenviertel an, in denen man unter sich blieb, wie in Lichterfelde-West (1860), dem Ersten seiner Art. Weiter südlich, an den hügeligen Ufern von Kleinem und Großem Wannsee, wuchs die Kolonie Alsen, die 1872 von ihrem Gründer, dem Bankier Wilhelm Conrad, nach der gerade eroberten dänischen Insel Alsen benannt wurde.

Der Lenné-Schüler Gustav Meyer konzipierte das waldige Areal als bildungsbürgerliches Pendant zum nahe gelegenen Landschaftspark Klein-Glienicke. So wurde die Alsen-Kolonie um 1870 zur feinsten Sommerfrische Berlins, für viele auch zum Dauerwohnsitz – mit eigener Bahnverbindung. Nur wenige der zahlreichen Traumhäuser, Schlösser, Segelclubs und Vereine der Grün-

derzeit sind heute erhalten, wie das Landhaus (1899–1902) des Verlegers Carl Langenscheidt im Fachwerkstil mit Stall und Kutscherwohnung, Colomierstraße 1/2, das 1901/02 von Alfred Messel erbaute Haus Springer des Verlegers Ferdinand Springer, Am Großen Wannsee 39/41, die Villa Herz im neoromanischen Stil, Am Großen Wannsee 52, und die 1875 von Kyllmann & Heyden für den Bankier Heinrich Leo errichtete Villa Leo/Arons.

Am Großen Wannsee 56/58 liegt die Villa Marlier, die 1914/15 von Paul Otto Baumgarten, der schon Liebermanns Sommerhaus entworfen hatte, für das Ehepaar Marlier erbaut wurde. Ab 1941 diente sie der SS als Gäste- und Tagungshaus; am 20. Januar 1942 fand hier die Wannseekonferenz zur „Endlösung der Judenfrage" statt. Heute ist die Villa eine Forschungs- und Gedenkstätte.

Grunewald-Villen

Berlins exklusivste Adresse liegt im Grunewald. Bereits bei der Anlage des Villenvorortes kurz nach der Reichsgründung förderte Otto von Bismarck, den „idyllisch-märkischen" Waldcharakter zu bewahren. Vier künstliche Seen wurden angelegt: Dianasee, Koenigssee, Herthasee und Hubertussee. Damit hatte man nicht nur das sumpfige Gelände trockengelegt und wertvolle Seegrundstücke geschaffen, sondern auch für den malerischen Gesamteindruck gesorgt. Mit dem Bau der S-Bahn erhielt der neue Ort bereits um 1890 den nötigen Verkehrsanschluss an das Zentrum, der Bahnhof (Karl Cornelius) von 1899 versprach einen noblen Empfang. Grund genug für das städtische Bürgertum, Fabrikanten und Journalisten, Künstler und Bankiers, in den Westen zu ziehen. Alfred Kerr, der zeitweise hier wohnte, nannte Grunewald ein

Millionärskall". Die Architekten jener Zeit bauten in allen Stilarten, wie Bernhard Sehring 1903/04 für Bruno Habel, ein Mitglied der Familie des kaiserlichen Kellermeisters das Löwenpalais, einen der größten und prunkvollsten Bauten mit historistischem Dekor in der Königsallee 30. Hermann Muthesius entwarf das 1905/06 errichtete Haus des Fabrikanten Bernhard in der Winklerstraße 11 als eine Inkunabel der reformierten, gegen historisierenden Eklektizismus gerichteten Landhausarchitektur. Streng klassizistisch konstruierte Adolf Wollenberg 1911/12 die Villa Harteneck in der Douglasstraße 7. Inmitten schönster Architektur hat sich auch hier, wie mancherorts in Berlin, ein düsteres Kapitel deutscher Geschichte abgespielt. Vom Grunewalder Bahnhof wurden die Juden in die Konzentrationslager deportiert.

Max und Bruno Taut

von Edelgard Abenstein

Porträt von Bruno Taut aus dem Jahr 1934

Das Neue Bauen in Berlin hat vier Buchstaben: Es heißt Taut. Wie wenige andere Architekten hat Bruno Taut zwischen 1924 und 1932 das Berliner Stadtbild bereichert. Nach seinen Plänen entstanden Siedlungen mit mehr als 12 000 Wohnungen. Dort ging es bunt zu, denn Bruno Taut liebte die Farbe. Er hielt sie für ebenso elementar wie Beton und Backstein. Ganz anders sein um vier Jahre jüngerer Bruder Max, der sich auf den Bau von Schulen und streng sachlichen Gewerkschafts- und Bürohäusern verlegte; von ihm stammt das Warenhaus der Konsumgenossen-

schaften am Oranienplatz. Geboren wurden sie, 1880 der eine, 1884 der andere, in Königsberg. Nach dem Besuch einer Baugewerbeschule sowie einigen Zwischenstationen strebten beide nach Berlin. Dort gründete Bruno Taut mit Franz Hoffmann ein erstes Büro, dem sich auch Max anschloss. Nachdem sie, der eine die Ältere, der andere die Jüngere, zwei Schwestern geheiratet hatten, trennten sich ihre beruflichen Wege. Ihr gemeinsames Büro aber behielten sie bei. 1913 bekam Bruno Taut seinen ersten größeren Auftrag für die Gartenstadt Falkenberg. Schon hier praktizierte er das, was später „Neues Bauen" genannt wurde. Damit die Wohnungen ausreichend mit Licht und Luft versorgt waren, orientierte er die Bauten möglichst in nord-südlicher Richtung. Die Fassaden wurden mit intensiven Farben versehen, was zu wütenden Protesten führte und der Siedlung den Namen „Kolonie

Der Architekt und Schriftsteller Max Taut, Fotografie von 1962

Die Hufeisensiedlung im Stadtteil Britz, eines der ersten Projekte des sozialen Wohnungsbaus, von 1925 bis 1933 nach Plänen von Bruno Taut und Martin Wagner erbaut

Tuschkasten" einbrachte. Nach seinem viel beachteten Entwurf des „Glashauses" für die Werkbundausstellung in Köln 1914, nach der Publikation seiner architektonischen Visionen in den Bildzyklen „Alpine Architektur" (1919) und „Die Auflösung der Städte" (1920) sowie einem Intermezzo als Stadtbaurat in Magdeburg, lockte ihn Martin Wagner nach Berlin zurück. Bruno Taut wurde Chefarchitekt der GEHAG, einer gemeinnützigen Wohnungsbaugesellschaft, die unter Wagners Leitung einen Großteil der Siedlungsprojekte in Berlin finanzierte. Nun ging es Schlag auf Schlag. Ab 1925 entwarf Bruno Taut die Hufeisensiedlung Britz, 1926 bis 1932 die Waldsiedlung Onkel Toms Hütte in Zehlendorf, 1927 die Wohnanlage Grellstraße am Prenzlauer Berg und

1929 ebenfalls dort die Wohnstadt Carl Legien. Die bunten Flachdachbauten Tauts fanden nicht nur Freunde. Sie provozierten die Anhänger traditioneller Architektur, wie in Zehlendorf, wo ein regelrechter „Dächerkrieg" entbrannte, dessen Ergebnis bis heute in der kleinen Straße Am Fischtal zu besichtigen ist: Auf der einen Seite sind Tauts Bauten mit Flachdächern zu sehen, auf der anderen die unter Federführung von Heinrich Tessenow 1928/29 entstandenen Reihen- und Doppelhäuser mit Satteldächern. 1932 ging Bruno Taut nach Moskau, ein Jahr später emigrierte er zunächst nach Japan und dann in die Türkei, wo er 1938 starb. Max Taut, der in den 1950er-Jahren die Großsiedlung Britz erweiterte, überlebte seinen Bruder um 30 Jahre.

Hufeisensiedlung Britz

Sie zählt zu den bekanntesten Siedlungen
der Weimarer Republik und ist die erste
Großsiedlung des sozialen Wohnungsbaus
nach dem Ersten Weltkrieg. Als radikale
Antwort auf die wilhelminische Mietska-
serne entwarf Bruno Taut gemeinsam mit
Stadtbaurat Martin Wagner eine von 1925
bis 1933 realisierte Wohnanlage neuen
Typs, bei der das Motto „Licht, Luft und
Sonne" hieß.

Der Hufeisengrundriss des zentralen
Wohnblocks entwickelte sich aus einem
vorhandenen Teich, den Taut zum Mittelpunkt eines elliptischen, begrünten Ge-
meinschaftshofs machte. Der gesamte
Komplex, dessen Hauseingänge durch blau
gestrichene Treppenhäuser betont sind, ist

ein Siedlungsidyll inmitten der Großstadt.
Weitere von viel Grün umgebene Häuserzeilen führen strahlenförmig auf das Huf-
eisen zu. In deren Kopfbauten sind Geschäfte und ein Lokal untergebracht. Die
1072 Wohneinheiten und Einfamilienhäuser waren für Mieter mit geringem
Einkommen vorgesehen. Um die Baukosten niedrig zu halten, wurden Aushub und
Transport mechanisiert. Die Serienferti-
gung erforderte einfache und billige Formen: Mittels Normierung, dank Flachdächern, der Standardisierung der Fens-
tergrößen und durch den Einsatz von
Farbe, die Taut als „billigstes Gestaltungsmittel" pries, wurde das wirtschaftliche Bau-
en einer Großsiedlung erprobt.

Ringsiedlung Siemensstadt

In der Ringsiedlung der Siemensstadt, die deutlich städtischer als die Hufeisensiedlung angelegt ist, ging man neue Wege. Der Wohnkomplex besteht ausschließlich aus mehrgeschossigen Zeilenbauten. Bauherr war die Siemens AG, die neben ihren Werksanlagen mit den charakteristischen roten Klinkerfassaden diese weiß verputzte Siedlung für einkommensschwache Mitarbeiter bereitstellte. Neu war die Nähe zum Produktionsort, neu war die stattliche Zahl von beauftragten Architekten, die der 1926 gegründeten Architektenvereinigung Der Ring angehörten: Walter Gropius, Otto Bartning, Fred Forbat, Hugo Häring und Paul Rudolf Henning. Den Gesamtentwurf für die 1380 Wohnungen lieferten 1929 bis 1932 Martin Wagner und Hans Scharoun, der auch einen Teil der Bauten mit Schiffsmotiven wie Bullaugen und abgerundeten Elementen gestaltete. Die vier- und fünfgeschossigen Häuser, die von öffentlichen Grünanlagen eingerahmt werden, sind hauptsächlich nach Süden ausgerichtet, was den Wohnungen die besten Lichtverhältnisse beschert. Die Ringsiedlung wurde so zum Vorbild für viele weitere Wohnbauprojekte. In den frühen 1930er-Jahren orientierte sich zunächst die Werkssiedlung Heimat in Charlottenburg-Nord an ihr, später manch ein Siedlungsbau der Nachkriegszeit. Die Spandauer Siemensstadt wurde am 7. Juli 2008 zusammen mit der Weißen Stadt in Reinickendorf, der Gartenstadt Falkenberg in Treptow-Köpenick, der Siedling Schillerpark in Wedding, der Hufeisensiedlung Britz und der Wohnstadt Carl Legien am Prenzlauer Berg von der UNESCO zum Weltkulturerbe erklärt.

Hermann Henselmann – Doyen der DDR-Architektur

von Edelgard Abenstein

Hermann Henselmann, Fotografie um 1965

Er baute das Schaufenster des Ostens, die „Erste Straße des Sozialismus". Mit seinem Namen verbindet sich Europas einziger Boulevard, der nach dem Krieg angelegt wurde: die Magistrale, die damals Stalinallee hieß, die heutige Karl-Marx-Allee. Hermann Henselmann, Chefarchitekt der Hauptstadt der DDR, wurde 1905 in Roßla im Harz als Sohn eines Möbeltischlers geboren. Nach einer Lehre im väterlichen Betrieb ging er 1923 an die Kunstgewerbeschule in Berlin-Friedrichshain, um Innenraumgestaltung und Architektur zu studieren. Sein großes Vorbild war Le Corbusier, den er 1930 traf. Unter dem Eindruck dieser Begegnung beginnt seine berufliche Karriere. 1930 entwirft Henselmann zusammen mit dem Filmarchitekten Alexander Ferency die Villa Kenwin bei Montreux im Stil der Neuen Sachlichkeit. Nach wenigen Jahren der Selbstständigkeit – er baut Einfamilienhäuser u. a. in Kleinmachnow – wird Henselmann von den Nationalsozialisten als „baubolschewistisch" verunglimpft und hält sich bis Ende des Zweiten Weltkrieges mit zivilen Aufträgen über Wasser. 1945 reorganisiert er als Direktor die Weimarer Hochschule für Baukunst, indem er Walter Gropius' Lehrkonzepte des Bauhauses von 1919 wiederbelebt.

Schon vier Jahre später winkt ein Posten am Institut für Bauwesen der Deutschen Akademie der Wissenschaften in Berlin, das von Hans Scharoun, dem großen Städteplaner der Nachkriegszeit, geleitet wird. Die dortige Tätigkeit erweist sich für Henselmann als Sprungbrett in die Zukunft. An der neu gegründeten Deutschen Bauakademie wird er 1951 Institutsdirektor, und er ist dabei, als im Sommer an der Stalinallee die Signale zum Aufbau gegeben werden. Hensel-

Alexanderplatz 1963: Blick auf das Haus des Lehrers und die Kongresshalle

mann wird in die Leitung der Gestaltungskollektive von Richard Paulick, Egon Hartmann, Hanns Hopp und Karl Souradny für das Erste aller Ostberliner Prestigeobjekte berufen. Sein zunächst in der Architektursprache der internationalen Moderne gehaltener Entwurf für das Hochhaus an der Weberwiese führt zu kontroversen Reaktionen bei den DDR-Politikern. Parteichef Walter Ulbricht schaltet sich ein. Henselmann sieht sich gezwungen, die Pläne nach traditionellen, am Klassizismus Karl Friedrich Schinkels orientierten Motiven zu überarbeiten. Der ausgeführte Entwurf entspricht dem zu dieser Zeit offiziell geförderten Architekturstil des Sozialistischen Klassizismus sowjetischer Prägung. Anschließend plant Henselmann die großen Repräsentationsbauten an den Eingängen zur Allee, die Turmhäuser am Frankfurter Tor und am Strausberger Platz. Als Vorstufe zum späteren Plattenbau kommen hier erstmalig Betonfertigteile zum Einsatz. Henselmann, der 1953 offiziell zum „Chefarchitekten von Groß-Berlin" ernannt wird, initiiert den Wettbewerb zur „sozialistischen Umgestaltung des Zentrums" und präsentiert dabei den Entwurf für einen 300 m hohen Turm der Signale, aus dem später in abgewandelter Form der Fernsehturm wird. Mit dem Haus des Lehrers und der Kongresshalle (1961–1964) leitet er die Abkehr vom stalinistischen Neoklassizismus ein und öffnet die DDR-Architektur hin zu einer durch industrielle Bauweisen geprägten, internationalen Moderne. Henselmann starb 1995, kurz vor seinem 90. Geburtstag, im wiedervereinigten Berlin.

Denkmalgeschütztes Wohnhaus an der Karl-Marx-Allee, erbaut nach Entwürfen von Henselmann

Karl-Marx-Allee

Sie ist mit 1,7 km Länge das längste Baudenkmal Deutschlands. Die Karl-Marx-Allee, die bis kurz nach dem Mauerbau 1961 Stalinallee hieß, stellt die Architektur des Sozialistischen Realismus zur Schau. Nach den Zerstörungen des Zweiten Weltkriegs wurde die ehemalige Große Frankfurter Straße auf 90 m verbreitert und zwischen 1952 und 1960 von den Architektenkollektiven Egon Hartmann, Hermann Henselmann, Hanns Hopp, Kurt W. Leucht, Richard Paulick und Karl Souradny als Paradestraße der DDR mit zwei monumentalen Platzanlagen erbaut. Die Wohnbauten, die die Allee flankieren, sind bis zu neun Stockwerke hoch, mit Hunderttausenden von Meißner Keramikplatten verkleidet und mit Balustraden sowie Säulen geschmückt. Die „Wohnpaläste für das Volk" im typischen Zuckerbäckerstil der Stalinära bieten Platz für 3000 Wohnungen, die schon damals mit Fernwärme, Fahrstuhl und Müllschlucker ausgestattet waren. Während der Bauzeit erhöhte die DDR-Regierung am 1. Juni 1953 administrativ die Arbeitsnormen um 10 Prozent, woran sich der durch russische Panzer am 17. Juni blutig niedergeschlagene Arbeiteraufstand entzündete. Wahrzeichen der Allee sind die beiden Turmbauten am Frankfurter Tor, die sich an den Formen der gontardschen Türme am Gendarmenmarkt orientieren.

Die Karl-Marx-Allee und Lichtenberger Straße kreuzen sich in einem ovalen Kreisel am Strausberger Platz.

Le-Corbusier-Haus

Für dieses bei Weitem größte Haus der Interbau 1957 gab es im Hansaviertel keinen Platz. Daher wurde dem Architekten Le Corbusier für seine „Unité d'habitation" ein Hügel in der Nähe des Olympiastadions zur Verfügung gestellt, wo das 17-geschossige und 140 m lange, am Sonnenverlauf ausgerichtete Gebäude seine Wirkung als Solitär voll entfalten kann. Bereits Ende der 1920er-Jahre hatte Le Corbusier als Alternative zu dicht bebauten Altstadtquartieren die Vorstellung von Wohnhochhäusern in freier Landschaft entwickelt. Er konzipierte seine Wohnblocks als vertikale, autonome Gartenstädte mit eigenen Läden, Post und Friseur. Vor der Berliner „Unité" hatte er bereits ähnliche Wohnhaustypen in Marseille und Nantes realisiert. Der Bau ruht auf keilförmigen Stützen und erhebt sich über den Wipfeln der Charlottenburger Wald- und Villengegend. Die mehr als 500, zumeist maisonetteartig angelegten Wohnungen gruppieren sich um neun Innenstraßen, von denen aus der Komplex erschlossen wird. Die Ladenzeile ist heute auf einen einzigen Kiosk

Das von Le Corbusier entworfene Wohnhaus „Strahlende Stadt", Fotografie von 1959

geschrumpft. Trotz zahlreicher Änderungen des ursprünglichen Entwurfs erweist sich die Struktur der „Wohnmaschine" bis heute als schwierig: Viele der unterdessen in Eigentum umgewandelten Wohnungen haben zwar echte Liebhaber gefunden, andere stehen hingegen immer wieder leer.

Aufbruch nach dem Krieg –
die Internationalen Bauausstellungen

von Edelgard Abenstein

Berlin war 1945 „das größte zusammenhängende Ruinengebiet Europas". Rund 40 Prozent des Wohnraums waren vernichtet, die Innenstadt lag zu zwei Dritteln in Trümmern. Die Katastrophe des Weltkriegs, so meinte man, ließe sich nur mit einer radikalen Abkehr von der Vergangenheit bewältigen. Diese Ansicht hatte in einer „zweiten Zerstörung" den Abriss von weiten Teilen der Stadt zur Folge. Zudem hatte die einst größte Industriemetropole des Kontinents durch Bomben und Demontagen 85 Prozent ihrer Wirtschaftskraft eingebüßt, von den 4,3 Millionen Berlinern waren kaum mehr als 2,3 Millionen geblieben. Erst der 1947 ins Leben gerufene Marshallplan mit seinem milliardenschweren Hilfsprogramm belebte die Wirtschaft wieder. Zum architektonischen Leitbild des Wiederaufbaus im Westen wurde die Moderne der Weimarer Republik, deren Protagonisten nun als Verfechter des International Style aus Amerika nach Deutschland zurück-

kehrten. Im Osten huldigte man unter der sowjetischen Besatzungsmacht einem monumentalen Neoklassizismus. Beide Systeme standen nicht nur politisch in direkter Konkurrenz zueinander. Als Antwort auf den propagandistischen Erfolg, den die DDR mit dem Bau der Stalinallee 1952 verbuchte, wurde ein Jahr später in West-Berlin die Interbau ausgerufen. Die Internationale Bauausstellung bekannte sich zur modernen Architektur der westlichen Welt. Mit ihrem Herzstück, dem neuen Hansaviertel am Rand des Tiergartens, wollte man der internationalen Öffentlichkeit zeigen, wie eine zerstörte Stadt wiederaufgebaut wird. Die Interbau war aber nicht nur eine demonstrative städtebauliche Geste im

Links oben: Mädchen mit Puppenwagen vor einem Wohnhaus im Hansaviertel, Fotografie um 1957 – Unten: Wasserbecken auf dem neu gestalteten Ernst-Reuter-Platz, Fotografie von 1960

Blick auf die neuen Häuser des Hansaviertels, im Vordergrund eine futuristische Bank, 1959

Kalten Krieg zwischen Ost und West, sie verstand sich auch als programmatische Absage an die Herrschaftsarchitektur des Nationalsozialismus. Dass man Architekten aus Ländern, die wenige Jahre zuvor noch Kriegsgegner gewesen waren, einlud, wurde als Zeichen der Versöhnung betrachtet. Walter Gropius, Max Taut, Oscar Niemeyer, Alvar Aalto – insgesamt mehr als 50 hochrangige Planer aus 13 Ländern interpretierten ihre Vorstellungen modernen Bauens. So entstanden 1160 Wohnungen in diesem Modellviertel im Grünen inmitten der Stadt. Zur Interbau gehörten auch das Le-Corbusier-Haus in Charlottenburg und die Kongresshalle (heute Haus der Kulturen der Welt), die kühnste Konstruktion der 1950er-Jahre in Berlin und ein Geschenk der USA an den Westen der geteilten Stadt. Die Schau stand in der Tradition einer ganzen Reihe von Bauausstellungen wie der Deutschen Bauausstellung von 1931 auf dem Berliner Messegelände oder der Ausstellung „Die Wohnung" des Deutschen Werkbundes in Stuttgart 1927, in deren Rahmen die Weißenhofsiedlung entstanden war. Die Interbau wurde ein riesiger Erfolg. Fast eine Million Besucher, jeder Dritte aus Ost-Berlin und der DDR, strömten im Sommer 1957 ins Hansaviertel. Vom Bahnhof Zoo aus konnte man mit einer Sesselliftseilbahn einschweben. In den möblierten Musterwohnungen teilte sich ein neues unbeschwertes Lebensgefühl mit. Selbst die Glockentürme der beiden neuen Kirchen mit ihren schlanken, filigranen Türmen vermittelten diese Leichtigkeit.

Einen ganz anderen Akzent setzte ca. 20 Jahre später die von 1979 bis 1987 stattfindende Internationale Bauausstellung (IBA). Sie war das Ergebnis einer Wende in der Westberliner Stadtplanung, die sich von Trabantenstädten und Kahlschlagsanierung verabschiedete. Stattdessen sollte die Stadt, vor allem Kreuzberg, das wegen seiner Randlage an der Grenze zu Ost-Berlin für den Totalabriss vorgesehen gewesen war, wiederbelebt werden. Neue Städtebaukonzepte, die man bis dahin nur in einzelnen Fallstudien erprobt hatte, fanden erstmals breite Anwendung. Unter der Leitung von Josef Paul Kleihues wurde die IBA-Neu eingerichtet, die sich um die „kritische Rekonstruktion" der historischen Stadtgrundrisse bemühte. Die durch Krieg und Abriss ausgehöhlte Stadt sollte mit neuer Architektur bereichert werden, wobei man einstige Parzellen, Baufluchten und Traufhöhen zu berücksichtigen gedachte. Für die „IBA-Alt" setzte der Architekt Hardt-Waltherr Hämer auf „behutsame Stadterneuerung", also die Altbausanierung in den von Ausländern, Hausbesetzern und anderen Randgruppen bewohnten Problemvierteln. Er drängte auf Selbsthilfe und Eigenverantwortung, und machte Betroffene zu Bauherren. Mit dieser Strategie gelang es, beinahe alle Altbauten zu erhalten. Etwa 7000 Wohnungen wurden saniert, ca. 2500 entstanden neu, u. a. am Tiergartenrand, am Prager Platz und Tegeler Hafen. Rund 150 internationale Planungsbüros waren beteiligt, darunter Rob Krier, Peter Eisen-

Wohnhaus im Hansaviertel 1959

Die Bebauung am Fraenkelufer (1982–84) im Bezirk Kreuzberg stellt ein Musterbeispiel der von der IBA propagierten „behutsamen Stadterneuerung" dar.

man, Aldo Rossi und Rem Koolhaas. Auf IBA-Planungen geht auch das Jüdische Museum von Daniel Libeskind zurück. Dieser geballte Einsatz städtebaulicher Fantasie führte dazu, dass die IBA und ihre Methoden nicht nur in der internationalen Fachwelt, sondern auch in der breiten Öffentlichkeit leidenschaftlich diskutiert wurden. Dank der IBA fand die ins Abseits geratene Mauerstadt wieder Anschluss an die internationale Architektur. Stadtgeschichte wurde wiederentdeckt. Sie als architektonischen Impuls zu nutzen, ist seither gängige Praxis in der Stadtplanung geworden. Auch die zweite IBA war ein Vorzeigeprojekt des Westens. Nach dem Fall der Mauer und dem Bauboom in der neuen Stadtmitte verlor sie freilich an Anziehungskraft.

Beide Bauausstellungen haben in Berlin viel bewirkt: Sie gaben Impulse, vermittelten Aufbruchstimmung, haben zu neuen Wohnformen und modellhafter Stadtreparatur beigetragen, und sie wurden zu einem weltweit nachgeahmten Modell.

Hansaviertel

„Jedes Haus eine Diva" - diesem ungeschriebenen Motto folgte der Rahmenplan für das Hansaviertel. Entsprechend trägt jedes der 36 Gebäude die Handschrift eines namhaften Architekten des In- oder Auslandes. In lockerer Ordnung sind verschiedene Varianten des sozialen Wohnungsbaus als Punkt- und Scheibenhochhäuser über das grüne Gelände verteilt, dazwischen liegen Einfamilienbungalows und Zeilenbauten. Das hochmoderne Ensemble wurde für 3500 Mieter, heute zumeist Eigentümer, geschaffen. Zu den zwei Kirchen, zu U-Bahnstation, Einkaufszentrum, Bibliothek, Theater und Schule kam später noch ein Ausstellungshaus, die Akademie der Künste,

hinzu. Ihr gegenüber schmiegen sich dreistöckige Häuser, u. a. von Max Taut, in den halbrunden Hanseatenweg. Dahinter erheben sich wie ein Wall nach Norden vier Hochhäuser, u. a. von Luciano Baldessari aus Mailand. Die berühmtesten Gebäude des Hansaviertels sind ein achtgeschossiger Turm auf V-förmigen Stelzen mit separatem Fahrstuhlschacht von Oscar Niemeyer, dem Architekten der Hauptstadt Brasilia, Altonaer Straße 4–14, das Finnenhaus von Alvar Aalto mit freiem Dachzugang für alle Bewohner, Klopstockstraße 30–32, und das zehngeschossige Wohnhaus von Walter Gropius, Händelallee 3–9. Wie ein Torwächter zur Stadt in der Stadt liegt der Berlin-Pavillon am S-Bahnhof Tiergarten. Inzwischen ist dort eine Fast-Food-Kette eingezogen.

IBA-Bauten in Kreuzberg

Erstmals seit dem Einzug der Moderne in Berlin wurde mit der Internationalen Bauausstellung ab 1979 die historische Proportion der Stadt, ihr alter Grundriss, der Stadtplanung zugrunde gelegt und nicht mehr die Hoffnung auf eine möglichst fantastische Zukunft. Das war eine bauästhetische Revolution, deren erstes Gebot hieß, neue Häuser an den traditionellen Blockkanten auszurichten. Bis heute sind die Ergebnisse des Neubauprogramms in der südlichen Friedrichstadt beeindruckend: die Wohn- und Geschäftshäuser von Aldo Rossi etwa, Kochstraße 1–4, oder von Peter Eisenman, Kochstraße 62/63, Zaha Hadids schiefes Haus an der Stresemannstraße, das zu Ihren ersten realisierten Entwürfen zählt, und die Wohnanlage mit Atelierturm von John Hejduk, Charlottenstraße 96–98. Der Wohnhof von Hans Kollhoff u. a. am damaligen Berlin-Museum verhalf dem bis dahin einsam gelegenen Haus wieder zu einem Umfeld. Die ganz anders gearteten „jugendstiligen" Torhäuser von Hinrich und Inken Baller schlossen am Fraenkelufer zwei Baulücken mit einem dissonant-barocken Dreiklang. Auch wenn nicht immer alles gelungen sein mag, die IBA gab dem Quartier ein neues Gesicht: jung, dynamisch, wagemutig – und das rechtzeitig vor dem Fall der Mauer. Denn seither liegt Kreuzberg wieder in der Mitte der Stadt.

Oben und Mitte: Wohnpark am Berlin Museum –
Unten: das Wohnhaus „Bonjour Tristesse" in der Schlesischen Straße

Rundgang „bürgerlich"

Riehmers Hofgarten

Bergmannstraße

Amerika-Gedenkbibliothek

Friedhof am Halleschen Tor

Markthalle Marheinekeplatz

Chamissoplatz

Wer ein lebendiges historisches Stadtviertel Berlins erleben möchte, der gehe nach Kreuzberg, in das „Freilichtmuseum" für die Architektur der Gründerzeit. Kaum ein anderes Quartier glänzt so mit nahezu lückenlos erhaltenen Straßenzügen. Verlässt man die U-Bahnstation Hallesches Tor, vorbei an dem geschwungenen Gebäude der 1954 mit Spenden aus den USA errichteten Amerika-Gedenkbibliothek, ist man schon mittendrin. Während nach links die backsteinerne Heilig-Kreuz-Kirche mit großer Kuppel den Platz an der Zossener Straße beherrscht, gelangen wir nach rechts auf den breiten Mehringdamm, wo ein grauer Gebäudekomplex mit Zinnen und Ecktürmen den gesamten Straßenzug einnimmt: die ehemalige Kaserne der preußischen Garde-Dragoner von 1853, das heutige Finanzamt. Schön ist ein Blick in den Hof: Wo früher exerziert wurde, sind die einstigen Stallungen makellos restauriert.

Gegenüber treten wir durch den Eingang eines der ältesten Berliner Friedhöfe, der 1735 noch weit vor den Toren der Stadt lag. Berühmte Persönlichkeiten aus dem 18. und 19. Jh. sind hier zur letzten Ruhe gebettet: E.T.A. Hoffmann, Rahel Varnhagen, von Knobelsdorff, Antoine Pesne; in der Friedhofsgärtnerei ist ein Lageplan zu erwerben. Lebendig wird es wieder in der Yorckstraße, die am sogenannten Generalszug liegt, einem Boulevardring außerhalb der alten Zollmauern, der den antinapoleonischen Helden Preußens gewidmet war: Yorck, Gneisenau, Bülow und Kleist. Ungeachtet der militärischen Tradition beginnt hier das bürgerliche, das urbane Kreuzberg mit seiner typischen Mischung aus Wohnhäusern und Kleingewerbe, Kneipen, Restaurants und Vergnügungsstätten. Inmitten der Mietskasernen fallen die beiden Türme einer schmalbrüstigen Kirche auf: St. Bonifatius, die 1907 von Max Hasak errichtet wurde. Da ihre Erbauer in der protestantischen Diaspora über wenig Mittel verfügten und um die hohe Fassadensteuer zu umgehen, zwängte sich die katholische Kirche kostengünstig in die Blockrandbebauung. Dahinter aber erstreckt sich nicht nur das Kirchenschiff, sondern auch ein beschaulicher, von Wohnhäusern umrahmter, begrünter Innenhof. Direkt daneben fallen an einer reich verzierten Fassade zwei Atlanten ins Auge, unter denen sich ein großes Tor zu einem Durchgang öffnet, der Einfahrt zu Riehmers

Hofgarten, einem fünfgeschossigen Wohnkomplex zwischen Yorck-, Großbeeren- und Hagelberger Straße. Für die gutverdienende Mittelschicht aus Kaufleuten und Militärs baute der Maurermeister Wilhelm Riehmer von 1881 bis 1899 dieses Reich in prächtiger Neorenaissancemanier. Betritt man durch das Rundbogenportal den Innenhof, so sieht man, dass der Bauherr, entgegen der üblichen Berliner Praxis, die vorn protzige Fassaden und hinten lichtlose Höfe vorsah, eine neue und einmalige Form für den Wohnungsbau erdacht hatte. Auch die Hoffassaden sind schön mit Erkern, Risaliten und Balkonen gestaltet, schinkelsche Straßenlaternen beleuchten den Garten wie einen Ruheraum. Verlässt man dieses Refugium wilhelminischen Wohlstands, fängt einen die Geschäf-

Fassadendetail aus dem Eingangsbereich zu Riehmers Hofgarten

tigkeit des Kreuzberger Kiezes ein – jenseits des Mehringdamms zunächst die Flaniermeile des Viertels, die Bergmannstraße. Hier stellt sich die preußisch-strenge Blockrandbebauung der hobrechtschen Stadtplanung des 19. Jh. vor, hier ist auch das Vorzeigegebiet der „behutsamen Stadterneuerung" der 1970er-Jahre zu erleben. Wie im Zeitraffer präsentieren die Häuser von der 1870 bebauten Bergmannstraße über die rechter Hand gelegene Nostitzstraße die Stilrichtungen der Zeit: schöne spätklassizistische Fassaden, u. a. mit von Statuen gekrönten Giebelrisaliten.

Über die Arndtstraße, die mit stark plastischen, neobarocken, zwischen 1877 und

Marheinekeplatz mit Markthalle

1888 entstandenen Formen prunkt, geht es bis hinauf zum neugotischen Wasserturm von 1888 in der Fidicinstraße. Das Herz der Gegend aber ist der Chamissoplatz: Kopfsteinpflaster auf den Straßen, Gaslaternen, eine alte Wasserpumpe unter Bäumen. Ein charmantes Idyll inmitten der Stadt, das sich wegzuducken scheint unter dem Ansturm von Bewunderung. Es bietet auf seinem makellos sanierten Geviert aus der Kaiserzeit nicht mehr als zwei Restaurants und ist noch immer beliebter Drehort für historische Filme. Am Ende der Friesenstraße taucht,

behäbig hingelagert, ein lang gestrecktes Gebäude aus Backstein, Glas und Eisen auf: die Marheinekehalle. Als vorletzte der einst 15 Berliner Markthallen war sie 1892 in Betrieb genommen worden. Fast alle waren größer und repräsentativer als die Kreuzberger Ausgabe. Und doch ist sie die einzige, die sich eisern behauptet hat gegen die Kriegszerstörung, die Supermärkte und den Verfall. Jüngst renoviert, erstrahlt sie in hellem Licht und ist wie schon immer mehr als nur ein Ort zum Einkaufen: ein quirliges Denkmal ihrer selbst.

Schlösser und Gärten

Schlösser und Gärten

Von der Renaissance bis zum Klassizismus – die Schlösser und Herrenhäuser, die sich die Hohenzollern und andere Adelsdynastien in Berlin und rund um die Residenzstadt errichten ließen, bieten ein vielgesichtiges Bild höfischer Kunst und Architektur. Sie dienten als Jagdschlösser, Sommerresidenzen, Gutshäuser und als Wohnsitze weitverzweigter Familien. Die besten Architekten ihrer Zeit wurden für ihren Bau engagiert. Ihre Entwürfe und gestalterischen Einfälle haben Maßstäbe gesetzt, sie nahmen Einfluss auf die Entwicklung des Berliner Umlandes ebenso wie auf die Physiognomie der Stadt. Die Schlösser waren Vorbilder, sie wurden munter kopiert. Von den Adelspalais des 17. Jh. in der Friedrichstadt bis zu den Gründerzeitvillen des Großbürgertums im Grunewald – man bediente sich ungeniert des Formenschatzes der Schlossarchitektur, sei es in der Anlage der Häuser oder beim Dekor. Heute sind die meisten Schlösser, umgeben von ausgedehnten Parkanlagen, viel besuchte Ausflugsziele, Museen, Orte herausragender Kunstsammlungen oder historische Kulisse für festliche Anlässe. Einzig das Schloss im Herzen Berlins, das bedeutendste bauliche Erbe der Hohenzollernherrschaft in Preußen, ist seit seinem Abriss 1950 unwiederbringlich verloren – und wird doch demnächst am alten Ort in neuer Gestalt wiedererstehen.

Schloss Charlottenburg

Am Anfang seiner Geschichte stand der Wunsch nach einer „Maison de Plaisance". Die Namensgeberin, Sophie Charlotte, war

eine ungewöhnliche Fürstin, hoch gebildet, mit Gottfried Wilhelm Leibniz befreundet, der Musik verbunden – und sie ist die Stammmutter aller preußischen Könige. Nach einem Entwurf von Johann Arnold Nering ließ sie sich 1695 bis 1699 eine klei-

ne Sommerresidenz vor den Toren Berlins errichten, einen zweieinhalbgeschossigen Bau mit elf Achsen, dessen Mitte zur Gartenseite hin durch einen säulengeschmückten, ovalen Saal akzentuiert ist. Dieser älteste Bauteil wurde erweitert, als sich ihr

Gemahl 1701 zum ersten König in Preußen krönen ließ. Der an Versailles geschulte Baumeister Johann Friedrich Eosander von Göthe ergänzte das Hauptgebäude um seitliche Trakte zu einer dreiflügeligen Anlage, die einen repräsentativen Ehrenhof umschließt. Auf die Mittelachse setzte er einen 48 m hohen Turm, an der Westseite errichtete er die 143 m lange Orangerie. Im Ehrenhof erhebt sich heute eines der bedeutendsten barocken Reiterdenkmäler überhaupt, das Monument des Großen Kurfürsten (1696–1700) von Andreas Schlüter, das bis 1943 auf der Langen Brücke (heute Rathausbrücke) stand. Als Friedrich I. 1713 starb, war das Schloss bereits zu einer international vorzeigbaren Residenz geworden. Den dritten Bauabschnitt gab Friedrich II. in Auftrag. 1740 bis 1746 ließ er seinen ersten Baumeister den östlichen, später nach diesem benannten Knobelsdorff-Flügel errichten. Carl Gotthard Langhans, der Architekt des Brandenburger Tors, entwarf unter Friedrich Wilhelm II. das Schlosstheater (1787–1791) in Verlängerung der Orangerie und das ursprünglich auf einer Insel gelegene Belvedere, einen Aussichtspavillon, der im nordöstlichen Schlosspark zu finden ist. Karl Friedrich Schinkel hat 1824/25 für Friedrich Wilhelm III. am östlichen Ende des Knobelsdorff-Flügels den Neuen Pavillon erbaut, der einer Villa in Neapel nachempfunden ist, die der König zwei Jahre zuvor auf seiner Italienreise kennengelernt hatte. Neben dem prächtigen Barockbau wirkt der symmetrische Kubus kühl, schlicht und sehr modern. Am Ende einer Allee, im Westteil des Parks, ließ Friedrich Wilhelm III. von Heinrich Gentz ein Mausoleum als letzte Ruhestätte für Königin Luise errichten. Das im Zweiten Weltkrieg schwer beschädigte Schloss sollte in den 1950er-Jahren zunächst abgerissen werden. Dem Einsatz der späteren Direktorin der Schlösser und Gärten, Margarete Kühn, ist es zu verdanken, dass man sich 1956 doch für einen Wiederaufbau entschied. Auch die Interieurs wurden weitgehend wiederhergestellt. Besonders sehenswert im barocken Hauptbau sind die Eichengalerie, ein lang gestreckter Festsaal mit hoher Täfelung und Schnitzereien, das Porzellankabinett mit verspiegelten Wänden und die Schloss-

Schinkel-Pavillon im Park von Schloss Charlottenburg

kapelle mit Königsloge. Im anschließenden Knobelsdorff-Flügel liegen die Sommerwohnung und Winterkammern Friedrich Wilhelms II. und das von Schinkel anmutig gestaltete Schlafzimmer von Königin Luise, eine der ersten Arbeiten des jungen Baumeisters für das preußische Königshaus. Im ersten Stock desselben Flügels enthalten die einstigen Wohnräume Friedrichs II. mit der Gelben Atlaskammer von Johann August Nahl geschaffene Rokokomöbel und eine bedeutende Gemäldesammlung der französischen Schule vom Anfang des 18. Jh., darunter Antoine Watteaus „Ladenschild des Kunsthändlers Gersaint" (1720). Spitzenleistungen des europäischen Rokoko im Schloss sind die beeindruckenden Raumfluchten Eosanders, die Enfiladen, und vor allem die von Knobelsdorff 1740 bis 1747 gestalteten Festsäle, der Weiße Saal und die 50 m lange Goldene Galerie. Im Park an der Spree, der ab 1697 von dem Le-Nôtre-Schüler Simon Godeau im französischen Stil angelegt, dann durch Johann August Eyserbeck und später von Peter Joseph Lenné weitgehend in einen englischen Landschaftsgarten umgewandelt wurde, stellte man nach dem Krieg das sogenannte Broderieparterre des Barockgartens wieder her. Der auch Langhansbau genannte Westflügel des Schlosses beherbergt heute das Museum für Vor- und Frühgeschichte, das die Kulturen Alteuropas und bronze- und eisenzeitliche Funde des alten Orients zeigt. Hier sind der berühmte „Berliner Goldhut" sowie Heinrich Schliemanns legendäre Sammlung trojanischer Altertümer zu sehen. Deren Kernstück allerdings, der Schatz des Priamos, gehört zur „Beutekunst" und befindet sich heute noch in Moskau.

Ein neues Stadtschloss für Berlin –
viele Steine des Anstoßes

von Jeannine Fiedler

Bestes Zeichen für eine funktionierende Herrschaft des Volkes – und nichts anderes ist die Demokratie – sind öffentliche Diskurse über die Gestaltung urbanen Raumes. Bis zu seiner Einweihung 2005 hatte das Denkmal für die ermordeten Juden Europas eine 18-jährige Diskussions-, Wettbewerbs- und Planungsphase hinter sich gebracht. Die erhitzten Debatten über ein Entree und eine Straße der Künste und Kulturen, die sämtliche Sammlungen auf der Museumsinsel unterirdisch verbinden soll, währen schon seit Mitte der 1990er-Jahre. Für den Wiederaufbau des Stadtschlosses – das vom Brandenburger Tor aus gesehen markanter Fluchtpunkt

der Allee Unter den Linden und „Haupt" des ehemaligen preußischen Machtzentrums zwischen Forum Fridericianum und Museumsinsel war – machte sich bereits 1992 der Unternehmer Wilhelm von Boddien stark. Seither sind Vorschläge zur Nutzung des ursprünglichen Schlossareals Legion. Die Rufe nach dem Erhalt des Palastes der Republik hingegen sind längst verstummt; sein Rückbau ist nahezu vollendet. Das beton- und rauchglasgewordene Symbol für die DDR-Diktatur, das diese bis 1976 im ideologischen Abgrenzungsgestus auf dem Terrain des 1950 gesprengten Hohenzollernschlosses errichtete, lässt sich als architektonischer Treppenwitz der deutschen

Geschichte lesen, ist er doch von der gleichen Haltung beseelt, wie sie auch die spätwilhelminische Ära prägte: Es geht aufwärts, jetzt erst recht. Allein der Rückbau des „Palazzo Prozzo", wie er im Volksmund genannt wurde, wird bei seiner Vollendung 2009 etwa 60 Millionen Euro verschlungen haben. Die Aufwendungen für dessen Asbestsanierung und Restaurierung hätten sogar im dreistelligen Millionenbereich gelegen und diese Summe im Vergleich zu einem Neubau kaum gerechtfertigt. Mit den letzten Bundestagsabstimmungen von 2002

Schlüterhof des historischen, 1950 gesprengten Stadtschlosses, Gemälde um 1830 von Eduard Gaertner, Öl auf Leinwand, 97 x 155 cm

Stadtschloss und Lustgarten,
kolorierte Fotografie von 1898

und 2003 wurde nicht nur die Form des neuen Gebäudes vorgegeben, sondern auch sein Zweck festgelegt. Die Kubatur des Stadtschlosses aufgreifend, soll das Gebäude drei barocke Außenfassaden – die von der Spree abgewandten – sowie den berühmten Schlüterhof mit drei barocken Innenfassaden erhalten. Da der Bund die Hauptlast der mit einer halben Milliarde Euro sehr knapp geschätzten Baukosten trägt, hat sich die Orientierung von einer vormals gedrittelten Bespielung durch Museen, Bibliothek und Universität zugunsten der bundesfinanzierten Stiftung Preußischer Kulturbesitz und einer Nutzung durch deren Museen verschoben. Das „Schloss" wird natürlich keines sein, selbst wenn die Bundeskasse die Rekonstruktion einiger der prächtigsten Salons oder historischer Enfiladen (Raumfolgen) erlaubt, sondern Allround-Architektur aus Museum, Veranstaltungsort und Agora, eine Production Mall für Kunst und Kultur. Das Humboldt-Forum – so der Name des geplanten Multifunktionsbaus – wird der gegenüberliegenden Humboldt-Universität für

deren grandiose naturwissenschaftliche Sammlungen ganze 1000 m² zur Verfügung stellen; die Bibliotheken werden mit 4 000 m² abgefertigt. Die bislang in Dahlem untergebrachten Sammlungen außereuropäischer Kulturen werden hier nach dem Konzept des bis Februar 2008 amtierenden Stiftungspräsidenten Klaus-Dieter Lehmann endlich einen gleichberechtigten Platz vis-à-vis der Museumsinsel mit ihren europäisch-orientalischen Kunstschätzen erhalten. Mit 31 000 m² Fläche wurde ihnen die „Nutzungshoheit" zugebilligt. Die Agora soll auf 14 000 m² auch Gastronomie, Theater, Kino und Werkstätten Raum bieten. Ob es Hermann Parzinger, dem Nachfolger Lehmanns als Berlins wichtigstem Museumsmanager, gelingt, diese noblen Ideen seines Vorgängers bis 2013 in einem weltweit einmaligen Kulturzentrum zu vereinen, das flexibel Themen in Ausstellungen umsetzt und dem dafür sogar Kuratoren und neuartige mobile Museumsarchitekturen zugestanden werden, wird die Zukunft zeigen.

Granitschale im Lustgarten, Gemälde 1831 von
Johann Erdmann Hummel, Öl auf Leinwand,
65,5 x 87,5 cm, Märkisches Museum, Berlin

Schloss Bellevue

Ein nobles Schloss im Park, repräsentativ, aber nicht einschüchternd, vornehm, ohne aufzutrumpfen, das ist der Amtssitz des Bundespräsidenten. 1786 errichtete Michael Philipp Daniel Boumann die elegante Dreiflügelanlage für den Prinzen August Ferdinand von Preußen, den jüngsten Sohn des Soldatenkönigs, dem sein Schloss in Friedrichsfelde zu weit draußen lag. Boumann orientierte sich bei seinem Entwurf an der kurz zuvor fertiggestellten Residenz in Wörlitz und schuf damit das erste königlich-preußische Schloss in frühklassizistischem Stil. Im heute rekonstruierten ovalen Festsaal, den Carl Gotthard Langhans 1791 gestaltete, waren Friedrich Schiller und Napoleon zu Gast. Später richtete Friedrich Wilhelm IV. in der Residenz die Vaterländische Galerie ein, das erste Museum für zeitgenössische Kunst in Preußen. Gleichzeitig wurde der Park für die Öffentlichkeit zugänglich gemacht. Ab 1935 beherbergte das Schloss das Staatliche Museum für Deutsche Volkskunde, drei Jahre später wurde es von Paul Baumgarten zum Reichsgästehaus umgebaut. Im Park entstand ein Wohnhaus für den Generalintendanten des Preußischen Staatstheaters Gustaf Gründgens und seine Frau Marianne Hoppe. Das stark kriegszerstörte Bellevue wurde mehrfach grundlegend restauriert und modernisiert. Nebenan ist 1996 bis 1998 das Bundespräsidialamt – entworfen von Martin Gruber und Helmut Kleine-Kraneburg – hinzugekommen, ein vierstöckiges, in hochglänzende, schwarze Granitplatten gekleidetes Oval mit einem Riegelbau im Innenhof.

Schloss Tegel

In Berlin nennt man es das Humboldt-Schlösschen, das letzte märkische Anwesen, das sich dauerhaft im Besitz derselben Familie befindet. Wie sein geografisches Pendant im Süden, das Jagdschloss Grunewald, gehen seine Anfänge auf einen Waidmannssitz zurück. In der Waldeinsamkeit nahe dem großen See, der heute nach dem Ort Tegel heißt, ließ sich ein Hofsekretär Joachims II. ein Herrenhaus im Stil der Renaissance errichten, das unter Kurfürst Friedrich Wilhelm in ein Jagdschloss umgewandelt wurde, ehe es nach mehrmaligen Eigentümerwechseln 1766 in den Besitz der Familie von Humboldt gelangte. Hier verlebten die Brüder Wilhelm und Alexander von Humboldt ihre Kindheit. Nach dem Tod der Mutter kehrte 1797 der Ältere, der Gründer der später nach ihm benannten Universität, hierher zurück. Schinkel gestaltete das Anwesen 1820 bis 1824 zu einem Ruhesitz für ihn um: In Anspielung auf die italienische Villenarchitektur und die griechische Antike schuf er einen makellos weißen, streng gegliederten Bau. Den südlichen Renaissanceturm des Altbaus kopierte der Architekt für die übrigen Ecken, sodass ein symmetrisches Ganzes entstand. Im Inneren erwuchsen helle, großzügige Räume, Bibliothek und Blauer Salon, Vestibül und Antikensaal. Der ursprünglich vom Lehrer Gottlob Johann Christian Knuth angelegte Park wurde von Humboldt selbst später weiterentwickelt. Eine Lindenallee führt an der Humboldteiche vorbei zur Grabstätte der Familie, die Wilhelm von Humboldt nach dem Tod seiner Frau Caroline 1829 ebenfalls von Schinkel errichten ließ: Sie wird von einer ionischen Granitsäule mit einer Kopie der „Hoffnung" des dänischen Bildhauers Bertel Thorvaldsen überragt. Hier sind auch der einstige Hausherr und sein Bruder Alexander begraben.

Schloss Friedrichsfelde

Zunächst hieß der Sommersitz des holländischen Glücksritters Benjamin von Raulé wie das umliegende Dorf Rosenfelde. Der Generaldirektor der kurbrandenburgischen Marine ließ ihn 1695 von Johann Arnold Nering als Lusthaus errichten. Schon kurz danach – Raulé war in kurfürstliche Ungnade gefallen, enteignet und inhaftiert worden – erhielt sein Schlösschen den Namen des ersten Preußenkönigs Friedrich, wurde auf repräsentative Maße erweitert und wechselte mehrfach den Besitzer. Von 1731 an bewohnte es Prinz August Ferdinand, der jüngste Bruder Friedrichs II., bevor er nach Bellevue umzog. Sein heutiges Gesicht erhielt das Schloss um 1800, als es die Herzogin Katharina von Holstein-Beck,

die für ihre schillernden Gartensoireen berühmt war, im frühklassizistischen Stil umbauen ließ. Der säulenverzierte Festsaal im Obergeschoss erinnert an diese Zeit, während die reich geschnitzte Holztreppe im Mittelbau noch aus der Phase des ersten Umbaus um 1719 stammt. Nach dem Ende der napoleonischen Kriege erwarb Familie von Treskow das Areal. Lenné gestaltete 1822 den nach holländischer Art angelegten Garten in einen Landschaftspark um. Die symmetrischen Parterres aus den Anfangsjahren wurden erst in den 1950er- und 1980er-Jahren rekonstruiert. Seit 1955 ist der ehemalige Ostberliner Tierpark in das Gelände eingezogen. Den Zweiten Weltkrieg überstand das Schloss, ohne äußerlich großen Schaden zu nehmen. Die Treskows wurden von der Roten Armee

vertrieben, das Mobiliar geplündert. Dann verfiel das Haus und war zeitweise vom Abriss bedroht. In den 1970er-Jahren wurde es von Grund auf restauriert und im Zustand von 1800 wiederhergestellt. Da die Innenausstattung nahezu verloren war, behalf man sich mit Einrichtungen aus zerstörten märkischen Schlössern und Herrenhäusern. So stammt die grüne Wandbespannung des Jagdzimmers im Erdgeschoss aus Schloss Ostrau bei Halle, den Gartensaal schmückt eine Landschaftstapete von 1770 aus der Königlichen Oberförsterei Zinna. Erstaunlich gut erhalten sind die Wanddekors auf Leinwand und Seide, die den wertvollen Möbeln und Ausstattungsstücken als Kulisse dienen. Die 14 Räume werden heute vom Stadtmuseum Berlin als Dependance genutzt.

Schloss Köpenick

Berühmt wurde die Stadt, die viel älter ist als Berlin, durch die Tat des Hauptmanns von Köpenick. Mit dem „deutschen Märchen" über einen Schuster, der es schaffte, die Stadtkasse an sich zu bringen und den Bürgermeister zu verhaften, nur weil er eine Uniform trug, machte Carl Zuckmayer Karriere. Der Geniestreich, der wilhelminisches Obrigkeitsdenken bloßstellte, hat tatsächlich 1906 im Köpenicker Rathaus stattgefunden. Ein anderer Akt der Unbotmäßigkeit vollzog sich im Wappensaal des nahe gelegenen Schlosses. Dort trat 1730 auf Weisung Friedrich Wilhelms I. das Königliche Kriegsgericht zusammen, um Kronprinz Friedrich (II.) und Leutnant Hans Hermann von Katte wegen der geplanten Flucht Friedrichs vor dem strengen königlichen Vater zum Tode zu verurteilen. Die Richter aber weigerten sich, das Urteil zu sprechen.

Errichtet wurde das Schloss nach dem Abriss eines alten Jagdsitzes für den Kurprinzen Friedrich, den späteren ersten Preußenkönig, als Sommerresidenz auf einer Halbinsel. Rutger van Langervelt setzte 1677 bis 1681 den barocken Bau im holländischen Stil direkt an das flache Ufer der Dahme, die Fassade auf das Wasser gerichtet. Johann Arnold Nering ergänzte die dreigeschossige Anlage 1682 bis 1688 um einen Galerieflügel, den gegenüberliegenden Wirtschaftsflügel mit der Schlosskirche und den barocken Torbau an der Brücke. Im Inneren des Schlosses sind ein dreiläufiges Treppenhaus und prächtige Vestibüle sowie in 15 Räumen originale Deckengemälde von Jacques Vaillant und kunstvolle Stuckarbeiten des italienischen Meisters Giovanni Carove erhalten. Das Schloss, eine Dependance des Kunstgewerbemuseums am Kulturforum, bietet reiche Schätze der Raumkunst aus Renaissance, Barock und Rokoko mit Möbeln, Tapisserien, Lackarbeiten und einem Kabinett mit Kunstkammerschränken. Zu den Höhepunkten der Sammlung zählt das berühmte Silberbuffet von 1695 aus dem Berliner Schloss. Von besonderem Rang ist der freigelegte barocke Dachstuhl mit mächtiger Balkenkonstruktion. Hier ist eine Sammlung von Fayencen und Porzellan zu sehen, während im Untergeschoss, wo Reste des mächtigen Nordostturms den Vorgängerbau ahnen lassen, die Siedlungsgeschichte der Schlossinsel gezeigt wird.

Rechts: Tafelservice im Wappensaal des Köpenicker Kunstgewerbemuseums, angefertigt für Friedrich II.

Peter Joseph Lenné –
Gärtner in Preußens Arkadien

von Jeannine Fiedler

Peter J. Lenné, Lithografie um 1850

Peter Joseph Lenné prägte wie kein Zweiter das Gesicht des preußischen Landschaftsgartens. Die von ihm entwickelte Gartenkunst wurde über das halbe Jahrhundert seines aktiven Schaffens hinaus zu einem nicht nur ästhetischen, sondern auch atmosphärischen Hauptelement des Kulturraums in und um Berlin. 1990 ist Lennés Gartenreich zwischen Pfaueninsel und Werder als einzigartiges Ensemble aus Naturgestaltung und Architektur zum Weltkulturerbe erklärt worden. Im Auftrag des königlich-preußischen Hofes und unter besonderer Förderung durch den kunstsinnigen Regenten Friedrich Wilhelm IV. verhalf

Lenné seinen Zeitgenossen zu einer „Läuterung des Geschmacks", wobei er vor allem „Augenmerk auf Landes-Kultur und Landes-Verschönerung" legte: In der kenntnisreichen wie genussvollen Wahrnehmung von Landschaftsbildern und städtischen Anlagen sollte sich vor dem Auge des Betrachters ein genuin deutscher „Gartenstyl" entfalten, der sich sowohl aus einer langen Geschichte europäischer Park- und Gartengestaltung herleitete als auch vielgestaltig angewandter Vorbilder bediente.

Lenné entstammte einer Familie von wallonischen Gärtnern, die 1665 von Liège ins Rheinland übersiedelte. Seither dienten sie den Kölner Kurfürsten als Hofgärtner in Poppelsdorf; dem neben den Bonner und Brühler Residenzen dritten kurfürstlichen Wohnsitz. Im Jahr der Französischen Revolution am 29. September geboren, sollte auch Lenné der Tradition seiner Väter folgen. Zwar bestand der Vater, Peter Joseph Lenné der Ältere, auf einer akademischen Ausbildung, doch der Spross brach diese nach einigen Studien zur wissenschaftlichen Botanik mit 16 Jahren ab. Die nun folgende Gärtnerlehre bei seinem Onkel, dem Brühler Hofgärtner Joseph Clemens Weyhe, beendete er kurz vor seinem 19. Geburtstag im Jahre 1808. Studienreisen führten ihn nach Süddeutschland sowie 1811/12 nach Frankreich. Bei Arbeitskollegen des Vaters, den Brüdern André und Gabriel Thouin in Paris, die zu den einflussreichsten Botanikern und Gartenarchitekten ihrer Zeit zählten, erhielt Lennés Ausbildung zu-

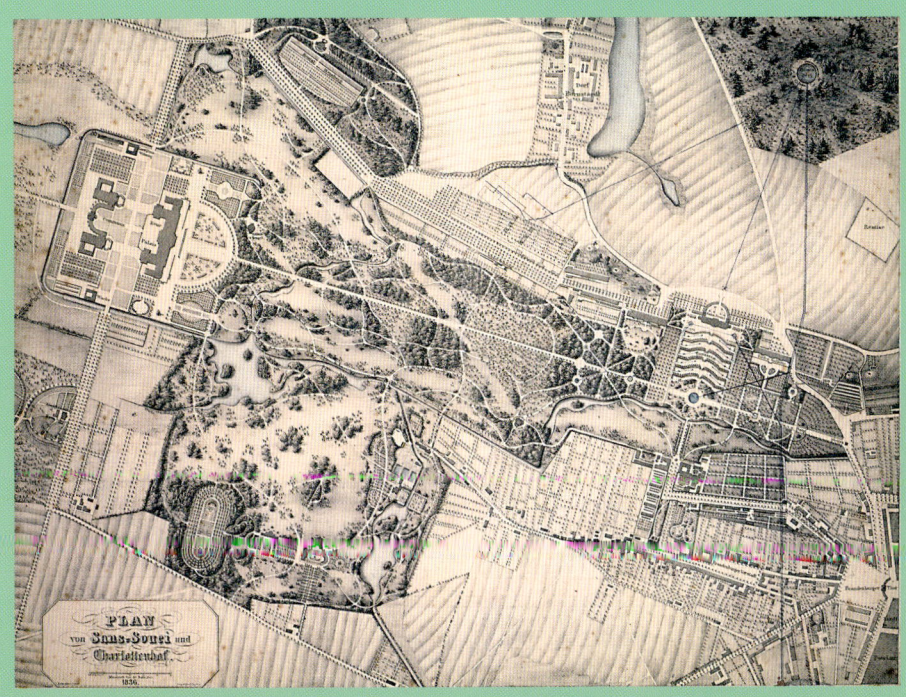

Plan von Sanssouci und Charlottenhof von Peter Joseph Lenné, Lithografie von 1836

sätzliche wissenschaftliche Akzente und einen meisterlichen Schliff. Zu seinem Vorbild für künftige Projekte wurden die geschwungene Wegeführung und harmonische Raumordnung, wie sie Gabriel Thouin bei seinen Landschaftsgärten, den „Jardins romantiques", im Empire und während der Restauration unter den Bourbonen pflegte. Am Pariser Polytechnikum hörte Lenné Vorlesungen bei Jean Nicolas Louis Durand, dem Assistenten des großen Revolutionsarchitekten Étienne Louis Boullée, der der ein neuartiges Rastersystem für eine vereinfachte Städtebauplanung entwickelt hatte. Die so erworbenen Kenntnisse vervollkommnete er auf seiner dritten Studienreise in die Schweiz und in den süddeutschen Raum 1812, bei der er vermutlich dem Schöpfer der Nymphenburgischen Parklandschaft, Friedrich Ludwig von Sckell, begegnete: sckellsche Geländemodellierungen finden sich später auch in den Entwürfen Lennés.

Auf Vermittlung Lennés d. Ä. gelang ihm in den Diensten der Habsburger die Umsetzung seiner ersten größeren Landschaftsgestaltung, der Parkanlagen von Schloss Laxenburg, dem Sommersitz des Wiener Hofes.

1816 folgte Lenné einem Ruf an die Potsdamer Residenz des Königreichs Preußen. Nach den napoleonischen Kriegen befanden sich Gärten und Parkanlagen in Potsdam und Berlin in einem beklagenswerten Zustand. Lenné verdiente sich erste Meriten bei der Gestaltung des Neuen Gartens Potsdam. Doch das Fundament zur Schaffung der „Insel Potsdam", dem stimmungsvollen Arkadien des Nordens, legte er ab 1816 mit schöpferischer Hand in Gut Glienicke, dem damals hardenbergschen Besitz an der Havel. Die mediterrane Sehnsucht seiner Zeit verschmilzt an diesem Ort mit dem melancholischen Zauber brandenburgischer Wasserlandschaften, die sich das berühmte Indigoleuchten über der lichtreflektierenden „Streu-

sandbüchse" der Mark zum Verbündeten macht. Bei der Erkundung des Genius loci – erste universelle Regel vor der Planung eines Gartens oder Parks – erkannte Lenné dessen Eigenarten und verhalf bereits existierenden Harmonien durch subtiles Eingreifen zur Schwingung: Er formte sanfte Anhöhen und Wiesentäler, schuf verschlungene Pfade durch Haine und Strauchwuchs, die aufs Natürlichste neu arrangiert worden waren, und führte den Spaziergänger an immer neue staunenswerte Landschaftsbilder heran, denn er wünschte sich seine Anlagen menschenbelebt. Die „points de vue" eröffnen die Sicht auf wildromantische Schluchten, auf die Havel bis hin zur Heilandskirche nach Sacrow oder auf sich staffelnde Natureindrücke vor künstlichen Ruinen und klassizistischer Noblesse. Die Elemente einer Vorlage nutzen, sie in Natürlichkeit zu verfeinern und dennoch einer zentralen Idee unterzuordnen – hier beginnt die schöpferische Tätigkeit des Gärtners, und Lenné zeigte sich ein übers andere Mal als meisterhafter Organisator. Glienicke erwies sich als glanzvoller Auftakt der kongenialen Zusammenarbeit Lennés mit zeitgenössischen Baumeistern, allen voran Karl Friedrich Schinkel und Ludwig Persius. In den kommenden Jahrzehnten fächerte sich Lennés Werk in drei unterschiedliche Gestaltungsansätze auf: Nach der „reinen Gartenkunst" seiner Lehr- und Wanderjahre folgte ab ca. 1820 die Phase der großzügigen „Pleasuregrounds" und Land-

Lageplan der Pfaueninsel aus dem Jahr 1829

Schloss Friedrichsfelde, die Gartenanlage wurde 1821 von Peter Joseph Lenné angelegt.

schaftsparks, die für ihre Sichtachsen und die natürliche Einbindung von dekorativen Elementen wie exotischen Pflanzen oder Wasserspielen berühmt sind. Hierzu zählen neben Glienicke die Pfaueninsel, die Umgestaltung des Parks von Sanssouci, die Gartenanlage Schloss Friedrichsfelde (heutiger Tierpark Berlin), die russische Kolonie Alexandrowka in Potsdam oder die Schlossanlage von Caputh, um nur einige der mehr als 120 bis 1840 entstandenen Parkanlagen zu nennen. Danach erfolgte – der gängigen Mode der Jahrhundertmitte entsprechend – auch bei Lenné die Aneignung historisierender Gestaltungsmerkmale, welche die Formen vergangener Stilepochen wie Renaissance und Barock wiederbelebten. 1840 übertrug ihm Friedrich Wilhelm IV. zusätzliche stadtplanerische Aufgaben im Berliner Raum, die er mit wachsender sozialer Verantwortung erfüllte. 1854 wurde er zum General-Gartendirektor sämtlicher königlich-preußischer Gärten ernannt. Nicht nur in der Reichshauptstadt, auch deutschlandweit hinterließ Lenné, als er 1866 starb, zahllose Spuren seines schöpferischen Genies.

Jagdschloss Grunewald

In den Wäldern und Seen rund um das weiße Renaissanceschloss ging der Berliner Hof 400 Jahre lang dem Jagdvergnügen nach. Kurfürst Joachim II. ließ sich, vermutlich von Caspar Theyss, einem der Baumeister der Hohenzollernresidenz, 1542 den bewehrten Ausflugspunkt errichten. Über dem Portal kann man bis heute eine In-

schrift lesen: „Zum grünen Walde", ein Name, der bald auf die Gegend selbst überging. Der zweigeschossige Bau wurde im 17. Jh. aufgestockt und war bis 1709 ein von einem Graben umgebenes Wasserschloss. Der große Saal mit bemalter Holzdecke ist der einzige erhaltene profane Innenraum aus der Renaissancezeit in Berlin. Repräsentative barocke Erweiterungen und kleinere Hofgebäude kamen Anfang des 18. Jh. hinzu. Um 1830 führte der Glienicker Schloss-

herr Prinz Carl von Preußen die Parforcejagd wieder ein: „Par force de chiens" (durch Hundekraft) wurde das Wild gehetzt und von den nacheilenden Jägern abgefangen. Zahlreiche Gemälde im Schloss veranschaulichen diese Art von höfischer Unterhaltung ebenso wie monströse Tierdarstellungen, die der barocken Vorliebe fürs Spektakuläre entsprachen. In dem seit 1932 als Museum dienenden Gebäude sind in wohnlicher Atmosphäre neben Möbeln, Porzellanen und Zinnzeug über 200 Gemälde deutscher und niederländischer Meister ausgestellt, u. a. von Peter Paul Rubens, Jan Gossaert, Jan Steen, Anton Graff, Franz Krüger und Antoine Pesne. Die Attraktion aber ist die mit 30 Bildern größte Cranach-Sammlung Berlins, darunter bekannte Werke von Lucas Cranach d. Ä.: „Joachim II. als Kurprinz" (um 1517/18), „Judith mit dem Haupt des Holofernes" (1530), die „Auferstehung Christi" (um 1537/38) sowie Darstellungen der Lucretia und einer Quellnymphe (um 1515). Von seinem Sohn Lucas Cranach d. J. stammt neben anderen Werken ebenfalls ein Bildnis des Erbauers, des etwa 50-jährigen Joachim II. (um 1555).

Das Schloss wird derzeit saniert, nur das Jagdzeugmagazin zeigt eine Ausstellung zur Geschichte des Schlosses und der „Höfischen Jagd" sowie zahlreiche bis ins 16. Jh. zurückgehende Ausgrabungsfunde. Umgebaut werden auch Schlossterrasse und Nebengebäude. In die ehemalige Remise aus dem 18. Jh. ziehen Café und Museumsshop ein, im alten Küchengebäude werden künftig Veranstaltungen rund um die Jagd

Joachim II.Hektor,
Gemälde von Lucas Cranach um 1551

auch höfisches Zeremoniell und Festkultur veranschaulichen. Wiedereröffnet wird das Jagdschloss Grunewald 2009 mit einer großen Renaissance-Ausstellung, die erstmals alle in Berlin vorhandenen Gemälde von Cranach-Vater und -Sohn präsentieren soll. Im pittoresken Waldidyll zwischen Potsdam und Berlin nehmen danach auch die anderen Künstler wieder ihren angestammten Platz neben dem prominenten Malerduo ein.

Zitadelle Spandau

Sie gehört zu den am besten erhaltenen Festungen in Europa. Ihre höchste Erhebung, der 32 m hohe Juliusturm von 1200, ist das älteste Profanbauwerk Berlins. Seinen heutigen Zinnenkranz erhielt er allerdings erst 1838 nach einem Entwurf Schinkels. Die Zitadelle Spandau entstand auf dem Gelände einer slawischen Siedlung. Im 16. Jh. war sie zu einer machtvollen Festung geworden, um die Stadt am Fernhandelsweg vom Rheinland nach Polen zu sichern. Francesco Chiaramella da Gandino, der erste italienische Baumeister in brandenburgischen Diensten, entwarf die Anlage nach norditalienischen Vorbildern mit vier pfeilförmigen Bastionen, die dem einfachsten hierarchischen Prinzip folgend „König", „Königin", „Kronprinz" und „Brandenburg" hießen. Gegen Ende des 16. Jh. war der ganz von Wasser umflossene Militärstützpunkt vollendet, erst etwa 300 Jahre später wurden im Inneren der Anlage mehrere Gebäude ergänzt. Die Festung galt als uneinnehmbar. Im Dreißigjährigen Krieg zogen sich die Schweden hierher zurück, während des Siebenjährigen Krieges suchten Königin Elisabeth Christine und ihr Hofstaat vor den Österreichern hinter den Mauern Zuflucht. Ein einziges Mal, 1813, fand während der napoleonischen Besatzung eine kriegerische Auseinandersetzung statt. Die Zitadelle war auch ein probates Gefängnis, und sie bewährte sich als Staatstresor. Der Juliusturm bewahrte den kurfürstlichen Silberschatz, und von 1874 bis 1919 barg er die französischen Reparationsgelder. Heute beherbergt der Bau das Stadtgeschichtliche Museum Spandau.

Pfaueninsel

Einst war das schilfige Eiland inmitten der Havel ein Liebesnest. Kronprinz Friedrich Wilhelm (II.) verbrachte hier seine ersten heimlichen Rendezvous mit der Hoftrompeterstochter Wilhelmine Encke, bevor er knapp 30 Jahre später – das Mädchen war längst zu seiner Mätresse und vertrauten Freundin geworden – auf der verschwiegenen Insel ein Schloss bauen ließ. Wilhelmine, alias Gräfin Lichtenau, wirkte ab 1794 wesentlich an der Planung des Sommersitzes mit, der wie eine kunstvolle Ruine anmutet. Vor allem die vollständig erhaltene Innenausstattung, die ein einzigartiges Zeugnis aus der Zeit des frühen Klassizismus ist, geht auf sie zurück. In den intimen Räumen verweisen zahlreiche Rom-Zitate auf die Italiensehnsucht der „Bauherrin", ebenso wie antikisierende Wandvertäfelungen und zarte und diskrete Wand- und Deckenmalereien. Farbenfroh sind die Tapeten nach Pariser Vorbild. Das „othaheitische Kabinett" wurde als Bambushütte, wie man sie in den Südseeberichten Georg Forsters beschrieben fand, gestaltet. Von hier aus schweift ein freier Blick zum königlichen Schloss, dem Marmorpalais im Neuen Garten in Potsdam, hinüber. Stendhal soll sich auf der Pfaueninsel in südliches Ambiente – „wie auf den Borromäischen Inseln" im Lago Maggiore – versetzt gesehen haben. Und Fontane nannte das Eiland eine „rätselvolle Oase in der Mark". Friedrich Wilhelm III. ließ nach Plänen Schinkels auf

der Insel andere Bauten (1824 bis 1832) hinzufügen, u. a. ein gotisierendes Kavaliershaus, in das die spätgotische Fassade eines vom Abriss bedrohten Patrizierhauses aus Danzig eingebaut wurde, ein Schweizerhaus, wie es damals sehr in Mode war, und einen heute rekonstruierten Fregattenschuppen. Im Nordosten der Insel erhebt sich die Meierei (um 1795) aus dem von Lenné nach dem Vorbild des Pariser Jardin des Plantes gestalteten Landschaftspark. Der im Obergeschoss gelegene, mit gotisierenden Dekorationsmalereien und Stuckornamenten reich geschmückte Festsaal ist weitgehend original erhalten. Der Luisentempel trägt den ursprünglich für das Charlottenburger Mausoleum vorgesehenen Sandsteinportikus, der 1829 hierher versetzt wurde. Für seine einstigen Bewohner war die Pfaueninsel ein Rückzugsort jenseits des höfischen Zeremoniells. Heute ist sie ein luftiges Denkmal aus der romantischen Epoche in Preußens Geschichte.

Palmenhaus auf der Pfaueninsel, Gemälde von Carl Blechen, 1832

Schloss Klein-Glienicke

Auf einer Anhöhe, die sich sanft zur Havel hin neigt, spielt Preußen Italien. Den südlich anmutenden Landsitz schuf Schinkel ab 1825 für Prinz Carl von Preußen, der damals von einer Grand Tour nach Rom, Florenz und Neapel zurückgekehrt war. Das Schloss, einstiges Gutshaus des Staatskanzlers Karl August Fürst von Hardenberg, erhielt durch den Meister des Klassizismus sein sommerlich-heiteres Erscheinungsbild. Das zweigeschossige, winkelförmige Hauptgebäude und die bis 1829 angefügten Kavalier- und Hofdamenflügel umschließen einen italienischen Gartenhof mit Brunnen. Die in die Wände eingelassenen Antiken hatte der Prinz von seinen Reisen mitgebracht. Die Frontseite des Schlosses mit Balkon, breiter Freitreppe und Gartenterrasse wird betont von einer großen, von vergoldeten Löwen flankierten Fontäne, die Schinkel nach dem Vorbild der Villa Medici in Rom entwarf. Nördlich des Komplexes liegt der Remisenhof, in dem heute ein nobles Restaurant untergebracht ist; am Havelufer thront das ockerfarbene Casino im Stil einer italienischen Villa mit Pergolen. Den 116 ha großen, ganzjährig geöffneten Park gliederte Lenné nach englischem Prinzip in drei Partien, in Blumengärten sowie Pleasureground rund um das Schloss und eine großräumige „Landschaft", die wie in einem grandiosen Theater die nordeuropäische Natur in eine „alpine" Szenerie und schließlich in mediterrane Gefilde übergehen lässt. Ludwig Persius entwarf die passenden Gebäude dazu, das Matrosen-, Gärtner- und Maschinenhaus. Am südlichen Rand der Schlossanlage schuf Schinkel zwei Aussichtspunkte, einen anmutigen Teepavillon und einen dem Lysikrates-Denkmal in Athen nachempfundenen Rundtempel, dessen Dach auf korinthischen Säulen ruht: Der Baumeister selbst hat sie hochromantisch Kleine und Große Neugierde genannt.

Schloss Babelsberg

Nördlich der Stadt Potsdam und direkt gegenüber von Glienicke erhebt sich der Babelsberg. Am Hang zur Havel hin ließ sich Prinz Wilhelm, der spätere König und erste deutsche Kaiser, nach 1833 einen Sommersitz anlegen. Das Schloss entwarf Schinkel nach der Art englischer Landsitze. Den Tudor-Stil imitierend schuf er eine malerische Anlage aus turmähnlichem Polygon als Hauptbau mit Erker, Zinnen und türmchenhaften Strebepfeilern sowie einer Bogenhalle. Große, dicht aneinander gereihte Spitzbogenfenster geben reizvolle Ausblicke auf die Landschaft frei. Zwischen dem Baumeister und Prinzessin Augusta, der Gemahlin des Prinzen, kam es immer wieder zu Differenzen. Die Bauherrin wünschte überreichen Dekor, Schinkel plante maßvolle gotische Formen. Auch sein Nachfolger Ludwig Persius hatte sich widerstrebend den fürstlichen Wünschen zu beugen. Erst Johann Heinrich Strack traf den Geschmack der Auftraggeberin. Er erweiterte von 1844 bis 1849 das Schloss durch einen Anbau, der durch einen Turm abgeschlossen wird und dessen gleichfalls achteckiger Tanzsaal über zwei Etagen reicht. Die Fassaden zieren Türmchen, Erker und weitere dekorative Spielereien, die dem Ganzen den Charakter einer mittelalterlichen Burg verleihen. Auch das Innere zeigt sich gotisch mit Sterngewölben und in altdeutscher Ausmalung. Den Park entwarf Lenné als englischen Garten. Ab 1843 aber gestaltete Her-

Schloss Babelsberg, Umrissstich von Ferdinand Berger nach der Zeichnung von Schinkel, aus: K. F. Schinkel, Sammlung architektonischer Entwürfe, Heft 26, 1838

mann von Pückler-Muskau ihn in seinem Stil. Er legte Panoramawege mit theatralischen Sichtachsen an. In die Landschaft einbezogen sind diverse Nebenbauten: das Küchenhaus (1844 – 1849, Johann Heinrich Strack), das Maschinenhaus am Ufer der Glienicker Lake (1843 – 1845, Ludwig Persius), auf dem Berg der Flatowturm (1853 – 1856), der dem Eschenheimer Turm in Frankfurt am Main nachgebildet ist, und das Matrosen-haus (1842), das die Fassade des Rathauses von Stendal nachahmt. Eine besondere Attraktion ist die Gerichtslaube des Berliner Rathauses aus der zweiten Hälfte des 13. Jh. – eines der ältesten Bauzeugnisse der Hohenzollernresidenz. Als man in der Innenstadt das Rote Rathaus errichtete, wurde sie abgetragen und 1871/72 hierher versetzt, als Morgengabe für den Hausherrn, den kurz zuvor gekrönten Kaiser.

Rundgang „nobel"

Kavaliershaus auf der Pfaueninsel

St. Peter und Paul

Heilandskirche

Glienicker Brücke

Schloss Babelsberg

Schloss Klein-Glienicke

Genau 16 S-Bahnminuten vom Bahnhof Zoo entfernt scheint das Meer vor der Berliner Tür zu liegen: Wind, Wasser, Möwen und Segelboote. Der Wannsee ist Berlins Badewanne und Ausgangspunkt für Dampferfahrten in alle Richtungen. Einer der Klassiker ist die 7-Seen-Rundfahrt. In zwei Stunden passiert man zwei Kanäle, sieben Seen, die schönsten Villenkolonien mit prächtigen Gartenanlagen, Kirchen, Schlösser und unberührte Wälder – ein Ausflug in 200 Jahre Kulturgeschichte. Gleich zu Beginn eröffnet sich ein Blick zurück in die Zeit, als Berlin hier noch nicht seine beste Wohnlage entdeckt hatte und nur ein einsames Gasthaus inmitten der Wälder stand. Zur Linken, am Kleinen Wannsee, liegt hinter dichtem Grün versteckt die Kleist-Gedenkstätte, wo sich der deutsche Dichter am 21. November 1811 zusammen mit seiner Gefährtin Henriette Vogel das Leben nahm. Dann aber taucht das Schiff in heiterere Gefilde ein. Auf den nächsten Kilometern ziehen zu beiden Seiten alte und neue

Altberliner Gartenlokal Nikolskoe an der Havel

Villen auf sehr begrünten Grundstücken vorbei. Man passiert den Pohle-, dann den Stölpchensee. In der Ferne blitzt eine Kathedrale in Miniatur durch die Bäume, eine einfache Dorfkirche nur, die Friedrich Wilhelm IV., ähnlich der Sacrower Kirche, im Zuge des Masterplans zur Verschönerung der Potsdamer Umgebung 1859 persönlich mitfinanzierte. Kurz hinter Kohlhaasenbrück, vorbei an traditionellen Ausflugsgaststätten, wo die West-Berliner zu Mauerzeiten am Wochenende ihre Kaffeetafeln aufschlugen, schaukelt man dem Griebnitzsee entgegen. Rechts und links begleiten typisch märkische Wälder die Fahrt, mit Buchen, Linden und knorrigen Kiefern, deren hoch aufragende, dunkle und windzerzauste Kronen beinahe wie ihre mediterranen Schwestern aussehen, wie Pinien im märkischen Sand. Auf der linken Seite bietet sich auf halber Höhe die Villenkolonie einstiger Ufa-Stars dar – eine Leistungsschau der besten Architekturbüros der Reichshauptstadt. Heinz Rühmann, Hans Albers, Marika Rökk, Asta Nielsen und Brigitte Horney wohnten hier, nahe den Babelsberger Filmstudios. Und hier residierten im Sommer 1945 auch die Staatsmänner der Anti-Hitler-Koalition. US-Präsident Truman logierte in der pompösen, dreistöckigen Villa Grote, die er trotz des gelben Anstrichs „my little White House" nannte. Churchill kam in dem neobarocken Haus Urbig unter, das Ludwig Mies van der Rohe 1915 noch ganz „unsachlich" baute. Die dritte Residenz der Großen Drei, wo Josef Stalin wohnte, hatte Alfred Grenander 1910 als Landsitz für den Fabrikanten Herpich entworfen.

Nun fährt das Schiff ins 19. Jh. zurück und hält geradewegs auf Preußens Sommersitze zu. Links kommt das Babelsberger Schloss ins Bild, rechts das Jagdschloss Glienicke, und dann lugen auch schon die Große Neugierde und das sonnige Casino um die Ecke. Mit Volldampf wird die „Silver-Steel-Gate" der Mark, die Glienicker Brücke, unterquert, wo sich die Hauptstadt Berlin mit der Landeshauptstadt Potsdam trifft, deren Silhouette am Horizont aufleuchtet. Jenseits des Jungfernsees tritt die Heilandskirche aus dem Grün hervor, eine toskanische Basilika mit Campanile und von feingliedrigen Säulen getragenem Arkadenumgang. Am rechten Ufer wacht hoch oben die Kirche St. Peter und Paul mit ihrem charakteristischen russischen Zwiebelturm über das Havelland.

Blick in das Arbeitszimmer von Kaiserin Augusta im Schloss Babelsberg

Nicht minder spektakulär zeigt sich, ganz in weiß, das Pfaueninselschlösschen, dahinter zieht die Pracht eines Lennéschen Landschaftsgartens vorbei, bis sich am Norden de die gotische Meierei rot-weiß durch die Bäume schiebt. Danach kann man vom Wasser aus Ausflüglern beim Picknicken in kleinen Sandbuchten zusehen, die das dichte Grün zur Rechten säumen, bevor es auf die Villenkolonie Alsen zugeht, die erste Adresse Berlins zur Gründerzeit: der einstige Sommersitz Max Liebermanns mit den markanten zwei ionischen Säulen und dem bunten Zaubergarten davor, daneben die Villa Hamspohn mit tief in die Stirn gezogenem Walmdach, ein paar Häuser weiter die prachtvolle, ehemalige Villa Marlier in zartem Pastell, die heute eine Gedenkstätte ist. Von nun an reihen sich zwischen 1950er-Jahre-Bauten gelbe und rote Ziegelsteinburgen am Ufer entlang, mit barocken Giebeln und Renaissance-Loggien. Zahllose Segelyachten liegen vor Anker, und das Schiff hält wieder auf den Großen Wannsee zu, auf das Bad mit seinem über 1 km langen sonnigen Strand und den vielen bunten Strandkörben, wo es an diesem warmen Frühlingswochenende schon ganz nach Kurzurlaub an der See aussieht. Vor der Anlegestelle schaut linker Hand von den einstigen Dünen eine „imitierte Ritterburg" herab. Im Turm der roten Backsteinvilla mit säulenbestandener Terrasse, wo heute das Literarische Colloquium residiert, schrieb Carl Zuckmayer 1925 das meist gespielte Theaterstück der 1920er-Jahre, ganz dem Genius Loci verpflichtet: „Der fröhliche Weinberg".

Potsdam

Potsdam

Schloss Sanssouci

Die von Kanälen und zahlreichen Seen umgebene Stadt an der Havel war die zweite Residenz der preußischen Könige und deutschen Kaiser. Obwohl die Bomben des Zweiten Weltkrieges den historischen Stadtkern schwer beschädigten und die Abrisswut der DDR-Stadtplaner das, was davon noch erhalten war, ein zweites Mal zerstörte, gewinnt Potsdam heute neben dem traditionellen Holländischen Viertel und der Russischen Kolonie in ganzen Straßenzügen sein barockes Gesicht zurück. Prachtvolle Villenviertel am Rande der Parks und Seen zeugen vom einstigen Glanz der Residenz. Vor allem aber ist Potsdams einzigartiges Ensemble aus Schlössern und großen Parks geblieben, das die bedeutendsten Landschaftsarchitekten, Baumeister, Maler und Bildhauer Preußens von der Mitte des 18. Jh. an geschaffen haben. Die gesamte Kunst- und Naturlandschaft Potsdams ist 1990 von der UNESCO zum Weltkulturerbe erklärt worden. Sie umfasst die Parkanlagen von Sanssouci, den Neuen Garten, Babelsberg, Glienicke und die Pfaueninsel. Hier zeigt sich Preußen von seiner besten Seite. Kronprinz Friedrich, der spätere Kaiser Friedrich III., kam, als er in Palermo stand, ziemlich unbefangen zu dem Schluss: „Eigentlich alles wie in Potsdam." Man kann ihn verstehen.

Unten: Bibliothek im Schloss Sanssouci –
Rechts: Säulenkolonnade am Park Sanssouci

Ein Bungalow als Königsschloss, das mit zwölf Zimmern auskommt. Ganz auf seine privaten Bedürfnisse zugeschnitten nannte es Friedrich II. wie eine zum privaten Gebrauch bestimmte Villa „Sans souci" – „ohne Sorge". Der weite Blick über die Havellandschaft, der an die Wälder und Seen um Rheinsberg, das Idyll seiner Kronprinzenzeit erinnert, bestimmte die Wahl des Standorts für die Sommerresidenz. Zuallererst entstand nach königlichen Entwürfen ein Weinberg, dessen Anlage solartechnisch auch heute

noch interessant ist: „Kein Sonnenstrahl sollte müßig und untätig vorbeischleichen können", lautete die königliche Order. Die sechs Terrassen sind in konkaven Bögen gekrümmt; in den verglasten Nischen gediehen neben Reben auch Pfirsiche und Feigen. Friedrich II. ließ hier 1745 nach eigenen Ideen von Georg Wenzeslaus von Knobelsdorff, dem auch die Anlage des 290 ha großen Parks zu verdanken ist, in nur zweijähriger Bauzeit das Weinbergschloss im Stil des französischen Rokoko errichten. Die südliche Fassade ist als Fest rubensscher Körperlichkeit gestaltet. Bacchanten von der Hand des Hofbildhauers Friedrich Christian Glume sind paarweise zwischen den bodentiefen Fenstern gruppiert und tragen als Karyatiden das Gebälk. Ernster wirkt hingegen die Nordseite, wo eine halbkreisförmige Kolonnade den Ehrenhof umschließt. Die Innenräume des Schlosses gab Friedrich durch eine Grundrissskizze vor. In der Mitte liegen zwei Säle, östlich schließen sich die Gemächer „pour le roi", westlich diejenigen „pour des étrangers", für die Gäste, an. Auch die Interieurs wurden durch das Thema „Wein" bestimmt. Bereits das von zehn Paar korinthischen Säulen gegliederte Vestibül schmücken Reliefs mit turbulenten Szenen aus dem Bacchusmythos. An den Flügeltüren prunken goldene Ornamente mit Weinlaub und Trauben. Im elliptischen Marmorsaal führen drei Fenstertüren zum Weinberg hinaus. Den Raum krönt gleich dem Pan-

theon en miniature eine zum Himmel sich öffnende Kuppel. Auf dem Gesims sind Allegorien der Künste in Gesellschaft gelehriger Putten zu sehen. Im Konzertzimmer, das zu den schönsten Räumen des deutschen Rokoko gehört, feiert das Lieblingsmotiv der Epoche, die Rocaille, an Wänden und Decke wahre Triumphe. Als dekorative Ornamente umspielen die Muschelformen, Blätter und Ranken die in die Wandflächen eingelassenen Gemälde Antoine Pesnes, die Ovids „Metamorphosen" in Szene setzen. Die Arbeits- und Schlafzimmer wurden nach dem Tod des Königs 1786 von Friedrich Wilhelm von Erdmannsdorf in klassizistischem Stil umgestaltet. Heiter naturalistisch hingegen, in Dekors aus Blumen, Früchten und Getier, erstrahlt das schönste der Gästezimmer, das nach Voltaire benannt ist, obwohl der Schriftsteller und Philosoph nie hier, sondern im Stadtschloss wohnte. 39 Jahre lang lebte Friedrich der Große in Sanssouci. Hier wünschte er auch begraben zu sein, in einer Gruft auf der obersten Weinbergterrasse, neben seinen Lieblingshunden. Sein Wunsch ist, wenn auch erst 1991, in Erfüllung gegangen.

Links: Voltairezimmer im Schloss Sanssouci –
Rechts: Vestibül im Schloss Sanssouci

Chinesisches Teehaus

Eine Idee des Königs: ein Picknick mitten im Park. Damen und Herren lagern unter Palmen und trinken Tee. Es wird musiziert und geplaudert; vor der Sonne schützt ein zeltartiges Dach. Um die Szene von weither sichtbar zu machen, ist alles in Gold getaucht. Das Chinesische Teehaus, das etwa 700 m südwestlich von Schloss Sanssouci im Park liegt, treibt die Verspieltheit des Rokoko auf die Spitze und die Chinamode, von der im 18. Jh. die höfische Kultur in ganz Europa infiziert war, obendrein. Johann Peter Benckert und Johann Gottlieb Heymüller haben diese bizarre Staffage „à la chinoise" geschaffen. Dass den Bildhauern die Gesichtszüge der Figuren nicht richtig fernöstlich gerieten, lag wohl an den Modellen, die sie aus der näheren Umgebung beziehen mussten. Den auf kleeblattförmigem Grundriss errichteten

Pavillon baute Johann Gottfried Büring zwischen 1755 und 1764 im Auftrag und nach Skizzen Friedrichs II. Die Wände des Innenraums sind mit vergoldeten Konsolen geschmückt, auf denen Porzellane des 18. Jh. ausgestellt sind. In illusionistischer Weise präsentiert das große Deckenbild eine ausgelassene chinesische Gesellschaft. Die Wände der Kabinette sind mit seidenen Tapeten bespannt, mit üppigen Blumenkränzen geschmückte Spiegel leuchten von der Decke herab. Das ursprüngliche Mobiliar ist nicht erhalten. Den Tambour, der dem Dach aufgesetzt wurde, krönt eine vergoldete Chinesenfigur mit aufgespanntem Schirm. Der Pavillon, der zunächst nur als Schmuck für den Zier- und Nutzgarten gedacht war, wurde von Lenné später zu einem Blickpunkt im weiten Land-

schaftsgarten erhoben. Ebenfalls der Chinamode folgend, baute Büring etwas abseits vom Teehaus 1763 ein (später verändertes) Küchengebäude, das die Gäste im Pavillon versorgte. Denn was als schmückende Gartenarchitektur gedacht war, diente gelegentlich auch als exotische Kulisse für kleinere Festlichkeiten. Ebenso unter dem Einfluss der Chinoiserie entstand 1770 bis 1772 durch Carl von Gontard auf dem an den nördlichen Rand des Parks angrenzenden Klausberg ein „sinesisches Häusken", das Drachenhaus, in der Form einer chinesischen Pagode. Es war als Wohnhaus für den Winzer des dortigen Weinbergs gedacht. Dort ist heute ein Café untergebracht.

Belvedere
auf dem Klausberg

Wie ein Ausrufezeichen steht der Aussichtsturm auf dem Klausberg, die letzte bauliche Tat Friedrichs des Großen in Sanssouci. Weit blickt man vom Belvedere aus, das damit seinem Namen alle Ehre macht, über die hügelige Landschaft und die Stadt Potsdam. Georg Christian Unger gestaltete den 1770 bis 1772 errichteten Aussichtspunkt nach den Wünschen des Königs. Eine Zeichnung von Francesco Bianchini, auf der das Macellum des Nero in Rom dargestellt ist, diente ihm als Vorbild für den zweigeschossigen, mit zwei Altanen versehenen und von einer Kuppel bekrönten Bau. Das während der letzten Kriegstage 1945 ausgebrannte Bauwerk wurde bis 2002 vorbildlich restauriert. Im Inneren erstrahlt der obere Saal mit zartgrünem Stuckmarmor und dem rekonstruierten Vogelgemälde in der Kuppel wieder in spätfriderizianischem Glanz. Das erste Belvedere in Potsdam setzte ein Zeichen und regte fortan zur Nachahmung an. Knapp 100 Jahre später entstand das Belvedere auf dem Pfingstberg, eine Doppelturmanlage im Stil einer italienischen Renaissancevilla von Ludwig Persius und Friedrich August Stüler.

Orangerie

Sie ist eine Hommage an die Renaissance-paläste von Tivoli und Florenz: Die ersten Skizzen für die Orangerie fertigte Kronprinz Friedrich Wilhelm (IV.) im Jahr 1830 unter dem Eindruck seiner Italienreise an. 1840 beauftragte er zunächst Ludwig Persius mit Entwürfen, dann übernahm Friedrich August Stüler das Projekt, bis Ludwig Ferdinand Hesse den Bau auf dem Hügel nördlich von Sanssouci 1864 beendete. Während sich der Mitteltrakt mit der Doppelturmanlage dem königlichen Entwurf folgend an der Villa Medici in Rom orientiert, wird in den Eck-bauten die zum Arno orientierte Fassade der Uffizien zitiert. Das imposante Ensemble mit den Pflanzenhallen und dem zentralen Oran-gerieschloss, seinen Plastiken, Arkaden und Terrassen ist ein beeindruckendes Beispiel für die Wirkungsmacht einer fixen Idee, die Italiensehnsucht hieß. Dabei besitzt die Oran-gerie in ihren ausgewogenen Proportionen und der in den Park ausstrahlenden Mo-numentalität durchaus Eigenständigkeit.

Der über 300 m lange Bau umfasst neben den seitlichen Hallen, die noch heute während des Winters kälteempfindliche Pflanzen aufnehmen, ehemalige Herrschafts- und Bedienstetenwohnungen. Im schlossähnlichen Mittelbau residierten Gäste, wie Zar Nikolaus I. und Zarin Alexandra Feodorowna, die Schwester Friedrich Wilhelms, in fünf fürstlichen Wohnungen, die im Stil des Zweiten Rokoko eingerichtet sind. Glanzpunkt der Orangerie ist der Raffaelsaal, der eine Sammlung von über 50 aus dem 19. Jh. stammenden Kopien von Gemälden des italienischen Renaissancemeisters beherbergt, darunter Nachbildungen berühmter Werke wie der „Sixtinischen Madonna" oder der „Transfiguration".

Bildergalerie

Östlich und westlich wird Schloss Sanssouci von zwei ähnlichen Gebäuden flankiert, den Neuen Kammern und der Bil-
dergalerie. Mit großen Fenstern öffnen
sie sich, breit gelagert, auf den Park. Friedrich der Große wünschte sich für seine
Bildersammlung ein eigenes Haus, und
so wurde die 1755 bis 1764 von Johann
Gottfried Büring geschaffene Galerie zum
ersten exklusiv für die Ausstellung von
Gemälden bestimmten Gebäude in der
Museumsgeschichte. In ihrem ausgewogenen Verhältnis zwischen Länge und
Höhe, ihrem prachtvollen Inneren aus
Marmor, Schnitzereien und Stuckaturen,
gehört sie zu den schönsten Museums-
räumen Deutschlands. Ausgestellt ist hier
eine Sammlung repräsentativer Werke
des italienischen und niederländischen
Barock, die in der Manier der Zeit dicht
neben- und übereinanderhängen. Hatte
Friedrich II. in jüngeren Jahren Bilder des
Beinahe-Zeitgenossen Antoine Watteau
und dessen Schule bevorzugt, kaufte er
für seine Galerie nun „große Namen" wie
Peter Paul Rubens, Anthonis van Dyck,
Guido Reni, Jacopo Bassano und Caravaggio („Der ungläubige Thomas" von
1595/99). Trotz der Kriegsverluste, die
allerdings durch Bilder aus anderen
Schlössern ausgeglichen werden konnten, strahlt die Galerie auch heute noch
den Glanz einer höfischen Kollektion aus
dem 18. Jh. aus.

Neues Palais

„Fanfaronnade" (Angeberei) nannte Friedrich der Große seinen letzten und zugleich gewaltigsten Schlossbau im Park Sanssouci.

Eine prahlerische Geste in Richtung der europäischen Potentaten war es, die nach dem eben beendeten Siebenjährigen Krieg zeigen sollte, dass Preußen nicht am Ende seiner finanziellen Kräfte war. Die Bauarbeiten begannen 1763 unter Büring, den 1765 Carl

von Gontard ablöste. In nur siebenjähriger Bauzeit entstand der dreiflügelige, 240 m lange Bau – viermal so lang und dreimal so hoch wie Sanssouci. Er wird von einer zentralen Kuppel bekrönt, auf der drei Grazien unter Preußens Königskrone tanzen. Die

Fassade schmücken allegorisch-mythologische Figuren aus Sandstein, 290 stehen allein vor den Pilastern und auf der Attika. Eigentlich war die Zeit des Rokoko vorüber, doch ließ Friedrich II. in fast 100 Räumen, von denen etwa 60 zu besichtigen sind, den Stil seiner Jugendzeit noch einmal in aller Pracht aufleben. Anders als im intimen Sanssouci wurde in der Sommerresidenz für die königliche Familie und ihre fürstlichen Gäste auf höchst repräsentative Weise Hof gehalten. Die Innenausstattung des Schlosses zeigt auch die Leistungsfähigkeit des Berliner und Potsdamer Kunsthandwerks. In vielen Räumen stehen noch die originalen Möbel und Porzellane, auch Möbelstoffe und Tapeten haben sich erhalten. Die große Anzahl von Skulpturen und Gemälden u. a. im Marmor- und Tanzsaal rundet das Bild ab. In der oberen Galerie sind Werke von Guido Reni, Luca Giordano und Artemisia Gentileschi zu bewundern. Von hohem handwerklichen Können zeugen auch die Einlegearbeiten der Fußböden, etwa im

Grotten- oder Muschelsaal und in den Fürstenquartieren, wo auf dem Parkett mit fantastischen Trompe-l'œil-Effekten gespielt wird. Das Theater im südlichen Hauptflügel gehört zu den wenigen erhaltenen, bis heute bespielten Schlosstheatern des 18. Jh. in Deutschland. Abweichend von der üblichen Form des italienischen Logentheaters sind die Sitzreihen ähnlich wie bei einem antiken Amphitheater halbkreisförmig angeordnet. So fehlt auch die Hofloge. Der König saß gewöhnlich in der dritten Reihe, auf Augenhöhe mit den Schauspielern.

Oben: Konzertzimmer im Schloss Sanssouci –
Rechts: Detail aus dem Wandschmuck des
Grotten- oder Muschelsaals des Neuen Palais

Friedrich II. und das Kunsthandwerk in Preußen

von Jeannine Fiedler

Als erster wichtiger Förderer des Kunstgewerbes in der Mark Brandenburg gilt Friedrich Wilhelm I. (1620–1688), Urgroßvater von Friedrich II. Er sah sich vor die Lebensaufgabe gestellt, sein Land nach den Verwüstungen des Dreißigjährigen Krieges wieder aufzubauen. Um mit den glanzvollen Herrscherhäusern anderer deutscher Höfe konkurrieren zu können, aber auch um teure Luxusimporte aus Frankreich oder Italien zu vermeiden, lud er mit dem Edikt von Potsdam im Jahre 1685 aus ganz Europa Menschen mit unterschiedlichsten Gewerken ein, sich in Brandenburg niederzulassen. Der Religionsgemeinschaft der Hugenotten, die wegen ihres Glaubens aus Frankreich vertrieben worden waren, sicherte jener Ruf die Existenz. Unter den ca. 20 000 hugenottischen Flüchtlingen befanden sich zahlreiche Kunstgewerbler, die mit handwerklichem Geschick, kaufmännischer Intelligenz und nicht zuletzt mit französischer Finesse vor allem den

Konzert Friedrichs des Großen, 1850/52, Adolph von Menzel, Öl auf Leinwand, 142 x 205 cm

einst florierenden brandenburgischen Textil-
werkstätten wieder Auftrieb gaben. Während der
nächsten 100 Jahre gehörten Kunstwerke aus
Berliner Tapisseriewerkstätten und Seidenwe-
bereien unter hugenottischer Leitung oder aus
preußischen Möbel-, Silber-
und Porzellanmanufakturen zu
den prächtigsten und qualität-
vollsten im europäischen Vergleich. Sie zierten die Schlösser
der Residenzstädte Potsdam
und Berlin. Doch sorgte der Regent auch für das Volk, indem er
preiswerte Massenware an-
fertigen ließ, deren Fabrikation
den Menschen Arbeit gab. Wegen seiner pragmatisch um-
sichtigen und reformfreudigen
Politik, die Preußens Weg zur
Großmacht vorbereitete und
den Hohenzollern einen Platz
unter den führenden Dynastien
der Alten Welt eroberte, wurde
Friedrich Wilhelm I. auch der
Große Kurfürst genannt.
Unter seinem Sohn Friedrich I.
(1657–1713), der ab 1701 erster
König in Preußen war, kam der
neuen royalen Repräsentation
höchste Bedeutung zu. Vorbild
für Friedrich I. wie für die meisten europäischen Herrscher
war in der Periode von Absolu-
tismus und Hochbarock Frank-

reichs Sonnenkönig Ludwig XIV., dessen Prachtentfaltung am Hofe von Versailles noch auf den
letzten Provinzfürsten abstrahlte. Die kunst-
handwerkliche Kultur in Preußen gedieh her-
vorragend, und sie stattete im Dienste des Mo-

Friedrich II. als junger Mann,
Gemälde von Antoine Pesne

narchen weiterhin Schlösser und Herrenhäuser mit feinsten Luxuswaren aus. An den gewerblichen Künsten fand der Sohn von Friedrich I., König Friedrich Wilhelm I. (1688–1740), hingegen keinerlei Geschmack. Abgesehen von einem rein wirtschaftlichen Interesse an Ausgangsmaterialien wie Schafwolle, die selbst das rohstoffarme Preußen hergab, galt sein Hauptaugenmerk dem Kriegshandwerk und dem Aufbau einer kriegstauglichen Armee. Weil der Soldatenkönig auch den eigenen Sohn von schwerem Drill nicht verschonte, empfand Friedrich II. (1712–1786) die Erfüllung seiner herrscherlichen Pflichten als „abscheuliches Handwerk". Dem bereits in jungen Jahren Friedrich der Große Genannten hatte Preußen enorme Gebietserweiterungen zu verdanken, die nur durch die militärischen Kraftakte der drei Schlesischen Kriege möglich waren. So verdoppelte sich die Reichsfläche beinahe durch die Eroberung Schlesiens und Westpreußens, und neben der Erschließung neuer Provinzen führte auch das wiederholte Rüsten der Armeen zu wirtschaftlicher Expansion. Doch das Herz des empfindsamen und musisch vielseitig begabten Preußenkönigs, der selbst komponierte, musizierte und literarisch-philosophisch tätig war, hing an den Künsten: „Nichts gibt einem Reiche mehr Glanz, als wenn die Künste unter seinem Schutz erblühen", lautete Friedrichs Überzeugung als Kronprinz, die auch seine Aktivitäten als Monarch prägen sollte.

Im Verlaufe seiner 46 Jahre währenden Regentschaft erlebten Künste und Handwerk einen beispiellosen Aufschwung, der Preußen endgültig mit den Großmächten der Zeit gleichziehen und in Bildung und Wissenschaften sogar die Führung übernehmen ließ. Ob bei der Errichtung oder dem Umbau seiner Schlösser – allen voran Schloss Sanssouci und das Neue Palais in Potsdam –; bei der Innenausstattung der Gemächer von der „Fußtapete" (dem Teppich) über die Seidenbrokate der Wandbespannungen bis hin zum Dekor der Stuckaturen an Wänden und Decken; bei Möbeln, Seidenstoffen, Porzellanen oder Silber- und Goldservices, die bei Krönungen meist ein-

Friedrich II. und Voltaire – Holzstich, 1857, nach einer Zeichnung von Wilhelm Camphausen, aus: F. Bülau, Deutsche Geschichte, Dresden

Friedrich der Große und Voltaire, Lichtdruck nach einer Gouache, um 1900, von Georg Schöbel

geschmolzen und den Vorlieben des neuen Potentaten oder dem Zeitgeschmack entsprechend umgeformt wurden; sogar bei der Wagenbaukunst, die in sich die meisten Gewerke vereinigte und deshalb als Luxusgewerbe zur Förderung des heimischen Kunsthandwerks vom König unterstützt wurde – Friedrich beriet mit Ideen, persönlich angefertigten Skizzen und Entwürfen seinen Freund und Hofarchitekten Georg Wenzeslaus von Knobelsdorff ebenso wie den Architekten und Dekorateur Johann August Nahl bei Innenausstattungen, die herausragenden Möbelkünstler Heinrich Wilhelm Spindler und Johann Melchior Kambly sowie den Bildhauer Johann Michael Hoppenhaupt d. Ä. bei den königlichen Kutschen. Die dergestalt durch königliche Eingebung und Fantasie geprägte Stilepoche wird nicht ohne Grund als Friderizianisches Rokoko bezeichnet. Anmutige Leichtigkeit des Dekors in delikaten Farbvaleurs, spielerische Natürlichkeit von Pflanzen- und Tierdarstellungen, die elegante Grazie von Möbel- und Spiegelkompositionen aus erlesenen Materialien wie Schildpatt, Perlmutt, Elfenbein, Zedernholz und versilberten, respektive vergoldeten Skulpturenbeschlägen verleihen der Epoche ihren preußischen Glanz und verraten die persönliche Handschrift von Friedrich dem Großen.

Zu seinen besonderen Vorlieben gehörte das Sammeln kostbarer Schnupftabakdosen, die ihm auf Reisen und sogar auf dem Schlachtfeld ständige Begleiter waren. Er hinterließ 300 dieser Preziosen, unter denen die Prunktabatieren aus seinem Lieblingsstein, dem grünlichen Chrysopras, zu den wertvollsten gehören. Aber größtes Plaisir bereitete ihm der Aufbau seiner Königlichen Porzellanmanufaktur (KPM). Aus eigener Schatulle

kaufte Friedrich 1763 für 225 000 Taler die Manufaktur des insolventen Berliner Unternehmers Johann Ernst Gotzkowsky. Aus der Bewunderung für die berühmte Meißener Fabrikation im Königreich Sachsen erwuchs nun ein ernstes Wetteifern um die kostbarsten und besten Ergebnisse aus dem edlen Material, das die KPM oft zu ihrem Vorteil entschied. Der König war auch hier nicht nur „bester Kunde seiner Manufaktur", sondern begeisterter Form- und Dessingeber seiner Porzellane, deren technische Herstellung er akribisch verfolgte und kundig kommentierte. – Ein jeder dürfe in seinem toleranten Staate „nach seiner Fasson seelig werden", lautete ein weiteres Motto des „Alten Fritz". Während der Jahrzehnte seiner Herrschaft wurden preußische Kunsthandwerker nach der Fasson ihres Königs sehr wohlhabend, berühmt und womöglich sogar selig.

Holländisches Viertel in der Mittelstraße, Fotografie von 1912

Die Communs

Die opulenten Zwillinge gegenüber dem Neuen Palais stehen dem Hauptgebäude an Pracht in nichts nach. Was aussieht wie ein doppelter Palast, ist allerdings keiner – auch dies eine „Fanfaronnade" also. Hier waren Küche und Wirtschaftsräume untergebracht sowie die Quartiere für Dienerschaft und Hofstaat, die sogenannten Communs. Durch einen unterirdischen Gang waren die Gebäude mit der Residenz verbunden. Über ihren praktischen Zweck hinaus dienten sie dem Palais als wirkungsvolles Gegenüber – und als architektonische Kulisse, um das dahinterliegende Ödland zu verdecken. Die beiden an Villenbauten Palladios orientierten Communs verbindet eine weit ausschwingende Kolonnade mit korinthischen Säulen und einem Triumphbogen in der Mitte. Die Gestaltung nach den Plänen des französischen Baumeisters Jean Laurent Legeay übernahm Gontard, der 1766 bis 1769 den Bau auch leitete. Nach 1830 wurde der nördliche der beiden Bauten zur vornehmsten Kaserne des preußischen Staates. Wie in seinem südlichen Pendant und in den dahinterliegenden Gebäuden ist heute hier die Potsdamer Universität untergebracht.

Ruinenberg

Der 73 m hohe Berg verdankt seinen Namen den auf ihm versammelten künstlichen Ruinen. Friedrich II. hatte hier ein Wasserbecken zur Versorgung der Fontänen und Treibhäuser des Parks Sanssouci anlegen lassen. Da der Berg in der Sichtachse des Schlosses lag, beauftragte er Knobelsdorff, den Blick durch eine Ruinenlandschaft, wie sie damals in England in Mode gekommen war, zu verschönern. Der Baumeister und Innocente Bellavite, ein Dekorationsmaler der Berliner Oper, errichteten Theaterkulissen aus Stein: einen Rundtempel mit eingestürztem Kuppeldach, eine hohe gewölbte Wand wie aus dem römischen Kolosseum und vier ionische Säulen, von denen eine kunstvoll geborsten ist. 1845 ließ Friedrich Wilhelm IV., der auf Aussichtsplateaus besonderen Wert legte, den 23 m hohen Normannenturm hinzufügen, der als Einziger im Krieg zerstört wurde, aber heute wieder aufgebaut ist. Die Anlage kam übrigens ihrem Auftrag zu Friedrichs des Großen Zeiten nur mangelhaft nach. Ein einziges Mal, am Karfreitag 1754, soll die Fontäne vor Schloss Sanssouci in die Höhe geschossen sein. Dann nie wieder. Erst seit dem Bau des Dampfmaschinenhauses 1841 erfüllt das Wasserbecken auf dem Ruinenberg seinen Zweck.

Schloss Charlottenhof

„Der Himmel war heut' nicht um ein Haar schöner als zwischen Zehlendorf und Steglitz", schreibt Kronprinz Friedrich Wilhelm (IV.) aus Brescia an seinen „Geliebtesten Engel" in Potsdam, Elisabeth von Bayern. Was unter dem heimischen Himmel fehlte, um „glücklich zu sein wie in Italien", ließ er sich nach eigenen Ideenskizzen von Karl Friedrich Schinkel in den Park von Sanssouci stellen: einen Sommersitz nach dem Vorbild römischer Villen. Die Anlage geht auf einen 1756 von Baumeister Büring errichteten eingeschossigen Gutshof zurück, den Schinkel von 1826 bis 1829 mit Zutaten aus dem Formenkanon der Antike, einem offenen dorischen Portikus, Pergola und Terrasse in ein klassizistisches Kleinod verwandelte.

Das Zeltzimmer, ein blau-weiß drapierter, zeltartig gestalteter Raum, war das Schlafzimmer der Hofdamen im Schloss Charlottenhof.

Ihm zur Seite stand Peter Joseph Lenné, der aus dem bis dahin landwirtschaftlich genutzten Terrain einen englischen Landschaftspark zauberte. Dem Schloss ordnete er geometrisch gestaltete Gärten zu, die vom Maschinenteich über den Rosengarten und den Dichterhain mit Büsten italienischer und deutscher Poeten bis zu dem in den 1930er-Jahren angelegten Hippodrom reichen. Die bürgerlich-klassizistische Eleganz der kleinen Sommerresidenz feiert sich auch in den Innenräumen aufs Schönste. Links und rechts von Vestibül und Speisesaal liegen neun kleine, an bürgerliche Salons erinnernde Räume. Einfach, geradezu sparsam, ist das ebenfalls von Schinkel entworfene Mobiliar. Umso froher die Farben. Das satte Rot an den Flügeltüren und das durchsichtige Himmelblau

Vestibül mit Brunnen im Schloss Charlottenhof

an den Wänden des Speisezimmers lassen alle Strenge vergessen. Die Hofdamen und Gäste schliefen in einem blau-weiß-gestreiften Zeltzimmer, das ebenso originell anmutet, wie die in bayerischen Landesfarben gehaltenen Fensterläden, die auf die Herkunft der Kronprinzessin anspielen. Alexander von Humboldt war fünf Sommer lang im Schloss zu Gast und soll hier einen Teil seines Hauptwerks „Kosmos" zu Papier gebracht haben. Charlottenhof ist bis heute größtenteils so ausgestattet, wie es von dem Kronprinzenpaar um 1830 bewohnt wurde. Es hat sich als einziges Werk Schinkels vollständig erhalten. Umgeben von der ebenso bewahrten Gartenlandschaft Lennés ist es klassisch schön.

Römische Bäder

*Gärtnervilla und Römische Bäder
im Park von Sanssouci*

Wieder scheint Italien vor der Tür zu liegen: Schloss Charlottenhof war noch im Bau, da entstanden 1829 erste Entwürfe für die Römischen Bäder. Und wieder bildeten Schinkel, Lenné und der Bauherr, Kronprinz Friedrich Wilhelm (IV.), das bewährte Team, zu dem später noch Schinkels Schüler Ludwig Persius hinzukam. Was sie hervorbrachten, sollte stilbildend auf die Berliner und Potsdamer Villenarchitektur der folgenden 100 Jahre wirken. Mehrere lose miteinander in beredte Beziehung gesetzte Bauten bilden ein malerisches Ensemble, das der unmittelbar angrenzende Maschinenteich, der angelegt wurde, um die Fontänen zu speisen, aufs Schönste spiegelt. Pate standen dafür florentinische Villenbauten des 15. Jh. und sizilianische Bauernhäuser mit einfachen Formen, flachen Dächern, Türmen, Altanen und Loggien.

Zur sogenannten Italienischen Villa, der Hofgärtnerwohnung, gesellte sich 1830 am Wasser ein antikisierendes Tempelchen, der Teepavillon. Zwei Jahre später traten das kleine Gehilfenhaus und die große Eingangslaube hinzu sowie die als Orangerie dienende Arkadenhalle.

Das eigentliche Bad, das 1834 bis 1836 von Ludwig Persius errichtet wurde, besteht aus Atrium und Thermenhalle und ist im pompejanischen Stil ausgestattet. Das Innere ist mit Marmor- und Zinnplastiken üppig dekoriert. Den ersten Raum schmücken zwei Skulpturen, Dionysos und Apoll, sowie eine Wanne aus grünem Jaspis – ein Geschenk des russischen Zaren Nikolaus I. Durch eine Öffnung blickt man in den nach oben offenen Innenhof, das Impluvium.

Im Gärtnerhaus der Römischen Bäder finden heute wechselnde Ausstellungen über die einstigen Bauherren von Sanssouci statt und die Vielzahl an epochemachenden Künstlern, die Preußen zu seinem architektonischen Reichtum verhalfen.

Atrium der Römischen Bäder im Park von Sanssouci, Entwurf 1826 von Karl Friedrich Schinkel

Von Luise zu „Dona" – Preußens Königinnen

von Holger Möhlmann

Sie war die „preußische Madonna", der „Schutzgeist deutscher Sache" und ein Vorbild für die deutsche Frau im 19. Jh.: Luise von Mecklenburg-Strelitz (1776–1810), Preußens berühmteste Monarchin. In einem Gedicht von 1798 nennt August Wilhelm Schlegel sie sogar die „Königin der Herzen" – 200 Jahre vor Lady Diana. Über keine andere preußische Königin sind so viele Bücher geschrieben worden, über keine andere wurde je ein Film gedreht. Dass die junge Prinzessin, die 1793 den späteren Friedrich Wilhelm III. heiratete, zu einem solchen Mythos werden konnte, hat viele Gründe: Luise war schön, anmutig und empfindsam. Sie galt als volkstümlich und war ihrem Ehemann in echter Liebe zugetan. Sie lebte in Preußen während der bis dato dunkelsten Epoche des Landes: der Zeit der französischen Besatzung ab 1806. Ihr Leben war voller Ereignisse, die zur Legendenbildung beitrugen: die winterliche Flucht nach Ostpreußen, der Bittgang zu Napoleon in Tilsit. Und nicht zuletzt verklärte ein früher Tod die jugendliche Königin, die den Krieg mit Frankreich befürwortet hatte, zur tragischen Lichtgestalt, die sich für ihr gedemütigtes Land opferte. Für ihre Untertanen wurde sie zur Märtyrerin, für das 1871 gegründete deutsche Kaiserreich zur Nationalheiligen, für die männliche Führungsschicht zur idealen Frau. Denn Luise

Königin Luise von Preußen, Gemälde 1879 von Gustav Richter, Öl auf Leinwand, 243 x 151,5 cm, Wallraf-Richartz-Museum, Köln

galt als leidende Dulderin im Dienste von Ehemann und Vaterland – und so sollten die zahllosen Luisen-Schulen und Luisen-Vereine im Kaiserreich nicht nur das Andenken an eine Verstorbene ehren, sondern vor allem die Mädchen der Gegenwart zu tugendhaften Frauen nach Luises Vorbild erziehen.

So sehr Wilhelm I., seit 1861 preußischer König und seit 1871 deutscher Kaiser, den Kult um seine Mutter Luise förderte, so wenig verstand er sich mit seiner Frau. Denn Augusta von Sachsen-Weimar-Eisenach (1811–1890) war alles andere als eine stille Dulderin. „Feuerkopf" nannte Wilhelm seine streitbare Gattin, die sich ungefragt in Staatsangelegenheiten mischte und darauf bestand, ihrem Mann ihre Ansichten mitzuteilen, auch wenn sie sich von seinen grundsätzlich unterschieden. Denn im Gegensatz zur verklärten Luise war Augusta eine echte Pazifistin, die sich politisch nach Westen orientierte und sich ein liberales Deutsches Reich nach englischem Vorbild wünschte. Am aufgeklärten und kunstsinnigen Weimarer „Musenhof" erzogen, erschien ihr das spartanische und militärverliebte Berlin wie ihr persönliches „Fegefeuer". Augusta gründete wichtige Wohltätigkeitsvereine, doch eine beliebte Landesmutter wurde sie nie. Denn allen modernen Ansichten zum Trotz hielt Augusta Abstand und pflegte in ihrer Erscheinung das Majestätische und Zeremonielle: „Sie war ‚die Kaiserin' selbst im Tode", schrieb ihre Schwiegertochter Viktoria über die aufgebahrte Augusta, „und mit allem Prunk und aller Feierlichkeit umgeben, die sie so sehr liebte."

Viktoria von Sachsen-Coburg und Gotha (1840–1901), Prinzessin von Großbritannien, die seit 1858 mit dem preußischen Kronprinzen Friedrich

Kaiserin Augusta, nach einem Gemälde um 1850 von Franz Xaver Winterhalter

verheiratet war, hatte auf den ersten Blick manches mit ihrer Vorgängerin gemeinsam. Auch Vicky, wie Queen Victoria ihre hochbegabte älteste Tochter nannte, setzte sich mit aller Kraft für ein liberales Deutschland ein. Doch spätestens mit dem Amtsantritt Bismarcks als preußischer Ministerpräsident im Jahr 1862 gerieten die fortschrittlichen Kräfte ins Abseits, und auch innerhalb der kaiserlichen Familie blieb die Kron-

Kaiserin Auguste Viktoria, aufgenommen 1914

Kehlkopfkrebs schon so weit fortgeschritten, dass er seinen Vater nur 99 Tage überlebte. Seine Witwe nannte sich fortan „Kaiserin Friedrich". „An Geist und edlem Wollen über den meisten Frauen ihrer Zeit war sie die ärmste, unglücklichste Frau, die jemals eine Krone trug" – diese Worte stammen von Vickys Sohn, Kaiser Wilhelm II. Dessen Frau, Auguste Viktoria von Schleswig-Holstein-Sonderburg-Augustenburg (1858–1921), war das genaue Gegenteil ihrer Schwiegermutter: Während Vicky politisch ambitioniert war und ihrem kaiserlichen Sohn oft kritisch gegenüber stand, gab sich Dona, wie Auguste Viktoria im engsten Familienkreis hieß, mit der Rolle einer loyalen Ehefrau und Mutter von sechs Söhnen und einer Tochter zufrieden. Nie kritisierte sie den Kaiser. Sie interessierte sich kaum für Politik, ja sie las nicht einmal die Zeitung, sondern widmete sich ganz ihren Kindern. Obwohl sie mit dieser Haltung dem damaligen Idealbild einer Frau entsprach, hatte sie nicht nur Freunde: Dona sei „ganz wie eine gute, stille sanfte Kuh, die kalbt, langsam Gras frisst und widerkäut", urteilte eine Dame des Hofes und sprach damit für die gesamte Berliner Gesellschaft, die sich mit ihrer biederen Kaiserin nicht anfreunden konnte. Beim einfachen Volk war Dona dagegen sehr beliebt, vor allem da sie ihr karitatives Engagement mit einer sehr persönlichen Art der Anteilnahme zu verbinden wusste. Zu einer Legende wurde Auguste Viktoria jedoch genauso wenig wie ihre beiden Vorgängerinnen. Preußens wichtigste und legendäre Königin blieb Luise, oder besser: die Frau, die man in ihr sah.

prinzessin isoliert. Vom konservativen Kaiser trennten sie Welten, und die auf äußere Formen so bedachte Augusta konnte mit der an Zeremonien nicht interessierten Vicky wenig anfangen. Weiten Kreisen der preußischen Gesellschaft war „die Engländerin" ohnehin suspekt – man verdächtigte sie, hauptsächlich die Interessen ihres Herkunftslandes im Auge zu haben. Politisch und familiär im Abseits, führte das Kronprinzenpaar ein Leben am Rande des Hofes. Als Wilhelm I. 1888 starb, war bei seinem Sohn der

Ausschnitt aus dem Gemälde „Kronprinzessin Victoria", 1874, Heinrich von Angeli, Öl auf Leinwand

Marmorpalais

Man sieht es gleich: Das Schloss, das sich der Nachfolger Friedrichs II. kurz nach seinem Regierungsantritt einen Fußmarsch entfernt von Sanssouci am Heiligen See erbauen ließ, ist eine architektonische Neuheit. Der Bauherr Friedrich Wilhelm II. bereitete damit dem Klassizismus in Preußen den Weg. Das aus rotem Backstein nach Plänen von Carl von Gontard 1787 bis 1792 errichtete Marmorpalais ist ein zweigeschossiges Gebäude auf quadratischem Grundriss. Seinen Namen erhielt es aufgrund der Schmuck- und Gliederungselemente aus grauem und weißem schlesischen Marmor an der Außenfassade. Auf dem flachen Dach des kubischen Baukörpers, der ab 1797 durch zwei Seitenflügel ergänzt wurde,

thront ein Belvedere in Miniatur, dem der gesamte Neue Garten zu Füßen liegt. Johann August Eyserbeck, Sohn des Architekten der Dessau-Wörlitzer Anlagen, hat daraus eine frühklassizistisch-empfindsame Landschaft mit Sichtachsen, Hügeln und in das Gelände komponierten, bizarren architektonischen Staffagen gemacht: Neben dem Küchengebäude, das Gontard 1789 als im See versinkende, antike Tempelruine errichtete, schufen Carl Gotthard Langhans und Andreas Ludwig Krüger das Holländische Etablissement, die Orangerie mit ägyptisierendem Dekor (1791), eine Pyramide als Eiskeller (1791) und die gotische Bibliothek (1792). Der Architekt des Brandenburger Tors gestaltete auch die Innenräume des Palais', allerdings nicht allein. Wilhelmine Encke, die Geliebte des Königs, die 1796 zur Gräfin Lichtenau erhoben wurde, wirkte ganz wesentlich mit bei der Wahl des Mobiliars, der Bilder, der wunderbaren Seidentapeten in den Wohnräumen des Königs, den Wedgwood-Porzellanen im Konzertsaal und den Dekors an den Wänden bis hin zu den Reliefs von Johann Gottfried Schadow. Alles zeugt von erlesenem Geschmack und von einem ausgeprägten Sinn für Pragmatisches. Das Vestibül im Erdgeschoss öffnet sich licht zu dem über die gesamte Gebäudehöhe reichenden Treppensaal. Das angrenzende Speisezimmer ist passend zu einer Sommerresidenz als kühler Grottensaal angelegt. Das Schloss, das immer ein intimes Palais war, wurde jüngst restauriert. Die Instandsetzung des Außenbaus dauert noch an.

Pomonatempel

Pomonatempel auf dem Pfingstberg, 1800,
Aquarell über Feder auf Papier, 13,0 x 18,4 cm

Im Grunde ist er nichts als ein kleiner Pick-nickpavillon. Namenspatronin war die rö-mische Göttin der Feldfrüchte, Pomona. Das passte zu dem Weinberg, an dessen Südhang er errichtet wurde, und zu der Besitzerin, der Tochter des Potsdamer Schulrektors und Ehefrau des Geheimen Rats Carl Ludwig von Oesfeld, der diese Gartenanlage für seine Gattin bauen ließ. Sein Auftrag erging ver-mutlich aus Kostengründen an einen Schüler der Bauakademie, der ganze 19 Jahre jung war. Sein Name: Karl Friedrich Schinkel. Mit dem 1801 fertiggestellten Pomonatem-pel gibt der größte Baumeister Preußens sein Debüt, und es ist schon alles da: die Antike, Anmut und Strenge, Präzision und Witz. Schinkel entwirft den kleinen Tempel als einen quadratischen Raum, dem eine von ionischen Säulen getragene Halle vorgela-

gert ist. Durch einen Treppenturm kann man das Dach ersteigen. Darüber segelt ein blau-weiß gestreiftes Zeltdach. Das hat Charme. Von 1945 bis 1990 lag der Pomo-natempel unzugänglich in unmittelbarer Nachbarschaft der „verbotenen Stadt" der sowjetischen Armee – und verfiel. Heute ist er, makellos rekonstruiert, ein strahlendes Zeugnis privater Sanierungsinitiative in der ersten Nachwendezeit.

Russische Kolonie Alexandrowka

13 Blockhäuser mit geschnitzten Giebel-brettern, kunstvollen Ornamenten und Holzbalkonen – die Kolonie Alexandrowka ist bis heute ein einmaliges Zeugnis russi-scher Architektur außerhalb des Ur-sprungslandes. Ihre Entstehung erinnert an ein tragisches Kapitel der preußisch-russi-schen Geschichte. Nachdem Preußen durch die Niederlage gegen Napoleon 1806 zwangsweise zum Bündnispartner Frank-reichs geworden war, hatte es Kriegsgefan-gene aus Russland aufzunehmen, mit dem man traditionell befreundet war. Nach den Befreiungskriegen und dem gemeinsamen Sieg über Napoleon blieben diese freiwillig in Potsdam und bekamen als Zeichen preußisch-russischer Verbundenheit eine Siedlung geschenkt, die Lenné im Auftrag Friedrich Wilhelms III. 1826 in Form eines Hippodroms mit eingeschriebenem An-

dreaskreuz anlegte. Oberhalb der Kolonie Alexandrowka wurde 1829 zum Gedenken an den vier Jahre zuvor verstorbenen Zaren Alexander I. sowie für die russisch-orthodoxe Gemeinde von Schinkel eine kleine Kreuzkuppelkirche errichtet. Nach einer aufwendigen Restaurierung präsentiert sich die Kirche heute wieder in ihren original rosa-weißen Farben und mit fünf Kuppeln in typisch russischer Zwiebelform.

Schloss Cecilienhof

Weltweit bekannt wurde Schloss Cecilienhof als Verhandlungsort der alliierten Siegermächte im Sommer 1945. Harry S. Truman, Clement Attlee als Nachfolger von Winston Churchill und Josef Stalin unterzeichneten hier am 2. August das „Potsdamer Abkommen", das die Zukunft von Nachkriegsdeutschland festlegte. Der Konferenzsaal und die Arbeitszimmer der Delegationen sind als Gedenkstätte zur Potsdamer Konferenz zu besichtigen, ebenso die Privatgemächer des Kronprinzenpaares. Ein Teil des Schlosses dient als Hotel. Was wie ein englischer Landsitz aussieht, ist der letzte Schlossbau der Hohenzollern. Kronprinz Wilhelm ließ ihn 1913 bis 1917 von Paul Schultze-Naumburg errichten. Um die fünf Innenhöfe gruppieren sich malerische Fachwerkbauten in unterschiedlicher Höhe mit vorspringenden Giebeln, Torbauten und dekorativen Schornsteinen. Die Mitte des Hauptgebäudes nimmt die große Wohnhalle ein. Rechts davon schließen sich Salon und Schreibzimmer der Kronprinzessin Cecilie an, links liegen die Suite des Kronprinzen mit Rauchzimmer, welches nach englischem Vorbild vertäfelt wurde, die Bibliothek und ein Frühstückszimmer in der Art eines Gartenpavillons, von dem aus man in den Speisesaal gelangt. Im Obergeschoss befinden sich das Schlafzimmer, das Bad und das Jagdzimmer sowie die sogenannte Marschalltafel, ein zweiter Speiseraum, in dem sich die Herren zum Dinner niederließen.

Zu den kapriziösen Eigenheiten der Innenräume gehört ein Zimmer, das die Kronprinzessin, die Wasser und Schiffe liebte, nach ihren eigenen Wünschen gestalten ließ: ein Kabinett in der Form einer Kajüte mit dem originalen Interieur aus einer alten Kaiseryacht.

Der runde Tisch im historischen Konferenzraum des Schlosses Cecilienhof

Potsdamer Stadttore

Die Garnisonsstadt Potsdam war einst von einer Stadtbefestigung umgeben, die vor allem als Zollmauer diente und Soldaten vom Desertieren oder Schmuggeln abhalten sollte. Die Mauer verband die Tore der Stadt, von denen heute noch drei erhalten sind. Das älteste, das nach Norden führende Jägertor, wurde 1733 errichtet. Seine beiden Pfeiler aus verputztem Ziegelmauerwerk werden durch ein Sandsteingebälk verbunden, das eine Skulpturengruppe krönt. Das größere Nauener Tor stammt aus dem Jahr 1755 und ist eines der ersten Beispiele für die von England beeinflusste Neogotik auf dem europäischen Kontinent. Von hier aus nahm man den Weg ins Holländische Viertel – bis heute ein Vorzeigequartier aus Backstein, das der Soldatenkönig ab 1732 von Johann Boumann d. Ä. für Einwanderer aus Holland errichten ließ. Nach dem Siebenjährigen Krieg entstand das gen Westen gerichtete Brandenburger Tor. Friedrich II. ließ es 1770 von Carl von Gontard und Georg Christian Unger als Zeichen des Sieges bauen, weshalb es auch einem römischen Triumphbogen ähnelt. Als Vorbild diente der Konstantinsbogen in Rom.

Das Brandenburger Tor in Potsdam

Alter Markt

Nur wenig erinnert daran, dass zwischen der Nikolaikirche und der ehemals bebauten Wasserkante an der Alten Fahrt bis 1945 der historische Kern Potsdams lag, der repräsentative Mittelpunkt einer Residenzstadt. Einzig das Alte Rathaus, das Johann Boumann d. Ä. von 1753 bis 1755 errichtete und mit Palladio-Fassade, Kolossalsäulen und Kuppel ausstattete, sowie Knobelsdorffs Wohnhaus von 1750 wurden nach den Kriegsbeschädigungen ab 1960 wieder aufgebaut. Auch der Marmorobelisk von 1753 fand in veränderter Form 1979 wieder seinen Platz. Auf dem Alten Markt hat einst das unter dem Großen Kurfürsten 1664 bis 1670 errichtete, später mehrfach umgestaltete Stadtschloss gestanden: Vor allem Knobelsdorff hatte daraus ab 1744 eine prächtige barocke Anlage gemacht. Nachdem es bei einem Bombenangriff 1945 völlig ausgebrannt war, wurde die Ruine des Schlosses 1959/60 trotz großer Proteste abgerissen. Sein von Jean de Bodt errichtetes und 1701 anlässlich der Erhebung Preußens zum Königtum eingeweihtes Fortunaportal ist 2000 bis 2002 originalgetreu wiederhergestellt worden. Auch die Rekonstruktion der Schlossfassade für den Neubau des Landtags ist beschlossene Sache. Der gesamte Platz wird umgestaltet.

Marstall

Gegenüber dem Alten Markt liegt das einzige Gebäude des Schlossensembles, das Kriegs- und Nachkriegszeit überlebt hat, der einstige Marstall. 1685 als Orangerie nach den Plänen von Johann Arnold Nering erbaut, ließ der Soldatenkönig das Gebäude 1714 in einen Stall für die königlichen Reitpferde umwandeln. Seine heutige Form erhielt es 1746 durch Knobelsdorff. Aus dieser Zeit stammen ebenfalls die dramatisch bewegten Reitergruppen von Friedrich Christian Glume über den Portalen. Seit 1981 residiert

das Filmmuseum Potsdam im Marstall. Weniger glamourös als sein Pendant am Potsdamer Platz in Berlin, zeigt es acht Jahrzehnte Babelsberger Filmgeschichte von der Ufa- bis zur DEFA-Ära anhand von Kostümen, Originalfotos und Filmausschnitten, u. a. von Zarah Leander, Lilian Harvey und Hans Albers. Neben Szenenbildentwürfen und Drehbüchern sind hier auch zahlreiche Requisiten ausgestellt, etwa die Schulbank aus dem Film „Die Feuerzangenbowle" (1944) mit Heinz Rühmann. Das kleine hauseigene Kino zeigt u. a. Stummfilme, die von einer Welte-Kinoorgel aus dem Jahr 1929 begleitet werden.

Dampfmaschinenhaus

Im 19. Jh. war es durchaus üblich, fremde Baustile zu kopieren. Doch nur ein Romantiker konnte auf die Idee kommen, 81 PS als Moschee zu verkleiden. Das Dampfmaschinenhaus an der Neustädter Havelbucht entstand auf Wunsch von Friedrich Wilhelm IV., der es von 1841 bis 1843 durch Ludwig Persius „mit einem Minarett als Schornstein" nach maurischem Vorbild errichten ließ. Das damals höchste Bauwerk der Gegend verdankt die aufwendige Gestaltung vermutlich seiner exponierten Lage am Havelufer, denn es war von der königlichen Gartenterrasse in Sanssouci aus zu sehen. Im Inneren barg es eine technische Raffinesse: die stärkste Dampfmaschine Preußens, die vom jungen Unternehmer August Borsig gebaut worden war. Mit ihrer Hilfe wurde Wasser aus der Havel auf den Ruinenberg gepumpt, um von dort die Wasserspiele des Parks und die Hauptfontäne vor Schloss Sanssouci zu speisen. Diese erreichte mittels der Dampfkraft eine stolze Höhe von 38 m. Heute wird diese Aufgabe von Elektropumpen erledigt. Die stillgelegte Vorgängerin ist im historischen Gebäude zu besichtigen.

Nikolaikirche

Bis heute beherrscht ihre Kuppel die Stadt-silhouette von Potsdam – ein architektoni-sches Merkmal, mit dem sich europäische Städte gern an Rom messen. Die Nikolaikir-che geht auf eine um 1724 von Philipp Ger-lach erbaute Saalkirche zurück, die 1795 ab-brannte. Der Wiederaufbau verzögerte sich bis 1830. Schinkel entwarf einen überkuppel-ten Zentralbau, der sich vor allem an der Londoner St. Paul's Cathedral orientierte, zunächst jedoch mit einem flachen Sattel-dach versehen wurde. Erst 1843, unter Fried-rich Wilhelm IV., erhielt die Kirche unter Leitung Stülers die 78 m hohe Tambour-kuppel. Die vier Ecktürme sind von Schinkel nicht vorgesehen, aber aus Gründen der Sta-tik notwendige Zutaten, die die Gesamtwir-kung der Kirche allerdings etwas beeinträch-tigen. Während man den Außenbau nach dem Krieg in seiner ursprünglichen Form rekonstruiert hat, wurden im Innenraum die auf korinthische Säulen gestützten Em-poren 2 m vorgezogen, um Platz für zusätz-liche Räume zu schaffen. Durch diese Ver-änderung ist der Grundriss des griechischen Kreuzes im Innern nicht mehr erkennbar.

Französische Kirche

Keine Kreuze, kein Taufbecken, kein Altar – für die Gemeinde der Hugenotten entwarf Knobelsdorff 1752 den kleinen Zentralbau

Eingangsfront der Französischen Kirche, Fotografie von 1912

mit Anklängen an das römische Pantheon und an die Hedwigs-Kathedrale in Berlin. Die fertige Kirche schenkte Friedrich II. der Potsdamer Gemeinde am 16. September 1753, dem Todestag seines Baumeisters. Die Fassade ziert ein toskanischer Giebelporti-kus; die Nischen rechts und links des Ein-gangs schmücken allegorische Plastiken von Friedrich Christian Glume. Das durch hohe Seitenfenster belichtete, amphitheaterhafte Innere ist nach Maßgabe der französisch-reformierten Gottesdienstordnung frei von kirchlichem Zierrat. Nach 1990 wurde das nahezu ganz verfallene Gebäude restauriert und dient heute wieder als Gotteshaus. Die Französische Kirche liegt am Bassinplatz, der seinen Namen unter Friedrich Wilhelm I. erhielt. Zwischen 1737 und 1739 war hier ein Wasserbecken angelegt worden, das der Trockenlegung des Geländes dienen sollte und durch einen Kanal mit dem Heiligen See verbunden war. Ab 1825 wurde es zu-geschüttet. Den Platz beherrscht seit 1870 die von Friedrich August Stüler entworfene katholische Kirche St. Peter und Paul.

Rundgang „arkadisch"

Neues Palais

Römische Bäder

Sanssouci

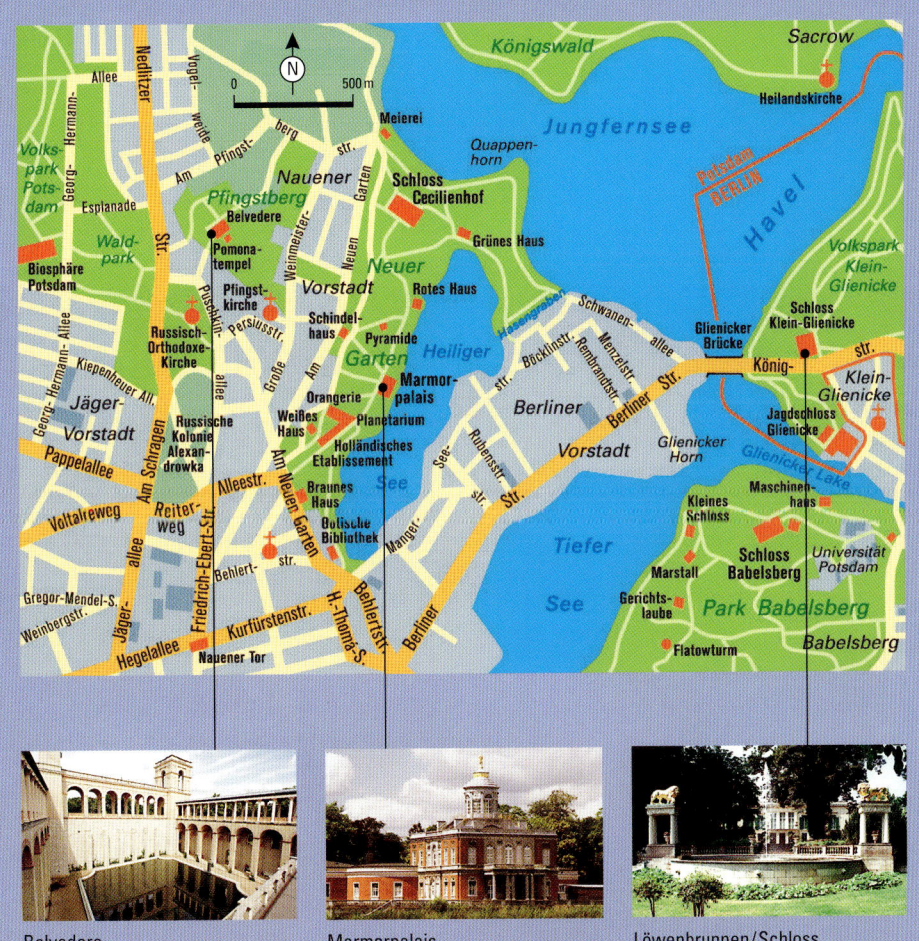

Belvedere

Marmorpalais

Löwenbrunnen/Schloss
Klein-Glienicke

Wenn man aus Berlin kommt und auf die Glienicker Brücke zufährt, betritt man ein anderes Jahrhundert. Hier beginnt das preußische Arkadien, wie es Schinkel, Lenné und Co. erfunden haben. Angestiftet von fünf Generationen kunstsinniger Monarchen, die mit Geschmack und ungewöhnlicher musischer Begabung gesegnet waren, wurde die Havellandschaft mit ihren Seen, Inseln, Hügeln und waldigen Buchten zu einem in Europa einmaligen Ensemble von Gärten und Parks geformt. An einem einzigen Frühlingstag kann man sie bequem erwandern. Das

Fasanerie im Park Sanssouci

Freiluftmuseum der preußischen Italien-Nostalgie beginnt im Neuen Garten am Ende der Schwanenallee. Der Blick über das Wasser ist betörend. Wie ein Bühnenbild breitet sich der Heilige See vor dem rot-weißen Kubus des Marmorpalais' aus, auf dessen Treppen man bald wieder, wenn die letzten Renovierungsplanen gefallen sind, zum Ufer hinunterspazieren wird. Das Wasser kräuselt sich, die Wipfel mächtiger alter Bäume rauschen im Wind. Rechts liegt der Jungfernsee mit Heilandskirche und Pfaueninsel in der Ferne; davor, zwischen den Bäumen, die Fachwerkgiebel von Cecilienhof, gegenüber das Grüne und das Rote Haus, dahinter wie ein spiritistisches Ausrufezeichen die Spitze einer Pyramide, während die Potsdamer Turmsilhouette linker Hand hinter dem Grün hervorlugt. Und wenn man sich um die eigene Achse dreht, blitzt zartgelb die Pergola von Schloss Klein-Glienicke durch die Bäume, silbern leuchtet die Glienicker Brücke in der Sonne. Ein Idyll. Der Neue Garten ist der erste romantische Park, mit dem Friedrich Wilhelm II. der Empfindsamkeit zur Macht verhalf. Aber nicht nur von hier unten lässt sich die preußischblaue Landschaft genießen. Linker Hand liegt weithin sichtbar das nächste Ziel: das Belvedere auf dem Pfingstberg. Auf dem Weg dorthin passiert man eine Reihe beeindruckender Palais, darunter auch die spätklassizistische Villa Henkel mit der filigranen Turmanlage und Schinkels fröhlichen Pomonatempel. Auf dem Gipfel, der höchsten Anhöhe in Potsdam, erhebt sich das Lieblingsbauwerk Friedrich Wilhelms IV. Auf Aussichtstürme legte der Italienträumer besonderen Wert, ließ sich doch erst von dort aus die Verschönerung der Landschaft in ihrer Gesamtheit überschauen. Das ist mit dem Belvedere vorzüglich gelungen.

Denn von dessen Türmen aus liegen uns nicht nur die Insel Potsdam, die römische Kuppel der Nikolaikirche, der Telegrafenberg, der Flatowturm, Babelsberg und Sacrow zu Füßen. Bei gutem Wetter sieht man hier bis zum Alexanderplatz in Berlin. Von der luftigen Höhe führt der Weg hinunter ins schattige Buschwerk, vorbei am alten Jüdischen Friedhof und der Alexander-Newski-Kirche auf dem Kapellenberg, die genauso rosaweiß erstrahlt wie die blühenden Apfelbäume der Russischen Kolonie Alexandrowka, ein keineswegs zufälliger Kunstgriff Lennés, der hier ein mustergültiges Spektrum an

Die Friedenskirche im Park Sanssouci

Obstsorten züchten ließ. Wie sich der große Gartenkünstler ja überhaupt nicht nur auf die Anlage von Blickachsen verstand; er komponierte Bilder in die Stadtlandschaft, um auch den bebauten Raum zur Natur in Beziehung zu setzen. So führen uns lose verteilte, schmuck herausgeputzte Villen im italienischen Landhausstil zum nächsten großen Postdamer Park, nach Sanssouci. Am Ende der Hegelallee biegen wir rechts in die Schopenhauerstraße ein und sehen schon von Weitem das „römische" Triumphtor. Weitere Stationen sind die Friedenskirche, mit der Persius den römischen Bau von San Clemente in den märkischen Sand stellte, der Sizilianische Garten und die prachtvolle Orangerie. Wer noch mehr südliches Flair erleben will, dem sei ein Abstecher in das „italienische Dorf" Bornstedt empfohlen,

zu dem 1848 im florentinischen Stil errichteten Krongut und der 1855 als Basilika mit Campanile umgebauten Dorfkirche. Auf dem Rückweg in den Park von Sanssouci warten schon Arkadiens Kronjuwelen: Schloss Charlottenhof und die Römischen Bäder. Der schönste Blick auf diese Ikonen mediterranen Lebensgefühls bietet sich, wenn man, das Neue Palais im Rücken, das Tor der Meierei durchschritten hat. Große Rasenflächen breiten sich aus, kleine Haine sind malerisch darauf gruppiert, Wege schwingen sich, wie von lockerer Hand gestreut, durch die Wiesen. Landschaft und Architektur scheinen nur einem Gesetz zu folgen: Sie verführen zu ständiger Bewegung, um den Ausblick zu immer neuen Bildern zu verknüpfen – in einem Reich gebauter Träume, zu jeder Jahreszeit.

Anhang

Glossar

Apsis (lat.; gr. hapsis, „Verbindung, Rundung, Wölbung"), eine über einem halbkreisförmigen oder vieleckigen Grundriss errichtete und mit einer Halbkuppel überwölbte Nische, in der ein Altar stehen kann. Ein Apsisgewölbe in Form eines Kugelabschnittes wird als Apsiskalotte (von frz. calotte, „Käppchen") bezeichnet. Im Anschluss an den Hauptraum oder den den Klerikern vorbehaltenen Chor einer Kirche wird die Apsis auch Exedra oder Chorhaupt genannt.

Arkade (frz. arcade, „Schwibbogen"; zu lat. arcus, „Bogen [Jagdwaffe]"), ein auf seitlichen Stützen ruhender Bogen oder eine Bogenreihe.

Art déco (frz. art décoratif, „dekorative Kunst"), Sammelbezeichnung für die zwischen 1918 und 1932 in Kunstgewerbe, Innenarchitektur und Kleinplastik besonders in Frankreich vorherrschenden künstlerischen Tendenzen. Aus dem französischen Jugendstil („Art nouveau") hervorgehend, nimmt die Art déco mit geometrischen Strukturen, symmetrischen Formen, scharfen Kanten, geraden Linien und leuchtenden Farben Bezug auf die zunehmend technisierte Umwelt. Die Verwendung von teuren, luxuriösen Materialien, etwa polierten Steinen, edlen Hölzern, Emaille und Chrom, ließ bei der Produktion oft nur geringe Stückzahlen zu. Der Begriff leitet sich von der 1925 in Paris ausgerichteten Ausstellung „Exposition Internationale des Arts Décoratifs et Industriels Modernes" ab, ist jedoch erst seit 1966 gebräuchlich.

Atrium (lat., „Vorsaal, Vorhalle"), ungedeckter Vorhof einer Kirche, der auf drei oder vier Seiten von einem Säulengang umgeben ist. Oft steht in der Mitte ein Brunnen.

Bel Étage, auch Beletage (frz., „schönes Stockwerk"), das Hauptgeschoss eines herrschaftlichen Gebäudes, in dem sich die Repräsentationsräume befinden. Meist liegt die Bel Étage oberhalb des Erdgeschosses. Niedrigere und im Vergleich bescheiden ausgeführte Aufbauten grenzen das „schöne Stockwerk" nach oben hin ab. Im Italienischen heißt die repräsentative erste Etage „piano nobile".

Berliner Block, ein in der gesamten Tiefe bebauter städtischer Block (Blockrandbebauung), der für den Städtebau der Berliner Gründerzeit typisch ist; zeichnet sich durch seine besonderen Dimensionen, mehrere Hinterhöfe und Mischnutzung aus.

„Berliner Block" im Stadtteil Wedding

Enfilade (frz., „Aufreihung"), eine Folge von Räumen, deren Türen alle in einer Achse liegen, sodass man, wenn diese geöffnet sind, einen Durchblick durch alle Zimmer hat. Um 1650 in Frankreich entwickelt, ist die Enfilade ein typisches Gestaltungsmerkmal in barocken Schlössern und Hotels.

Expressionismus (frz. expression, „Ausdruck"), Kunstrichtung vom Anfang des 20. Jh.s („Les Fauves", „Die Brücke", „Der blaue Reiter"), die sich

v. a. in der Malerei und Grafik, weniger in der Plastik artikuliert; als Gegenreaktion auf das bereits Ende der 1880er-Jahre in Frage gestellte Sehmodell des Impressionismus und in Reaktion auf Naturalismus und Akademismus streben die Anhänger des Expressionismus nach Vergeistigung und Objektivierung unter Verzicht auf die getreue Wiedergabe der Wirklichkeit. Kräftige, ungebrochene Farben, die nicht in Einklang zu bringen sind mit der natürlichen Farbigkeit, dienen dem Ausdruck subjektiver Wirklichkeitsdarstellung, der Veranschaulichung des Wesentlichen.

Fresko (ital. fresco, „frisch"; Pl.: Fresken), Wandgemälde, das auf noch feuchtem Kalkputz aufgetragen ist.

Fries (mittellat. frisium, „Franse, Zipfel"), plastische oder gemalte, streifenartig fortlaufende Wandverzierung in horizontaler Ausrichtung, als Schmuck, Gliederung oder Belebung einer Wandfläche dienend.

Galerie, eine Räumlichkeit, die länger als breit und an einer oder an beiden Langseiten durchfenstert ist. Die Galerie als Pracht- und Schauraum bildet sich im 16. Jh. in den Schlössern Frankreichs (Fontainebleau) heraus. Die oberen Theatergänge, Kirchenemporen sowie die offenen Haus- und Laufgänge werden als Galerien bezeichnet.

Gesims, waagerechter, aus der Wand hervortretender Streifen, der die horizontalen Abschnitte eines Gebäudes gliedert.

Gewölbe, gekrümmte, meist aus keilförmigen Steinen zusammengesetzte Decke über einem Raum. Im Unterschied zur Kuppel findet man sie auch über Längsräumen. Die Widerlager, z. B. Mauern oder Pfeiler, fangen den Druck und den Schub des Gewölbes auf.

Tonnengewölbe

Kreuzgratgewölbe

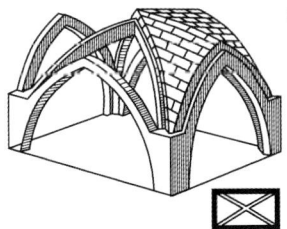

Kreuzrippengewölbe

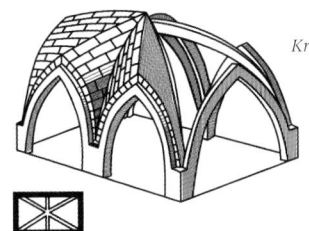

Sechsteiliges Kreuzrippengewölbe

Gewölbeformen

Teile des Netzrippengewölbes im „Gotischen Haus" in Alt-Spandau

Giebel, Abschluss eines Satteldaches; Bekrönung von Türen, Fenstern oder Nischen. Die antiken flachen Dreiecks- und Segmentbogengiebel werden in der Renaissance, im Barock und Klassizismus nachgeahmt und gesprengt oder verkröpft: Das Mittelteil fehlt oder tritt stärker beziehungsweise schwächer hervor. Das Tympanon (Giebelfeld) kann dekoriert sein.

Historismus (lat. historia, „Kenntnis, Geschichte"), eine seit 1839 nachgewiesene Geschichtsauffassung, die jedes historische Ereignis im Rahmen der jeweiligen geschichtlichen Gegebenheiten begreift. Im kunsthistorischen Zusammenhang bezeichnet der Historismus ein sich besonders seit dem 19. Jh. durchsetzendes künstlerisches Prinzip. Hierbei werden bewusst historisch weiter zurückliegende Phasen der Kunstentwicklung ganz oder teilweise wieder aufgenommen und erneut genutzt.

Jugendstil, deutscher Begriff für eine internationale Stilbewegung um 1900; das englische Pendant dazu lautet „Modern Style", das französische „Art Nouveau", in Österreich gilt der Begriff „Sezessionsstil". Als Abwehr der im 19. Jh. verbreiteten akademischen und historisierenden Tendenzen (Neoromanik, Neogotik etc.) sucht er in ornamental, flächig und linear aufgefassten Formen mit vegetativen Anklängen der Dynamik der Zeit eine Entsprechung zu geben. Der Jugendstil soll auf alle Bereiche des Lebens angewandt werden, so auf die Architektur, die bildende Kunst und das Kunstgewerbe, welches der Kunst überdies gleichgestellt wird.

Kapitell (lat. capitulum, „Köpfchen"), Kopfstück einer Säule oder eines Pfeilers. Man unterscheidet je nach Dekorationsform Blatt-, Blüten- und Figurenkapitell.

Veluten an einem ionischen Kapitell

Klassizismus (zu frz. classique und lat. classicus, „mustergültig, erstrangig"), die am Vorbild der klassischen Antike (5.–4. Jh. v. Chr.) orientierte Stilrichtung zwischen 1750 und 1840. In Preußen beginnt die Hauptphase ab 1786 unter Friedrich Wilhelm II.

Kolonnade (frz. colonnade), Reihung von Säulen mit geradem Gebälk ohne Bogen.

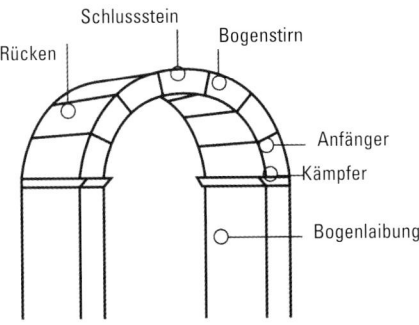

Arkade

Labels in figure: Rücken, Schlussstein, Bogenstirn, Anfänger, Kämpfer, Bogenlaibung

Kuppel (mittellat. cup(p)ula, „(umgestülptes) Tönnchen, Becher"), Decken- oder Dachform, Überwölbung eines runden, vier- oder vieleckigen Raumes in regelmäßigen Krümmungen. Die Überleitung vom quadratischen Grundriss zur Rundung des Kuppelgrundrisses kann verschieden vollzogen werden: 1. Bei der Hängekuppel bildet die Basis der Kuppel einen gedachten Kreis, der das Grundrissquadrat umschreibt; 2. bei der Pendentifkuppel ist eine gedachte Hängekuppel über den Bögen horizontal abgeschnitten und die so entstandene Kreisfläche mit einer Halbkugel überwölbt, die dabei entstehenden sphärischen Dreiecke nennt man Pendentifs; 3. bei der Böhmischen Kappe (Stutzkuppel) ist, ähnlich der Hängekuppel, die zu überwölbende Fläche kleiner als das Grundquadrat.

Loggia (ital.), offener, von Säulen oder Pfeilern gestützter Bogengang oder Bogenhalle.

Mansarddach, Knickdach, dessen unterer Teil steiler ist als der obere und sich deshalb, z. B. für Wohnzwecke, besser ausbauen lässt. Benannt ist diese Dachform nach dem französischen Architekten François Mansart (1598–1666).

Zwei durch ein Architrav gekoppelte Säulen

Mezzanin (ital. mezzano; lat. medianus, „mittlerer"), ein niedriges Zwischen- oder Halbgeschoss, welches zumeist Räume von untergeordneter Bedeutung aufnimmt. Das Mezzanin befindet sich über dem Erdgeschoss, dem Hauptgeschoss oder unterhalb des Kranzgesimses (Dachansatzes). Aus funktionellen Gründen, v. a. aber durch die gegebene Möglichkeit, mit der Hinzufügung von Halbgeschossen den Baukörper ästhetisch zu proportionieren, ist das Mezzanin ein beliebtes Gestaltungsmittel der barocken sowie der klassizistischen Schlossarchitektur.

Klassisch antike Säulenordnungen

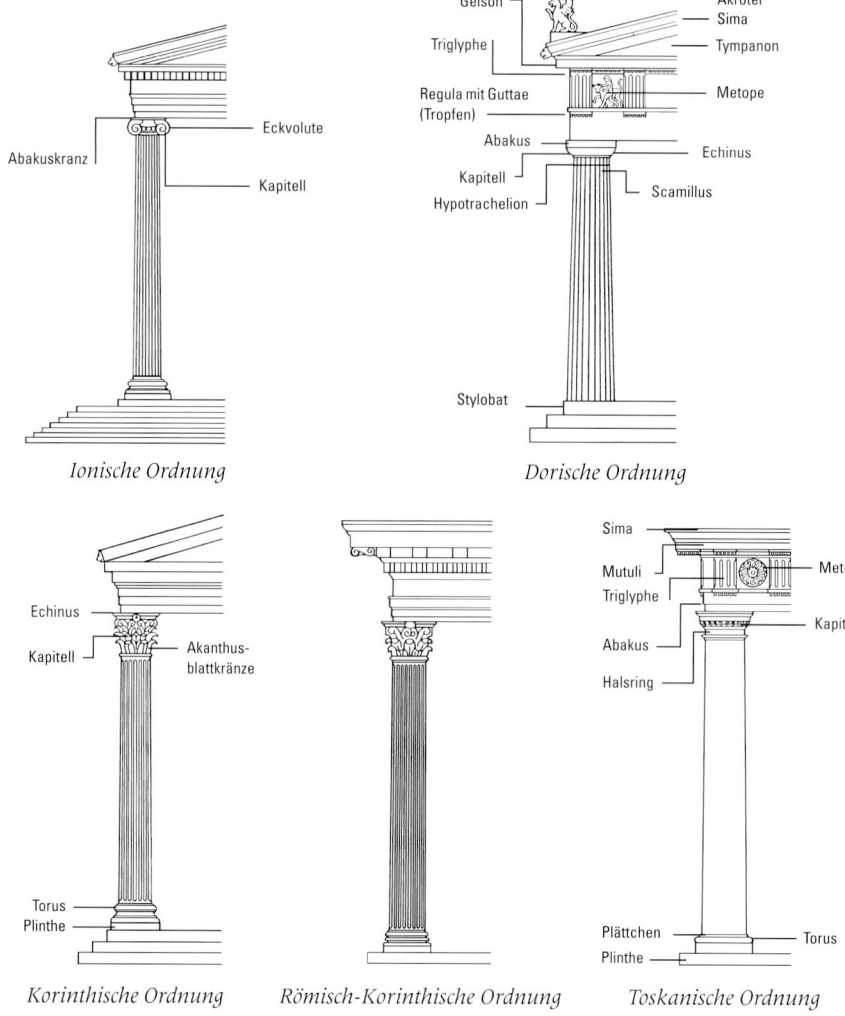

Eckvolute

Abakuskranz

Kapitell

Ionische Ordnung

Geison

Triglyphe

Regula mit Guttae
(Tropfen)

Abakus

Kapitell

Hypotrachelion

Stylobat

Akroter

Sima

Tympanon

Metope

Echinus

Scamillus

Dorische Ordnung

Echinus

Kapitell

Akanthus-
blattkränze

Torus

Plinthe

Korinthische Ordnung

Römisch-Korinthische Ordnung

Sima

Mutuli

Triglyphe

Abakus

Halsring

Metope

Kapitell

Plättchen

Plinthe

Torus

Toskanische Ordnung

Portikus (lat. porticus, „Säulengang, Halle"), meist offener, von Säulen oder Pfeilern getragener Vorbau an der Haupteingangsseite eines Gebäudes. Häufig ist er mit einem Giebel versehen.

Punkthochhaus, Hochhaus auf eher quadratischer Grundfläche, das nur durch einen vertikalen Kern (Treppen, Aufzug) erschlossen wird, im Unterschied zu Scheibenhochhäusern mit längsrechteckiger Grundfläche und mehreren Erschließungskernen.

Risalit (von ital. risalto, „Vorsprung"), ein besonders in der Architektur des Barock und des 19. Jh.s beliebtes Mittel der Fassadengliederung, bei dem ein Bauteil in ganzer Höhe aus der Fluchtlinie eines Gebäudes hervortritt. Unterschieden wird zwischen Mittel-, Seiten- und Eckrisaliten.

Rocaille (frz., „Geröll, Grotten-, Muschelwerk"), asymmetrisches muschel- und wellenförmiges Ornament des Rokoko.

Rotunde (von lat. rotundus, „rund, abgerundet"), ein kleinerer Bau über kreisförmigem Grundriss (Rundbau) oder auch ein runder Raum innerhalb eines größeren Baukomplexes.

Säule, meist stützendes, sich nach oben verjüngendes Bauglied mit rundem Querschnitt, das aus Basis (Fuß), Schaft (Mittelteil) und Kapitell (Kopfstück) bestehen kann. Auf die Formen des Schaftes beziehen sich die meisten Namen, so z. B. die aus einem Stück bestehende monolithische Säule, die aus trommelförmigen Teilen gefertigte Trommelsäule oder die mit senkrechten Hohlkehlen versehene kannelierte Säule.

Säulenordnung, antikes festes Architektursystem, bei dem Säule, Kapitell, Architrav (die Last des Oberbaus tragender Hauptbalken) und Gesims (waagerecht hervortretender Wandstreifen) aufeinander abgestimmt sind. In der griechischen Baukunst kennt man die dorische, ionische und korinthische Ordnung. In der römischen Architektur werden sie im Wesentlichen übernommen, es gibt aber auch Variationen wie die toskanische Ordnung mit dorischen Elementen und die Kompositordnung mit ionischen und korinthischen Bauformen.

Sezession (lat. secessio, „Trennung"), Absonderung einer Künstlergemeinschaft von einer bereits bestehenden, traditionsreichen Vereinigung bzw. demonstrative Trennung vom akademischen Salonsystem, z. B. die Münchner Sezession von 1892 unter Franz von Stuck (1863–1928), die Wiener Sezession von 1897 unter Gustav Klimt (1862–1918) und die Berliner Secession, 1898 von Max Liebermann, Walter Leistikow und Max Slevogt gegründet.

Traufhöhe, seit dem Hobrecht-Plan von 1862 erstreckt sie sich in Berlin auf 22 m Höhe, gemessen vom Boden bis zur Tropfkante am Dach eines Gebäudes.

Tympanon (grch., „Trommelfell, Pauke"), Bogenfeld über Portal oder Fläche in einem Giebel.

Vestibül (lat. vestibulum, „Vorplatz, Vorhof"), der Vorraum bzw. die Vorhalle eines Gebäudes. Beim altrömischen Wohnhaus liegt das Vestibül vor dem Eingang zum Haus.

Zeilenbau, gleich hohe und gleich gerichtete Wohnbauten; wurde in den 1920er-Jahren unter anderem von Walter Gropius und Martin Wagner als zukunftsweisendes Modell im Städtebau angesehen.

Biografien

Behrens, Peter (14.4.1868 Hamburg – 27.2.1940 Berlin), war bereits als Maler, Grafiker, Designer und 1892 als Gründungsmitglied der Münchener Sezession erfolgreich tätig, bevor er ab 1899 (–1903) in der Künstlerkolonie in Darmstadt lehrte und hier auf der Mathildenhöhe, dem Zentrum des deutschen Jugendstils, 1901 sein erstes Haus baute. Seine architektonischen Ideen wirkten bahnbrechend auf die frühe Moderne des 20. Jh. Behrens wurde zum Spiritus Rector für spätere Meister wie Le Corbusier, Walter Gropius und Ludwig Mies van der Rohe, die zeitweilig in seinem Atelier beschäftigt waren. 1907 berief ihn Emil Rathenau als künstlerischen Beirat für die AEG („Allgemeine Elektricitäts-Gesellschaft") nach Berlin. Die AEG-Turbinenhalle aus dem Jahr 1909 entwickelte sich wegen ihrer radikal neuen Glas-Stahl-Konstruktion zu einer Ikone der Architektur. 1929 nahm er am Wettbewerb zur Umgestaltung des Alexanderplatzes teil; seine Bürohäuser aus Stahlbeton, die Torhäuser Berolina und Alexander, wurden 1932 ausgeführt und sind heute die letzten Zeugen der Originalbebauung.

Berggruen, Heinz (5.1.1914 Berlin – 23.2.2007 Paris), gehörte zu den wichtigsten Kunstsammlern des 20. Jh. Der Sohn eines Papier- und Schreibwarenhändlers vom Olivaer Platz in (Berlin-)Wilmersdorf emigrierte 1936 in die USA. Hier gelang ihm die Fortsetzung des Studiums der Literaturwissenschaften und der Kunstgeschichte, das ihn auf seine Tätigkeit als Journalist und Kunstkritiker vorbereitete. Schon zehn Jahre später sollte er dieses Feld verlassen zugunsten einer von Zufällen, doch auch von großem Enthusiasmus geleiteten Laufbahn als Kunsthändler und Sammler. Nach dem Zweiten Weltkrieg machte er Frankreich zu seiner neuen Heimat. Werke von Paul Klee, deren erstes er bereits 1940 in Chicago erworben hatte, und Arbeiten des befreundeten Pablo Picasso, den er als Händler vertrat, bildeten neben Cezanne und Matisse den Grundstock von Berggruens Privatsammlung. Die zeitweilige Rückkehr in seine Geburtsstadt, wo er sich mit seiner Sammlung im westlichen Stülerbau vis-à-vis vom Schloss Charlottenburg niederließ, sowie die „Geste der Versöhnung", seine spektakulären Kunstwerke im Jahr 2000 für ein Geringes ihres Wertes an die Stiftung Preußischer Kulturbesitz zu veräußern, sicherten Berggruen höchste Anerkennung und Berlin einen weiteren kulturellen Höhepunkt.

Brandt, Willy (18.12.1913 Lübeck – 8.10.1992 Unkel am Rhein), wurde unter dem Namen Herbert Ernst Karl Frahm geboren. Seit 1930 Mitglied der SPD, emigrierte er 1933 nach Norwegen, wo er den Namen Willy Brandt annahm und Exilarbeit für die „Sozialistische Arbeiterpartei" (SAP) leistete. 1945 kehrte er als Korrespondent skandinavischer Zeitungen nach Deutschland zurück. Er war von 1949 bis 1957 und von 1965 bis zu seinem Tode Mitglied des Bundestages und von 1969 bis 1974 Kanzler der Bundesrepublik. In seine Amtszeit als jüngster Regierender Bürgermeister Westberlins von 1957 bis 1966 fiel im August 1961 der Bau der Mauer. Seine vornehmste Aufgabe als Bundeskanzler sah Brandt in der behutsamen Annäherung an die DDR und in einer Politik der Entspannung und des Ausgleichs mit den Staaten des Ostblocks. Brandts Kniefall

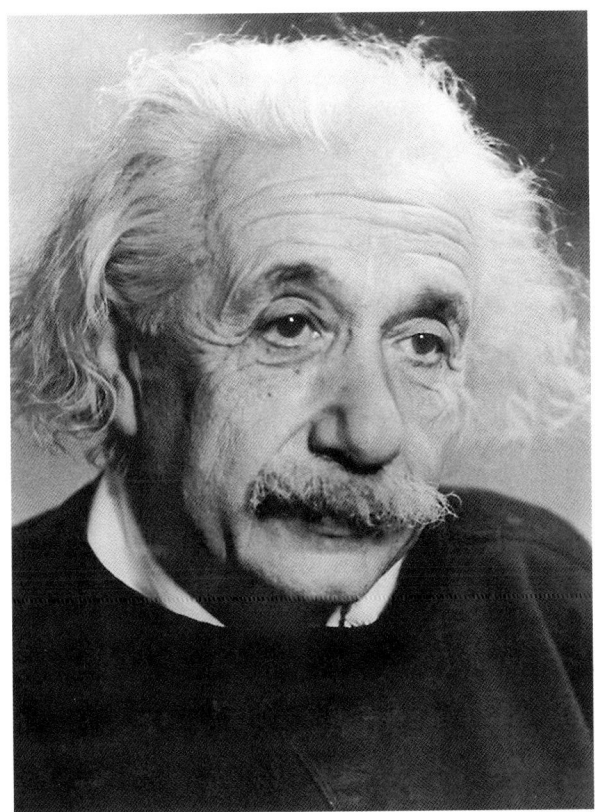

Albert Einstein (1879–1955), undatierte Aufnahme

Brecht, Bertolt (10.2.1898 Augsburg – 14.8.1956 Berlin), hat mit seinem epischen Theater nicht nur die deutschsprachigen Bühnen des 20. Jh. revolutioniert. Durch Verfremdung der Bühnenmittel soll der Zuschauer bei Brecht von der herkömmlichen Identifikation mit den Bühnenhelden hin zu einer kritischen Distanz erzogen werden. Brecht, das Enfant terrible der deutschen Bühnenavantgarde, schrieb mit dem 1920 erschienenen „Baal" sein erstes Drama und wurde 1924 gemeinsam mit Carl Zuckmayer Dramaturg an Max Reinhardts Deutschem Theater in Berlin. Neben seinen „Lehrstücken" genannten Dramen wie „Der unaufhaltsame Aufstieg des Arturo Ui" (1941), „Galileo Galilei" (1945) oder „Mutter Courage und ihre Kinder" (1941), die zur Lebensrolle für seine Frau Helene Weigel werden sollte, begründete vor allem die „Dreigroschenoper" nach ihrer Uraufführung 1928 im Berliner Theater am Schiffbauerdamm den Weltruhm ihrer Schöpfer Brecht und Kurt Weill als Komponist. Ab 1933 in der Emigration mit wechselnden Wohnsitzen in Dänemark, Finnland und in den USA, entschied sich Brecht 1949 für ein Leben und Arbeiten in Ostberlin, der Hauptstadt der DDR. 1954 zog er mit seinem Berliner Ensemble

vor dem Denkmal des Warschauer Ghettos im Dezember 1970 hat sich als Geste der Demut vor den Opfern deutscher Willkürherrschaft in die politische Zeitgeschichte eingeschrieben. 1971 wurde er für seine Politik der Versöhnung mit dem Friedensnobelpreis ausgezeichnet.

an den Schiffbauerdamm. Brecht prägte nicht nur entscheidend das Theater der jungen sozialistischen Republik, sondern übte wesentlichen Einfluss auf Generationen von Bühnenautoren nach ihm aus.

Einstein, Albert (14.3.1879 Ulm – 18.4.1955 Princeton, New Jersey), gelang es mit seiner 1905 erschienenen Arbeit „Zur Elektrodynamik bewegter Körper" eine Debatte unter den Physikern seiner und nachfolgender Generationen zu entfesseln, die nicht nur die physikalische Lehre revolutionierte, sondern gleichsam das Atomzeitalter einläutete. Diese „spezielle" genannte sowie die 1916 publizierte „allgemeine" Relativitätstheorie veränderten die Naturwissenschaften und existenzielle Denkkategorien wie kaum eine Theorie zuvor. Erkenntnisse wie die Zunahme der Masse eines Körpers durch wachsende Geschwindigkeit, die Wesensgleichheit von Masse und Energie oder die Verschmelzung von Raum und Zeit zu einem „vierdimensionalen Kontinuum" bereiteten den Weg für Nuklearwaffen genauso wie für die Raumfahrt. Einstein, dem 1921 der Nobelpreis für Physik verliehen wurde, erkannte gleichermaßen Risiken wie Segnungen der modernen Wissenschaften für die Menschheit. Zeit seines Lebens mahnte er zu Vernunft, Frieden und Humanität. Nach einer Jugend in München und der Tätigkeit im Patentamt zu Bern erhielt Einstein 1914 von Max Planck den Ruf als hauptamtliches Mitglied an die Preußische Akademie der Wissenschaften zu Berlin. Hier wurde er im selben Jahr zum Direktor des Kaiser-Wilhelm-Instituts für Physik ernannt. Der Zionist Einstein emigrierte 1933 in die USA, wo er in Princeton am Institute for Advanced Studies bis zu seinem Tode wirkte. Zahlreiche Orte und Institutionen im Großberliner Raum sind nach Einstein benannt. Das Einsteinhaus in Caputh bei Potsdam, das er 1929–1932 als Sommeridyll und Arbeitsrefugium nutzte, kann besichtigt werden.

Gropius, Martin (11.8.1824 Berlin – 13.12.1880 Berlin), studierte von 1849 bis 1855 an der Bauakademie Berlin und zählte Karl Friedrich Schinkel und Karl Bötticher zu seinen Vorbildern. Neben privaten Bauaufträgen lehrte Gropius ab 1856 an der Bauakademie. Mit Heino Schmieden gründete er 1866 die Sozietät „Fa. Gropius & Schmieden", die bis zu seinem Tod bestand und mit zahlreichen öffentlichen Gebäuden wie Hospitälern oder Konzerthäusern beauftragt wurde. Der Martin-Gropius-Bau, bedeutendes Berliner Ausstellungshaus der Gegenwart, wurde 1881 nach Plänen von Gropius und Schmieden posthum als Kunstgewerbemuseum ausgeführt. Gropius hatte als Direktor der Königlichen Kunstschule Berlin, Mitglied im Senat der Akademie der Künste und oberster Leiter der preußischen Kunstschulen maßgeblichen Einfluss auf die Reformierung der künstlerischen Ausbildung im Königreich Preußen. Er entwarf auch Möbel, Tapeten und Stoffmuster. Sein Großneffe, Walter Gropius, wurde gleichfalls Architekt und gründete 1919 das Bauhaus in Weimar.

Hobrecht, James (31.12.1825 Memel/Ostpreußen – 8.9.1902 Berlin), erlebte eine wechselvolle Lehr- und Ausbildungszeit, die mehrfach durch den Dienst an der Waffe unterbrochen wurde, so während der Märzrevolution 1848. Der gelernte Landvermesser arbeitete für eine Eisenbahngesellschaft, bevor er 1849 an der Berliner Bauakademie sein Bauführerexamen und 1858 nach einer Agrar- und Bauingenieursausbildung die „Wasser-, Wege- und Eisenbahnbaumeisterprüfung" bestand. Als Regierungsbaumeister der Königlichen (Bau-)Polizei führte ihn 1860 die Inspektion der dortigen Kanalisationssysteme nach Hamburg, Paris und London. Mittels der hier gewonnenen Erkenntnisse schuf er auf höchstem städtebaulichem Niveau einen Fluchtlinienplan von Ring- und Ausfallstraßen für Berlin, Charlottenburg und weitere benachbarte Gemeinden. Der ab 1862 wirksame Hobrecht-Plan bildet bis heute die Grundlage der gesamten Bebauungs- und Verkehrsstruktur Berlins. Hobrechts gemeinsam mit seinem Bruder, dem Berliner Oberbürgermeister Arthur Johnson Hobrecht, und dem Arzt Rudolf Virchow entwickeltes und von 1873 bis 1893 fertiggestelltes Abwassersystem aus Kanälen und Rieselfeldern war zu seiner Zeit das modernste und sauberste der Welt. Als Stadtbaurat war Hobrecht auch für den Straßen- und Brückenbau zuständig. Seinen Uferbefestigungsmaßnahmen verdankt sich Berlins innerstädtischer Schiffsverkehr.

Knobelsdorff, Hans Georg Wenzeslaus, Freiherr von (17.2.1699 Gut Kuckädel bei Crossen/Oder – 16.9.1753 Berlin), begann in alter Familientradition seine Laufbahn bei der preußischen Armee. Nach gesundheitlich bedingtem Abschied nahm er Unterricht beim Hofmaler Antoine Pesne, um Maler zu werden. Die zeichnerische Darstellung von Bauwerken führte ihn an die Architektur heran, die er sich wie zuvor die Malerei autodidaktisch aneignete. Als „Kavaliersarchitekt" brachte er von Reisen nach Italien, Frankreich und Flandern Fachkenntnisse und Weltläufigkeit an den Rheinsberger Hof des Kronprinzen Friedrich, was zunächst eine freundschaftlich-vertraute Zusammenarbeit förderte. Diese Zuneigung trübte sich in den späteren Jahrzehnten deutlich, als der zum großen Friedrich aufgestiegene Sohn des Soldatenkönigs selbst Krieg führte und glaubte,

sich nicht mehr auf seinen Hofarchitekten verlassen zu können. Knobelsdorff verlieh der friderizianischen Repräsentations- und Lustarchitektur die klassisch einfache Formensprache, die sich am englischen Palladianismus eines Inigo Jones oder William Kent orientierte und später im Schinkel'schen Klassizismus gipfelte. Seine Innenarchitekturen hingegen waren am Rokoko und an spätbarocker Dekorationskunst angelehnt. Zu seinen herausragenden Arbeiten gehören Bauwerke am Berliner Forum Fridericianum wie das Opernhaus (ab 1740/42), Schloss Monbijou (1738–1742, zerstört), der Neue Flügel („Knobelsdorff-Flügel") am Charlottenburger Schloss (ab 1740) und Schloss Sanssouci (1745–1747) sowie weitere Architekturen in Potsdam.

Langhans, Carl Gotthard (15.12.1732 Landshut/Schlesien – 1.10.1808 Grüneiche bei Breslau), war ein studierter Mathematiker und Jurist, der sich seinem späteren Wirkungsfeld der Architektur als Autodidakt näherte. Hier beeinflussten ihn die Schriften des römischen Architekten Vitruv und dessen „Zehn Bücher über Architektur" ebenso wie der Zeitgenosse Johann Joachim Winckelmann, der mit seinen kunsthistorischen Betrachtungen die Antikenbegeisterung des 18. Jh. entfachen half. Nach erster Anerkennung seiner baumeisterlichen Befähigung wurden Langhans die obligatorischen Studien in Italien durch seinen ersten Bauherrn, den Fürsten von Hatzfeld, finanziert. Später kamen – aus königlicher Schatulle – Reisen nach England, Holland und Frankreich dazu. 1775 wurde Langhans Oberbaurat in Breslau und zum Leiter der dortigen Kriegs- und Domänenkammer berufen. Der Neffe und Nachfolger Friedrichs des Großen, Friedrich Wilhelm II., holte ihn als Direktor des Oberhofbauamtes 1788

*Erich Mendelsohn (1887–1953),
undatierte Aufnahme*

nach Berlin. Auf der Schwelle zwischen Hochbarock und Klassizismus bediente sich Langhans ohne Scheu aus dem Formenvokabular aller gängigen Stilrichtungen seiner Zeit, ohne dabei selbst eine eigenständige Handschrift zu entwickeln: Während das Belvedere im Schlosspark Charlottenburg (1788–1790) noch den Barock ausklingen lässt, das Brandenburger Tor (1791) die Propyläen auf der Akropolis zitiert, ist sein deutsches Nationaltheater am Gendarmenmarkt (1800–1802, wurde nach einem Brand durch den Bau Schinkels ersetzt) dem Klassizismus verpflichtet. Das Brandenburger Tor entwickelte sich erst nach Langhans' Tod mit den deutschen Befreiungskriegen gegen das napoleonische Joch zum Symbol des deutschen Nationalgedankens.

Mendelsohn, Erich (21.3.1887 Allenstein/Ostpreußen – 15.9.1953 San Francisco), studierte an den Technischen Hochschulen in Berlin und München Architektur. Nach dreijährigem Dienst im Ersten Weltkrieg eröffnete er in Berlin ein Architekturbüro und war als Mitglied der Künstlervereinigung „Novembergruppe" und im „Arbeitsrat für Kunst" tätig. Sein Bau für das Astrophysikalische Institut in Potsdam, der sogenannte Einsteinturm (1920), gilt bis heute als prominentes Beispiel für den Expressionismus in der Architektur. Mit Ludwig Mies van der Rohe und Walter Gropius rief er 1924 die Berliner Vereinigung progressiver Architekten „Der Ring" ins Leben. Bis zur Machtübernahme der Nationalsozialisten konnte Mendelsohn in Deutschland zahlreiche Wohnanlagen, Kaufhäuser und Bürogebäude verwirklichen, die in ihrer organischen Formensprache Elemente des amerikanischen „streamline" vorwegnahmen und besonders für das Berliner Stadtbild prägend wurden, wie die Wohn- und Filmtheateranlage Universum am Kurfürstendamm (1927/28, heute Schaubühne). Über die Niederlande und England emigrierte er nach Palästina, wo er ab 1934 im eigenen Jerusalemer Büro Krankenhäuser und Universitätsgebäude entwarf. Ab 1941 im amerikanischen Exil, war Mendelsohn zunächst als Berater und Dozent tätig, nahm aber ab 1947 mit Großbauprojekten und Synagogen erneut die praktische Arbeit als Architekt auf.

Persius, Friedrich Ludwig (15.2.1803 Potsdam – 12.7.1845 Potsdam), legte 1821 vor der Bauakademie zu Berlin die Feldmesserprüfung ab und wurde im selben Jahr als Baukondukteur in Potsdam tätig. Ab 1824 war er Mitglied im Architektenverein, und 1826 stellte er sich, wiederum vor der Bauakademie, der Baumeisterprüfung. Seit 1834 Königlicher Hofbauinspektor, wurde Persius 1841 von Friedrich Wilhelm IV. zum Hofarchitekten ernannt. Frühzeitig in seiner Laufbahn, 1821 auf dem

Anwesen des Grafen Potocki in Krakau, begann die Zusammenarbeit mit Karl Friedrich Schinkel, der für ihn zum Meister wurde. Reisen durch Deutschland, nach Paris und Italien vollendeten seine baumeisterlichen Studien zwischen 1840 und 1845, bevor sein früher Tod sein Schaffen beendete. Neben Stüler war Persius Schinkels wichtigster Schüler, der dessen spätklassizistische Anschauungen übernahm und mit Einflüssen aus der italienischen Renaissance in zahlreichen, vorwiegend in Potsdam und Umgebung ausgeführten Bauten zur Anwendung brachte. Persius machte sich um die ingeniöse Einbettung von Architekturen in die von Peter Joseph Lenné geformten Parklandschaften verdient, womit er maßgeblich zum Ruhm von Preußens Arkadien, der einmaligen Verschmelzung von gestalteter Natur und baulichen Eindrücken, beitrug. Zu seinen Hauptwerken gehören die Heilands- (1844) und die Friedenskirche, die Stüler nach Persius' Plänen vollendete, sowie Bauten in den Anlagen von Schloss Glienicke und Sanssouci.

Poelzig, Hans (30.4.1869 Berlin – 14.6.1936 Berlin), studierte Hochbau an der Technischen Hochschule zu (Berlin-)Charlottenburg. Ein Ruf als Dozent für Stilkunde führte ihn an die Königliche Kunst- und Gewerbeschule in Breslau, deren Leiter er ab 1903 wurde. Noch ganz dem Geiste des Expressionismus verhaftet, entwickelte sich die Schule unter Poelzig zu einer der fortschrittlichsten Institutionen ihrer Art. Auch als Vorsitzender des 1907 von Hermann Muthesius gegründeten Deutschen Werkbundes gelang es ihm ab 1919, diese wirtschaftskulturelle „Vereinigung von Künstlern, Architekten, Unternehmern und Sachverständigen" entscheidend mitzuprägen. Ab 1920 als Leiter eines Meisterateliers für Architektur an der Preußischen Akademie der Künste zurück in Berlin, erhielt er 1923 eine Professur an seiner Alma Mater in Charlottenburg, wurde 1926 Mitglied im Vorstand des Bundes Deutscher Architekten (BDA) und war 1933 noch für drei Monate Direktor der Vereinigten Staatsschulen für Freie und Angewandte Kunst in Berlin, bevor ihn die Nationalsozialisten im April entließen. Trotz eines expressionistischen Nachklangs in der dekorativen Verwendung von rotem Klinker oder farbigen Fliesen gehörte Poelzig mit Projekten wie dem Umbau von Max Reinhardts Großem Schau-

Christian Daniel Rauch (1777 – 1857), Zeichnung 1835 von Franz Krüger

spielhaus in Berlin (1918–1919), dem Verwaltungsgebäude der IG Farben in Frankfurt/Main (1928–1931) oder dem Haus des Rundfunks in Berlin (1929) zur Avantgarde neusachlicher Baumeister.

Rauch, Christian Daniel (2.1.1777 Arolsen – 3.12.1857 Dresden), war Sohn eines Kammerdieners des Fürsten zu Waldeck. Der Vater versuchte trotz ärmlicher Verhältnisse, ihm eine geschliffene Bildung angedeihen zu lassen. Im Alter von 13 Jahren ging Rauch in die Bildhauerlehre, doch fanden Ausbildung und Ambitionen zunächst ein Ende durch Todesfälle in der Familie, die er als Kammerdiener bei Friedrich Wilhelm II. – an seines verstorbenen Bruders statt – ernähren musste. An der Kunstakademie Berlin studierte er zeitgleich Kunstgeschichte und Altertumskunde. Als Reisebegleiter im Dienste Luises von Preußen entdeckte ihn der Hofbildhauer Johann Gottfried Schadow als große Begabung und machte Rauch ab 1803 zu seinem Schüler. Friedrich Wilhelm III. bewilligte zwischen 1804 und 1810 einen langjährigen Studienaufenthalt in Italien, wo er in Rom Mitglied der deutschen Exil-Kolonie um Wilhelm von Humboldt wurde, welcher ihn später protegieren sollte. Sein erster großer Auftrag, der durch Natürlichkeit und Anmut in der Bearbeitung des Marmors seinen künstlerischen Ruhm begründete, war das Grabmal der jung verstorbenen, hochverehrten Königin Luise, das um 1815 in ihrem Mausoleum im Schlosspark Charlottenburg aufgestellt wurde. Zu weiteren Hauptwerken Rauchs zählen die Statuen von Bülow, Scharnhorst und Blücher vor Schinkels Neuer Wache in Berlin (1819) sowie das große Reiterstandbild Friedrichs II. in der Straße Unter den Linden (1851). Der nationale Aufbruch im Klassizismus seines Meisters Schadow gerann in den Werken Rauchs – entsprechend der politischen Restauration – zu einem bürgerlichen Idealismus.

Schadow, Johann Gottfried (20.5.1764 Berlin – 27.1.1850 Berlin), nahm schon als Kind Zeichenunterricht, bevor er sich 1778 zur Bildhauerei entschloss, bei Jean Pierre Antoine Tassaert in die Lehre ging und zur weiteren Ausbildung die Akademie der Künste zu Berlin besuchte. Nach einer Anstellung als Modellierer in der Königlichen Porzellanmanufaktur wurde ihm 1788 in der Nachfolge Tassaerts die Leitung der Hofbildhauerwerkstatt überantwortet. Aufträge durch das Oberhofbauamt führten zur Zusammenarbeit mit dessen Direktor Carl Gotthard Langhans. Langhans' Brandenburger Tor mit der von Schadow geschaffenen Figurengruppe der Quadriga (1793) blieb ihre weithin gerühmteste gemeinsame Arbeit. Seinen Ruf als Begründer der Berliner Bildhauerschule und Lehrer bekannter Schüler wie Christian Daniel Rauch oder Friedrich Tieck erhielt Schadow jedoch durch seine Grab- und Denkmäler, Vollplastiken und Büsten, zu deren berühmtesten das Grabmal des Prinzen Alexander von der Mark (1790) und das Doppelstandbild der Prinzessinnen Luise und Friederike von Preußen (1797) zählen. Von 1815 bis zu seinem Lebensende war er Direktor der Akademie der Künste zu Berlin. Eine Augenkrankheit beeinträchtigte im Alter seine Schaffenskraft; sein schöpferisches Genie hingegen suchte sich nicht nur in der Bildhauerei auszudrücken, sondern auch in Karikaturen und Zeichnungen. Schadow gehörte 1803 zu den Mitbegründern des ersten deutschen Schachklubs.

Scharoun, Hans (20.9.1893 Bremen – 25.11.1972 Berlin), studierte bis 1914 an der Königlich Technischen Hochschule in (Berlin-)Charlottenburg

Architektur und zog freiwillig in den Ersten Weltkrieg. 1919 wurde er Mitglied der expressionistischen Architekturvereinigung „Gläserne Kette" und übernahm im selben Jahr das Architekturbüro seines Mentors Paul Kruchen in Breslau, wo er an der Akademie für Kunst und Kunstgewerbe von 1925 bis zu ihrer Schließung 1932 eine Professur bekleidete. Ab 1926 gehörte er zu den Architekten des „Rings". Mit der Architektur-Avantgarde der 1920er-Jahre (u. a. Ludwig Mies van der Rohe, Walter Gropius und Le Corbusier) errichtete er 1927 in Stuttgart-Weißenhof die „Mustersiedlung" der Moderne. Sein Bebauungsplan für die Großsiedlung Berlin-Siemensstadt bewies in seiner funktionalen, aber menschenwürdigen Struktur jenseits aller Schablonen programmatischen Charakter für den sozialen Wohnungsbau der Zukunft. Während des Dritten Reiches war er gezwungen, nach außen hin „angepasst" zu bauen, realisierte vorwiegend Privathäuser und plante bereits für den Frieden. Als Stadtbaurat und Leiter des Bau- und Wohnungswesens des Magistrats sowie ab 1946 als ordentlicher Professor für Architektur und Städtebau an der Technischen Hoch-

schule machte sich Scharoun um den Wiederaufbau des kriegszerstörten Berlin in den Westsektoren der Stadt verdient. Neben Aufträgen auch

Andreas Schlüter (1659 – 1714), Holzstich um 1879 nach Ferdinand Weiss, spätere Kolorierung

in anderen westdeutschen Großstädten führte Scharoun mit dem Projekt der Deutschen Botschaft in Brasilia (1963–1969) lediglich einen Bau im Ausland aus. Die Philharmonie (1957–1963) gilt als sein Hauptwerk; die Staatsbibliothek (West) der Stiftung Preußischer Kulturbesitz (1964–1978) wurde erst nach seinem Tod vollendet. Mit seiner organischen Formensprache, die sich stets die Gebäudefunktion zum Maßstab macht, gehörte Scharoun zu den wegweisenden Architekten des 20. Jh.

Schlüter, Andreas (13.7.1659 Danzig – 19.5.1714 Sankt Petersburg), erhielt als Sohn des Bildhauers Wilhelm Schlüter die Ausbildung in seiner Geburtsstadt beim Bildhauer Sapovius. Erste Aufträge wie die Reliefs im Palais Krasinski führten ihn in die Residenzstadt Warschau, bis er 1694 an den Hof des Kurfürsten Friedrich III. (als Friedrich I. ab 1701 erster König aller Preußen) gerufen wurde. Schon ein Jahr später schickte der Regent seinen Hofbildhauer auf Reisen nach Frankreich, in die Niederlande und 1696 nach Italien, um Abgüsse berühmter Plastiken zu erwerben. Die Werke Michelangelos und Gian Lorenzo Berninis zählen zu den größten Einflüssen auf die Arbeit Schlüters, der neben anderen Aufgaben auch für die Schlösser Bornim, Caputh, Glienicke und Fahrland verantwortlich zeichnete. Im ausgehenden 17. Jh. wurde er mit bedeutenden Projekten für die Residenz der künftigen preußischen Herrscher betraut: dem plastischen Bildprogramm des Zeughauses (ab 1696) und der Neugestaltung des Stadtschlosses (ab 1699), aus dem er einen prominenten Profanbau des klassischen Barock schuf. Die Schlusssteinreliefs der sterbenden Soldaten im Zeughaus-Innenhof, die den Krieg anzuprangern scheinen – während die

(unzerstörten) Reliefs an der Außenfassade zu seiner Verherrlichung dienen –, gehörten zu den ausdrucksstärksten plastischen Arbeiten seiner Zeit. Zudem hat er das berühmte Bernsteinzimmer entworfen. Nach dem verfehlten Bau für einen Münzturm und sichtbaren Schäden am Stadtschloss fiel Schlüter in Ungnade und wurde 1713 durch den Soldatenkönig, Friedrich Wilhelm I., entlassen. Als Architekt, Bildhauer und Lehrer am Hofe des Zaren in Sankt Petersburg verlieh Schlüter in seinem letzten Lebensjahr, wie zuvor in Berlin, einer europäischen Residenzstadt seine stilbildende Handschrift.

Siemens, Werner von (13.12.1816 Lenthe bei Hannover – 6.12.1892 Berlin), gelangen als in allen Naturwissenschaften ausgebildetem Artillerieleutnant schon in jungen Jahren zahlreiche Erfindungen. So entwickelte er die Galvanotechnik, erfand einen neuen Regler für Dampfmaschinen, ein neues Druckverfahren und um 1847 die nahtlose Kabelumhüllung aus Guttapercha, dem Vorläufer isolierter Leitungen. Sein elektrischer Zeigertelegraf mit Selbstunterbrechung überzeugte den Mechaniker Johann Georg Halske davon, mit ihm eine Firma zu gründen. „Siemens & Halske", der Experimentierer und der Konstrukteur, ergänzten sich zum Vorteil ihrer „Telegraphenbau-Anstalt" so gut, dass diese im Zuge des großen Bedarfs an elektrotechnischen Erneuerungen während des Industrialisierungszeitalters zu einem der (bis heute) weltweit führenden Unternehmen heranwuchs. Die in fortschrittlicher Technik unterirdisch verlegte Telegrafenverbindung entlang der Berlin-Anhalter-Eisenbahn etablierte die Firma. Ihr Ruhm wurde 1866 durch Siemens' Erfindung der Dynamomaschine, die Strom auf weite Entfernungen übertrug, noch gesteigert. Siemens baute 1879 die erste elektrische Lokomotive, förderte den Bau der Berliner Hochbahn, versorgte die Reichshauptstadt mit elektrischer Straßenbeleuchtung und trug wesentlich dazu bei, dass Berlin zu einem der wichtigsten Industriestandorte wurde. Sein soziales Engagement war legendär. So hielt er bei erfolgreichen Produktionen auch Prämien sowie Pensionskassen für seine Mitarbeiter bereit und führte ab 1873 den Neunstundentag ein.

Simon, James (17.9.1851 Berlin – 23.5.1932 Berlin), war Spross wohlhabender Textil- und Baumwollhändler. Ab 1890 führte er das Unternehmen seines Vaters und des Onkels erfolgreich weiter und galt als einer der reichsten Kaufleute unter Wilhelm II. Dem ursprünglichen Ruf der Musen zu folgen, konnte sich Simon bei seinen kulturellen und sozialen Aktivitäten nun leisten. Gesellschaftlich hoch anerkannt, gehörte er zu einer überschaubaren Gruppe Berliner Juden – despektierlich „Kaiserjuden" genannt –, deren ökonomischen wie auch politischen Rat unter anderem Albert Ballin, Leiter der HAPAG, und Walther Rathenau von der AEG beiwohnten. Selbst frühzeitig zum Sammler exquisiter Kunstgegenstände geworden, teilte Simon die Antikenbegeisterung des Kaisers und spendete ein Vermögen für die Kaiser-Wilhelm-Gesellschaft zur Förderung der Wissenschaften. Gemeinsam mit dem Direktor der Berliner Museen, Wilhelm von Bode, leitete und unterstützte er auch finanziell die Deutsche Orient-Gesellschaft. Bei einer Grabung in Ägypten im Jahre 1911 war eines der Hauptfundstücke die nahezu unversehrte Büste der Nofretete, die nun in den Besitz Simons als Geldgeber für dieses Unternehmen überging. Als einer der großzügigsten Mäzene des Wilhelminischen Zeitalters und der Weimarer Republik schenkte Simon jedoch die prachtvollen Sammlungen, von denen er manche unter wissenschaftlicher Anweisung von Bodes zusammengestellt hatte, an die Berliner Museen. Den größten Teil seiner Spenden, die ungefähr ein Drittel seines Jahreseinkommens ausmachten, verwandte Simon schweigend für soziale Zwecke, da ihm sein Vermögen immer auch Verpflichtung war.

Stüler, Friedrich August (28.1.1800 Mühlhausen/Thüringen – 18.3.1865 Berlin), studierte 1818/19 an der Bauakademie Berlin. Bereits 1820 wurde er Bauleiter in Naumburg und Schulpforta. Mit dem befreundeten Eduard Knoblauch gründete er 1824 den Berliner Architektenverein. Gemeinsam mit Knoblauch absolvierte er 1829/30 auch die für Architekten und Künstler obligatorischen Studienreisen nach Frankreich und Italien. Zur selben Zeit arbeitete er unter Schinkel am Berliner Hofbauamt, dessen Nachfolge in allen bautechnischen und ästhetischen Fragen er sich mit Persius, dem anderen großen Schinkel-Schüler, bei Friedrich Wilhelm IV. teilte. 1842 wurde Stüler zum „Architekten des Königs" ernannt; ab 1850 war er als Ministerialrat im Ministerium für Handel, Gewerbe und öffentliche Arbeiten tätig. Parallel zur klassischen Laufbahn eines Hofarchitekten schuf Stüler ein reiches baumeisterliches Werk, das sich nicht nur auf den Berliner Raum beschränkte, sondern unter anderem die Alte Börse in Frankfurt/Main, die Nikolaikirche in Potsdam, das Lutherhaus zu Wittenberg, die Universität Königsberg und das Nationalmuseum von Stockholm einschloss. Zwei Projekte jedoch waren für den König als passioniertem Begleiter von Bauvorhaben, der die Vorzeichnungen zu vielen Gebäuden selbst lieferte, von herausragender Bedeutung: der Wiederaufbau der Burg Hohenzollern bei Hechingen (ab 1850), der Stammburg der preußischen Könige, und das Neue Museum (1843–1855) auf der Berliner Museumsinsel. Die Alte Nationalgalerie am selben Ort wurde nach Stülers Plänen von Johann Heinrich Strack ausgeführt. Stüler erwies sich hier als Meister zwischen den Stilepochen, der Elemente des Klassizismus mit dem aufkeimenden wilhelminischen Historismus verband.

Zille, Heinrich (10.1.1858 Radeburg bei Dresden – 9.8.1929 Berlin), dessen Familie 1867 vor den Gläubigern nach Berlin geflüchtet war, erlebte eine Kindheit voller Entbehrungen. In der elterli-

Heinrich Zille (1858 – 1929), Fotografie um 1918

chen Kellerwohnung am Schlesischen Bahnhof machte Zille seine erste Bekanntschaft mit dem „Milljöh", dem Berliner Proletariat, das ihm die Vorlagen für sein künftiges zeichnerisches Werk liefern sollte. Zille begann 1872 mit einer lithografischen Ausbildung, die er als Abendschüler an der Königlichen Akademie bei dem Maler und Karikaturisten Theodor Hosemann vervollständigte. Von Damenmoden über Haushaltsgegenstände bis hin zu Werbe- und Kitschmotiven zeichnete er alles, um Geld zu verdienen. Seine technischen Fertigkeiten in Grafik und Druck verbesserte er in einer Lithografieanstalt. Um 1900 wurden erste Zeichnungen von der Berliner Secession ausgestellt. Von 1877–1907 war er Angestellter der Photographischen Gesellschaft Berlin gewesen; die brüske Kündigung nach 30 Dienstjahren entzog ihm die Lebensgrundlage, bedeutete aber für den Fünfzigjährigen den Aufbruch in die erfolgreiche zweite Lebenshälfte als überaus populärer freier Künstler. Ab 1903 wurde er Mitglied der Secession, und als Protegé Max Liebermanns folgten zahllose Veröffentlichungen seiner so lebensprallen, oft anklagenden, aber meist humorvollen Milieustudien in der Münchner Satirezeitschrift „Simplicissimus", in der „Jugend" oder in „Die lustigen Blätter". Er selbst versah sie mit den berühmten „Zille-Bonmots". Mit eigenen Mappenwerken, Künstlerdrucken und Bilderbüchern festigte er seinen Ruf als herausragender deutscher Zeichner, dessen Sympathie dem Volk mit „Berliner Schnauze" galt. Nach vielfachen Ehrungen wurde er 1924 zum Professor und zum Mitglied der Akademie der Künste ernannt. Sein fotografischer Nachlass, der ihn als bedeutenden Dokumentaristen ausweist, ist mit circa 500 Motiven erst in den 1960er-Jahren wiederentdeckt worden.

Kleine zeichnerische Genealogie des Bauens in Berlin

von Jeannine Fiedler

Eine Betrachtung bauhistorischer Typologien in Berlin hat immer auch zeitgeschichtliche Einschnitte und die Entwicklung von Urbanität in dieser an den Wechselfällen der Geschichte so reichen Stadt im Blick. Im Zuge der späten Hauptstadtwerdung im Krönungsjahr des ersten preußischen Königs Friedrich I. 1701 und dem acht Jahre darauf erfolgenden Zusammenschluss der Städte Berlin, Cölln, Friedrichswerder, Dorotheenstadt und Friedrichstadt zur Haupt- und Residenzstadt Berlin fiel das rasche Wachstum der zunächst noch bescheidenen Provinzmetropole baugeschichtlich in die Zeit von Spätbarock und Frühklassizismus und in die Phase der politischen Neuordnung Mitteleuropas. Das nach Einfluss und Gebietserweiterung strebende Königreich Preußen festigte seinen Part im prekären Gleichgewicht der Kräfte nach außen; das sich langsam etablierende Bürgertum spielte nach innen dank Aufklärung und der ihm durch das Ständewesen zugestandenen Rechte eine immer größere Rolle. Während sich der Hochadel weiterhin frei stehende Stadtpalais errichten ließ, lebte das Bürgertum in den Frühformen jener für Berlin später so charakteristischen Zeilen- oder Blockrandbebauung. Selten höher als viergeschossig, gaben sich die vier bis acht Fenster schmalen Fassaden der Bürgerhäuser streng gegliedert und von bescheidener Ornamentik: Der preußischen Weltsicht und dem in ihr wirkenden protestantischen Arbeitsethos waren barocker Überschwang und die Manierismen des Rokoko eher fremd. Die „Immediathäuser" der dem königlichen Befehl unterstellten Staatsdiener waren bereits exemplarisch für die Berliner Nüchternheit hinsichtlich der städtischen Architektur. Die Traufhöhe dieser von Friedrich dem Großen u. a. zur Bebauung der Linden angeordneten Wohnhäuser von 18 m wurde im 19. Jh. auf 22 m erhöht – eine feste Größe, die bis heute für Berlin vorgeschrieben ist. Der sich durch Karl Friedrich Schinkels Genius und den seiner Schüler Ludwig Persius und Friedrich August Stüler vollendende Klassizismus prägte – als einziger für das königliche Preußen indigener Baustil – die erste Hälfte des 19. Jh. Der nachfolgende Historismus, dessen stilistisches Formenvokabular aus Gotik, Renaissance und Barock vor allem die Fassaden öffentlicher Gebäude wie Gerichte, Ämter und Bahnhöfe sprechen ließ, hatte auf Wohn- und Mietshäuser eher geringen Einfluss – bis sich mit der 1871 beginnenden Gründerzeit ein für Berlin wesentlicher Bautypus entwickelte, der dem drängenden Wohnraumproblem des zur Millionenmetropole angewachsenen Großstadtmolochs Abhilfe zu schaffen versprach: die Mietskaserne, hinter der sich oft eine labyrinthische Vielzahl von Höfen staffelte, die sogar Straßenzüge miteinander verbinden konnte. Je nach Kiez und Anspruch des Bauherrn präsentierte sie sich in unterschiedlichen Gewändern, mal schmucklos trist im Arbeiterviertel, dann wieder für des Bürgers Sinn mit einem opulenten Fassadenprogramm aus Karyatiden, antikisierenden Friesen und Säulen ausgestattet. Vom gründerzeitlichen Pomp der Wilhelminischen Ära verabschiedete sich die Avantgarde des Neuen Bauens in den 1920er-Jahren gründlich. Die damals eingeläutete Sachlichkeit aus glatten Fassaden, zurückhaltenden Gestaltungsmerkmalen und deutlich geringerer Geschosshöhe wird mit wenigen postmodernen Verirrungen bis heute praktiziert. Grundsätzlich geändert haben sich die Baumaterialien und zweckorientierten Außenhautgestaltungen, die neuen ökologischen Standards zur Energieminimierung verpflichtet sind. Das „neue Berlin" möchte sich seit dem Mauerfall und Rückerhalt seines Hauptstadtstatus vielerorts wieder das „typische" preußisch-klassizistische Erscheinungsbild geben, was bei den um ein Vielfaches gewachsenen Bauvolumina nicht immer glückt. Ob im Wohnungs- oder im Zweckbau, nach der Zerstörung Berlins im Zweiten Weltkrieg und nach der rund 30-jährigen Teilung der Stadt kann von einer ästhetisch-baulichen Einheitlichkeit keine Rede sein. Doch Berlin lebt von seinen dynamischen Neuanfängen. Die hieraus erwachsende architektonische Vielfalt macht die Stadt zu einem faszinierenden urbanen Organismus.

Die nachfolgenden Zeichnungen von Lidiarte Berlin versuchen, einen Überblick über die oben beschriebenen Stilepochen aus drei Jahrhunderten zu bieten.

Ribbeckhaus, Breite Straße 35 (Alt-Cölln): ältestes erhaltenes Wohnhaus der Stadt; 1624 vom Geheimen Rat Hans Georg von Ribbeck erbaut; 1628 wurde es unter Hinzufügung eines dritten Geschosses von Herzogin Anna Sophia von Braunschweig-Lüneburg erworben; ab 1659 Nutzung durch den Marstall und später durch die königliche Oberrechnungskammer; Giebelfassade und Portal noch unter Einfluss der Spätrenaissance; bis heute mehrfach umgestaltet; Nutzung durch die Stadtbibliothek

Galgenhaus, Brüderstraße 10 (Alt-Cölln): eines von wenigen erhaltenen Bürgerhäusern; um 1688 für den Kammerrat Heinrich Philipp von der Happe errichtet; ab 1737 diente das Haus der Petrikirche als Propstei; 1805 erfolgte der Umbau mit klassizistischer Fassade; einige Innenräume bis heute mit original barocker Ausstattung

Palais Wartenberg (Alte Post), Burgstraße/
Königstraße (Alt-Cölln): befand sich vor seiner
Zerstörung an der Spree gegenüber vom
Königlichen Schloss; nach Plänen von Andreas
Schlüter 1701–1704 im barocken Stil errichtet;
Friedrich I. schenkte den Prachtbau seinem
Generalpostmeister und Premierminister Kolbe
von Wartenberg; eine Stuckdecke aus dem Palais
ziert heute den Hauptbereich des Restaurants im
Museum für Kommunikation

Palais Podewils, Klosterstraße 68–70 (Alt-Berlin):
einer der ältesten erhaltenen Barockbauten; von
Jean de Bodt 1701–1704 als Wohnhaus für den
Kammersekretär Caspar Rademacher errichtet;
1732 erwarb Heinrich Graf Podewils das bis
heute nach ihm benannte Palais; die mittlere
Fensterachse wird durch Doppelpilaster und
Balkon akzentuiert und von einem Tympanon
bekrönt; das mehrfach umgebaute und erweiterte
Gebäude dient heute als Kulturzentrum für
Musik-, Theater- und Literaturveranstaltungen

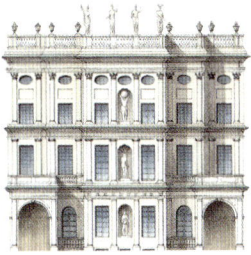

Palais Krosigk, Wallstraße (Neu-Cölln
am Wasser): nicht erhalten; vermutlich durch
Heinrich Schmutze 1705 errichtetes dreige-
schossiges barockes Adelspalais mit reichem
Figurenschmuck an Fassade und auf der das
Flachdach bekränzenden Balustrade

Palais Kreutz, Klosterstraße (Alt-Berlin): nicht
erhalten; 1714–1716 von Barockbaumeister
M. H. Böhme errichtet; vornehmer Adelspalast
mit markantem Mittelrisalit, reich geschmück-
tem Portal und Tympanon

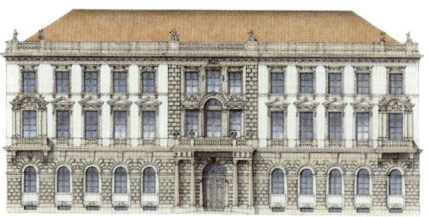

*Wohnhaus am Gendarmenmarkt (Mitte):
nicht erhalten; um 1780 vom Hofbaumeister
Friedrichs II., Carl von Gontard, im friderizianischen Rokoko errichtetes Gebäude mit herrschaftlichen Wohnungen; beherbergte später
die Lotteriedirektion*

*Wohnhaus, Charlottenstraße (Mitte):
nicht erhalten; um 1780 vom Hofbaumeister
Friedrichs II., Carl von Gontard, im friderizianischen Rokoko errichtetes Gebäude mit
herrschaftlichen Wohnungen*

*Wohnhaus, Schützenstraße (Mitte):
nicht erhalten; um 1785 vom Hofbaumeister
Friedrichs II., Carl von Gontard, errichtetes
Gebäude im Stil des englischen Palladianismus*

*Wohnhaus, Behrenstraße (Mitte): nicht erhalten;
1792–1794 im klassizistischen Stil errichtet; eines
von zahlreichen nach Entwürfen von Georg
Christian Unger gebauten bürgerlichen Wohnhäusern, die dem Wunsch Friedrichs des Großen
gemäß das Erscheinungsbild von Adelspalais
aufweisen sollten*

Ermelerhaus, Märkisches Ufer 10 (urspr. Breite Straße 11): eines der wenigen erhaltenen Patrizierhäuser wurde 1760–1763 wahrscheinlich von Friedrich Wilhelm Diterichs zu einem Rokokopalais umgebaut; originale Innenausstattungen haben sich erhalten; Wilhelm Ermeler erwarb das Haus 1824 nach klassizistischer Fassadenumgestaltung und machte es mit seinem Salon zu einem der geistigen Treffpunkte Berlins

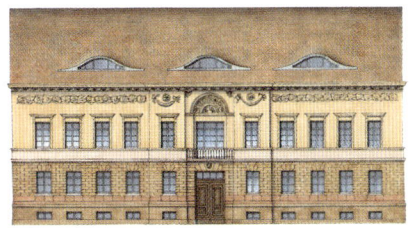

Palais Solms-Baruth, Behrenstraße (Mitte): nicht erhalten; Friedrich Gilly, Lehrmeister Karl Friedrich Schinkels, errichtete für die Grafen zu Solms-Baruth 1798–1800 dieses strenge zweigeschossige Stadtpalais mit Girlandenfries unter dem Dachgesims

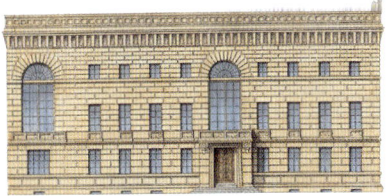

Palais Redern, Unter den Linden 1 (Mitte): nicht erhalten; 1829–1833 baute Karl Friedrich Schinkel für Friedrich Wilhelm von Redern, den Generalintendanten der königlichen Bühnen zu Berlin, dessen städtisches Palais im von ihm begründeten preußischen Klassizismus um; anstelle des Palais befindet sich dort heute das Hotel Adlon

Knoblauchhaus, Poststraße 23 (Mitte): einzig erhaltenes Gebäude der historischen Stadtbebauung des 18. und 19. Jh. im Nikolaiviertel; 1759–1761 errichtet, umgebaut 1835, war es Sitz der Seiden Band Fabrik Carl Knobloch und Wohnhaus der Familie Knoblauch; heute als Beispiel bürgerlicher Wohnkultur der Berliner Biedermeierzeit Dependance des Märkischen Museums

Schadowhaus, Schadowstraße 10/11 (Dorotheenstadt, Mitte): 1805 nach Plänen des Bildhauers Johann Gottfried Schadow errichtetes Wohnhaus; der klassizistische Putzbau wurde 1851 durch Schadows Sohn Felix um ein Geschoss aufgestockt; beherbergt heute die Schadow-Gesellschaft und den Verein Berliner Künstlerinnen

Riehmers Hofgarten, Yorckstraße 83–86, Hagelbergerstraße 9 u. 12, Großbeerenstraße 56–57 (Kreuzberg, Ansicht von der Yorckstraße): ab 1881 bis 1899 in mehreren Bauabschnitten vom Maurermeister Wilhelm Ferdinand August Riehmer errichteter Hofgarten aus 18 fünfgeschossigen Wohnhäusern; der Eklektizismus der Gründerzeit bediente sich hier der Formensprache aus Spätklassizismus und Renaissance; bis heute ruhiger Wohnort mitten in der Großstadt mit Gewerbeeinheiten

Apartmenthaus, 1929, Kaiserdamm 25/25a (Charlottenburg): 1928–1929 von Hans Scharoun und Georg Jacobowitz (Grundrisse) erbautes Gebäude für die Aktiengesellschaft West für Textilhandel; aufwendig ausgestattete Wohneinheiten für Singles; Ladenzone im Erdgeschoss, Atelierräume im Dachgeschoss (u.a. lebte hier der Bauhausmeister László Moholy-Nagy); sechsgeschossiger Putzbau der Neuen Sachlichkeit

Haus Dr. Sternefeld, Heerstraße 107 (Charlottenburg): 1923–1924 von Erich Mendelsohn errichtetes Wohnhaus mit Arztpraxis und Gartenanlage; L-förmiger Bau aus kubischen Elementen, verputzt und mit tief eingeschnittenen Fensterbändern versehen, die durch dunkle Ziegelsteine akzentuiert sind; markanter Bau der Neuen Sachlichkeit

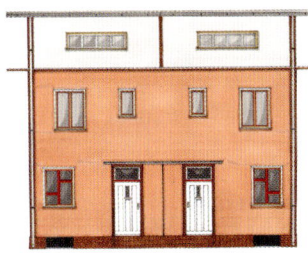

Onkel-Tom-Siedlung, Riemeisterstr. 181/183 (Zehlendorf): zwischen 1926 und 1932 von den Architekten Bruno Taut, Hugo Häring und Otto Rudolf Salvisberg für die GEHAG Gesellschaft geplante Siedlung der Neuen Sachlichkeit aus 1100 Geschosswohnungen und 800 Einfamilien(reihen)häusern; klar gegliederte Fassaden, farbig akzentuiert, mit Schmuckbändern aus Ziegelsteinen; Architektur und Baumbestand der „Waldsiedlung" ergeben eine neuartige Mischform aus urbanem Wohnen und Naturnähe

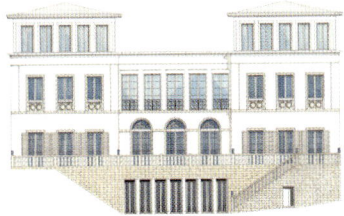

Villa Gerl, Im schwarzen Grund (Dahlem): 1999–2001 von Hans Kollhoff und Helga Timmermann für die Familie Gerl errichtete Villa im klassizistischen Stil; kubischer Putzbau mit vorspringendem Mittelrisalit und markanten turmartigen Dachaufbauten; Formensprache in direktem Bezug auf die traditionelle Berliner Villenarchitektur der Vorjahrhundertwende

Wohnhaus („Eternithaus") Altonaer Straße 1 (Hansa-Viertel, Moabit): 1957 von Paul G. R. Baumgarten anlässlich der „Interbau"-Architekturausstellung entwickelte dreigeschossige Wohnzeile aus dem neuen Werkstoff Eternit; die teilweise offene Erdgeschosszeile dient heute als Ladenzone; die Wohngeschosse bestehen aus über Laubengänge erreichbaren Maisonettewohnungen mit eigener Dachterrasse; eine Variante des sozialen Wohnungsbaus der Nachkriegszeit neben Modellen von Le Corbusier, Walter Gropius, Alvar Aalto u. a. in derselben Siedlung

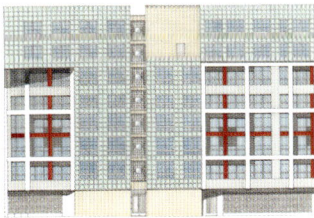

Wohn- und Geschäftshaus, Kochstraße 62–63 (Kreuzberg): im Rahmen der Internationalen Bauausstellung (IBA, 1984–1987) unter dem Aspekt der „Kritischen Rekonstruktion" von Peter Eisenman und Jaquelin Robertson in der Philosophie der Postmoderne bis 1986 fertiggestelltes achtgeschossiges Eckgebäude aus verkanteten Kuben; über Laubengänge betretbare Sozialwohnungen; Ladenzone im Erdgeschoss

Personenregister

Sachregister

Berlin

Potsdam

Bildnachweis

Der Verlag dankt den Museen, Archiven und Fotografen für die erteilten Reproduktionsgenehmigungen und die freundliche Unterstützung bei der Realisierung dieses Buches. Der Verlag hat sich bis Produktionsschluss intensiv bemüht, alle weiteren Inhaber von Abbildungsrechten ausfindig zu machen. Personen und Institutionen, die möglicherweise nicht erreicht wurden und Rechte an verwertbaren Abbildungen beanspruchen, werden gebeten, sich nachträglich mit dem Verlag in Verbindung zu setzen.

Alle Bilder von picture alliance, Frankfurt am Main, außer: © Admiralspalast / S. Greuner (218), © Akademie der Künste, Berlin, Bruno-Taut-Sammlung / Fotograf: Sh. Shimonura, Kioto / Japan (354 ol), © Bien + Giersch Projektagentur Berlin (12–13, 323, 326), © Deutsche Kinemathek (53, 234), © Dirk Laubner, Berlin (62, 70, 78, 84–85, 100–101, 112–113, 160, 204, 240, 277 ur, 279, 289, 308, 348, 360, 377, 402–403, 444 ur), © Edition Lidiarte / Susanne Mocka (192 or, 300 ul, 302 ul, 315 ur, 383, 448–449, 468, 469, 470, 471, 472, 473), © Helmut Newton Foundation / Stefan Müller (191), © Staatliche Museen zu Berlin, Generaldirektion (115), © Stiftung Preußische Schlösser und Gärten Berlin-Brandenburg / Roland Handrick (409), © Stiftung Stadtmuseum Berlin / Matthias Holfeld (434), © Zeichnung: Theres Weishappel (Typoly Berlin) (68–69), © bpk, Berlin (311; Antikensammlung, SMB / Johannes Laurentius 144, Jürgen Liepe 123, 124–125; Ethnologisches Museum, SMB / Martin Franken 180; Kupferstichkabinett, SMB / Jörg P. Anders 167; Martin Franken 181; Museum für Asiatische Kunst, SMB / Jürgen Liepe 182, Georg Niedermeiser 183; Museum für Islamische Kunst / Georg Niedermeiser 130; Gudrun Stenzel 131; Nationalgalerie, Museum Berggruen, SMB / Jens Ziehe 193; Nationalgalerie, SMB / Klaus Göken 139; Skulpturensammlung und Museum für Byzantinische Kunst, SMB / Jörg P. Anders 119, Rudolf Nagel 118; Vorderasiatisches Museum, SMB / Olaf M. Teßmer 128, 129 u)

Für die abgebildeten Werke der Künstler:
© Max Beckmann / VG Bild-Kunst, Bonn 2008, © Joseph Beuys / VG Bild-Kunst, Bonn 2008, © Max Ernst / VG Bild-Kunst, Bonn 2008, © Käthe Kollwitz / VG Bild-Kunst, Bonn 2008, © Pablo Picasso / Succession Picasso / VG Bild-Kunst, Bonn 2008, © Hans Scharoun / VG Bild-Kunst, Bonn 2008